HAISHANG SILU SHIHUA
**ZHEJIANG**

# 浙 江
## 海上丝路史话

石一民　沈燕娜　著

◆ "浙江海洋文化史话丛书" ◆

韩伟表　程继红 主编

浙江工商大学 出版社
ZHEJIANG GONGSHANG UNIVERSITY PRESS

杭州

**图书在版编目（CIP）数据**

浙江海上丝路史话 / 石一民，沈燕娜著. -- 杭州：浙江工
商大学出版社，2025.3

（浙江海洋文化史话丛书 / 韩伟表，程继红主编）

ISBN 978-7-5178-5942-0

Ⅰ. ①浙… Ⅱ. ①石… ②沈… Ⅲ. ①海上运输－丝绸之路－
史料－浙江 Ⅳ. ①K203

中国国家版本馆 CIP 数据核字（2024）第 030781 号

## 浙江海上丝路史话
**ZHEJIANG HAISHANG SILU SHIHUA**

石一民　　沈燕娜　著

| | |
|---|---|
| 出品人 | 郑英龙 |
| 策划编辑 | 陈丽霞　任晓燕 |
| 责任编辑 | 唐　红 |
| 责任校对 | 韩新严 |
| 封面设计 | 蔡海东 |
| 责任印制 | 祝希茜 |
| 出版发行 | 浙江工商大学出版社 |
| | （杭州市教工路 198 号　邮政编码 310012） |
| | （E-mail：zjgsupress@163.com） |
| | （网址：http://www.zjgsupress.com） |
| | 电话：0571-88904980，88831806（传真） |
| 排　　版 | 杭州朝曦图文设计有限公司 |
| 印　　刷 | 杭州宏雅印刷有限公司 |
| 开　　本 | 880 mm×1230 mm　1/32 |
| 印　　张 | 13.875 |
| 字　　数 | 324 千 |
| 版 印 次 | 2025 年 3 月第 1 版　2025 年 3 月第 1 次印刷 |
| 书　　号 | ISBN 978-7-5178-5942-0 |
| 定　　价 | 79.00 元 |

# 总　序

　　浙江与海洋之间，是永恒的共存关系。这不但指在自然地理方面浙江山海相连，更指浙江文化与海洋的交融。

　　浙江的海洋文明可以上溯到 8000 多年前。2013 年发现的浙江余姚史前海岸贝丘遗址——井头山遗址，经考古发掘，出土了大量泥蚶、海螺、牡蛎、缢蛏、文蛤等海洋生物的贝壳，以及用大型贝壳加工磨制的一些贝器。井头山遗址是中国先民适应海洋、利用海洋的最早实证，表明浙江沿海地区是中国海洋文化的重要源头区域。它与河姆渡文化一起，向世人雄辩地证明浙江海洋文化的源远流长。

　　越人作为浙江先民，是中国海洋文化重要的创造者和发扬者。《越绝书·越绝吴内传》记载："越王勾践反国六年，皆得士民之众，而欲伐吴……习之于夷。夷，海也。"《越绝书·越绝计倪内经》中，作者借越王勾践之口，把越人的濒海生活情景描述得更为详细，说他们生活的地区，"东则薄海，水属苍天，下不知所止。……浩浩之水，朝夕既有时，动作若惊骇，声音若雷霆"。于越人的海洋航行环境十分艰险，"波涛援而起，船失不能救，未知命之所维。念楼船之苦，涕泣不可止"。

　　《越绝书》有"地方志鼻祖"之称，更是浙江的第一部地方志。根据《越绝书》记载，身为浙江先民的越人是东夷的一脉，

所以其亘古的血统里就有海洋的因素。越人所居住的地方,紧邻海洋,而且还有许多越人,即后世所说的"外越",更是深入海洋,成为浙江众多岛民的先祖。由越人构成的古越族,也因此成为"我国最早面向海洋走向世界的民族"。

"外越"之后,代代都有大量内陆居民移居海岛。尤其是南宋时期,随着海洋活动的日益频繁,浙江沿海地区和海岛地区人口大增。舟山群岛等许多本来荒芜的岛屿,都成了兴旺发达之地。内陆文明和海洋文明日益交融。

浙江的海洋文明历史悠久,在后世的发展中,海洋始终是浙江人勇于探索的经济、社会和文化空间。可以说中国的海洋发展史,在浙江体现得尤为显著。

在海洋交通方面,浙江的宁波—舟山,是古代海上丝绸之路中线最重要的起点,徐兢《宣和奉使高丽图经》有力证明了这条航线的存在。而唐代鉴真东渡在舟山避风的传说、郑和下西洋时船队的大船由浙江制造等,都昭显着浙江海域在对外交流中的重要贡献。

在海洋对外贸易方面,北宋政府在明州(宁波)开设的市舶司,是中国最早一批市舶司之一。元朝政府在庆元(宁波)、澉浦(海盐)开设了市舶司。明代虽然厉行海禁,但朝廷特许宁波保留市舶司,专门用于与日本的"通贡"。这些都可以佐证浙江在中国海洋对外贸易中的重要地位。

在海洋渔业经济方面,从宋代就开始形成和辉煌的舟山渔场,至今都是中国海洋捕捞的核心区域。以大黄鱼、小黄鱼、带鱼和墨鱼四大经济鱼类为代表的海洋鱼类,广泛分布于舟山群岛等浙江海域。每到鱼汛,浙江海域到处都是帆影桅灯,源源不断地为全国人民提供高质量的海洋食物。

在海疆海防方面,浙江海域更是见证了中国的苦难和辉煌。早在北宋时期,浙江嵊泗的洋山地区,就已经成为"北洋要冲"。南宋时期,朝廷在大洋山岛长期驻军。明代抗倭,浙江海域是最重要的战场,也是抗倭最坚强的防线。岑港之战、普陀山大捷等著名抗倭战役,都发生在浙江境内。浙江定海还是两次鸦片战争的主战场。

浙江的海域是辽阔的,浙江的海洋人文是丰富的。这套"浙江海洋文化史话丛书",就是对数千年来浙江海洋文明产生、发展的图谱式记录和叙述。

浙江海洋文化历史的辉煌是当下海洋文化继续发展前行的基础和动力。2022年中国共产党浙江省第十五次代表大会报告提出,要"加快海洋强省建设"。"海洋强省",不仅是一个经济概念,而且是一个文化概念。浙江海洋强省建设,必定要同时推进浙江海洋文化建设。今天,我们梳理、描述浙江的海洋文化传统,既是温故,也是为了知新。

这个"新"是什么? 我们认为,这个"新"就是响应习近平同志在中国共产党第二十次全国代表大会上提出的"以中国式现代化全面推进中华民族伟大复兴"的号召。现代化强国必然包含海洋强国因素,所以"中国式"也必然包含了"中国式海洋文化建设"。因此这个"新",就是"中国式的海洋文化构建",也就是梳理、描述和打造中国式海洋话语和叙事体系。

海洋强省建设是新的海洋发展实践,必然又会产生新的海洋话语和叙事元素。这套"浙江海洋文化史话丛书"仅仅是对浙江海洋文明发展过程中一段时期的梳理和描述。希望它能为浙江海洋强省背景下的海洋文化建设提供一种借鉴和认识,为浙江海洋强省建设、为中国式海洋话语和叙事体系构建贡献一点微薄力量。

韩伟表　程继红

# 前 言

古代中国并没有"丝绸之路"这种说法,这一称谓的出现至今还不到 200 年。

1869 年至 1872 年,德国地质、地理学家李希霍芬(Ferdinand von Richthofen)2 次来中国进行地质考察。1877 年,他出版了一本书,叫《中国亲程旅行记》。在该书中,他把"从公元前 114 年至 127 年间,中国与中亚、中国与印度间以丝绸贸易为媒介的这条西域交通道路"命名为"丝绸之路"。1903 年,法国汉学家沙畹(Édouard Chavannes)在他的著作《西突厥史料》中又提出"丝路有陆、海两道,北道出康居,南道为通印度诸港之海道",这便是对"海上丝绸之路"的最早描述。

今天人们所说的海上丝绸之路,其内涵已大大扩展,可以理解为古代中国与海外国家和地区之间进行经贸、文化交流的海上通道。由于古代中国通过海路对外贸易的主要商品除了丝绸,还包括瓷器、茶叶、香料等,因此海上丝绸之路又有"海上陶瓷之路""海上茶叶之路""海上香料之路"等别称。近年来,又有"海上书籍之路"等概念出现。

从唐代中后期开始,由于陆上丝绸之路的阻塞和中断,海上丝绸之路逐渐成为中外经济文化交流的主要通道。中国古代海上丝绸之路主要有两大航线:一是海上丝绸之路东海航线

(简称东海航线),从中国通向朝鲜半岛及日本列岛;二是海上丝绸之路南海航线(简称南海航线),从中国通向东南亚及印度洋地区。这两大航线构成了一个四通八达的海上交通网络,并在世界历史进程中不断延伸、拓展。

浙江位于中国大陆海岸线中段,兼得江河湖海之利,是中国海上丝绸之路的核心区域,在海上丝绸之路发展史上具有举足轻重的地位。

考古发现表明,早在 8000 年前的新石器时代,浙江先民就已能借助独木舟涉足海洋,进行近海捕捞。夏商周时,随着木板船的广泛使用,浙江先民的水上活动更加活跃。至春秋战国时,舟船已成为越人日常的交通工具,并出现了会稽(今绍兴)、句章(今宁波)等原始港口。秦汉六朝时期,随着造船和航海技术的提高,浙江人的航海活动范围进一步扩大,从会稽、句章、章安(今台州)、杭州等港口出发,北至山东半岛、辽东半岛,南至闽越、南越的近海航线已十分成熟。三国东吴以降,随着全国经济中心日趋南移,浙江成为江南重地,丝织业、制瓷业、造船业获得长足发展,为浙江海上丝绸之路的形成和发展打下了良好的基础。值得注意的是,"这一时期,宁波虽然尚未与海上丝绸之路发生直接的联系,但一些海外舶来品已经通过'海上丝绸之路延伸线'而传至宁波,一些海外'胡人'大概也通过'海上丝绸之路延伸线'而到过宁波。此外,佛教也通过各种途径逐渐传入宁波"①。

当历史进入隋唐五代时期后,浙江步入了发展快车道。7世纪初,隋炀帝集全国之人力物力,凿通了贯通中国南北的大

---

① 龚缨晏、陆臻杰:《关于宁波古代海上丝绸之路的几个问题》,《宁波大学学报(人文科学版)》2016 年第 3 期,第 3 页。

运河,史称"隋唐大运河",自此杭州成为大运河南端的起讫点。大运河和浙东运河的便利水运条件,使杭州成为江、河、海三水枢纽,确立了杭州全国性交通主干线和地区性(钱塘江下游地区)交通主干线的重要地位。

唐开元二十六年(738),明州设立,宁波地区自此从越州(今绍兴)独立出来,成为与越州并级的独立行政区。80 余年后,正式在"三江口"建明州城,一个拥江揽海的新兴港口城市诞生了! 随着造船业和航海技术的进步,明州与日本之间出现了固定的直航航线,唐代晚期,由明州港横渡东海至日本值嘉岛(今五岛列岛)的航线已很成熟。沿着这条航线,浙江民间海商纷纷走向大海,浙江与日本、新罗(今朝鲜半岛)的贸易迅速崛起;沿着这条航线,一些日本、新罗僧人也渡海从明州登陆,到东南佛教圣地浙东求法参禅。明州成为中国古代海上丝绸之路的始发港之一,连通日本、朝鲜半岛和东南亚的宁波海上丝绸之路开始兴起。①

唐五代时期,浙江的农业、丝织业、制瓷业、造船业等迅猛发展,制瓷业更是可圈可点。当时越窑青瓷全国闻名,代表了

---

① 关于宁波海上丝绸之路形成的时间,目前存在着不同的观点,有先秦时期说、秦汉时期说、东汉晚期说、中唐时期说等,其中以东汉晚期说影响最大,几成定论。但龚缨晏等认为,海上丝绸之路应当是相对固定的远洋航线,并且为当时的人们所熟悉;航线上应当有一定规模的、比较频繁的、双向往来的船只。据此他将宁波海上丝绸之路的形成时期定为唐五代时期,具体地说始于 738 年唐朝设立明州时,终于 978 年吴越国纳土降宋。(见龚缨晏、陆臻杰:《关于宁波古代海上丝绸之路的几个问题》,《宁波大学学报(人文科学版)》2016 年第 3 期)本书赞同这一观点,并稍作调整,将以宁波海上丝绸之路为核心的浙江海上丝绸之路的发展历程划分为 4 个时期:萌芽期(隋前)、形成期(隋唐五代)、繁荣期(宋元时期)、曲折发展期(明清时期)。

南方瓷器的最高水平。大量考古资料表明,明州上林湖生产的越窑青瓷,从中唐开始便已向外输出,到了晚唐、五代,越窑青瓷替代长沙窑瓷器和广东产青瓷,一跃成为中国外销最主要的产品和输出量最大的瓷器,其贸易范围遍及东亚和东南亚,远达非洲东南岸,浙江成为"海上陶瓷之路"的始发地之一。除越窑青瓷外,浙江生产的丝织品、茶叶等货物也源源不断地通过明州港远销海外。

源远流长的浙江海上丝绸之路,发展到宋元时期,进入了空前繁荣的鼎盛阶段。主要表现在以下几方面。

一是市舶司设立。北宋时,为了加强对海外贸易的管理,朝廷在全国外贸港口设立 6 处市舶司,其中两浙地区就有杭州、明州和秀州 3 处;南宋时,又增设温州和江阴军 2 处。元时,朝廷在全国设立 7 处市舶司,浙江独占其四,即庆元(今宁波)、杭州、温州、澉浦。这在一定程度上反映了宋元时期浙江海外贸易的发达程度。

二是港口地位上升。北宋时期,宋政府与高丽开展友好的"航海外交"。熙宁七年(1074),由于北方航线被辽国阻绝,明州港被宋政府指定为宋丽官方往来的唯一口岸,后宋政府又在明州设高丽使行馆用于接待高丽使节。元丰三年(1080),宋政府规定明州市舶司是管理对高丽、日本贸易的唯一合法机构。至此,明州的政治、经济地位得到明显提升。南宋至元,以明州(庆元)港为枢纽的中日民间贸易和文化交流相当兴盛,明州(庆元)港跻身中国三大国际贸易港之列,进一步确立了它在对日贸易中的优势地位。这一时期,杭州、温州和澉浦港也获得了长足发展,成为我国东南沿海海上交通和对外贸易的重要港口。

三是对外贸易空前繁荣。宋元时期,浙江海外贸易蓬勃发展,海上航线所达的国家和地区之广泛,进出口货物的品种数量之多,都超过了前代。从浙江出口海外各国的货物种类繁多,包括丝绸、瓷器、茶叶、药材、书籍、文具以及铜钱等;浙江从海外进口的商品也非常丰富,包括日本的木材、朝鲜半岛的药材,还有印度洋地区所产的香料等。与此同时,通过海上丝绸之路,不少阿拉伯和波斯的商人来浙江经商,侨居在明州、杭州等城市。现在宁波天一广场一带的"波斯巷",宋代时就是阿拉伯人的聚居区。元代时,杭州外来侨民甚多,除了阿拉伯人和波斯人,还有犹太人、印度人、埃及人、土耳其人等,出现了历史上罕见的中外各族杂居一城的盛况。

四是中外文化交往频繁。宋元时期,中国禅宗文化发达,有众多日本和高丽僧侣来两浙地区取经,如日本僧人荣西、道元,高丽僧人义通、义天,都曾来浙地巡礼求法,回国后成为当地大德高僧。他们从中国带回去大量的佛教经典,并将一些佛教流派传入本国,日本禅宗临济宗和曹洞宗就是在南宋时期从两浙传入日本的。同时也有不少两浙名僧如兰溪道隆、无学祖元等受邀从宁波东渡日本传播佛法,极大地促进了日本佛教的发展。伴随着中日佛教文化交流的深入,中国的禅林规制、茶文化、印刷技术、文字、书画、建筑等都给日本社会带去了很大的影响。宋元时期,阿拉伯商人在杭州和宁波建立清真寺(俗称"回回堂"),促进了伊斯兰教在中国的传播。

明清时期虽然受海禁政策的影响,浙江对外贸易的开放程度难以达到宋元时期的水平,但与海外国家的贸易仍在时断时续地发展着。这一时期,以中国东南沿海港口为起点的海上丝绸之路,发展到了商品贸易全球化阶段。浙江的丝绸、瓷器、茶叶、蔗糖等贸易商品,通过浙、闽、粤各口岸和东南亚海域的各口岸,畅销包括欧洲在内的世界各地,其规模和贸易额较之开

放的宋元时期有过之而无不及。这一时期,与浙江海上丝绸之路相关的重要历史事件主要有:①中日勘合贸易。自 1403 年至 1547 年,日本多次派遣使团来华进行朝贡贸易,因进行这种贸易必须持有勘合(明政府发给海外国家来华朝贡贸易的凭证),因此也被称为"勘合贸易"。宁波被明政府指定为中日勘合贸易的唯一港口。②双屿港兴起。明正德、嘉靖年间,随着中国江南经济的快速发展以及葡萄牙人对世界市场的开拓,以舟山群岛为中心的走私贸易趁势崛起,宁波附近的双屿港逐渐发展成为国际性走私贸易中心,直至嘉靖二十七年(1548)被明军摧毁。③月港开禁。隆庆元年(1567),明政府开放漳州月港,准贩东西二洋,但日本仍在被禁之列,海上贸易重心由浙江向福建、广东转移,宁波对外贸易港的地位一落千丈。浙江商人经月港到吕宋等处从事转口贸易,贸易对象由原来以日本、东南亚等国家和地区为主,拓展到欧洲、美洲等地。④浙海关设立。随着台湾收复,康熙二十三年(1684),清政府解除海禁政策,次年在宁波设立浙海关,下辖 15 处口岸,以管理浙江对外贸易,征收关税。⑤英船来浙。康熙三十七年(1698),清政府在定海县(今舟山)设立浙海关分关和红毛馆,吸引多批英国商人来到定海从事贸易。直至乾隆二十二年(1757),清政府担心洋船到宁波、定海日久生事,才下令禁止英国人来浙贸易,红毛馆遂废。⑥乍浦港崛起。清前期,中国对日本的交通出现了各港多元发展的趋势,浙江的对日贸易港口主要是乍浦港和宁波港,而日本的互市港口只限长崎一地。由于清政府限定承运日本洋铜的船只只准在乍浦和上海 2 关进出,因此乍浦成为江浙洋铜商人最活跃的港口和浙江的外贸中心之一,而宁波则失去了自唐五代以来形成的对日交往的垄断地位。⑦中日文化交流。中日勘合贸易期间,日本画圣雪舟、使僧策彦周良曾搭乘遣明使船来华,游览浙东名山大川,与浙江的文人墨客交游唱和,而明末浙江人朱舜水、陈元赟东渡日本,在那里授徒讲学,传播中国文化,他们都是当时中日文化交流的代表人物。⑧西学东渐。明清时期,有许多欧洲天主教传教士来浙江杭州、宁波、温州等地传教,比较著名的有郭居静、金尼阁、卫匡国、殷铎泽、阳玛诺、洪若翰等。虽然传教士来华的主观目的是传教,但客观上传播了西方的科学文化,同时也促进了中西文化的交流,如西方人通过传教士的著作和书信了解了浙江,也使浙江的文化传到了欧洲。

1840 年中英鸦片战争爆发,1842 年,中国战败,被迫开放上海、宁波、福州、厦门、广州为通商口岸,史称"五口通商",中国历史进入了近代史阶段。在此期间,中国失去了对海上丝绸之路的控制权,对外贸易的性质发生了根本变化,传统意义上的海上丝绸之路至此衰落。因此本书将研究下限定为 1840 年。

总而言之,古代浙江海上丝绸之路萌芽于隋前,形成于隋唐五代,繁荣于宋元,曲折发展于明清。

海上丝绸之路是商品贸易之路,也是文化交流之路,它把世界不同的文明连接起来,极大地促进了中外文化的交流,增进了中外人民的友谊,并对整个人类文明产生了深远的影响。2013 年 9 月和 10 月,中国国家主席习近平先后提出共建"丝绸之路经济带"和"21 世纪海上丝绸之路"的倡议。时至今日,中国的"一带一路"倡议得到了越来越多国家的积极响应,共建"一带一路"已经成为全球开放合作、改善全球经济治理体系、促进全球共同发展繁荣、推动构建人类命运共同体的中国方案。

回首历史,古代浙江海上丝绸之路为推动世界跨区域交流

做出了卓越贡献;放眼当下,浙江在共建"21世纪海上丝绸之路"中正发挥愈来愈重要的作用。改革开放以来,浙江是我国率先发展的东部沿海经济大省和外贸大省,更是我国重要的海洋经济大省。截至2022年,宁波—舟山港年货物吞吐量已连续14年位居世界第一。从宁波—舟山港发出的300余条航线,将200余个国家和地区的600多个港口织点成网,形成通达全球的庞大海上贸易航线网络。因此,无论是在古代海上丝绸之路,抑或是共建"21世纪海上丝绸之路"中,浙江都具有重要的作用和地位。

虽然目前有关海上丝绸之路的著述可谓浩如烟海,但迄今还没有一本全面介绍浙江海上丝绸之路历史文化,适合青少年等群体阅读的科普读本。有鉴于此,本书在整理大量资料和借鉴前人研究成果的基础上,以年代为主线,分专题展开,提纲挈领地展示浙江海上丝绸之路的发展脉络,揭示浙江在古代海上丝绸之路发展中的地位,内容涉及浙江海上丝绸之路的历史起源、港口兴衰、航路变迁、贸易政策、海贸货物、知名人物、文化交流等诸多方面。

本书撰写时力求采用新资料、新观点。在参考相关史料时,都力所能及地做了甄别考订工作,尽量做到"有一分材料说一分话",不为追求可读性而损害读本的学术价值。如关于徐福东渡传说,虽缺乏扎实的史料依据,但目前几乎所有的海上丝绸之路著述都会讲到它,所以本书也没有回避,对徐福东渡传说的起源和演变过程做了较全面的介绍,旨在还原这一传说的真相。

# 目　录
## CONTENTS

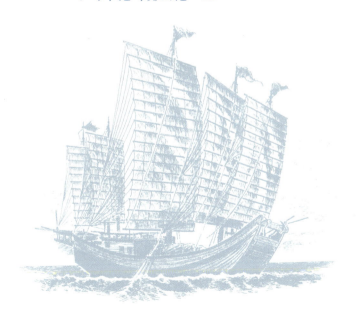

第一章 》》

羽人竞渡（史前至先秦）
——浙江海上丝绸之路的萌芽（上）

浙江位于中国东南沿海、长江三角洲南翼,东临大海,南接福建,西连江西、安徽,北邻上海、江苏。境内地貌丰富,山河湖海无所不有;气候温和,物产丰富。大陆海岸线和海岛岸线总长 6714.67 千米,居全国首位。辽阔的海域、漫长的海岸、众多的港湾和岛屿,造就了浙江相对独特的海洋环境,对发展海上航行和海上丝绸之路十分有利。

早在 8000 年前,井头山人就生活在东海边上,他们"刳木为舟,剡木为楫",用木桨划向浩渺无际的海洋,开始了向大海讨生活的征程。1000 年以后,大海上出现了河姆渡人的身影,他们驾一叶扁舟,漂浮于港湾与近海,甚至出海航行,定居海岛。他们这种与海共舞的生活方式一直延续到吴越先民。他们开启了海洋文明的先声,也成为浙江海上丝绸之路最早的探索者。

# 一、浙江海上丝绸之路的基础要素

浙江海上丝绸之路的萌芽、形成和发展,首先得益于良好的自然环境和地理区位。

浙江位于东海之滨,是中国的海洋大省,拥有的海洋面积是陆地面积的 2.6 倍。大陆海岸线曲折绵长,北起平湖市金丝娘桥,南至苍南县虎头鼻,全长 2217.96 千米,约占全国大陆海岸线总长的 1/10。在地质作用下,浙江沿海地区形成了众多优良的港湾,如杭州湾、象山港、三门湾、台州湾和乐清湾等。浙江岛屿星罗棋布,海岛总数 4350 个,海岛岸线总长4496.71 千米,均为全国之最。其中处于杭州湾外海域中的舟山群岛,为天台山和括苍山等支脉向海域的延伸山体。舟山群岛由 2085 余个岛屿组成,为全国第一大群岛和举世闻名的天然渔场。①

浙江陆地由 6 块区域组成,分别是浙北平原、浙西丘陵、浙东丘陵、中部金衢盆地、浙南山地和海滨岛屿。其中浙北平原包括杭嘉湖平原和宁绍平原,总面积约为 12500 平方千米。这里是浙江最为肥沃的地域,靠江濒海,水网密布,湖泊众多,良田万顷,交通方便。浙北平原水乡环境的形成与海侵和海退有关。自从第四纪更新世末期以来,这里曾经历了星轮虫、假轮虫和卷转虫 3 次大海侵。一般认为,最后一次的海侵,即卷转虫海侵发生在距今约 1.5 万年前,在数千年的时间里,海平面持续缓慢上升,到距今 7000 年左右达到最高峰,杭嘉湖平原和宁绍平原成为一片浅海,这时西边海岸直达天目山与钱塘江中游诸山,南边海岸直达会稽山和四明山。② 之后转为持续的海退,海平面下降,杭嘉湖平原、宁绍平原逐渐出水成陆,同时原来的低洼谷地变成潟湖,浙北平原的水乡环境由此

---

① 张海生主编:《浙江省海洋环境资源基本现状》,海洋出版社 2013年版,第 296—315 页。

② 陈桥驿:《越族的发展与流散》,《东南文化》1989 年第 6 期,第90 页。

形成。

　　浙江境内水系发达，主要有钱塘江、瓯江、曹娥江、灵江、飞云江、苕溪、甬江和鳌江等八大水系。除苕溪入太湖、运河沟通杭嘉湖平原水系外，其余河流均独流入海。其中的钱塘江，古称"浙江"，全长 605 千米，是省内最长的河流。钱塘江有南、北两源，其北源起于安徽休宁，南源起于浙江开化的莲花尖。钱塘江流经安徽南部和浙江省，在杭州湾注入东海，流域面积达5.56 万平方千米，是吴越文化的主要发源地。

　　除以上八大自然水系外，这里还要特别提一下 2 条运河，即江南运河和浙东运河（今称杭甬运河）。江南运河是隋唐大运河和京杭大运河的最南段，自江苏镇江经丹阳、常州、无锡、苏州、吴江等地至杭州。江南运河始凿于春秋战国时期，隋朝时对江南运河进行了大规模整治，拓宽了航道，大大增强了杭州与外界的联系，提高了商贸往来的能力，杭州至此拉开了繁荣的序幕。浙东运河同样历史悠久，早在公元前 5 世纪，越王勾践在越国大成（今绍兴）东南开凿了人工水道"山阴古水道"，被认为是浙东运河的雏形。东晋时期，会稽内史贺循兴修了萧山西兴至绍兴的西兴运河。西兴运河与山阴古水道相连，形成了沟通钱塘江与甬江的浙东运河。隋朝在开凿大运河时，对浙东运河做了整治，使之与南北大运河相连接，由此大运河延伸到了东海岸，宁波实际上成了大运河的南端终点，浙东运河也因此成为中国东南沿海地区的水运交通枢纽。总之，江南运河和浙东运河在浙江发展的历史进程中，起着举足轻重的作用。

　　临江濒海的地理环境，赋予了浙江优越的水上交通条件。浙江既有内河航运，又有以宁、绍、温、台为交通要地的沿海航运。明代学者张瀚在《松窗梦语·商贾记》中描述浙江沿海航运时说："浙江右联圻辅，左邻江右，南入闽关，遂达瓯越。……

虽秦、晋、燕、周大贾,不远数千里而求罗绮缯币者,必走浙之东也。宁、绍、温、台,并海而南,跨引汀、漳,估客往来,人获其利。"①

在古代帆船时代,季风和海流对船只海上航行有着重要影响。浙江沿海地区地处亚热带季风气候区,冬、夏季风很明显。每年夏季盛行西南季风,且北赤道的暖流经东海向北流向日本,这时从浙江沿海去日本,顺风顺水,就比较容易到达。② 冬季在偏北季风的吹送下,北冰洋的寒流又绕经日本循东海南下,这时从日本赴浙江沿海也比较安全。利用这种季风和海流规律,古代帆船在浙江港口与日本之间行驶往返十分便利。另从地理位置来看,浙江宁波、普陀山等港口距离日本较近,航距较短,能大大降低商船的运输成本。这些都是宁波港在唐代以后能成为中日交往首要港的重要原因。

浙江的自然地貌常被人们概括为"七山一水二分田",因其地处浙闽低中山地貌区,地形以海拔 200 米以上的丘陵山地为主,约占省境总面积的 70.4%,平原和盆地占 23.2%,河流和湖泊占 6.4%,故有此说法。但就是这样"七山一水二分田"的浙江,却为浙江海上丝绸之路提供了雄厚丰富的腹地经济资源。

浙江素有"鱼米之乡""丝茶之府"之称,自然资源种类繁

---

① [明]张瀚:《松窗梦语》卷四《商贾纪》。

② 中国东海的海流主要为日本暖流,因海水呈深蓝色,故又称为黑潮。黑潮起源于热带北赤道海流,西行到菲律宾群岛东部开始向北,从中国台湾岛和琉球群岛之间进入东海,向东北流到日本九州岛西南部,然后折向东经吐噶喇海峡返回太平洋。黑潮主干在中国台湾东北部和日本九州西南部各分出一个分支,分别形成台湾暖流和对马暖流。其中台湾暖流沿福建、浙江北上,可达长江口附近。对马暖流从黑潮主干分流,北上经对马海峡向东流入日本海。古代帆船从明州(宁波)港出发,经舟山群岛海域进入东海后,可利用黑潮横贯大洋,航抵日本港口。

多,优势突出;纺织、制瓷、造船等传统手工业发达。早在新石器时代,在浙江境内的河姆渡、马家浜、良渚文化中,均已存在原始的纺织业。在距今 4000 余年的浙江吴兴钱山漾遗址中发现了绢片、丝带和丝线,经鉴定,原料是家蚕丝,这是人类利用家蚕丝纺织的最早实例。唐代,杭嘉湖平原已成为江南丝织中心,当时浙江生产的丝织品多为贡品。宋代以后,全国经济重心南移,浙江丝绸生产在全国的地位更加突出,宋代有大量丝织品从浙江港口输往日本、朝鲜半岛和东南亚。元明清时期,浙江的丝绸业仍保持优势地位。直到今天,浙江依然以盛产丝绸而闻名世界。

瓷器是我国对世界文明的重要贡献。早在商周时期,浙江境内就有了烧制早期青瓷的窑场,到东汉时,浙江上虞便率先烧制出了比较成熟的青釉瓷器。隋唐、五代时,越窑青瓷成为南方质量最好的瓷器,不仅在国内盛行,更是远销亚非各国。宋元时期,龙泉瓷器异军突起,成为当时最主要的出口瓷器。此外,历史上浙江境内还有瓯窑、婺州窑、德清窑、南宋官窑、寺龙口窑等窑系。

浙江产茶历史悠久。据文献记载和考古发掘,最迟在汉代时浙江已开始种茶、产茶和饮茶。晋时,湖州一带已流行以茶待客的风俗。南北朝以后,随着茶文化得到佛道二教的推崇,浙江的名山寺院纷纷种植茶树,促进了茶叶生产的发展,浙江的吴兴、余姚、嵊州等地成为浙江最早的出产名茶之地。唐时,以湖州顾渚山设立“贡茶院”为标志,浙江开始了茶叶手工业制作,顾渚山紫笋茶成为轰动一时的贡品名茶。对此,唐代《元和郡县图志》卷二十五记载:“贞元以后,每岁以进奉顾山紫笋茶,役工三万人,累月方毕。”至宋时,浙江产茶区域几乎已覆盖现今浙江所有产茶县市。浙江还是我国茶叶向外传播的源头,唐

宋时,日本高僧最澄、荣西、道元先后来到浙江,将浙江的茶文化传播到日本。

我国通过古代海上丝绸之路出口的主要产品是丝绸、瓷器和茶叶,南宋以后,这些物品有相当一部分来自浙江。据元人汪大渊《岛夷志略》记载,在海上丝绸之路沿线,几乎都有古代"浙江制造"的丝绸、瓷器和茶叶等商品贸易。近年来海上丝绸之路沿线出土的瓷器,大多出产自浙江,也为这一史实提供了实物证明。浙江在古代海上丝绸之路中的重要地位由此可见一斑。

# 二、从井头山到良渚文化

浙江是中国海洋文明的发祥地之一。浙江境内江河纵横,水网交错,先民与水共居,与潮共舞。早在 100 万年前的旧石器时代,浙江就有原始人类活动的痕迹。距今 1 万年左右,浙江史前文化进入新石器时代。目前境内发现的新石器时代遗址众多,主要有距今 1 万年左右的上山文化、距今 8000 年左右的井头山遗址和跨湖桥遗址、距今 7000 年左右的河姆渡文化和马家浜文化、距今 6000 年左右的崧泽文化、距今 5000 年左右的良渚文化,以及距今 4000 年左右的钱山漾文化和广富林文化等。这些史前文化遗存几乎都与海洋有着千丝万缕的联系。

浙江远古先民很早就走向了大海,留下了大量史前涉海生活遗存。20 世纪 70 年代以来,井头山、跨湖桥等史前文化遗址的发掘,把浙江海洋文明的历史推前至 8000 年前。

第一章　羽人竞渡（史前至先秦）——浙江海上丝绸之路的萌芽（上）

2020 年 5 月 30 日,浙江余姚在新闻发布会上宣布了井头山遗址的存在。井头山遗址位于浙江省余姚市东部三七市镇一个叫井头山的小山头南麓,用碳-14 对 20 多个相关地层进行测定,结果表明这座遗址距今已有 8300—7800 年,属新石器时代文化遗址。文化堆积物中最多的是当时人们食用后丢弃的泥蚶、牡蛎、海螺、文蛤、缢蛏等 5 种海洋软体动物贝壳,在考古学上属于贝丘遗址,[①]其埋藏深度竟达 5—10 米,总面积约 2 万平方米。这是长三角地区发现的首个贝丘遗址,也是迄今为止中国沿海发现的埋藏最深、年代最早的一处贝丘遗址。遗址中除贝壳外,还有各类渔猎动物骨骸和海鱼的脊椎骨、牙齿、耳石等,还发现了大量陶器、石器、骨器、贝器、木器和编织物。这说明井头山人已会用鱼镖、骨镞、鱼罩及渔网等工具渔猎,技术已经相对成熟。

这里特别要提到的是,井头山遗址共出土了 3 支木桨,其中 1 支加工精细、保存完好的木桨,长 114 厘米,最宽处 15 厘米,柄长 24.5 厘米,叶厚 1—2 厘米。其形状很独特,环首短柄,弧形桨叶,背部中段带有 2 个方形突块,跟普通的长柄船桨有很大不同。这是目前国内发现的最早用于近海航行的木桨。井头山遗址极具海洋文化特质,是中国先民适应海洋、利用海洋的最早例证。井头山遗址足以证明,早在 8000 年前,今宁波地域已经有了海洋族群的活动,他们的生活方式以海产捕捞为主,兼及采集和早期稻作农业生产。考古人员从遗迹、遗物体量推测,井头山史前聚落规模不大,约有数十人。聚落的消失,大概是因为海平面上升,这里的先民不得不往更高处的山坡迁徙。

---

① 贝丘遗址是考古学术语,是指以文化层中包含人们食余弃置的大量软体动物贝壳为显著特征的古代遗址类型。

井头山遗址出土的木桨

　　跨湖桥遗址位于杭州市萧山区西南约 4000 米处的湘湖村,文化遗址堆积厚 2—3 米,其年代距今 8200—7000 年,该处出土了大量陶器、石器、骨器和木器,以及各种大小型食肉类、食草类、鱼类动物残骸。从其出土的遗存来看,渔猎是跨湖桥先民日常生活的重要组成部分。尤为引人注目的是,该遗址出土了一条独木舟。独木舟由整棵马尾松加工而成,残存长度为 560 厘米,最宽处约 52 厘米,厚约 2.5 厘米,中部大部分侧舷残缺,呈浅凹状的木板,经测定,其年代距今约 8000 年。这是我国迄今发现的最早的独木舟,被誉为"中华第一舟"。近来的研究表明,这条独木舟盐分含量很高,是海舟的可能性极大,有学者认为它完全可能是一艘适于海上航行的边驾艇独木舟。① 所谓边驾艇独木舟,是指一种在船舷一边或两边加挂 1 个或 2 个浮架的独木舟。跨湖桥和井头山遗址充分表明,

---

　　①　浙江省文物考古研究所、萧山博物馆:《跨湖桥》,文物出版社 2004 年版,第 50 页;吴键:《跨湖桥遗址独木舟及其与海洋关系考》,《杭州研究》2012 年第 2 期,第 175 页。

至迟在 8000 年前,浙江先民已能制造和驾驭独木舟。独木舟的出现,极大地提升了水上交通能力,为人类征服海洋提供了可能。

**跨湖桥遗址独木舟遗迹**

在跨湖桥遗址和井头山遗址考古成果发布之前,广为人知的浙江史前文化是 20 世纪 70 年代发现的河姆渡文化。河姆渡文化是中国考古历史上了不起的发现,被推选为"20 世纪中国十大考古发现之一"。河姆渡文化是以位于浙江省余姚市的河姆渡遗址而得名,总面积约 4 万平方米,文化堆积厚度 4 米左右,由 4 个文化层组成,距今 7000—5000 年。遗存十分丰富,出土了大量骨器、陶器、石器、木器以及人工栽培稻遗物、干栏式建筑构件、动植物遗骸等,反映了史前聚落生动的生活场景。河姆渡文化的稻米遗存数量之多,质量之好,为新石器时代考古史上所罕见。从河姆渡文化的稻作、干栏式建筑、陶器等文明成果可以看出,河姆渡人已实现了从渔猎到定居的转变,进入史前文明新的历史阶段。然而,尽管河姆渡稻作农业

已发展到一定的水平,但由于人口规模比较小,渔猎和采集仍是河姆渡人获取食物的主要途径,农业在当时经济中所占比例不大。在第三、第四文化层中,共出土了 6 支木桨,均由整段木料加工而成,十分坚固,其柄部粗细适中,断面有圆形、方形 2 种,经测定,距今已有 7000—6000 年。① 其中一支木桨,柄部与桨叶由同块木料制成,做工精细,形状与现在使用的木桨没有多少差别,残长 63 厘米,宽 12.2 厘米,厚 2.1 厘米。在残留的柄下端和桨叶的接合处,还阴刻有弦纹和斜线纹图案。② 在河姆渡遗址中还发现了一只陶塑独木舟模型,长 7.7 厘米,宽 2.8 厘米,高 3 厘米,两头尖,尾部微翘。舟两端有小孔,可以系缆。全舟下半部为弧形,轮廓自然流畅,可以减少水的阻力。由此可见,河姆渡人已经具备了较高的制造独木舟的技艺。此外,在鲻山、田螺山、傅家山、慈湖等其他河姆渡文化遗址中,也有木桨等水上交通工具的遗物出土。从河姆渡遗址中发现的鲸鱼、鲨鱼、金枪鱼、裸顶鲷、海龟等海洋生物的遗骸可以推知,河姆渡先民凭借独木舟频繁出海捕鱼,甚至已形成了一定规模的近海渔业。③ 另外值得注意的是,河姆渡先民已经能为构筑干栏式建筑而刨制木板,且具有相当成熟的榫卯技术,这就为后来木板船的出现提供了技术支撑。

良渚文化是新石器时代晚期出现的成熟文化,主要分布在环太湖地区,距今 5000—4000 年,以余杭良渚遗址得名。目前已发现的遗址多达 1100 余处,就浙江地区而言,文化遗址主

---

① 浙江省博物馆编:《浙江文物》,浙江人民出版社 1987 年版,第 14 页。

② 河姆渡考古队:《浙江河姆渡遗址第二期发掘的主要收获》,《文物》1980 年第 5 期,第 16 页。

③ 李安军主编:《田螺山遗址:河姆渡文化新视窗》,西泠印社出版社 2009 年版,第 162 页。

要分布在杭州余杭良渚、杭州半山水田畈、湖州吴兴钱山漾、嘉兴双桥、嘉兴桐乡新地里等地。这些遗址大多处于水的包围之中，只能靠舟楫进行各地间的交往活动。在良渚遗址中，出土了很多渔猎工具，包括水上交通工具独木舟和木桨。湖州钱山漾和杭州水田畈两地均出土了多支4700年前的木桨，余杭茅山和杭州西部地区的龙尾巴山甚至出土了良渚时期的独木舟，其中余杭茅山遗址发现的长7.35米、宽0.45米的独木舟是国内考古发掘出的最长、最完整的史前独木舟。这些考古发现表明浙江这一片区域的水上行舟活动从距今8000年前至4000年前就一直没有中断过，并由此衍生出吴越传统舟船文化。

水田畈遗址出土的木桨

考察浙江史前先民探索海洋、开拓海洋的活动，舟山群岛无疑是一个极好的视角。

13

20 世纪 70 年代以来,舟山群岛陆续发现多处新石器时代遗存,主要有距今 6500—6000 年的定海白泉十字路遗址、距今 6000—4500 年的定海马岙古遗址群、距今 5500—4000 年的衢山孙家山遗址、距今 5000—4600 年的嵊泗基湖黄家台遗址、距今 4500—4000 年的岱山姚家湾遗址等。这些遗址见证了舟山群岛的原始人类在这里开拓荒岛、渔猎采集、繁衍生息的历史。在定海白泉十字路遗址,出土了大量具有河姆渡文化特征的印纹陶和有段石锛等物,甚至还发现了早期稻作农业遗物,因此被誉为"海上河姆渡"。这表明,早在 6000 年前,舟山群岛已有稳定而集中的人类活动。显然在此之前,就已有河姆渡人开始利用原始的舟楫涉足海上,迁徙至舟山群岛。此外,值得注意的是,除河姆渡文化外,在舟山群岛还可以看到马家浜文化、崧泽文化、良渚文化、钱山漾文化、广富林文化等多种史前文化痕迹,说明史前舟山群岛已形成较为复杂的人类早期活动聚落。有考古学者认为,到距今 5000 年前的良渚文化时期,舟山群岛与整个宁绍地区已没有太大的差别,当时与宁波一水之隔的舟山已成为人们很容易到达的地区。

河姆渡文化及其后续文化,为浙江海洋文化的生成、发展、积淀提供了源头。不仅如此,以河姆渡为源头的有段石锛还进一步向外传播,并逐步传播到浙江沿海、日本、中国台湾地区,东南亚的菲律宾、马来西亚和印度尼西亚的诸多岛屿,乃至太平洋中部的玻利尼西亚群岛。有研究表明,有段石锛海外传播分北传和南传 2 条路线:北传的路线是经江苏、山东到达辽东半岛,另有一支由山东半岛横跨黄海传入朝鲜半岛,再南折跨对马海峡传入日本;南传路线主要是由浙江传入福建,后越海传入中国台湾地区及菲律宾,然后从菲律宾向周围辐射,西入印度尼西亚,东达玻利尼西亚,南面直抵新西兰。① 河姆渡人所创造的有段石锛,作为我国海洋文化的卓越代表,在中外古文化交流史上写下了光辉的一笔。

有段石锛

## 三、越人的航海活动

《周易·系辞下》载,黄帝时"刳木为舟,剡木为楫,舟楫之利,以济不通,致远以利天下"。其实舟楫的发明远远早于传说中的黄帝时代。如前所述,至迟在 8000 年前的新石器时代,浙

---

① 林华东:《浙江通史（史前卷）》,浙江人民出版社 2005 年版,第202 页。

江先民就有了有意识制造的最早的水上交通工具——独木舟。随着人类文明的不断进步,人们对独木舟不断加以改进,在独木舟四周加上木板以增大独木舟的容量,原来的独木舟逐渐变成船底,这样就造出了木板船。自此,造船通过板材的连接,突破了原木整材的局限,人们可以根据需要制造出比独木舟容量大数倍的船。木板船的出现,是人类造船史上一次划时代的飞跃。从甲骨文中"舟"字的形状来看,至迟在商代,我国便已出现了木板船。到春秋战国时期,浙江地区的造船业就已经比较发达。

夏商周时期,生活在浙江沿海平原地区的于越族逐渐强大起来,到春秋时,已具备了国家形态。考古发掘和古代文献记载均表明,于越族源于远古时期就居住在今宁绍平原、杭嘉湖平原、金衢丘陵一带的原始先民,但越国君王的先人可能来自中原地区。相传越国始祖无余为夏帝五世孙少康之子,因奉守禹祀,封于会稽。传20余世,至于允常,拓土始大,始称越王,《国语·越语上》记其疆域"南至于句无(今浙江诸暨),北至于御儿(今浙江嘉兴),东至于鄞(今浙江宁波),西至于姑蔑(今浙江龙游)"。允常死后,其子勾践即位。周敬王二十六年(前494),吴国攻打越国,越国战败,越王勾践被俘,3年后,勾践回到越国,卧薪尝胆,发愤图强,对越国采取了一系列改革发展举措,经过十年生聚,十年教训,终于在周元王三年(前473)灭掉吴国,一雪前耻,成为春秋五霸之一,从此以后"越名大显于世"。

春秋战国时期,越地的水路和海上交通已相当发达,当时我国有五大港口,即碣石(今河北秦皇岛)、转附(今山东烟台)、琅琊(今山东青岛)、会稽(今浙江绍兴)、句章(今浙江宁波),这五大港口连接了全国海路交通。五大港口中,越国就占了2个。① 同时越国境内江河纵横,越人"水行而山处,以船为车,以楫为马。往若飘风,去则难从"②。越国是一个以水运立国的国家,对内和对外交通均以水运为主,其经济、军事都靠水运。

越人以习水便舟而著称于当时。随着造船技术的进步,到了西周时期,木板船已成为越人的重要交通工具。《艺文类聚》卷七十一引《周书》载:"周成王时,于越献舟。"今本《竹书纪年》也说周成王二十四年"于越来宾"。可见,越国曾以越舟为礼物,作为搞好越与西周王朝关系的手段,说明当时越人造船技艺高超,闻名全国。

先秦时期,越国制造的舟船数量众多,并已有了各种名称和形制,见于文献记载的就有舲舟、戈船、楼船、方舟(两舟并联)等,均属结构比较复杂的木板船。其中戈船、楼船均为大战船。戈船是一种置戈于船下(一说船上)的战船;楼船,即在船上建楼,便于居高临下地攻击敌船,是越国水师主力船只。③ 关于战船的规模,我们可以参考《太平御览》卷三百一十五所引《越绝书·逸文》中关于吴国大型战船"大翼"的记载:"大翼一艘,广一丈六尺,长十二丈,容战士二十六人,棹五十人,舳舻三人,操长钩斧矛者四,吏仆射长各一人,凡九十一人。当用长钩、矛、长斧者四,弩各三十二,矢三千三百,甲、兜、鍪各

---

① 董楚平:《吴越文化新探》,浙江人民出版社1988年版,第278页。一说当时有9个港口,如章巽《我国古代的海上交通》称战国时期中国沿海交通线上有9个重要港口,分别是碣石、转附、琅琊、吴(今苏州)、会稽、句章、东瓯(今温州)、冶(今福州)及番禺(今广州)。据此,则战国时期今浙江境内有会稽、句章、东瓯三大港口。

② 《越绝书》卷八《越绝外传记地传》。

③ 李永鑫主编:《绍兴通史》第一卷,浙江人民出版社2012年版,第458—460页。

三十二。"①据丘光明的《中国历史度量衡考》，战国时每尺相当于 0.23 米，折合成今日米制，则大翼长宽分别达到 27.6 米和 3.68 米，能容 90 余人，仅划桨和掌舵的水手就有 53 人，其规模之大可以想见。这里说的虽是吴国的战船，但当时越国与吴国的造船技术处于同一水平，越国的大型战船也应有类似的规模。

春秋战国时期，群雄割据，为谋取霸权，各诸侯国之间兼并战争激烈而频繁，位于海边的齐、吴、越三国经常利用自己的海上优势和庞大的水师，相互进行海战。越国在几次大规模的战役中，都动用了水师。《国语·吴语》记载，鲁哀公十三年（前 482），吴王夫差率师北上中原赴黄池盟会，后方空虚，越军趁机发兵偷袭吴国，歼灭吴国大量有生兵力。此次越军偷袭，分两路北上：一路越王勾践命令范蠡、舌庸"率师沿海溯淮，以绝吴路"；另一路勾践亲率中军"溯江以袭吴，入其郛，焚其姑苏，徙其大舟"。两路主要是用舟师，走水路。

吴越的生死之战"笠泽之战"也发生在水上。公元前 478 年，吴国发生灾荒，越国乘机发动进攻，与迎战的吴军在笠泽（今江苏吴江一带）隔江相峙。对这场战争，《国语·吴语》是这样描述的：

> 于是吴王起师，军于江北，越王军于江南。越王乃中分其师以为左右军，以其私卒君子六千人为中军。明日，将战舟于江，及昏，乃令左军衔枚溯江五里以须，亦令右军衔枚逾江五里以须。……吴师闻之，

---

① 《太平御览》卷三一五引《越绝书·逸文》，转引自卢勋、李要蟠：《民族与物质文化史考略》，民族出版社 1991 年版，第 408—409 页。

大骇,曰:"越人分为二师,将以夹攻我师。"乃不待旦,
亦中分其师,将以御越。越王乃令其中军衔枚潜涉,
不鼓不噪,以袭攻之,吴师大北。越之左军、右军乃遂
涉而从之,又大败之于没,又郊败之,三战三北,乃至
于吴。

吴越这场生死决战,主要是在水上进行的。这场战争后,
吴国一蹶不振,勾践最后逼吴王自杀,遂灭吴,统霸江南。

此外,吴越的夫椒之战、槜李之战、干隧之战等重大战役,也
主要是在水上进行的,可见当时水军交战是吴越争霸的主要战争
形式,而水上交通能力强弱又是影响战争胜败的重要因素。

关于越国水师的规模,《史记·越王勾践世家》说,勾践有
"习流二千人"。习流就是水师。①《越绝书》卷八《越绝外传记
地传》载:"初徙琅琊,使楼船卒二千八百人伐松柏以为椁。"同
卷又载:"勾践伐吴,霸关东,从琅琊起观台。台周七里,以望东
海。死士八千人,戈船三百艘。"《竹书纪年·襄王七年》也载:
"越王使公师隅来献乘舟始罔及舟三百、箭五百万。"勾践迁都
琅琊后,在琅琊的水军(死士)至少有 8000 人,有楼船、戈船等
战船,组成了一支庞大的水师。这样庞大的水师,在春秋战国
时期应是绝无仅有的,这正是越国航海能力的实际体现。

关于越人善于航海的特点,蒙文通先生在《古族甄微》一书
中曾有所论及,他指出:"勾践之徒都琅琊以图霸中原,当亦倚
其海上舟师之盛也。是越人之都会稽,都琅琊,都东冶,都东
瓯,皆为滨海便航之地,显非偶然。"②1976 年,在鄞县(今鄞州

---

① 《吴越春秋》卷一○《勾践伐吴外传》注引"徐天祜曰"。

② 蒙文通:《古族甄微》,《蒙文通文集》第二卷,巴蜀书社 1993 年
版,第 406 页。

区)云龙镇甲村石秃山出土了一件战国时期的铜钺,上面刻有图案:上方为两条相向的龙,昂首向天,前肢弯曲,尾向内卷。下部以弧形边框底线表示狭长的轻舟,上坐 4 人成一排,皆头戴羽冠,双手持桨,奋力划船。整幅图案透射着剽悍粗野的气度,这是战国时期越人水上生活的真实写照。这件铜钺被命名为"羽人竞渡",现为宁波博物馆的镇馆之宝。

"羽人竞渡"铜钺（宁波博物馆收藏）

春秋战国时期,虽然深海远航还没有出现,但从浙江东部至江苏东北部和山东半岛的海上航线已相当成熟。

据《越绝书》卷八记载,当时越都会稽附近的后海(杭州湾)南岸已有固陵、防坞、杭坞、石塘等海港,从这些港口起航,往东出杭州湾后,沿海岸北上,可到达今江苏东北部和山东半岛。这一航线既是越国称霸前绕开吴国、直联中原的海上交通运输线,也是后来越国与吴国争霸和北上争霸的海上交通运输线,又是越国迁都琅琊后与故土联系的海上航线。① 这条海上航线在史籍上

---

① 封晓东:《先秦时期的绍兴后海港口》,《绍兴学刊》2005 年第 3 期。

屡见记载,如:公元前 482 年,越国趁吴王夫差北上争做盟主之际偷袭吴国,当时越国水师曾从浙江沿海北上,在淮北进入淮河,断绝了吴军的道路;又越国大夫范蠡在辅佐勾践灭吴称霸之后功成身退,举家"浮海至齐"①。以上 2 例走的都是这条海上航线。公元前 468 年(一说公元前 472 年)越国"徙都琅琊"②,将都城从会稽北迁至今山东半岛的琅琊,走的也是这条路线。③ 可见当时自浙江沿海至山东琅琊已有了一条成熟的南北航线。

至于琅琊以北的航线,可以从《孟子·梁惠王下》的一段记载中看出端倪。齐景公问晏子说:"吾欲观于转附、朝舞,遵海而南,放于琅邪。吾何修而可以比于先王观也?"这里所说的"转附",即今山东烟台芝罘岛,"朝舞"就是山东荣成的成山头。这表明,在春秋时期,就有一条从渤海湾向南至琅琊的航线。总之,从这一时期的记载来看,当时以琅琊为中转站,南至浙江,北至辽东半岛长达数千里的南北航线已经形成。

---

① 《史记》卷四一《越王勾践世家第十一》。

② 今本《竹书纪年》卷下:"周贞定王元年癸酉,于越徙都琅琊。"关于越国新都琅琊的地望,多年来众说纷纭。传统的说法是在今山东省青岛市黄岛区南部琅琊山一带。但不断有人提出质疑,认为山东琅琊是齐国之邑,越国不可能在齐邑建都。近年,有考古学者提出,越国新都琅琊应在今江苏省连云港市。其理由,一是在连云港锦屏山九龙口发现有古城遗址,此古城地处海边,与文献记载琅琊临海相合;二是在此地采集到大量越国陶片残器。但此说缺少文献的有力支持。更重要的是,据辛德勇研究,琅琊虽在齐国附近,但并不属于齐国。当时齐国的东南疆界,始终是在琅琊山以西、以北地区。琅琊地区在当时应为《禹贡》青州之"莱夷""禺夷"一类夷人所占据。详见辛德勇《越王句践徙都琅邪事析义》一文(载《文史》2010 年第 1 辑)。故本书仍从传统说法。

③ 辛德勇:《辛德勇说中国历史地理:湮灭的过往》,万卷出版社 2017年版,第 89 页。

第二章

古港初兴（秦汉六朝）
——浙江海上丝绸之路的萌芽（下）

秦汉时期，浙江沿海一带仍属于人口稀少的边缘地区，但从句章港出发的南向海上线路已经开通，当时浙江航线北达山东、辽东半岛，南至交趾。在西汉晚期、东汉早期，浙江宁波便已开始参与南海丝绸之路，玳瑁、琉璃、玻璃、玛瑙等质料的舶来品通过中国南方港口传入宁波。

六朝时期，江南地区人口快速增加，生产力显著提高，经济实力发展到可与北方抗衡。浙江作为江南重地，在丝绸业、制陶业、造船业等方面都获得了长足发展，从而为浙江海上丝绸之路的形成奠定了坚实的物质基础。

# 一、句章港与鄮山港

秦王政二十五年（前222），秦将王翦率军南下，平定楚国江南地，降越君，统一越国故地，并在原吴越地置会稽郡，郡治设于吴县（今江苏苏州），今浙江大部分地区属会稽郡。次年，秦灭齐，一统天下。秦完成统一后，在全国推行郡县制，分天下为36郡，郡下设县。在宁波平原上设置了句章、鄞2县。至西汉时，朝廷又设置了鄮县（一说鄮县为秦时设置）。至此，在甬江、

姚江、奉化江三江流贯区域,设置有鄞、句章和鄮3县,隶属会稽郡。其中,句章和鄮都是因港口而兴起的城邑。

句章城是宁波地域中出现最早的城邑,秦汉至东晋都是古句章的县治。经过多年的考古调查与发掘,已查明句章故城位于宁波姚江边的城山渡之北,即今宁波市江北区慈城镇王家坝村附近。① 在这一带发现了东吴至两晋时期的木构台阶式码头遗存。

句章古港码头遗迹

句章之名,最早见于《战国策》:"且王尝用滑于越,而纳句章。"②《后汉书·臧洪传》李贤注引《十三州志》云:"勾践之地,南至句无,其后并吴,因大城句,章伯功以示子孙,故曰句章。"③《十三州志》为北魏阚骃所撰,原书久佚。按此记载,句章建城

---

① 张如安、刘恒武、唐燮军:《宁波通史(史前至唐五代卷)》,宁波出版社2009年版,第55页。
② 《战国策》卷一四《楚一》。
③ 《后汉书》卷五八《臧洪传》。

是在春秋末年越国灭吴之后。此说虽然出现时间较晚,但较为合理。公元前473年越国灭吴后,就占据了从山东半岛南部一直到浙江北部的大片狭长区域,因海岸线变长,对海上力量的要求就进一步提高。为发展水师,加强与海外的联系,越国遂在其东疆句余之地建立了一个港口城市,名为"句章",是为句章古港之始。① 由此看来,句章港的开辟,主要出于军事上的需要。其时会稽(今浙江绍兴)和句章共用一个出海口,但会稽位于钱塘江狭长出海口的最里端,句章在其东面靠外,出海相对要便利得多。因此,句章港成为越国通向海洋的门户,也是春秋战国时期中国最重要的五大港口之一。

从秦汉到南北朝800余年的历史中,句章港频频见诸史册。如西汉元鼎六年(前111)秋,东越王余善反叛朝廷,汉武帝派遣横海将军韩说从句章港出发,从海路攻打东越。东越系古代越人的一支,相传为越王勾践的后裔,秦汉时分布在今浙江省东南部、福建省北部一带。次年,韩说与杨仆等攻入东越,东越人杀死其王余善投降。这是历史上从句章港起航的一次大规模海上军事行动,由此凸显出当时句章港重要的军事地位。此后,随着两汉政府对越人大规模军事行动的结束,句章作为军事港口的地位明显下降。东晋隆安年间(397—401),因为孙恩、刘裕在此多年鏖战,句章城被毁,县治迁移至今宁波市区三江口一带,句章古港逐渐废弃,最终销声匿迹。

西汉时,鄞县的县治设在古甬江口的鄞山同谷,旧称鄞廓,即今宁波市鄞州区五乡镇同岙村宝幢附近;其管辖区域包括今宁波市江东区(今归属鄞州区)、鄞州区东部、北仑区及舟山群岛。

古鄞县因县居鄞山之北而得名。至于鄞山一名的由来,南

---

① 　章巽:《我国古代的海上交通》,商务印书馆1986年版,第11页。

宋《乾道四明图经》卷二《鄞县》引唐《十道四蕃志》云:"鄞山,以海人持货贸易于此,故名。而后汉以县居鄞山之阴,乃加邑为鄞,虽或以山,或以县,取义不同,其所以为鄞则一也。"这里所说的"海人",当指宁波滨海地区的居民和舟山群岛的岛民。《宝庆四明志》卷一《风俗》亦载:"古鄞县乃取贸易之义,居民喜游贩鱼盐,颇易抵冒。而镇之以静,亦易为治。南通闽广,东接倭人,北距高丽,商舶往来,物货丰溢。"由此可见,鄞山、鄞县的得名,来源于鄞山同谷的海上贸易。这是史籍明确记载的浙江海上贸易的发端。

鄞山同谷之所以能成为海陆贸易市镇,这与其地处濒海的古甬江口,具有优越的水系网络有着密切的关系。明代《嘉靖宁波府志》卷五"同谷山"条云:"先时山麓与海相际,海中百货入此贸易,故谷口旧名后塘街,此为鄞县故城无疑。"由此可见,秦汉时期,鄞山山麓还是一个港口,当时这里有一条与甬江平行的短源性河流小浃江可以通海。对此,明代《宁波府简要志》记载:"小浃江,昔海舶由此入鄞山。"因此,"海人"可以从海口溯小浃江来到鄞山山麓进行贸易。

同谷山口的后塘街,一般认为在汉时即已形成。《四明谈助》卷三十二载:"汉后塘街在县东同谷山口,因是时鄞县在谷中,海人集货贸易于谷口,以在海塘之后而名之也。"根据地名的形成规律可以推知,早在先秦时期,今宁波鄞州区同岙村一带就已成为海陆贸易的活跃之地,初有"海人"持货在鄞山下的同谷"游贩鱼盐"形成市场,后有商人逐渐搭厂设铺定居,进而发展成为一个以商品贸易和流通为主的贸易型市镇。① 在西汉

---

① 王建富主编:《海上丝绸之路浙江段地名考释》,浙江古籍出版社2017年版,第6页。

时这里又成为古鄮县县治。

鄮县故城因海上贸易而形成,至今其遗迹已荡然无存,但鄮山脚下及其附近尚存有"晒网山""鱼山岙""船夹岙"等名字,见证了今鄮山脚下同岙村一带曾是秦汉时期海港和鄮县故城的史实。

我们读西晋文学家陆云的《答车茂安书》,就可以发现,到西晋时,鄮县的海洋经济已发展得相当不错。陆云有个朋友叫车茂安,车茂安有个外甥叫石季甫。有一年,石季甫被朝廷任命为鄮县县令,当时很多人以为鄮县是一个极荒僻可怕之地,为此,石季甫的家人忧心忡忡,"上下愁劳,举家惨戚"。因为陆云是吴郡华亭(今上海松江)人,离鄮县近,于是车茂安特致信陆云探询鄮县实况。于是,陆云就给车茂安写了一封回信,信中不仅介绍了鄮县地理位置、水陆交通和政情民俗,追述了秦始皇巡游至鄮县的历史,还介绍了鄮县丰富的海产品,诸如"鲶鳝鳆,炙蟹鲮,烝石首"等,还有许多叫不出名称的海错,陆云直夸"真东海之俊味,肴膳之至妙也"。总之,在陆云看来,鄮县这地方交通便利、特产丰富。读了这封信后,石家"举家大小,豁然忘愁",石季甫也高高兴兴地来到鄮县上任了。①

隋唐时,鄮县的治所和辖区范围都有了很大的变动。隋开皇九年(589),改会稽郡为吴州,并鄮、句章、鄞、余姚四县为句章县,俗称"大句章",县治就在今宁波市城区三江口一带。唐武德四年(621),句章县被析分,以原鄮、鄞、句章地置鄞州,原余姚地置姚州。武德八年(625),废鄞州,恢复鄮县名称,县治仍在三江口。此时的鄮县,辖区范围很大,包括秦汉时的鄞、句章、鄮三县,俗称"大鄮县"。唐开元二十六年(738),大鄮县升为

---

① 《陆云集》卷一〇《答车茂安书》。

明州,下辖鄮县、慈溪、翁山(今舟山)、奉化 4 县,州治设在三江口,鄮县成为明州附郭县。此时的鄮县横跨甬江—奉化江,虽比大鄮县小了许多,但比古鄮县大了不少,是后来鄞县的前身。长庆元年(821)三月,浙东观察使薛戎上奏,说"明州北临鄞江,城池卑隘,今请移明州于鄮县置,其旧城近南高处置县"①,朝廷批准了这一要求。于是,明州与鄮县互易治所,在今宁波市区鼓楼一带建明州子城。五代后梁开平三年(909),改鄮县为鄞县。至此,鄮县一名成为历史。而此时的明州,已是浙江地区最重要的海上贸易港口。

从秦汉时的鄮山港,到唐宋元时的明州港,再到今天的宁波港,它们的发展可谓一脉相承,都紧紧围绕海上贸易这个主题展开。宁波地区海上贸易的历史,可谓源远流长。

# 二、徐福东渡的传说

徐福,又写作徐市(fú),齐地方士。关于徐福入海求仙之事,最早记载于西汉司马迁所著的《史记》一书中。

秦始皇二十八年(前 219),秦始皇东巡,至齐地即今山东一带时,听信徐福等人的海上三神山之说,令其率数千童男童女入海寻求长生不老的仙药。对此,《史记》卷六《秦始皇本纪》是这样记载的:

---

① 《唐会要》卷七一《州县改制下·明州》。

> 既已，齐人徐市等上书，言海中有三神山，名曰蓬
> 莱、方丈、瀛洲，仙人居之。请得斋戒，与童男女求之。
> 于是遣徐市发童男女数千人，入海求仙人。

这是徐福第一次入海。当时，秦始皇除了派徐福入海之外，还先后派出韩终、卢生、侯生等方士去各地寻找仙药。但历经数年，"费以巨万计"①，徐福等人仍然一无所获，"船交海中，皆以风为解，曰未能至，望见之焉"②，他们借口看到了神山，但船被大风所阻未能到达。

秦始皇三十七年（前 210），秦始皇第五次出巡。这次他曾东巡浙江和山东沿海地区，目的之一就是"冀遇海中三神山之奇药"③。在山东琅琊（今山东省青岛市黄岛区），秦始皇传召徐福询问寻药进展。对此，《史记》卷六《秦始皇本纪》载：

> 北至琅邪。方士徐市等入海求神药，数岁不得，
> 费多，恐谴，乃诈曰："蓬莱药可得，然常为大鲛鱼所
> 苦，故不得至，愿请善射与俱，见则以连弩射之。"始皇
> 梦与海神战，如人状……乃令入海者赍捕巨鱼具，而
> 自以连弩候大鱼出射之。自琅邪北至荣成山，弗见。
> 至之罘，见巨鱼，射杀一鱼，遂并海西。

徐福为了逃避处罚，就对秦始皇撒谎说，之所以尚未取到仙药，是因为在海上有大鲛鱼（鲨鱼）阻拦，请求秦始皇增派一些射箭能手带上连弩支援。求仙药心切的秦始皇对此深信不

---

① 《史记》卷六《秦始皇本纪第六》。
② 《史记》卷二八《封禅书第六》。
③ 《史记》卷二八《封禅书第六》。

疑,还亲自带上连弩,从琅琊入海,沿海岸北航,经荣成山至芝罘(今烟台),射杀了一条大鱼,这才登岸西归。

关于徐福为逃避处罚欺骗秦始皇一事,在《史记》中还有另一个不同的版本。《史记》卷一百一十八《淮南衡山列传》载,淮南王刘安的门客伍被在劝谏刘安时,历数了近一个世纪以前秦始皇的暴政恶行,其中就包括秦始皇派遣徐福入海寻仙药事:

> 昔秦绝圣人之道,杀术士,燔诗书,弃礼义,尚诈力,任刑罚……又使徐福入海求神异物,还,为伪辞曰:"臣见海中大神,言曰:'汝西皇之使邪?'臣答曰:'然。''汝何求?'曰:'愿请延年益寿药。'神曰:'汝秦王之礼薄,得观而不得取。'即从臣东南至蓬莱山,见芝成宫阙,有使者铜色而龙形,光上照天。于是臣再拜问曰:'宜何资以献?'海神曰:'以令名男子若振女与百工之事,即得之矣。'"秦皇帝大说,遣振男女三千人,资之五谷种种百工而行。徐福得平原广泽,止王不来。于是百姓悲痛相思,欲为乱者十家而六。

由此看来,不管徐福编造何种理由欺骗秦始皇,最终秦始皇还是相信了徐福的话,不仅没有处罚他,还再次增派童男童女3000人,数百名精通各种技艺的能工巧匠,携带五谷种子,随徐福入海求仙药。徐福至少2次入海,而以上是《史记》记载的徐福最后一次入海。《史记·淮南衡山列传》还披露了徐福此行的最终结果:他们到了一个有"平原广泽"的地方,徐福自立为王,再也没有回来。而秦始皇在这次出巡的返回途中病死于沙丘平台(今河北省广宗县西北)。他梦想长生不死,却在50岁时英年早逝。

以上徐福的事迹,都来自《史记》的记载。《史记》成书时间大约在汉武帝太初元年至征和二年间(前104—前91),距徐福入海寻仙药的时间不到100年;且司马迁治史严谨,长期以来《史记》记事的可信度已为多方面证实。因此,徐福其人及秦始皇遣徐福入海求仙药之事,应当是事实,并非虚构。但《史记》中关于徐福的一些模糊记录,也给后世留下了众多的谜团和很大的想象空间。

徐福最后一次出海后,一去不返。《史记·淮南衡山列传》借伍被之口,说徐福他们到了一处"平原广泽",即有大面积的平原与水域的地方。那么,"平原广泽"具体在哪里呢?伍被没有说。现在,人们普遍认为徐福所到之处是日本,但对徐福的船队经历的路线争议很大,主要分为"北路说"和"江南路说"两类。"北路说"认为,徐福的船队从山东某地或江苏连云港起航北上,沿辽东半岛、朝鲜半岛南下,经济州岛穿过对马海峡到达日本北九州登陆。"江南路说"则认为徐福的船队从山东半岛或江苏连云港起航,先南下到达浙江的宁波,再从宁波出发经舟山群岛渡海到日本九州。

在浙江宁波慈溪和舟山群岛,确有不少与徐福活动有关的历史遗迹和传说。

慈溪现是浙江省宁波市辖县级市,位于宁波北部,和杭州湾相连。境内有一座达蓬山,其名意为"可以到达蓬莱的地方",主峰高422米,山下有渡口,位于今龙山镇凤浦岙村,由此向东北不远就是杭州湾外海,出海条件优越。元人戴表元《文溪记》云:"北引达蓬,土人相传秦始皇常登此山,谓可以达蓬莱;而东眺瀚海,方士徐福之徒,所谓跨溟蒙,泛烟涛,求仙采药

而不返者也。"①至今达蓬山上尚存有秦渡庵摩崖石刻、小休洞等与徐福渡海有关的地面遗迹。

舟山群岛位于慈溪达蓬山出海口的东面海域、杭州湾外缘，其中的岱山、衢山等岛屿，古称蓬莱山。《乾道四明图经》卷七《昌国县》载："蓬莱山，在县东北四百五十里，四面大洋。耆老相传，秦始皇遣方士徐福入海求神仙灵药，尝至此。"此外，在岱山岛东面，还有一个叫东福山的小岛，古称东霍山。《宝庆四明志》卷二十《昌国县志》载："东霍山，在东北，环以大海。世传徐福至此。"

此外，在宁波鄞州、象山的地方志中，也都有关于徐福在当地活动的记载。

鉴于宁波附近有大量与徐福活动或渡海有关的遗迹和传说，以及从慈溪达蓬山下海东渡日本有优越的航海条件可以利用，1989年，罗其湘先生首先提出了达蓬山是徐福东渡的起航地之一的观点。② 1998年，毛昭晰先生也提出徐福船队"从宁波附近出发，经舟山群岛直航日本"的观点，并分析了徐福船队从宁波东渡日本的几种可能路线：

1. 从琅琊或其附近（因为徐福是齐人，且《史记》提到琅邪）出发，到宁波附近集结，修理船只，补充给养，然后经舟山群岛直航日本；

2. 从宁波附近出发，经舟山群岛直航日本；

3. 从琅琊附近出发直航日本，但北方路线由于受海流及季风的影响，船只很可能被吹送到南方，结果仍然走的是第一

---

① ［元］戴表元著，陈晓冬、黄天美点校：《戴表元集》上册，浙江古籍出版社2014年版，第108页。

② 罗其湘：《徐福东渡起航地新考》，《淮海论坛》1989年第3期。

条路线。①

　　以上是"江南路说"中较有代表性的观点。且不说在秦代,以当时的航海水平没有可能从浙东沿海横渡大海直达日本,更重要的是,这一观点在实证史料的支撑上是存在致命问题的。因为无论是"江南路说"还是"北路说",都是基于徐福东渡日本这一前提。然而直到今天,我们不得不承认,从现有的文字记载很难得出徐福东渡日本的结论。徐福东渡日本仍是传说和可能,而不能证实是信史。用日本史和中日关系史专家王金林先生的话说,就是"徐福东渡日本的可能性是存在的",但"我们至今尚无确凿的材料可以直接证明徐福止而不归的地方正是日本"。②

　　为什么说徐福东渡日本是传说,而不是信史呢?我们不妨来看看"徐福东渡日本"说是如何形成的。

　　先看中国文献的记载。《史记》最早记载了徐福出海求仙药之事,但并未明确交代徐福最终的去处是哪里,只笼统地说到了"平原广泽"。以后西晋至六朝时问世的史书《后汉书》《三国志》亦提及徐福之事,但均未将徐福与日本联系起来。到了唐代,提及徐福的诗文增多,但基本上没有人认为徐福所到之处为日本,更没有徐福等人定居日本的说法。

　　首次明确将徐福与日本挂钩的是 10 世纪后周僧人义楚所著《义楚六帖》,该书卷二十一载有一段义楚根据一位来自日本的弘顺大师的口述而写下的文字:

---

　　①　毛昭晰:《关于徐福东渡问题的发言提要》,《宁波党政论坛》1998年第 4 期。

　　②　王金林:《从西汉前中日文化交流看徐福东渡的可能性》,《天津社会科学》1988 年第 1 期,第 85 页。

> 日本国亦名倭国,在东海中。秦时,徐福将五百
> 童男、五百童女止此国也,今人物一如长安。又显德
> 五年岁在戊午,有日本国传瑜伽大教弘顺大师赐紫宽
> 辅又云……东北千余里有山,名富士,亦名蓬莱;其山
> 峻,三面是海,……徐福止此,谓蓬莱,至今子孙皆曰
> 秦氏。

这则记载明确说徐福东渡日本,其所到和定居之处是日本富士山,其子孙均称秦氏。自此以后,徐福东渡日本之说才逐渐流传开来。不过,这位弘顺大师所说的富士山并不是三面环海,而且此时距司马迁的《史记》初载徐福事已经过去 1000 多年了,材料的伪造性显而易见。

再看日本文献的记载。8 世纪成书的日本史书《古事记》和《日本书纪》,记载了早期秦民东渡日本和移民的一些情况,却没有记载徐福的事。直到 1339 年日本南朝重臣北畠亲房所著的《神皇正统记》中,才首次出现秦始皇派人到日本求长生不死药的记载。此后日本有关徐福东渡的记载才逐渐多了起来,而这些显然是受到了宋元以来中国文献记载影响的结果。

总之,在《史记》记载徐福 1000 多年以后,到 10 世纪的时候,中国出现了徐福东渡日本的说法。这一说法后来又传到日本,随后在日本也出现相应的传说。从上述演变过程来看,徐福东渡日本是传说还是史实,已不言自明。因此,"严格地说,徐福东渡传说主要应当属于民俗学的研究范畴,并不适合作为一个史学问题来加以讨论"[1]。

---

[1]　石晓军:《徐福东渡日本说是怎样形成的——从"渡海求仙药传说"到"东渡日本说"的演变》,《跨语言文化研究》2019 年第 1 期,第 4 页。

由于《史记》这一原始材料在记载徐福事迹时存在严重的漏洞,因此关于徐福的最终去向,现在有许多种说法。除了东渡日本的说法外,还有人说到了台湾、琉球一带,也有人说到了海南岛或吕宋岛,甚至有人说到了美洲。然而,"历史上有些事在不能得到确证时,设想是可以的,但关键是要区分设想与史实,不能把设想当史实"。"在徐福渡海到日本这一前提很难成立的前提下,出发地是否是宁波,对于中日关系史来说没有什么意义。"①

虽然从文献上无法证明徐福到达过日本,但有文献显示在秦代确实有大批中国人移居到朝鲜半岛的南部。如史载秦末"陈胜等起,天下叛秦,燕、齐、赵民避地朝鲜数万口","辰韩在马韩之东,其耆老传世,自言古之亡人避秦役来适韩国,马韩割其东界地与之"。②辰韩就在朝鲜半岛南部,而朝鲜与日本自古便有一条"循海岸水行"古道。既然不少秦人移居到朝鲜半岛南部,那么再由此前往日本列岛就不是没有可能。另外,秦汉时有大批中国移民移居日本列岛,近些年来也得到考古学和人类体质学的支持。因此,徐福东渡日本传说,可以视为中国移民史实在文献与传说中的反映。

徐福入海寻仙药的故事,经过千余年的变化发展,到唐宋时已形成了一种内涵极其丰富的文化而被广泛流传,因而在浙东沿海地区出现与徐福相关的遗迹和传说,并不奇怪。需要指出的是,这些遗迹与传说原先与徐福东渡日本并无关联,将二者联系起来也是晚近的事。如将达蓬山与日本联系起来的,最早是晚清慈溪人尹金焱,其所作《千人坛寻徐福遗迹》诗云:"秦

---

① 王慕民、张伟、何灿浩:《宁波与日本经济文化交流史》,海洋出版社 2006 年版,第 11 页。

② 《三国志》卷三〇《魏书·东夷传》。

政渎王纲,徐福思遁迹。荒幻托神仙,望海千人石。相将童男女,楼船去飘忽。开国烟水中,避地蛟龙窟。比似桃花源,风景尤遐僻。至今海东国,庙食缅遗泽。"自注:"妹婿邵月亭尝客日本,为余言日本九岛皆有徐夫子庙,祀徐福,一如中国尊礼孔子。"①不过在这首诗中,诗人也只是将达蓬山与日本徐福遗迹联系起来,并没有说徐福船队就是从达蓬山起航去日本的。至于将慈溪、岱山、象山等地视为徐福东渡日本的起航地或中继站,应是 20 世纪 80 年代以后的事了。

# 三、汉六朝浙江的海上交通与贸易

秦末陈胜、吴广起义,六国贵族起兵抗秦,秦朝迅即灭亡。汉高祖五年(前 202),刘邦建立西汉王朝,将会稽郡纳入汉朝版图。汉武帝平定东越后,东瓯、闽越故地归属会稽郡,会稽郡地域广大,面积为汉郡国之冠。东汉永建四年(129),分会稽郡为会稽、吴郡,即所谓"吴会分治",会稽郡治设于山阴(今浙江绍兴)。

西汉时,制铁业的高度发达促进了造船水平和航海技术的进一步提高,当时会稽郡已是全国重要的船舶制造中心,同时这里的海上交通也有了进一步的发展。两汉之时,杭州湾南岸已有了会稽、鄮山、句章 3 个港口,钱塘江下游北岸的钱唐港和会稽郡南部的章安港也已开始兴起。从这些港口,向北可以沿

---

① 《四明清诗略》卷二九。

东海、黄海至山东半岛乃至辽东半岛，向南可以沿东海、南海至闽越、南越等地。

由会稽郡向北至山东半岛的航线开辟较早，先秦时就已比较成熟。秦始皇统一全国后，曾多次东巡沿海地区，其中公元前210年秦始皇第五次出巡，在巡视会稽郡后，"还过吴，从江乘渡，并海上北至琅邪"，又由芝罘"并海西至平原津"①，走的就是这条海上交通要道。而当时从山东半岛出发，经渤海海峡至辽东半岛的航线也早已存在。

西汉时期，从句章（今宁波）向南的航线也已开通。汉武帝元鼎六年（前111），东越王余善反叛朝廷，汉武帝派遣横海将军韩说"出句章，浮海从东方往"②，从海路攻打东越。东越都城东冶在今福州一带，说明在公元前2世纪的西汉时，浙东沿海至闽地的海上交通已经开通，并能完成大规模的军事调动。《后汉书》又记东汉建初八年（83），"旧交趾七郡贡献转运，皆从东冶泛海而至。……至今遂为常路"③。这里所说的"旧交趾七郡"即南海、苍梧、郁林、合浦、交趾、九真、日南，系汉武帝平定南越以后所置，位于今两广与越南北部。这表明，最迟在东汉前期，东冶与中南半岛的航线已十分畅通，因而当时句章的南向航线至少能延伸到中南半岛的交趾（今越南北部）一带。到东汉末年，越东海而入南海，在当时已为常路。建安元年（196），桓晔、袁忠等人自会稽（今绍兴）浮海至交趾，④便是明证。

总之，在两汉时期，北起辽东半岛，南至交趾的沿海航线已经畅通。这样一来，以越国故地会稽、句章等港口为起点或中

---

① 《史记》卷六《秦始皇本纪》。
② 《史记》卷一一四《东越列传》。
③ 《后汉书》卷三三《郑宏传》。
④ 《后汉书》卷三七《桓晔传》、卷四五《袁忠传》。

转站的航线,可以实现沿中国海岸的全线贯通。

不仅如此,汉武帝时,中国致力于与海外各国的往来,先后开辟了从中国通向朝鲜半岛、日本的"东海航线",以及以合浦郡为起点,经南海到印度洋的"南海航线",海上交通线路大为拓展。

汉代班固所著的《汉书·地理志》就详细记载了南海航线的交通状况:

> 自日南障塞、徐闻、合浦船行可五月,有都元国;又船行可四月,有邑卢没国;又船行可二十余日,有谌离国;步行可十余日,有夫甘都卢国。自夫甘都卢国船行可二月余,有黄支国,民俗略与珠崖相类。其州广大,户口多,多异物,自武帝以来皆献见。有译长,属黄门,与应募者俱入海市明珠、璧流离、奇石异物,赍黄金杂缯而往。所至国皆禀食为耦,蛮夷贾船,转送致之。亦利交易,剽杀人。又苦逢风波溺死,不者数年来还。大珠至围二寸以下。平帝元始中,王莽辅政,欲耀威德,厚遗黄支王,令遣使献生犀牛。自黄支船行可八月,到皮宗;船行可二月,到日南、象林界云。黄支之南,有已程不国,汉之译使自此还矣。

由上可知,汉武帝时,汉朝海船由黄门译长(主持传译与奉使的官)率领航行,带着黄金、丝绸从北部湾沿岸的日南、徐闻、合浦出发,前往印度半岛。这条船舶的去程是:北部湾—马来半岛—马六甲海峡—缅甸—孟加拉湾—印度—斯里兰卡。回程是:斯里兰卡—孟加拉湾—马六甲海峡—马来半岛—北部湾沿岸。海船向西航行的最远处已经到达了印度半岛南端的黄支国(今印度东南部的康契普腊姆)和已程不国(今斯里兰卡)。

这是中国有文字记载的第一条通往印度洋的远洋航线。西汉使臣"赍黄金杂缯而往",说明当时此航线输往海外的货物以丝绸为主,其所开辟的是一条名副其实的"海上丝绸之路"。

汉代海上丝绸之路示意图

关于东海航线,《汉书·地理志》载:"乐浪海中有倭人,分为百余国,以岁时来献见云。"《后汉书·倭书》亦载:"倭在韩东南大海中,依山岛为居,凡百余国。自武帝灭朝鲜,使驿通于汉者三十许国。"可见汉武帝时也已经开通了与日本的海上贸易往来航线。不过,当时中国与日本的海上交往,大都经循朝鲜半岛沿岸的航路,跨东海直达日本的航线还没形成。①

---

① 《三国志》卷四十七《孙权传》载:"(黄龙二年春正月)遣将军卫温、诸葛直将甲士万人浮海求夷洲及亶洲。亶洲在海中,……会稽东县人海行,亦有遭风流移至亶洲者,所在绝远,卒不可得至,但得夷洲数千人还。"一般认为,亶洲在今日本范围之内。从"亶洲……所在绝远,卒不可得至"以及《三国志》作者陈寿(西晋时人)似未意识到"亶洲"与"倭国"之间的关系来看,直到西晋时,中国跨东海直达日本的航线还没形成。

综上可知,在西汉时期,中国已经有了与海外国家交往的"海上丝绸之路"。那么,浙江在汉代是否已经出现了海外贸易呢?

由于史料的限制,汉代浙江海上贸易的具体情况已无法呈现。但根据考古资料推测,随着南海航线的开辟,在当时及之后相当长的一段时间里,应有越来越多的"浙江制造"货物通过南方的港口如合浦、番禺(今广州)、交趾等地出口海外,也有越来越多的舶来品经由合浦、番禺、交趾等地输入浙江。

20世纪后半叶,在宁波"三江口"一带的祖关山、大禹王庙,以及江东道士堰、江北乌龟山、南门湾头等地,发现、发掘了大批汉墓,墓中出土了东汉时期的玟瑁、琉璃、玻璃、玛瑙等质料的各式珠、琪等装饰品,属于典型的海外舶来品,主要来自南海和印度洋一带。这些舶来品在宁波北仑、余姚、镇海和奉化的东汉大墓中也屡有出土。[1] 特别值得一提的是,2005—2006年,在宁波奉化白杜南岙林场的3座墓葬中发现了1件琉璃珠及2件玻璃耳珰,其年代为西汉晚期至东汉早期。2013年,在宁波北仑大碶街道璎珞村的一座墓葬中发现了一串蓝色玻璃质料珠和一只蓝色玻璃质耳珰,年代是东汉早期(公元1世纪)。

由此来看,西汉晚期至东汉早期,经合浦、番禺、交趾等地转口的宁波海外贸易已经发展起来,宁波与海上丝绸之路的南海航线已有了间接联系。马来半岛南端的柔佛河流域和西婆罗洲的三发等地,分别发现有东汉会稽所产波浪纹青瓷和青釉龙柄魁。[2] 这

---

① 林士民:《浅谈宁波"海上丝绸之路"历史发展与分期》,李英魁主编:《宁波与海上丝绸之路》,科学出版社2006年版,第37—38页。

② 韩槐准:《南洋遗留的中国古外销瓷器》,新加坡青年书局1960年版,第4—5页;王志邦:《浙江通史(秦汉六朝卷)》,浙江人民出版社2005年版,第131页。

出土东汉玛瑙瑱（宁波博物馆藏）

表明,东汉时,浙江青瓷就已通过南海航线运销东南亚地区。

六朝建都建康(今江苏南京),今浙江境域与都城建康之间的物资运输和人员往来多依靠水路交通,促使造船业较汉代有了新的发展。东吴还在临海郡的横屿船屯(今温州市平阳县万全镇仙口村一带)建立了造船基地。西晋时,郯县"东临巨海,往往无涯,泛船长驱,一举千里。北接青徐,东洞交广"①,交通便利,航运发达,是南北贸易的中转站。这里通过南海航线转口的海外贸易仍然繁荣,这可以从出土于鄞州上庄山西晋墓葬中的小件玛瑙、玻璃坠饰得到印证。这一时期,会稽郡的商品输往日本和朝鲜半岛,也有考古资料可证。在日本出土的中国东吴铜镜中,有一部分来自会稽郡,是当时会稽郡与日本交往

---

① 《陆云集》卷一〇《答车茂安书》。

的实物见证。① 另外,韩国忠清南道天原郡花城里出土了中国东晋时期的青瓷四耳壶,说明南方的青瓷也传到了朝鲜半岛,而当时南方青瓷的主要产地为会稽郡。

在此还需要指出的是,汉至六朝时期,南海航线上舳舻衔尾,一派繁荣,但其主角是外国商船。印度和阿拉伯商人带来海外奇珍异宝,在中国南方广州、交州(交趾)进行交易。这一时期,浙江参与的南海贸易大多是由广州、交州转口,所以这种贸易本质上还是属于近海贸易,而且贸易体量不大。这一时期,浙江与日本、朝鲜半岛也没有直接交往。当时浙江只是作为海上丝绸之路沿线节点,境内港口还没有真正成为海上丝绸之路的始发港。浙江海上丝绸之路的形成,要等到 738 年唐朝设立明州以后。

# 四、浙江与日本的早期交往

在我国古书中,最早提及日本的是大约成书于战国时期的《山海经》。《山海经·海内北经》中说:"盖国在钜燕南,倭北。倭属燕。"这里,"盖国"指朝鲜半岛的盖马高原,"倭"指日本,可见《山海经》中已准确地指明了日本列岛的位置。汉代对日本有了更多的了解,《后汉书·东夷列传》将"倭"列为专条:

> 倭在韩东南大海中,依山岛为居,凡百余国。自

---

① 详见下节"浙江与日本的早期交往"。

武帝灭朝鲜，使驿通于汉者三十许国，国皆称王，世世传统。其大倭王居邪马台国。乐浪郡徼，去其国万二千里，去其西北界拘邪韩国七千余里。其地大较在会稽东冶之东，与朱崖、儋耳相近，故其法俗多同。土宜禾稻、麻纻、蚕桑，知织绩为缣布。出白珠、青玉。其山有丹土……建武中元二年，倭奴国奉贡朝贺，使人自称大夫，倭国之极南界也。光武赐以印绶。①

由上可见，《后汉书》对日本的地理、风俗、农业和特产等都有具体的描述，足见汉代时中日双方的交往已经相当密切。东汉建武中元二年（57），"倭奴国奉贡朝贺，使人自称大夫，倭国之极南界也。光武赐以印绶"。这是我国正史中明确记载的日本与中国最早的交往，1784年在日本九州福冈市志贺岛发现的"汉委奴国王"金印，证实了这一记载。值得注意的是，日本"土宜禾稻、麻纻、蚕桑，知织绩为缣布"，说明最迟在汉代，中国的蚕桑丝绸生产技术已经传入日本。

那么，汉代时浙江是否已经与日本有了交往呢？虽然史料中还没有发现可靠证据，但这种可能性应是存在的。

《后汉书·东夷列传》记载："会稽海外有东鳀人，分为二十余国。又有夷洲及澶州。传言秦始皇遣方士徐福将童男童女数千人入海，求蓬莱神仙不得，徐福畏诛不敢还，遂止此洲，世世相承，有数万家，人民时至会稽市。会稽东冶县人有入海行遭风流移至澶洲者。所在绝远，不可往来。"《三国志·孙权传》

---

① 《后汉书》卷八五《东夷列传·倭》。

也提到"亶洲在海中……其上人民,时有至会稽货布"①。《后汉书》里提到的"夷洲"一般认为是台湾岛;但亶洲所指何处,目前学术界争议还比较大,多数倾向于认为亶洲在今日本范围之内,②如此说成立,则东汉时来到会稽郡贸易的海外商人中,有一部分来自日本。不过,汉代时会稽郡范围很大,包括今福建之地,不一定是指今浙江境域。因此,我们仅凭以上史料还不能肯定汉代时浙江与日本已有了交往。

浙江与日本的交往真正可考的始于六朝时期,当时浙江丝织生产技术和铜镜铸造技术东传日本就是明证。

先说丝绸生产。东吴时,浙江永兴(今萧山)、诸暨的丝绸业已是远近闻名,东吴左丞相陆凯曾说:"诸暨、永兴出御丝。"③这说明当时诸暨、永兴两地出产的丝质量高,被东吴指定为贡品。南朝宋时,谢灵运在其会稽郡始宁县的庄园内"既耕以饭,亦桑贸衣"④。其时,丝织品已是会稽郡城市场上的商品之一。⑤

早在西晋时,江南丝织技术已传到了日本。成书于公元720年的日本史书《日本书纪》有如下的记载:

> 应神天皇三十七年(306)春二月戊午朔,遣阿知使主、都加使主于吴,令求缝工女。爰阿知使主等渡高丽国,欲达于吴。则至高丽,更不知道路,乞知道者

---

① 《三国志》卷四七《孙权传》。
② 关于亶洲的地理位置,有海南岛、琉球群岛、日本种子岛、日本九州岛南部及萨南诸岛、菲律宾吕宋岛、印度尼西亚等多种说法。
③ 《太平御览》卷八一四。
④ 《宋书》卷六七《谢灵运传》。
⑤ 《宋书》卷九三《朱百年传》、卷九四《戴法兴传》。

于高丽。高丽王乃副久礼波、久礼志二人为导者,由
是得通吴。吴王于是与工女兄媛、弟媛、吴织、穴织四
妇女。①

　　应神天皇四十一年(310)春二月……是月,阿知使
主等自吴至筑紫。时胸形大神有乞工女等,故以兄媛
奉于胸形大神,是则今在筑紫国御使君之祖也。既而
率其三妇女以至津国,及于武库而天皇崩之。……是
女人等之后,今吴衣缝、蚊屋衣缝是也。②

　　(雄略天皇)十四年(470)春正月丙寅朔戊寅,身
狭村主青等共吴国使,将吴所献手末才伎、汉织、吴织
及衣缝兄媛、弟媛等,泊于住吉津。是月,为吴客道,
通矶齿津路,名吴坂。三月,命臣连迎吴使。即安置
吴人于桧隈野,因名吴原。以衣缝兄媛奉大三轮神,
以弟媛为汉衣缝部也。汉织、吴织衣缝是飞鸟衣缝
部、伊势衣缝之先也。③

　　以上 3 条是关于吴地纺织技术传入日本的史料。其中提
到的"吴"一名,大致包括今杭嘉湖与苏州一带,东汉时称吴郡。
由以上记载可知,4—5 世纪,日本曾多次遣使招请江南的丝织
工和缝衣工,江南丝绸生产技术由此东传日本,大大促进了日
本丝织业的发展。

　　再说铜镜制造。早在春秋时期,浙江就有了冶铸业。到东
汉中期,会稽郡的治所山阴(今浙江绍兴)已是江南重要的铸镜
中心。三国东吴时期,会稽郡的铜镜业在东汉的基础上进一步

---

①　《日本书纪》卷一〇。

②　《日本书纪》卷一〇。

③　《日本书纪》卷一四。

发展,最具特色,并处于当时全国领先的地位,达到了我国古代铸镜史上的一个高峰。这里铸造的各种画像镜、神兽镜和车马镜,不但数量众多,而且工艺精湛。画像镜纹饰美观,其花纹题材多是历史人物,具有鲜明的江南本地特征;神兽镜的纹饰多是神话人物和动物;车马镜则大多描绘骏马拉车奔驰的情景。会稽郡不但有官营的铜镜铸造业,而且民间制镜业也已发展起来。

三国东吴时期,会稽郡生产的铜镜被输往日本。在日本列岛,迄今为止已出土近 1000 枚中国两汉、三国时的铜镜,其中有一部分是吴镜。近年来,在日本发现的许多中国的神兽镜、画像镜,其形制、纹饰均和会稽铜镜相同,并且上面有"赤乌元年""赤乌七年"等纪年铭文。赤乌是东吴君主孙权的年号,明确表示这是来自东吴时期的铜镜,这些来自三国时期东吴的铜镜,被统称为"吴镜"。有的吴镜上面的铭文直接写着"会稽师"字样,表明是会稽工匠所制。如日本东京五岛美术馆收藏有一枚东吴时期的铜镜,上有铭文,"黄初四年五月壬午朔十四日乙未,会稽师鲍作明镜,行之大吉,宜贵人王侯,□服者也,今造□□□"①。该馆还藏有另一枚同时期的铜镜,更是点明了作镜工场的具体地点,其铭文为:"黄武五年二月辛未朔六日庚巳,会稽山阴安本里,思子兮,服者吉,富贵寿春长久。"②

日本境内出土的铜镜中,还有一部分可能是中国东吴工匠到日本后制造的。如日本出土的 500 余枚三角缘神兽镜,以神仙和神兽为主要装饰纹样,图案具有高浮雕的立体感,特别是镜的外缘隆起较高,顶端是尖的,断面呈三角形,所以被称为

---

① 王仲殊:《黄初、黄武、黄龙纪年镜铭辞综释》,《考古》1987 年第 7 期,第 638 页。

② [日]樋口隆康:《古镜》,新潮社 1979 年版,图录,第 94 页。

"三角缘神兽镜"。据中国学者王仲殊先生研究,这些三角缘神兽镜并不是从中国用船运至日本的"舶载镜",而是 3 世纪时东吴铜匠东渡日本,在日本本土参照吴镜中的各种平缘神兽镜和三角缘画像镜而设计出来的新式样。① 换言之,这些三角缘神兽镜是东吴工匠东渡日本后制作的产品。如果此说成立,那么这些东渡日本的东吴工匠中,应有来自当时铸镜中心之一会稽山阴的工匠吧。

日本大阪出土的三角缘神兽镜

---

① 王仲殊:《日本三角缘神兽镜综论》,《考古》1984 年第 5 期,第 468—479 页。

# 五、佛教从海路传入浙江

海上丝绸之路不是单纯的商贸之路,它还是一条文化交流之路。佛教传入中国,便是早期东西方文化交流最重要的体现。

佛教最早出现在印度,传入中国的确切时间无从考证,一般认为佛教在两汉之际从印度传入中国。到南北朝时,佛教在中国已经非常兴盛了,唐代大诗人杜牧曾写诗感慨:"南朝四百八十寺,多少楼台烟雨中。"由此可见佛教在南朝的盛况。

浙江是中国佛教圣地,是佛教文化创立、传播和交流的重要地区。三国东吴时期,中亚僧人支谦、康僧会等就曾在浙江地区活动。到两晋南北朝时期,佛教在浙江已得到广泛的传播,佛教名刹大量出现,杭州灵隐寺,明州天童寺、阿育王寺,新昌大佛寺等闻名中外的寺院都始建于这个时期。宁波鄞州、慈溪、余姚等地出土的西晋越窑青瓷堆塑罐上出现了佛像,也说明当时佛教文化和信仰已经进入普通民众的生活。陈隋时更是出现了中国本土第一个佛教宗派——天台宗,对浙江佛教乃至全国佛教产生了巨大的影响。

那么,佛教最早是在何时又是如何传入浙江的呢?这是一个非常复杂的问题,有着许多历史传说。佛教传入浙江的路线可以分为陆路和海路。

文献记载,在东汉末年,佛教已经从北方通过陆路传入浙江。东汉桓帝时,安息国高僧安世高来到洛阳,翻译佛经,宣传佛教教义。灵帝末年,中原战乱,安世高避乱到江南传教,辗转至会稽。传说安世高最后在会稽闹市中遇有人打架,被误中头部而亡。安世高的著名弟子有会稽人陈慧。此为佛教传入浙江境域之始。

最迟到三国两晋时期,佛教已开始通过海路传入浙江。佛教之所以通过海路传播,其原因是当时印度同中国的海上贸易往来颇为密切。《汉书·地理志》记载汉武帝时,汉使到达的国家中有"黄支国",即今印度东南海岸之康契普腊姆,说明早在西汉时期,中印海上航道已开通。东汉以后,印度佛教随着海上贸易逐渐传入岭南地区,南方交州成为中国早期佛教最发达的地区之一。

交州原称交趾刺史部,为西汉十三刺史部之一,汉武帝时设置,治苍梧广信县(今广西梧州附近),管辖南海、苍梧、郁林、合浦、交趾、九真、日南、珠崖、儋耳等岭南9郡。东汉建安八年(203),交趾刺史部改称交州,建安十五年(210),州治迁番禺(今广东省广州市)。因地处中国与东南亚沿海的接合部,汉代时交州已是一个海外贸易繁荣地区。三国时期,东吴重视开拓岭南,经营交州。黄武五年(226),吴主孙权因交州辖地过于辽阔,不易管理,遂将交州之南海、苍梧、郁林、合浦4郡划出,另设广州,治番禺,一年后复将广州并回交州。吴景帝永安七年(264),交、广再次分治,交州移治交趾治所龙编(今越南河内东),广州仍治番禺。此后,交、广两地海外贸易日益发展,交趾更是成为中外商贾贸易的首选地和佛教在南方传播的重镇,吸引很多外国僧人来这里活动。正如越南的《大南禅苑传灯录》所说:"交州一方道通天竺,佛法初来,江东未被,而嬴陵(为交趾一县,今越南河内市及其西北一带)又重创兴宝刹二十余所,

度僧五百余人,译经一十五卷……于是比丘尼摩罗耆域、康僧会、支疆梁、牟子之属在焉。"①后来这些人都进入了中国。当时从印度来中国的僧人,多由海路从交趾、广州登岸。这条海上路线就是从天竺(今印度)出发,经由师子国(今斯里兰卡)、耶婆提国(今苏门答腊岛和爪哇岛一带)、南中国海,到达交趾、广州等地,再通过陆路内河或循海北上。东晋著名高僧法显曾去天竺求学,在天竺生活了约 10 年后,他搭乘帆船由水路回国,走的就是这条海上路线。法显的航海经历详细地记录在他所著的《佛国记》上。

对浙江佛教的传播起了重大作用的印度僧人康僧会,就是有确切记载的沿海路来中国的第一人。

慧皎《高僧传·康僧会传》记载,康僧会的祖上是西域康居国人,后移居天竺,到父辈因经商又移居交趾。康僧会 10 余岁时,双亲俱亡,完孝后即在交趾剃度出家,对佛教经典和儒家典籍都很精通。东吴赤乌十年(247),康僧会从交趾来到东吴都城建业(今江苏南京)弘传佛法,是有文字记载的第一个由南而北传播佛教的僧人。他首先说服了孙权,使孙权"大嗟服,即为建塔,以始有佛寺,故号'建初寺',因名其地'佛陀里',由是江左大法遂兴"②。由于康僧会的弘法,佛教在东吴地区传播开来。康僧会曾随会稽人陈慧学习安世高所传小乘佛教,并协助陈慧撰写《安般守意经注》。康僧会还曾来到浙江海盐,创建了金粟寺。

东吴时沿海路来浙江的还有印度高僧那罗延。那罗延漂洋过海,来到浙东,在赤乌年间(238—251)云游到慈溪五磊山,

---

① 朱名遂主编:《广西通志·宗教志》,广西人民出版社 1995 年版,第 189 页。

② 《高僧传》卷一《康僧会传》。

结庐开禅,创建五磊寺。此后,又有印度僧人慧理在东晋咸和元年(326)来到杭州飞来峰下卓锡结庵,为江南名刹灵隐寺开山之始。

当时,既有印度僧人沿海路来浙江传播佛教,也有中土僧人从浙江出发沿海路赴印度求法。《高僧传》记载,两晋之际,有于法兰、于道邃师徒为求法西域,从剡县(今浙江嵊州)出发,不远千里来到交州候船,不幸两人在交州时都遇疾而死,求法之愿未能实现。"其西行求法虽未成功,但欲循海路至天竺之意甚为明了。于法兰、于道邃取路海道前往天竺之设想正足以说明,中印海路佛教之交通可能已为时人熟知"。①

浙江佛教自东汉末年传入后,经过数百年的发展,到隋唐时期出现兴盛局面,至吴越两宋发展到顶峰,历元明清而不衰,一直称盛于世,史称"东南佛国"。

---

① 刘林魁:《魏晋南北朝时期的海路佛教传播》,《宝鸡文理学院学报(社会科学版)》2016年第4期,第71页。

　　当历史进入隋唐后,浙江的繁荣拉开了序幕。隋炀帝凿通了南北大运河,杭州自此成为大运河的起讫点,迅速发展成为商业都市。唐开元二十六年(738),唐政府设立明州(今宁波),长庆元年(821),在三江口建明州城,一个拥江揽海的新兴港口城市诞生了! 此后,随着航海技术的进步和东海新航路的开辟,浙江民间海商纷纷从明州走向海外。明州与日本、朝鲜半岛有了直接往来,与印度洋地区也建立了间接的海上贸易联系,浙江海上丝绸之路开始兴起。

　　晚唐至五代,以越窑青瓷为代表的"浙江制造"开始走向世界,贸易范围遍及亚、非近 20 个国家和地区。如今在世界各地出土的唐五代越窑青瓷依然熠熠生辉,成为古代东西方经贸和文化交流最主要的历史见证之一。

# 一、从钱唐到杭州

　　杭州与水有关,它位于大运河与浙东运河的交汇点,钱塘江绕其东流入海。杭州的得名也与水有关,杭,通"航",有渡河或渡船之意。相传大禹治水时,会诸侯于会稽,至此地舍舟登

陆,因名"禹航",后来就谐音简化成"余杭"。余杭建州,遂有了杭州之名。

春秋战国时期,杭州先后属越国和楚国(中间曾一度属吴国),这个时候今杭州市区还是随海潮出没的海滩,西湖尚未形成。秦灭六国,统一天下,在全国实行郡县制,在会稽郡下建立钱唐县,县治就设在武林山(今称灵隐山)麓,隶属会稽郡。《史记·秦始皇本纪》记载:"(秦始皇)三十七年十月癸丑,始皇出游……过丹阳,至钱唐,临浙江,水波恶,乃西百二十里从狭中渡。"这是史籍最早记载"钱唐"之名。后来到唐武德四年(621),为避国号讳,钱唐改为"钱塘"。

西汉时期,钱唐县地位逐渐显要起来。汉武帝元狩年间(前122—前117),原来设在山阴(今绍兴)的会稽郡西部都尉移设于此。东汉建武年间(25—56),从宝石山至万松岭修筑了第一条海塘,西湖开始与海隔断,成为一个内湖,游览胜地西湖应运而生。当时杭州湾比较宽阔,接近东海,杭州地区还属于典型的濒海区域。《三国志·吴书·孙坚传》就记载了东汉建宁五年(172),17岁的孙坚勇斗海贼的故事。

> 少为县吏,年十七,与父共载船至钱唐。会海贼胡玉等从匏里上掠取贾人财物,方于岸上分之,行旅皆住,船不敢进。坚谓父曰:"此贼可击,请讨之。"父曰:"非尔所图也。"坚行操刀上岸,以手东西指麾,若分部人兵以罗遮贼状,贼望见,以为官兵捕之,即委财物散走。坚追,斩得一级以还;父大惊,由是显闻。①

--------

① 《三国志》卷四六《孙坚传》。

海盗进入钱唐,"行旅皆住,船不敢进",说明东汉末期,杭州不仅濒海,而且海上贸易活动已经日渐兴盛了,以至成为海盗垂涎的地方。

六朝陈后主祯明元年(587),在钱唐县置钱唐郡。隋开皇九年(589),灭陈,废钱唐郡,设置杭州,是为杭州得名之始。杭州下辖钱唐、余杭、富阳、盐官、於潜、武康 6 县,州治初设在余杭(今杭州市余杭区),隋开皇十年(590)迁至钱唐县治所在的柳浦西(在凤凰山麓,今杭州市上城区南星桥一带)。杭州的建立,使这一地区从三吴政区中独立出来,区位价值得到了明显提升。

隋开皇十一年(591),朝廷调发居民,在凤凰山依山筑城,"周回三十六里九十步",这是最早的杭州城。从此,杭州城就由山中小城开始变成交通便利的滨江临湖的大城邑。

对杭州影响更为深远的一件事,是隋时纵贯南北的大运河的通航。

早在春秋时期,统治长江下游一带的吴王夫差,为了北上与晋、齐争霸,调集众多民夫开挖了一条淮扬运河,这条运河从今天的扬州向东北,经射阳湖到淮安入淮河,全长约 170 千米,由于以邗城(今江苏扬州)为起点,故称为邗沟,由此沟通了长江和淮河。在之后的 1000 年中,历朝统治者为了方便运兵、运粮等,十分重视维护和加强江淮之间的水道运输,或加深加宽原有的河道,或新开凿人工运河,至隋朝时,已基本形成了以中原地区为中心,贯通东西南北的早期运河体系,为隋朝大运河的全线开通奠定了基础。

隋朝建立后,先是定都大兴(唐时易名长安,今陕西西安),后又迁都洛阳。隋大业元年(605),隋炀帝征发百万民工,开凿从洛阳到清江(今江苏淮安)长约 1000 千米的通济渠,沟通了

黄河与淮河的交通。大业四年(608),又征发百万民工开凿永济渠,从黄河下游开挖渠道,向北一路到达涿郡(今北京),建立了从洛阳到北京的航运通道。

隋大业六年(610),隋政府整治了从镇江至余杭(今杭州)长约400千米、宽约30米的江南运河,"使可通龙舟,并置驿宫草顿,欲东巡会稽"[①]。江南运河始凿于春秋战国时期,秦汉以来,逐渐形成了运河的基本走向。隋政府在前人的基础上,对江南运河重加规划,大规模开凿疏浚,拓宽航道,使之水源充足,河面开阔,大大增强了杭州与外界的联系。

隋政府在开通江南运河的同时,对原始的邗沟进行了大规模的改造、疏浚,最终建成了以洛阳为中心,北起涿郡(今北京),南达余杭(今杭州),贯穿中国南北的大运河。大运河全长2700千米,自北至南与海河、黄河、淮河、长江和钱塘江等5条大河相贯通。至此,将关中盆地、华北平原、太湖流域连接起来的水运大动脉完全形成,这就是著名的隋唐大运河,后又发展为京杭大运河,是迄今为止世界上最古老、流程最长的一条人工河道。

自此,杭州成为全国性大运河的起讫点,从杭州到洛阳有了直达的水上通道,从而将古代中央政权与浙江紧密联系起来,也为浙江走向关中、华北提供了一条最为便捷的交通线。这是浙江交通史上具有划时代意义的突破性发展,后来成为东南名郡、浙江首府的杭州,至此拉开了繁荣的序幕。

此后,唐朝又在隋朝江南运河的基础上,开辟了连接钱塘、於潜、余杭、临安的东苕溪航线,治理了钱塘江渡口西兴经越州(今绍兴)至曹娥江、余姚江的浙东运河。通过江南运河与浙东

---

① 《资治通鉴》卷一八一《隋纪五》。

运河,将当时最富庶的太湖流域与宁绍平原连成了一片,并使围绕大运河的陆上主要贸易线路延伸到了东海岸。大运河和浙东运河的便利水运条件,使杭州成为江、河、海三水枢纽,确立了杭州全国性交通主干线和地区性(钱塘江下游地区)交通主干线的重要地位。交通便利,加上特产丰富、工商业发达,以及得天独厚的西湖名胜,杭州迅速崛起,成为一个"珍异所聚""商贾并凑"①的临港商业都市。

到了唐开元年间,杭州的人口已达到了8.6万余户,②从此以"东南名郡"见称于世。这有唐人李华《杭州刺史厅壁记》一文为证:"东南名郡……咽喉吴越,势雄江海。""骈樯二十里,开肆三万室。"③曾做过杭州刺史的白居易也说:"江南列郡,余杭为大。"④

唐代的杭州还是对外贸易的港口,当时海舶直通杭州湾。唐末罗隐作《杭州罗城记》描述:"东眄巨浸,辖闽粤之舟橹;北倚郭邑,通商旅之宝货。"⑤当时杭州海上贸易的繁荣,由此可见一斑。

杜甫写过一组《解闷十二首》诗,其中有一首是这样写的:

> 商胡离别下扬州,忆上西陵故驿楼。
>
> 为问淮南米贵贱,老夫乘兴欲东流。⑥

---

① 《隋书》卷三一《地理志下》。

② 《梦粱录》卷一八《户口》。

③ 〔唐〕李华:《杭州刺史厅壁记》,见《全唐文》卷三一六。

④ 〔唐〕白居易:《卢元辅杭州刺史制》,见《全唐文》卷六六一。

⑤ 〔唐〕罗隐:《杭州罗城记》,见《全唐文》卷八九五。

⑥ 〔唐〕杜甫:《解闷十二首》,见《全唐诗》卷二三〇。

西陵即今杭州西兴,是当时海舶出入必经之地。到西兴的舶商自然是奔杭州而来。可见当时外国商人,都是乘海船经西陵到杭州,然后通过隋唐大运河,再到最大的商业城市扬州乃至洛阳、长安、通州(今北京)的。

五代十国时,浙江临安人钱镠建立了吴越国,以杭州为国都,对杭州进行 3 次大规模建设,奠定了杭州成为"东南第一州"的基础。北宋时,杭州为两浙路的治所和两浙市舶司所在地,政治和经济地位仍然很高;南宋时,杭州再次成为一国之都,同时也是大宋最兴旺的口岸城,工商业相当繁荣。南宋诗人范成大在《吴郡志》中写"天上天堂,地下苏杭",从此杭州有了"上有天堂,下有苏杭"的美誉。元代时,威尼斯商人和探险家马可·波罗曾游历杭州,并在他影响整个西方世界的《马可·波罗行纪》一书中,对杭州这座"天堂之城"进行了浓墨重彩的记述,从此杭州名扬世界。

## 二、明州的崛起

明州地处东海之滨,自古以来就是备受封建王朝关注的地区。早在春秋战国时,姚江流域就出现了句章港,是我国最古老的海港之一。秦汉时期,在今宁波平原上,设置了句章、鄞、鄮三县,隶属会稽郡。唐武德四年(621),以句章、鄞、鄮三县设鄞州。不久又废鄞州,设鄮县,隶属越州。此鄮县虽是县级行政建置,却已非旧时鄞县,"实兼三县为郡之全境"①,故又称大鄞县。

随着盛唐以来浙东甬江流域经济的快速发展和区域交通的不断完善,大唐决定在今天的宁波地域设立州一级的建置。唐开元二十六年(738),浙东采访使齐澣认为越州鄞县是海产品和丝织品的集散地,也是大唐的重要港口,奏请将鄞县划分为慈溪、奉化、鄞县、翁山(今舟山)4个县,别立州以统辖之,取境内四明山的"明"字,称其为明州,州治就设在今宁波市区三江口一带。这样,明、越开始分治,明州与越州同隶属江南东道。明、越分治,给宁波地区进入实质性开发带来了极好的契机。

长庆元年(821),因"明州北临鄞江(指三江口水系),城池卑隘"②,经唐政府批准,明州与鄞县互易治所。明州刺史韩察"撤旧城,筑新城"③,此"新城"即明州内城,俗称子城。子城周长为420丈(1400米),通过对唐代明州子城遗址的考古发掘,已基本弄清了唐代子城的范围。从现在的宁波城区图来看,它东起蔡家巷,西至呼童街,南临中山西路,北接中山公园。现在宁波的鼓楼,就是当时子城的南城门。乾宁年间(894—898),明州刺史黄晟又发动民众修建了罗城(外城)。罗城周长为2527丈(约8.42千米),与子城相比,面积至少扩大了20倍,城市规模大为拓展,基本上奠定了古代宁波城市的空间分布格局。

至此,在三江口西岸,一个拥江揽海的新兴港口城市诞生了!

如果说杭州在唐代的崛起和发展得益于隋唐大运河开通的话,那么明州在唐代的崛起和发展,则得益于隋唐大运河与浙东运河的连接。

---

① 《嘉靖宁波府志》卷一《沿革》。

② 《唐会要》卷七一《州县改制下·明州》。

③ 《宝庆四明志》卷一《郡志·郡守·韩察》。

浙东运河(今称杭甬运河),西起杭州钱塘江南岸的西兴,东经萧山、绍兴、上虞、余姚至宁波甬江,全长近240千米。运河由西段人工河道和东段自然河道2部分组成,自西兴至上虞县城(今上虞市)以东的通明堰一段为人工河道,自通明堰以东至宁波一段即为余姚江,系自然河道。运河最初开凿的部分是春秋时期越国兴修的"山阴古水道",为浙东运河绍兴至曹娥江段的前身。东汉永和五年(140),会稽太守马臻在会稽山北麓创修东西长130里(65千米)、南北宽5里(2.5千米)的镜湖(今称鉴湖),此湖西连钱清江,东接曹娥江,是浙东运河不可或缺的航段。西晋时,会稽内史贺循在镜湖以北又主持兴修西兴运河,开凿了一条与湖堤平行的河道,并向西一直延伸至萧山境内的西兴。至此,浙东运河西段(自西兴经绍兴至曹娥江段)已畅通无阻。最迟在西晋时,沟通钱塘江与甬江,跨越钱清江、曹娥江的浙东运河已全线贯通。其中浙东运河东段原系自然河流余姚江,经人工整治改造后用于通航,成为浙东运河的组成部分。余姚江在余姚丈亭以下,江宽可达150—250米,水深4—5米,至宁波汇入甬江。浙东运河全线贯通后,成为浙东地区的交通大动脉,对宁绍平原地区的社会经济发展起着十分重要的推动作用。

隋唐时期,浙东运河又进行过多次整治;而更为重要的是,隋唐大运河开凿后,浙东运河开始与大运河相连接,由此隋唐大运河延伸到了东海岸,宁波成为南北海运和内河大动脉的交汇处。唐代,到达明州的内河航船,可以从三江口换乘海船经甬江出海。同样,从广东、福建等地以及日本、朝鲜半岛来浙的海船,在明州驻泊后,改乘内河船,从三江口出发,溯余姚江西上,经七堰,抵曹娥江、钱塘江,到达杭州,再沿隋唐大运河可直至当时极为繁荣的商业中心扬州,或至东都洛阳和京城长安。

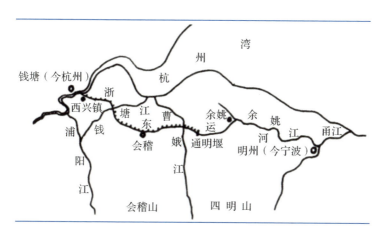

浙东运河示意图

当时明州的水产贡品淡菜、海蚶等海味，就是取道运河昼夜兼程运往长安的。宋人李昉等编的《太平广记》卷四十四载："至贞元中，（萧）洞玄自浙东抵扬州，至虔亭埭，维舟于逆旅主人。于时舳舻万艘，隘与河次，堰开争路，上下众船相轧者移时，舟人尽力挤之。"这段文字描述了唐贞元年间（785—805），人们通过运河从浙东到扬州去，船过堰坝时热闹混乱的景象，反映了当时这段内陆运河交通之繁忙。

总之，在浙东运河与隋唐大运河连通后，三江口即形成了北达隋唐统治中心洛阳、长安，东与大海相通的江海联运的优势。唐代明州在三江口依港立城，标志着它在海洋贸易上开始先行一步。

明州的最大优势在于港口。当时从明州港出发，南下至温州、福州、广州，可与南海航线相接，穿越马六甲海峡，经霍尔木兹海峡直至波斯湾。北上至楚州（今江苏淮安）、登州（今山东蓬莱）、莱州，可达朝鲜半岛，进而越对马海峡至日本。到了8—9世纪，随着东亚地缘政治局势的变化和航海技术的提高，更是

开辟了从明州港横渡东海直抵日本肥前值嘉岛(今五岛列岛)，再入日本博多津(今博多港)的新航路，开创了从浙江港口直航日本的历史。对外海上航线的开拓，为明州港的崛起和日后繁荣奠定了基础。

这里还要提一下望海镇(今宁波镇海)。望海镇是唐代明州港外来船舶的第一个停靠站。望海镇古称峡口，位于甬江入海口，招宝山和金鸡山犹如控制海口的两座屏障，雄踞其间。招宝山历来为"商舶所经，百珍交集"之地，外来船只经此入明州内港，或由此启航放洋，因而有"明州第一码头"之称。可以说，望海镇招宝山是浙东运河的终点，也是江海联运的起点，商舶往来十分繁忙。①

晚唐时，明州城以三江口为中心逐渐发展，成为一个交通畅达、人口众多、经济相对发达的沿海港口城市。这时的明州港已由国内贸易港成功转型为国际贸易港，大量精美的越绫与越瓷，由明州港出海，跨越重洋，远销日本和朝鲜半岛，或经由广州、交州运往南洋与印度洋各国。

经晚唐、五代的发展，明州对外贸易日趋繁荣，到宋元时期，宁波港成为我国三大国际贸易港之一(其他2个港口是广州港和泉州港)。南宋《宝庆四明志》曾对当时明州港的航海地位有一段精彩的概括式评述："南通闽广，东接倭人，北距高丽，商舶往来，物货丰溢。出定海，有蛟门、虎蹲天设之险，实一要会也。"②

---

① 张如安、刘恒武、唐燮军：《宁波通史(史前至唐五代卷)》，宁波出版社2009年版，第201—202页。

② 《宝庆四明志》卷一《郡志·风俗》。

# 三、中日东海航线的开辟

中日海上交往大约始于汉代。魏晋之前，从日本来中国，大都不经过吴越地区，而是"循海岸水行"，即从日本九州出发，经过壹岐、对马岛到达朝鲜半岛南岸，然后顺着朝鲜半岛西海岸和我国辽东半岛抵达渤海湾口，再横渡渤海海峡至山东半岛登州、莱州一带登陆。这条航线称为"北路"，是中朝、中日之间的传统航线，它的反方向就是唐代地理学家贾耽所说的"登州海行入高丽渤海道"，贾耽把它列为当时中国交通四夷的"七道"中的重要航路。① 到了南北朝时期，还出现了另一条航线。由于辽东半岛、山东半岛属北朝管辖，因此日本人要到南朝，一般要先越过对马海峡到达朝鲜半岛西南端的百济，然后直接横渡黄海，到山东半岛的登州，再沿大陆海岸南下到长江口岸，这条航线被有的著述称为"北路南线"。但由于横渡黄海很危险，到了中国大统一的隋朝和唐初，中日之间的海上交往大多还是走传统的"循海岸水行"的北路航线。

唐朝立国之初，政治清明，国势强盛，经济繁荣，对外实行开放政策，吸引了很多外国使节和各类人士来到大唐，当时与中国官方保持朝贡贸易关系的国家和地区达到 70 余个，形成了"梯航万国来，争先贡金帛"的空前盛况。地处东亚海上的日本与中国"一衣带水"，它与中国的交往自然就更密切了。从唐

---

① 《新唐书》卷四七下《地理七下》。

贞观四年(630)开始,日本就派出外交官员、留学生和学问僧来唐学习,这些人被称为"遣唐使",日本就此开始了长达近300年的向中国学习之旅。其间,日本总共任命过遣唐使20次,①其中746年、761年、762年和894年4次因故未成行,实际成行16次。在成行的16次中,有3次(665年、667年、779年)是因为护送唐朝使臣回国而派遣,还有1次(759年)是为了迎接遣唐使回国而派遣。② 所以,真正意义上派出遣唐使只有12次。③ 但考虑到无论遣唐使是因何目的被派遣,日本每次派遣都要花费巨资,动用大批人力、物力,最终才得以实施,故本书仍按16次来计算其次数,以便能从总体上把握遣唐使情况。

日本遣唐使按其时代、目的、航海路线等不同,具体可以分为4期:第一期是从日本舒明天皇时代(629—641)到齐明天皇时代(655—661),中国是唐太宗至高宗时期,遣使共4次;第二期是日本天智天皇时代(662—671),中国是唐高宗时期,遣使共3次,日本主要是出于与唐朝在百济上的政治关系而派出,与其他时期的派遣目的有所不同;第三期是从日本文武天皇时代(697—707)到淳仁天皇时代(758—764),中国是唐中宗、睿宗、玄宗、肃宗、代宗时期,遣使共5次;第四期是从日本光仁天皇时代(770—781)到仁明天皇时代(833—850),遣使共4次。④

---

① 关于日本派出遣唐使次数,因计算方法不同众说纷纭,大致有7种观点,即12次、14次、15次、16次、18次、19次和20次诸说。近年中日两国学者主张20次之说,今从之。

② [日]东野治之:《遣唐使》,岩波书店2011年版,第202—295页。

③ 一般认为665年(天智天皇四年)这次是为护送遣使刘德高等人而派遣的。但也有人认为这次是正式的遣使,若将这次算上,则正式的遣使一共是13次。

④ 遣唐使分期参考[日]木宫泰彦著,胡锡年译:《日中文化交流史》,商务印书馆1980年版,第73—74页。

日本遣唐使每次到中国,都是从难波的三津浦(今日本大阪三津寺町附近)起航,向西横穿濑户内海,在筑紫的大津浦(今博多)靠岸停泊。[①] 从这里出发到中国有北路与南路 2 条航线。

日本第一期、第二期遣唐使来中国,大多走前面提到的北路航线。其具体航线,日本学者藤家礼之助在《中日交流两千年》一书中做了如下阐述:

> 从这里(引者注:指筑紫的大津浦)出发,经壹岐、对马,抵达朝鲜半岛的南岸,然后沿朝鲜半岛西岸北上,或从瓮津半岛末端一带跨越黄海,抵达山东半岛的一角;或从辽东半岛的西端,经庙岛列岛在登州附近登陆。然后走陆路经莱州、青州、兖州、汴州(开封)、洛阳等地到达长安。[②]

这条航线基本上是沿海岸近海航行,比较安全,船只遇难情况较少。遣唐使还在走北路的时候,发生过一次意外事件。唐显庆四年(日本齐明五年,659),日本派出以大使坂合部石布为首的第 4 次遣唐使来唐。不料在百济以南诸岛航行时,遭遇逆风,其中大使坂合部石布所乘的第一船漂流至南海的尔加委岛,包括大使在内的大部分人遇难,只有 5 人逃出,后到括州(今浙江丽水);副使津守吉祥乘坐的第二艘船则漂流到越州须岸山。此次遣唐使的历险,被当时的随员、后来在 667 年担任

---

① ［日］木宫泰彦著,胡锡年译:《日中文化交流史》,商务印书馆1980 年版,第 80 页。

② ［日］藤家礼之助著,章林译:《中日交流两千年》,北京联合出版公司 2019 年版,第 108 页。

送唐客使的伊吉连博德记录在《伊吉连博德书》①中。此次海上航行线路,《日本书纪》称为"吴唐之路",尽管属于意外漂流,却是遣唐使成功行驶南路的最早记录。

从第三期开始,遣唐使走的基本上都是南路了。遣唐使来唐,"走北路的大都平安无事,而走南路的很少免遭风险。所以弃北路走南路,应该说是避安全而冒风险,这里必须有重大的原因"②。那么,日本遣唐使改变航路是出于什么原因呢?

《新唐书·日本传》的一段记载道出了个中原因:

新罗梗海道,更繇明、越州朝贡。

公元 660 年,朝鲜半岛的新罗联合唐朝灭了百济,668 年又灭了高句丽,结束了朝鲜半岛"三国鼎立"的局面。676 年,在新罗的驱逐下,唐朝将安东都护府撤到辽东(今辽阳),至此,新罗统一了朝鲜半岛大同江以南地区。在新罗统一三国的过程中,日本始终支援百济,与唐朝和新罗联军对抗。663 年,日本出兵朝鲜,企图复兴百济,结果在白村江(《旧唐书·百济传》记载为"白江")被唐与新罗联军击败,史称"白村江之役"或"白江之役"。自此,日本与新罗的关系更加紧张,导致日本进入中国的北路航线受阻。《新唐书·日本传》说"新罗梗海道,更繇明、越州朝贡",指的就是这个史实。因此,日本遣唐使不得不舍弃比较安全的北路航线而转向南部诸岛寻求出路。

7 世纪末 8 世纪初,日本的势力范围逐渐扩大到它本土南方的种子岛、屋久岛、奄美大岛、德之岛等岛屿。日本文武天皇

①　《日本书纪》卷二六引《伊吉连博德书》。
②　[日]木宫泰彦著,胡锡年译:《日中文化交流史》,商务印书馆1980 年版,第 82 页。

二年(698),天皇派出文忌寸博士等 8 人到南部诸岛勘察航路,此后又进行了多次探访。这些为开辟新航路创造了条件。

日本大宝二年(702)六月,日本第 8 次遣唐使在粟田真人的率领下赴唐,一行 160 人分乘 5 艘船,自筑紫(今九州)循岛南下,转而向西北横穿东海,同年十月前后从楚州盐城县(今江苏盐城)登陆,然后顺运河和黄河到达长安,谒见了女皇武则天。

史载,粟田真人喜欢读中国经史,还能用汉字写文章。觐见武则天时,他头戴进德冠,身穿紫色袍,腰系丝锦带,举止温文尔雅,给武则天留下了很好的印象。武则天一高兴,就在长安的大明宫麟德殿亲自设宴款待粟田真人一行,还授他司膳卿一职。粟田真人这次出使大唐的最大收获是,武则天同意了他的请求,敕令将日本国号由"倭"改为"日本"。此前,日本人感觉"倭"这一国名不好听,在一部分知识分子中已流传用"日本"来称呼本国,取"国近日出处"之意,但朝廷并未废止"倭"的称呼。此后,"日本"国号正式开始使用。

粟田真人入唐,是中日关系史上的一件大事,不仅是因为他让大唐王朝接受了"日本"新国号,更重要的是,他开辟了南岛路航线,在此后 50 年时间里,遣唐使来唐,就大多走这条航路了。

南岛路航线,虽然每一次行程中具体经停的岛屿可能有差异,但大致为:难波(今大阪)—筑紫大津浦(今九州博多港)—值嘉岛(今五岛列岛)—多禰岛(今种子岛)—夜久岛(今屋久岛)—奄美岛(今奄美大岛)或阿儿奈波岛(今冲绳岛)—东海—明州或长江口。唐天宝十二年(753),日本第 11 次遣唐使归国,即唐代鉴真大师从扬州成功东渡日本那次,走的就是这条航线,对此,《唐大和上东征传》有详细的记载。

为提高海船走南岛路航线的安全性,日本政府还曾于 735

年派人在南岛树碑导航。后在754年,因牌碑经年朽坏,又敕大宰府依旧修树,并强调要"每牌显著岛名,并泊船处、有水处及去就国行程,遥见岛名,令漂着之船知所归向"①。

在帆船没有指南针导航的时代,南岛路是一条十分危险的航线,因为这条航线从奄美大岛或冲绳岛开始,转而向西北驶向中国,航行于渺茫无际的东海上,中途没有可以停泊导航的岛屿,风浪又难以捉摸,遇险概率很大,并且走南岛路的航程,也并不比走北路省时。南岛路和北路均需耗时一个月左右,南岛路甚至更多。

似乎是考虑到同样是冒险,还不如直接从筑紫(今九州)横渡中国东海,所以自8世纪70年代以后,日本第四期遣唐使就不再走南岛路,改走以下航线:从筑紫的大津浦出发,到肥前国松浦郡值嘉岛,若得顺风,便从这里直接横渡东海,到达明州或长江口。这条航线被称为"南路"。与南岛路航线和北路航线相比,南路航程最短。唐贞元二十年(804),日本天台宗创始人最澄大师入唐,走的就是这条南路航线。他随日本第15次遣唐使船从大宰府出发经博多港,到值嘉岛港候风启程,再横渡东海至明州,然后去天台山求法学佛。他的回程航线,也是从明州城东渡门外启程至望海镇出海,到舟山沈家门,北上值嘉岛,再进入博多港。

但南路航线的风涛之险基本上与南岛路相同,遣唐使船在往返途中多次遭遇风浪失去动力甚至颠覆,其原因除了造船技术不足外,更重要的是当时还没有充分掌握中国东海的气象规律,常常逆风而行,船只很容易被风浪击毁或失去动力。这条航路一直沿用至894年遣唐使制度废止。

---

① 《续日本纪》,"天平胜宝六年"条。

遣唐使的 3 条航路

遣唐使制度废止后，中日官方交往受到阻滞，却为中日民间贸易的兴起和明州港的繁荣创造了条件。史料记载，从 839 年至唐朝灭亡的 907 年近 70 年间，以张友信①、李邻德、李延孝、李达、詹景全为代表的大唐商人，频繁来往于中日两国之间，他们所走的航路也是遣唐使所走的南路航线，即从中国江浙沿海的楚州（今江苏淮安）、扬州、明州、温州等港口起航，向东偏北横渡东海，直抵日本肥前国松浦郡值嘉岛，然后驶向筑紫的博多津和难波津。与遣唐使时代形成明显对比的是，他们虽然往来频繁，但极少遭遇船只因失去动力而被迫漂流的情况。其原因除了船舶驾驶制造技术的进步以及船小轻快之外，最重要的是，这些大唐商人已经熟练地掌握了中国东海的气

---

①　张友信，日本文献《入唐求法巡礼行记》《头陀亲王入唐略记》均作"张支信"，但《续日本后纪》《三代实录》《安祥寺伽蓝缘起资财帐》则均作"张友信"。本书除引文外，统一写作"张友信"。

象,能充分利用海流和季风,驾驶帆船一般在 5 天左右就能到达,快的 3 天即可,从而使南路航线真正成为中日之间快速对渡的航线。当时的日本留学生和求法高僧,都是搭乘明州商人的海船来往,因此这条航线在日本文献中频有记载。如日本文献《安祥寺伽蓝缘起资财帐》记载,大中元年(847)六月二十一日,张友信的船"从明州望海镇头而上帆,得西南风,三个日夜归着远值嘉岛那留浦"①。《头陀亲王入唐略记》记载,唐咸通三年(862),日本头陀亲王请张友信打造一艘大海船。这年九月三日,张友信亲自驾驶这艘大海船从值嘉岛出发,"从东北风飞帆,其疾如矢",横渡东海,途中忽遇"逆浪打舻,即收帆投沉石",以防止船只漂流。待风顺时又扬帆续航,仅用四昼夜时间,就到达明州境内,九月七日"未时著大唐明州之扬扇山,申时到彼山石丹岙泊,即落帆下碇"②。根据上述记载,可以确知当时已有这条明州到日本值嘉岛的直航航线。③ 常走这条航线的除了唐朝商人,还有新罗商人王超、钦良晖等。南路航线虽然在遣唐使时代已被使用过几次,但当时由于各种原因,这条航线航行风险很高,是一条不成熟的航路。只有到了 9 世纪

---

① 〔日〕惠运:《安祥寺伽蓝缘起资财帐》,〔日〕竹内理三:《平安遗文·古文书编》第 1 卷,东京堂出版社 1974 年版,第 164 号文书。

② 〔日〕伊势兴房:《头陀亲王入唐略记》,转引自林士民:《再现昔日的文明:东方大港宁波考古研究》,上海三联书店 2005 年版,第 436—437 页。

③ 有论者认为,并不存在日本史学界所主张的"南岛路"和"南路"航线,因其违背东海上的"逆时针气旋环流"的海流规律,8 世纪以后,因北路受新罗阻挠,日本遣唐使船走的路线是:绕道琉球群岛抵达福州后北上,经由明州、越州、扬州等地,再前往长安(见汪义正:《遣唐船航路的探讨》,国家航海 2013 年第 1 期)。从日本文献记载的唐朝商人在明州与值嘉岛之间往来快者仅需三四天来看,这种观点显然难以成立。

后,这条航线才被活跃于东亚海域的唐朝明州商人选用。从这个意义上,可以认为这条航线是唐朝商人开辟的。

在中日间开辟直航航线的时候,航路也就自然延伸到了朝鲜半岛,即从朝鲜半岛渡过对马、壹岐到日本值嘉岛,再横渡东海至明州。晚唐时似乎还存在着一条从灵岩(在今韩国全罗南道)附近出发经黑山岛到达定海（今镇海）的新航线,新罗清海镇大使张保皋可能沿着这条航线,多次将贸易船开到明州港。

中日新航线的开辟具有重大的意义,它改变了过去浙江与日本及朝鲜半岛的交往必须通过其他地区中转的历史,使中国吴越地区与日本及朝鲜半岛的直接通航成为现实,从而极大地促进了浙江海外贸易的发展。具有连接江海和交通中转优势的明州港也由此脱颖而出,跻身唐代重要对外贸易港之列。

# 四、日本遣唐使的到来

浙江与日本的交往,史籍有记载且有比较翔实的记叙的,是从唐代开始的。唐朝时中国是亚洲最强大的国家,特别是唐朝前期,出现了"贞观""开元"之治,政治稳定,经济和文化空前繁荣,声威远扬,就像巨大的磁石一样吸引着一衣带水的日本。从唐贞观四年(630)日本舒明天皇派出第一支遣唐使,日本就开始了向中国学习之旅,直到唐乾宁元年(894),日本因唐朝动乱才废止了遣唐使制度。在这 260 多年的时间里,日本总共派过遣唐使 20 次,其中 4 次因故中止,实际成行 16 次,先后来唐总人数达 5000 余人,其中有一半是具有专门技艺的学者。

　　日本专门组织大规模的遣唐使团,目的非常明确,一是维护好两国的关系,二是学习唐朝先进的制度、文化。遣唐使初期仅一两艘船,一二百人,到中后期扩大到 4 艘船,人数少则二三百人,多则 500 余人。日本每个遣唐使团的成员一般都包括大使、副使、判官、录事等官员,还有文书、翻译、医生、画师、乐师等各类随员和船工水手等。此外,还有很多留学生和学问僧随行,这些求学人员或在长安、洛阳学习唐朝先进的文化、制度,或在著名的佛寺精研佛教典籍教义,巡礼天下名寺,成为当时中日文化交流的主体力量。

遣唐使船模型

　　文献记载,日本派出的遣唐使,其中有 3 次是在明州登陆的。遣唐使登陆后,经越州、杭州北赴唐都长安或洛阳朝贡。

　　最早登陆明州的是第 4 次遣唐使。唐显庆四年(659)八月十一日,遣唐大使坂合部石布、副使津守吉祥率 2 艘船约 240 人,从筑紫大津浦(今博多)出发,九月十三日抵达百济南端的一个小岛。十四日拂晓两船相随出海,不久便遭遇逆风。十五日傍晚,大使坂合部石布所乘的第一船漂流到一个名叫"尔加委"的海岛,船上大部分人被岛人所害,仅 5 人盗取岛人的渔船,历尽艰辛来到中国的括州(今浙江丽水),由州县地方官护送到洛阳。而副使津守吉祥所乘的第二船则借着强烈的东北风斜穿东海,于十六日夜半安全抵达"越州会稽县须岸山",二十三日在余姚县(今余姚市)境内上岸,把大船及各种杂物留在此地,转乘驿马赴京城长安。但日本使臣十月十五日抵达长安时,唐高宗李治已出行至东京(今洛阳),于是使臣又赶往东京,最终得以谒见中国皇帝。龙朔元年(661),遣唐使踏上归国之路,正月二十五日到越州。四月一日,全体成员乘坐在余姚等候的船东归,七日至桎岸山以南。八日黎明,顺西南风放船出海,经历九日八夜的漂荡后,抵达朝鲜半岛南面的济州岛,五月回到日本。① 此次日本使船抵达的须岸山,其名亦见于《唐大和上东征传》,有学者认为就是宋《乾道四明图经·昌国县》中所记载的"如岸山",即今舟山的大鹏山岛(属舟山市定海区金塘镇)。② 当时明州尚未建立,此岛地属越州鄮县。至于桎岸山,同样见于《乾道四明图经·昌国县》,则应是舟山群岛中的某个岛屿,因古今异名,具体位置不明。

　　第二次是唐天宝十一年(752)闰三月,大使藤原清河、副使吉备真备率第 11 次遣唐使从难波津出发赴唐。当时东亚格局已发生了变化,与日本关系紧张的新罗早在 676 年就统一了朝鲜半岛大同江以南地区,遣唐使经由朝鲜半岛赴唐的北路航线受阻,再加上日本造船技术较前期有所提高,因此从 8 世纪初开始,遣唐使就全部改走南路航线了。此次遣唐使总数约 450人,派出 4 艘船,除第一船漂到安南(今越南)外,其余 3 艘船于五六月间在明州和越州平安登岸,再经杭州北上长安。次年,

---

① 《日本书纪》卷二六引《伊吉连博德书》。

② 王建富:《舟山群岛新旧地名录》,海洋出版社 2017 年版,第 404 页。

4 艘船从苏州黄泗浦起航归国,鉴真大师就是乘此次遣唐使船东渡日本的。

第三次是贞元二十年(804),大使藤原葛野、副使石川道益率第 15 次遣唐使来中国。这次共有 4 艘船约 500 人,七月六日从肥前松浦郡出海后,有一船遇风暴去向不明,其余 3 艘船先后到了中国。其中遣唐大使藤原葛野和后来开创日本真言宗的留学僧空海等人乘坐的第一船,因半路遇到了风暴,于八月十日漂到了福州长溪(今霞浦),而副使石川道益和日僧最澄、义真等人乘坐的第二船则比较幸运,于八月顺利到达了明州。第二年即永贞元年(805),特派录事山田大庭把在福州长溪的第一船开到明州,于五月十八日和第二船一起从鄮县放洋归国。①《日本后纪》记载,副使石川道益在明州病故,年仅 43 岁。②

以上 3 次遣唐使在明州靠岸的具体地点,史籍并没有明确记载。不过,根据最澄在《显戒论缘起》中所描写的"解藤缆于望海,上布帆于西风"来推断,遣唐使船进出于甬江,停靠在三江口附近的可能性较大。

遣唐使从明州起航返国的,除上述龙朔元年、永贞元年 2 次外,似乎还有 1 次。第 15 次遣唐使第四船由判官高阶远成率领,历经艰辛后到达大唐,时间约在永贞元年秋,比第一船、第二船到达得晚,但具体过程不明。高阶远成在长安期间,遇见原准备在唐长期留学的空海和橘逸势,两人由于成绩优异,就想要提前回国,于是高阶远成上奏唐宪宗,获得准许。元和元年(806)春,空海和橘逸势随高阶远成一行来到越州,同年八

① 《日本后纪》卷一二。
② 《日本后纪》卷一三。

月乘遣唐使第四船返回日本。① 关于空海所乘的第四船,返航地为何处问题,史料没有明确记载,但从他到过越州以及前一年第一、二船在明州等候、返航的情况来看,从明州归国的可能性较大。②

以上是遣唐使进出明州的情况。遣唐使到达明州后,明州地方政府的官员照例会对船舶进行检查,问明对方身份和人数,查验完毕,发放官方批文,完成通关手续,然后向他们发放官方提供的食物。同时明州地方政府向朝廷奏报遣唐使团的人员、物资、船只与入唐目的,等候朝廷的批复。待朝廷批复下达,按照批文规定的人数,送使团中的一部分人北上唐都长安或洛阳朝贡,其他人员则停留在明州等候。因为等待时间较长,因此明州地方政府还会给等候人员提供相关物资。学问僧则前往长安、扬州、洛阳及五台山、天台山等名山大刹,拜师求法,抄写、购买经卷,学习大唐文化。

随遣唐使来浙江的学问僧中,以最澄最为有名。最澄(767—822),本姓三津首,日本近江国(今滋贺县)人,相传为中国东汉末帝汉献帝的子孙。他14岁出家,19岁在奈良东大寺受具足戒,并学习天台宗经籍。唐贞元二十年(804)七月,最澄以"天台法华宗还学僧"的身份,与弟子兼翻译义真等人,搭乘第15次遣唐使的第二船前来唐朝。因经历海上一个多月的风浪颠簸,最澄到明州时已染病在身,在明州城内开元寺休养了半个月后,疾病渐愈,就向明州官府提出巡礼天台山的申请,准备前往目的地天台山。按唐朝规定,日本学问僧上岸后,必须

---

① [日]橘以政:《橘逸势传》,载[日]塙保己一编:《续群书类从》第8辑上,续群书类从完成会1957年版,第54—55页。

② 李广志:《日本遣唐使宁波航线考论》,《南开日本研究》2016年第1期,第151—152页。

持有当地官方的牒文，方可前往他处。最澄于九月十二日领到了明州书史孙阶发给他的文牒（通行证），文牒中对申请者的姓名、人数、出发的时间、目的地及出行目的，以及随身所带物品的名称及数量等，都有详细的记录。这张文牒，至今还保存在日本京都的千年古刹比睿山延历寺，长 100 厘米，宽 35 厘米，上面还有 5 个月后最澄离开天台山回明州时，台州刺史陆淳在同一文牒中签批的回牒，两州牒文各盖有 3 个 6 厘米见方的公印。这就是著名的《明州牒》，又称《传教大师入唐牒》，被日本奉为国宝。

日本比睿山延历寺保存的《明州牒》

九月十五日，最澄持《明州牒》前往台州，二十六日到达临海，谒见了台州刺史陆淳，还见到了天台宗十祖、天台山修禅寺座主道邃，当时道邃应陆淳的邀请，正在临海龙兴寺讲授《摩诃止观》。十月七日，在道邃的陪同下，最澄前往天台山。在天台山，最澄在国清寺、佛陇寺等处拜师学法。结束天台山之旅后，最澄又与道邃一起，回到了临海龙兴寺。在台州期间，最澄先后师从道邃和天台山佛陇寺座主行满学习天台宗教义，并从道邃接受了大乘戒。后来最澄又到越州龙兴寺从高僧顺晓受密法。贞元二十一年（805）五月，最澄回到明州。当时的明州刺史郑审则,因钦佩最澄不畏艰险和勤奋好学的精神,亲自撰文相赠:"最澄阇梨,性禀生知之才,来自礼义之国,万里求法,视险若夷,不惮艰劳。"①五月十八日,最澄结束了在唐求法活动,携带在台州和越州获得的 230 部 460 卷佛教经典,搭乘遣唐大使藤原葛野的第一船从明州启程回国,六月五日抵达日本对马阿礼村,七月一日随大使藤原葛野晋谒天皇,极得天皇的赏识。最澄归国后,在比睿山创立了日本天台宗,与空海创立的真言宗并驾齐驱,成为平安时代日本佛教界最有影响力的两大派别。

"安史之乱"后,唐朝国力衰落,而此时的日本吸取唐文化已趋于饱和,逐渐走上了自己的文化之路,遣唐使的重要性下降,而派遣成本和风险又很高,因此到唐乾宁元年(894),日本虽然仍准备派遣唐使,并已经任命了菅原道真为遣唐正使,但因为菅原道真的极力谏阻,遂废止了遣唐使制度。此后日本再也没有派出过遣唐使,延续 200 多年的遣唐使之旅最终落下了帷幕。

# 五、新罗张保皋与浙江

隋唐时期,朝鲜半岛曾被 3 个国家割据,高句丽在北,百济在西南,新罗在东南。668 年,新罗在唐朝的协助下统一了朝鲜半岛,建立半岛有史以来第一个统一的国家,史称"统一新罗"。至 901 年新罗王族建立后高句丽,统一新罗共存在了 230 余年。

---

① 周绍良主编:《全唐文新编》第 3 部第 2 册,吉林文史出版社 2000 年版,第 7003 页。

唐王朝与统一新罗的交往，在整个唐代都是十分密切的。唐玄宗(685—762)在《赐新罗王》中写道："使去传风教，人来习典谟。"①两国人员往来之频繁由此可见一斑。不过，在9世纪以前，新罗人来中国，都是到中国北方地区。9世纪后，这种情况发生了变化。《旧唐书·新罗传》记载：元和十一年(816)，"新罗饥，其众一百七十人求食于浙东"。这虽是在中国古代的正史中仅见的一例新罗人在中国长江以南地区活动的记载，但至少说明早在9世纪早期，浙东地区已被新罗人所关注。此后，浙东地区与新罗因海上贸易而发生的交流就更为密切。舟山普陀山的新罗礁、象山的新罗岙、黄岩的新罗坊、天台山国清寺前的唐新罗园等遗址，都是唐代新罗人来浙东地区的见证。

说到唐代浙江与朝鲜半岛和日本的交往，不能不提张保皋(790—841)其人。张保皋是新罗人，807年与好友郑年一起来大唐当兵，在徐州加入了武宁军，因为武艺高强、英勇善战，累立军功，被提拔为武宁军小将。828年，张保皋归国见新罗兴德王，说："遍中国以新罗人为奴婢，愿得镇清海(今韩国莞岛)，使贼不得掠人西去。"②新罗王于是任命张保皋为清海镇大使，并给了他一支10000人的军队。在张保皋的打击下，新罗奴婢买卖的事果真销声匿迹了。张保皋有了强大的武装，便以清海镇为根据地，组织起庞大的国际贸易船队，往返于新罗、唐、日之间，从事海上贸易、船舶租赁、船舶修造、海运等业务，一度垄断了以大唐、新罗、日本三国为主体的东亚贸易圈的主导权。当时新罗和日本对唐贸易的商人、留学唐朝的僧侣，大多

①　《三国史记》卷九。
②　《新唐书》卷二二〇《新罗传》。

搭乘过张保皋的船。①

从当时入唐的日本僧人圆仁的日记《入唐求法巡礼行记》中可以清楚获知,山东半岛的登州及楚州、扬州等地都是新罗张保皋船队出入唐的重要港口。那么,张保皋船队是否到过扬州以南的明州呢?虽无明文记载,但通过考古发现,明州也应是张保皋向东南沿海拓展贸易的一个主要港口。在韩国当年由张保皋经营的清海镇,出土了一批唐代遗物,其中有玉璧底碗、大环底碗、六角形嘴的执壶和柿蒂钮的罐等陶瓷品,不论造型、釉色、支烧方法,均与唐代宁波上林湖的青瓷产品毫无二致,年代在815—907年,这正好与张保皋的活动年代相吻合,说明当时宁波上林湖的青瓷产品通过海路被带到了今韩国的莞岛等地。不仅如此,当时浙东发达的制瓷技术还传播到了朝鲜半岛。经大量的考古发掘,在韩国的全罗南道康津郡、高兴郡都发现了一批9—10世纪的青瓷龙窑。韩国学者据此推测,张保皋"在贸易陶瓷中,意识到陶瓷的重要性后,从越州(明州)带回陶工"。② 新罗人通过模仿制造,终于在五代后梁贞明四年(918)前后成功创烧出真正的"新罗青瓷"。③

由上可见,在9世纪上半叶,张保皋船队应是明州与新罗之间开展海上贸易的主力。当时似乎还开辟出一条从明州直达清海镇(今韩国莞岛)的新航路。

---

① 有关张保皋从事唐、罗、日海上贸易和当时东亚海上交通的资料,散见于日本史书《续日本后纪》及与张保皋同时期的日本僧人圆仁的日记《入唐求法巡礼行记》等史籍。

② [韩]朴永锡等:《张保皋的新研究》,莞岛文化院1992年版,第105页。

③ 林士民:《浙东制瓷技术东传朝鲜半岛之研究》,《浙东文化》1997年第2期,第27页。

日僧圆仁《入唐求法巡礼行记》"开成四年四月二日"条记载：

> 第二船头长岑宿祢申云："其大珠山计当新罗正西，若到彼进发，灾祸难量。加以彼新罗与张宝高兴乱相战，得西风及乾坤风，定着贼境。案旧例：自明州进发之船，为吹着新罗境；又从扬子江进发之船，又着新罗。今此度九个船，北行既远，知近贼况，更向大珠山，专入贼地。所以自此渡海，不用向大珠山去。"

从上述记载可以看出，在开成四年(839)之前，已有了一条被经常使用的从明州出发，利用季风和海流直达新罗的航线。走这条航线比传统的北路航线要快捷得多。张保皋船队应是利用了这条直航线路，频繁地来往于明州和清海镇之间。

唐会昌元年(841)，张保皋因造反被新罗王所杀，[①]其大本营清海镇也随之被废。张保皋死后，新罗商人也被禁止在日本活动。新罗商团迅速衰落，其在东亚海上贸易圈的主导地位被以明州商人为主体的唐朝商团所取代，新罗商人在唐朝的活动基地也从北方转移到了明州港，明州港成为唐朝对日本贸易的最主要港口。这除了有众多日本文献记载外，还有"唐光化四年无染院碑"可证。

---

① 关于张保皋被害时间，史料记载说法不一。《三国史记》记为文圣王八年(846)春，《朝鲜史略》记为文圣王二年(840)，《续日本后纪》则记为841年，该书卷十一"承和九年(842)春正月"条载"宝高，去年十一月中死去"，记载明确，今取《续日本后纪》说。

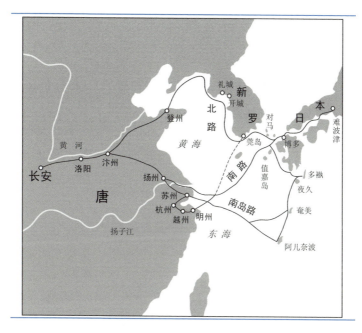

8—9 世纪明州、新罗、日本交通航线图

张保皋死后 60 年,唐昭宗光化四年(901)三月十八日,山东登州所属的牟平县(今牟平区)昆嵛山无染院立了一块石碑"唐光化四年无染院碑",碑文中有如下记载:

> 鸡林金清押衙,家别扶桑,身来青社,货游鄞水,心向金田,舍青兔择郢匠之工,凿白石竖竺乾之塔。……光化四年岁次辛酉三月癸未朔十八日庚子辰时书记孔诠镌。功德施主两浙定乱安国功臣、镇海镇东两军节度使、检校太师兼中书令彭城郡王钱镠……①

---

①　民国《牟平县志》卷九《唐无染院碑》。

文中的鸡林,即指新罗国。唐高宗龙朔三年(663)置新罗为鸡林州,以新罗王为大都督。青社,是指齐国所在的山东半岛。鄮水即今浙江宁波境内的甬江,这里指明州。

从碑文记载来看,这位名叫金清的新罗人,信仰佛教,常住登州,并出资修建昆嵛山无染院,但他的商务活动却在明州。值得注意的是,除金清外,碑文中还提到钱镠等两浙高官资助修建昆嵛山无染院,这可能是因为"金清在江浙地区经商贸易时与这些两浙官员经常往来,交情甚好,故向无染院布施"①。

新罗商人金清在明州经商,一方面反映了9世纪后半期明州港在东亚海域贸易中主导地位的兴起;另一方面表明,张保皋死后,朝鲜半岛仍不断有商人活跃在唐朝与新罗、日本的贸易活动中,但活动基地已从北方登州等地转移到了明州。

# 六、从明州港启航的大唐海商

9世纪前期,从事唐日贸易的主体是新罗商人,此时唐商渡日虽已见于记载,但他们往往搭乘新罗商人的船只,与后者合作开展对日贸易。如唐元和十四年(819)六月,越州商人周光翰和言升则乘新罗人船只赴日本经商,次年正月乘渤海使船通过渤海回国。

---

① 王慧、曲金良:《唐代崑嵛山无染院碑及相关问题》,《中国海洋大学学报(社会科学版)》2007年第5期,第90页。

日本文献记载最早从明州赴日贸易的唐商是李邻德。会昌二年(842)春,李邻德从明州驾商船往日本,搭乘者中有回国请求五台山供养费的日本僧人慧萼。①

自会昌二年(842)起,唐商赴日贸易的次数不断增加。当时唐商在唐日贸易中已积累起一定的经验,他们以明州为基地,凭借其在商品、船队、资金、技术等各方面所占的天时、地利优势,很快取代了新罗商人,成为唐日贸易的主角。这种情况一直持续至唐朝灭亡。

9世纪中期后,从明州港赴日的唐商成为中日贸易主角的主要原因有三:

一是遣唐使制度的终止。9世纪时,唐王朝因经历安史之乱、地方藩镇割据,由盛转衰,一蹶不振。而此时的日本经过200多年的全面唐化,民族主义抬头,感到已不再需要向大唐学习了,加之派遣遣唐使负担较重,航行艰险,于894年终止了遣唐使的派遣,以朝贡贸易为主的官方贸易也随之结束。但日本对唐朝各种物资的需求却并未因此减少,上到天皇贵族,下到普通平民,都还像之前一样钟爱唐物,这就必然刺激民间贸易的进一步开展。但9世纪初开始频繁渡日从事唐日贸易的新罗商人,由于日本国内新罗人参与"叛乱"等原因,逐渐不被日本政府所欢迎。正是在这样的背景下,9世纪中期后,唐商应运而兴,登上了唐日贸易的历史舞台。

二是造船业及航海技术的进步。唐朝后期,明州造船业发达,船舶的防漏性、抗风浪性及续航能力均达到了较高的水平,

---

① 《入唐求法巡礼行记》卷三,会昌二年五月二十五日。慧萼,又写作慧谔、慧锷,因被称为中国普陀山佛教的开山之祖而为人们所熟知。慧萼恐怕也是唐代来华次数最多的日本僧人了,他从841年至863年20多年时间里,至少5次往返于唐日之间。

对海洋气候和水文资料的掌握也达到了很高的程度。明州港
去日本的商船,虽然比遣唐使船要小得多,一般只能搭乘40—
60人,但船速快,船体牢固,能经受风浪,船舶性能显著提高。
当时技艺精湛的明州航海家李邻德、张友信等活跃于明州与日
本列岛之间的东海水域,他们均熟练地掌握了季风、信风和海
流规律。对此,日本学者木宫泰彦在《日中文化交流史》中有一
段精辟的论述:

> 唐朝商人已经掌握了东中国海的气象……唐朝商
> 船开往日本的时期,都在四月到七月初旬,即大体限于
> 夏季。这时中国沿海常刮西南季节风,所以如趁此风
> 就比较容易到达日本。其次,从日本赴唐的时期,……
> 以从八月底到九月初旬为最多。这一定是估计到台
> 风期既过,秋季过半,快刮起冬季季节风才出海的。①

这样,从明州直渡日本列岛的南路航线便成了唐日通航的
最佳航线。这条航线的基本走向是:从明州港起航,向东偏北
横渡东海,直抵日本肥前松浦郡的值嘉岛,再转航驶向筑紫的
大津浦。明州商团凭借较先进的船舶以及对东海气象与水文
的熟悉,不仅航行途中很少发生遇险覆没或失去动力被迫漂流
事故,而且大大缩短了航行时间,即从过去航行北路需要一个
多月的时间,减少到只需五六天甚至更短时间即可完成一趟单
程航运。这也是他们能如此频繁地往返于中日的重要原因。
如据《安祥寺惠运传》记载,明州人张友信于唐大中元年(847)

---

① [日]木宫泰彦著,胡锡年译:《日中文化交流史》,商务印书馆
1980年版,第121页。

六月二十一日从明州望海镇出发,"得西南风三个日夜,才归着值嘉岛那留浦"。如果这一记载属实,那么这恐怕是唐代渡日最快的纪录了,就连后世宋元明清似乎也鲜有超乎其右者。

三是浙江瓷器、丝绸等手工业技术的发展。唐朝建立后,为了巩固封建政权,采取了一系列政治和经济措施,特别是贞观、开元年间,是唐朝经济最繁荣的时期,属于江南道的江浙地区,经济的发展尤其迅速。开凿江南运河,使浙江的交通取得了突破性发展。特别是手工业和商业的发展,奠定了"东亚海上丝绸之路"的根基。唐代的越窑青瓷是闻名世界的大宗出口商品之一,从考古可知,在9世纪,有大量越窑青瓷通过明州港外销日本。现在日本鸿胪馆遗址出土的 2000 余片青瓷,就是从明州出口到日本的主要商品。① 而作为"丝绸之乡"的浙江,当时丝绸业也十分发达。《元和郡县图志》和《新唐书》记载,浙江丝织品的花式丰富多彩,如杭州一地所产即有绯绫、白编绫、丝绸、织锦、纹绫、柿蒂绫等多达数十个品种,其中绯绫、白编绫被列为贡品。浙江瓷器、丝绸等手工业技术的发展,促进了唐代浙江对外贸易的繁荣,明州的港口优势,加上越窑青瓷和丝织品产地的地理位置优势,使明州在唐日贸易中扮演着一个非常重要的角色。明州港也因此逐步确立了中日交往的首要港地位。

据木宫泰彦在《日中文化交流史》一书中的不完全统计,从唐开成四年(839)起至后梁开平元年(907)唐朝灭亡为止约 70 年间,往来日唐之间的船舶贸易就多达 37 次,而且几乎全是中国的民间商船。其中明确记载以浙江港口为始发港或

① ［日］龟井明德等:《九州出土的中国陶瓷》,《东京博物馆美术志》1975 年 6 月号,第 27—34 页。

到达港的有 9 次,其中明州 7 次①,温州 1 次,台州 1 次。具体
如下:

1. 会昌二年(842)春,李邻德驾船由明州赴日,日僧慧萼搭
乘此船归国。

2. 会昌二年(842)八月二十四日,李处人由日本肥前国值
嘉岛那留浦起航,得正东风 6 个日夜,到达中国温州乐城县玉
留镇。该船是李处人在日本肥前值嘉岛花 3 个月时间用楠木
制成的。

3. 大中元年(847)六月二十一日,张友信、元净等 37 人从
明州望海镇出发,经 3 天顺风航行,至六月二十四日到达日本
肥前值嘉岛那留浦。日商春大郎、神一郎以及日僧惠运、仁好、
慧萼等搭乘此船归国。

4. 大中元年(847),日本人神御井等从明州出发赴日。

5. 大中十二年(858)六月八日,渤海国商人李延孝从明州
港起航,于六月十九日抵达日本肥前国松浦县管旻美乐(今日
本五岛列岛中的福江岛的三井乐),六月二十二日,至大宰府鸿
胪馆(在今九州岛福冈市)。日僧圆珍及弟子丰智、闲静、掸宗
搭此船归国。同船赴日的还有唐人李达、詹景全、蔡辅和高奉
等,其中李达、詹景全均为浙江商人。

6. 咸通三年(862),张友信应真如亲王入唐之请,在肥前松
浦岛建造海船。该年九月三日,真如亲王与日僧宗睿、贤真、慧
萼、忠全、安展、禅念、惠池、善寂、原懿、猷继等乘此船从肥前值

① 《日中文化交流史》第 113 页载,唐懿宗咸通六年(865),李延孝
等 63 人自明州望海镇启航,七月二十五日抵达日本肥前国值嘉岛。不少
著述亦沿袭此说,实误。《头陀亲王入唐略记》明言该年六月李延孝船从
福州出发,启航地是福州,非明州望海镇。故从明州出发次数应扣掉一
次,实为 6 次。

嘉岛出发,由张友信、金文习、任仲元驾驶,经 4 天航行,于九月七日抵达明州扬扇山石丹岙。

7.咸通四年(863)四月,张友信从明州起航赴日,日僧贤真、慧萼、忠全等随船回国。同年,越州商人詹景全从日本返唐。

8.乾符四年(877)六月一日,崔铎等 63 人由台州开航,七月二十五日驶抵日本筑前,日商多安江搭此船运回香药等货物。

以上这些是日本文献中明确记载的,文献记载不可能是完全的。即便有文献记载,好几次的出发地和抵达地都不详。但在历次明确记载的商船出发地和抵达地中,明州是次数最多的。当时从台州或福州开出的船,一般也先到明州停泊,再驶往日本。

由上可见,从事中日民间贸易的唐商,主要是李邻德商团、张友信商团和李延孝商团,他们不但拥有实力强大的船队,而且参与人数也比较多。其中,李邻德商团主要往来于明州港与博多津之间;张友信商团主要以日本肥前的松浦郡港为基地经营海运业,参与其事的有 30 多人;而李延孝商团则活动于明州港和值嘉岛之间,商团人数多达 60 人。

需要指出的是,李邻德、张友信、李延孝 3 人的籍贯都不一定是明州,甚至不一定是浙籍,但他们都有一个共同的特点,即都是以明州为基地发展壮大起来的。他们以明州为贸易港口,以整个江浙地区为腹地,积极地开展对日贸易。这或许是一些著述称他们为明州商人的原因所在吧。

这些在明州从事对日贸易的唐人,他们不仅是商人,还是技术高超的航海家、造船家。其中尤以张友信最为典型。

日本史料《头陀亲王入唐略记》记述了张友信造船和航海

的高超水平。头陀亲王原是日本平城天皇的第三子,后出家削发为僧,法名真如,故又称真如亲王。唐咸通二年(861),头陀亲王经天皇批准,开始筹划建造去大唐的船舶。七月,头陀亲王来到肥前国松浦郡的柏岛,当时在柏岛居住着不少大唐商团成员和航海家,他们在这里建造大船,传授制造技术和航海技能。在柏岛,头陀亲王请张友信打造入唐的大船。张友信足足花了8个月时间,为头陀亲王打制了一艘大海船,所造船舶体量巨大、工艺精巧。咸通三年(862)九月三日,张友信亲自驾驶大海船送头陀亲王入唐,从值嘉岛正式起航,九月七日申时顺利到达明州甬江口的石丹岙登岸。从日本值嘉岛到明州,仅仅花了5天4夜的时间(其中有一天船还曾因逆风锚泊在深海),可见张友信所打造的大海船结构之合理、性能之良好。

唐代时日本的造船技术很差,日本遣唐使船在东海航行时沉没的就不在少数。《筹海图编》等明代文献记载,日本船与中国船结构不同,船材铆接不用铁钉而用铁片,接缝不用麻筋桐油,而只用所谓短水草来填塞,既费工费料又不牢固。船底扁平,不能破浪猛进,帆则悬于桅杆正中心处,只适于顺风航行;若遇逆风则须把桅杆放倒,只凭划橹前进。明代的日本船只尚且落后如此,唐代就更可想而知了。日本学者木宫泰彦推测,日本遣唐使船"非常脆弱,船身前后拉力小,一旦触礁,或因巨浪而颠簸,便马上会从中间断开"[1]。由于日本造船技术落后,因此中唐以后,日本有不少造船工匠与舟师水手改由唐人担任。

---

① [日]木宫泰彦著,胡锡年译:《日中文化交流史》,商务印书馆1980年版,第78页。

李邻德、张友信、李延孝等这些唐朝商人，虽然在中国名不见经传，但他们都是有贡献的人。他们蹈海踏波，历尽艰险，长年奔波在中日两国之间，他们是国际贸易的拓荒者、海上丝绸之路的开路人。他们不仅将大量物品运至日本进行贸易，推动了两国的经贸交流和发展，而且在遣唐使制度停止后，他们还充当了中日僧侣、政府官员来往的交通媒介，在中日交流中发挥了重要作用。

# 七、日本头陀亲王入浙

唐朝进士苏鹗所编《杜阳杂编》中记载了这样一个有趣的故事：唐宣宗大中年间（847—859），日本国王子访问大唐。王子在当时的日本国是赫赫有名的围棋第一高手，来唐后提出要与唐朝国手对弈。唐宣宗便让宫中棋师顾师言出场应战。双方下至三十三手时，仍未决出胜负。顾师言怕有辱皇命，拿着棋子凝思良久，使出"镇神头"绝招，一落指，局势大变。王子目瞪口呆，只好乖乖服输。回到下榻的宾馆后，王子问负责接待外宾的大唐官员："这是贵国的第几高手？"大唐官员回答："第三高手。"其实大唐官员撒了谎，顾师言已是大唐的第一高手，王子信以为真，仍然不服气，说："希望能会一会第一高手。"大唐官员说："按照我国规定，胜了第三高手后才能见第二高手，胜了第二高手后才能见第一高手。你要见第一高手，必须胜了第三、第二高手才行啊。"王子听了，叹了口气说："果真是小国的第一，不如大国的第三啊。"这事在《旧唐书·宣宗本纪》中也

有记载:"大中二年三月己酉,日本国王子入朝,贡方物。王子善棋,帝令待诏顾师言与之对手。"因此,不少人认为历史上确有其事。

可是查考唐朝历史,在唐宣宗大中年间(847—859),日本并无王子入唐。不过,历史上确有一位日本王子来过大唐,时间是在唐宣宗儿子唐懿宗继位后的咸通三年(862),这位王子就是日本平城天皇第三子高岳亲王。高岳亲王在父亲平城天皇让位给叔父嵯峨天皇时,曾被立为皇太子。后受"药子之乱"的牵连,被夺去皇太子之位,当时他才12岁。24岁那年,高岳亲王在东大寺削发为僧,法名真如。因其为苦行僧,又称头陀亲王,头陀就是苦行僧的意思。不少人相信,《杜阳杂编》和《旧唐书·宣宗本纪》中记载的日本王子就是这位高岳亲王,只是记载的年份有误。

日本史料《头陀亲王入唐略记》对头陀亲王(即高岳亲王)入唐有详细的记载。该记作者是陪伴头陀亲王入唐的伊势兴房,他采用日记的形式,从861年日本天皇敕许亲王入唐开始写起,一直写到865年他归国,是后人了解头陀亲王入唐和唐代中日交往的第一手珍贵史料。

日本贞观三年(唐咸通二年,861)三月二十一日,已经63岁的头陀亲王请求天皇批准他赴大唐求法。特殊的身份和人生的大起大落,可能使头陀亲王在研习佛教教义过程中有了许多更深层次的思考,但皈依佛门40年,他不仅没能转迷成悟,离苦得乐,反而疑问更多,于是下决心要漂洋过海到大唐寻找佛教的真谛。清和天皇批准了头陀亲王的请求,并指示山阴、山阳、南海、西海各道国司,若亲王及其随从入境,则向他们提供官费。

在得到天皇的批准后,头陀亲王就开始筹划建造渡海入唐的船舶。七月十一日,头陀亲王带着随从的僧人、童子等一行人来到难波津(今大阪港),在此地逗留几天后,十三日搭乘由难波津归返大宰府的便船,于八月九日抵达博多大宰府鸿胪馆。大宰府鸿胪馆是当时中日商旅出入的主要驻地,日本官府在此设有一整套管理通商贸易、接待等事务的机构。头陀亲王到大宰府鸿胪馆,可能是想在此找到大唐航海家、造船高手张友信,因张友信此前经常住在鸿胪馆。当时两人是否相见不得而知。20 余天后头陀亲王去了壹岐岛,最后来到肥前国松浦郡的柏岛(今佐贺县唐津市神集岛)。头陀亲王在柏岛见到了张友信,便请张替他打造一艘航海大舶,8 个月后,张友信把造好的新船开到了大宰府鸿胪馆。

待万事俱备后,贞观四年(唐咸通三年,862)七月中旬,头陀亲王一行从大宰府鸿胪馆出发,张友信亲自担任大舶舵师,八月十九日驶到值嘉岛。值嘉岛即现在的日本五岛列岛和平户岛。完成于 901 年的日本官修史书《三代实录》称值嘉岛"地居海中,境邻异俗,大唐、新罗人来者,本朝入唐使等,莫不经此岛"。可以看出,这里在唐代已成为中日"海上丝绸之路"的要冲。

九月三日,头陀亲王一行从值嘉岛正式起航。这次与头陀亲王同船赴唐的有宗睿、贤真、慧萼、忠全、安展、禅念、惠池、善寂、原懿、猷继诸僧和伊势兴房等 15 人,随从建部福成、丈部秋丸和大鸟智丸 3 人,还有船头高丘真岑等,再加上中国舵师张友信、金文习和任仲元 3 人及船上水手,满船僧俗共60 人。

与头陀亲王同行的僧人中,宗睿是"入唐八家"之一,入唐后在汴州与亲王等人分手后,前往五台山,不久又入长安,向法全和智慧学真言秘要,归国后住禅林寺,在此接受了清和天

皇的皈依。慧萼被称为中国普陀山佛教的开山之祖,曾多次入唐(参见本章第六节)。

头陀亲王一行乘船离开值嘉岛后,利用强劲的东北风,一路扬帆疾驶。九月六日风止,但浪高如山,船随时有失去控制而发生漂流的危险。张友信立即命令投下石碇,在深海锚泊候潮。但海深水急,石碇触不到海底,在连接50余丈的备用绳索后才使石碇触及海底。此时船上人员均惊慌失措,异口同声念观音咒叩头祈愿佛神保佑。

第二天一早,风微日出,于是船又启碇挑帆,御风而行。九月七日已进入明州境内,"七日午刻,遥见云山,未刻着大唐明州之扬扇山,申刻到彼山石丹呑泊,即落帆下碇"。

"扬扇山"在今宁波何处,众说纷纭,迄今无定论。水银(楼稼平)在分析了各种说法后认为,"扬扇山"很可能就是现在宁波市北仑区春晓镇的洋沙山,也就是中国港口博物馆所在地。[①]至于头陀亲王一行登陆的"石丹呑",当是在甬江口,但由于桑田沧海,其具体位置已难以知晓了。

经过4个昼夜的海上航行,头陀亲王一行终于踏上了大唐明州的土地。值嘉岛至明州,长达400多海里,4个昼夜到达,这对帆船来说是一个很了不起的速度。张友信不愧是一位操驾技术高超的大唐航海家,他熟悉海上气象变化,在横越东海的航程中,能娴熟利用季风与海流进行航行。头陀亲王入唐的这条航线,即难波津—博多(大宰府鸿胪馆)—值嘉岛—明州,就是唐代中日航路中的南路航线。史料表明,这是一条快捷安全的航线,短则3天,多则六七天便可到达。而这3天的纪录

---

① 水银:《天下开港:宁波港人文地理史述考》,宁波出版社2018年版,第95页。

也是张友信创下的,唐大中元年(847)六月二十三日,张友信也是沿这条航线,从明州望海镇出海,乘正顺风,仅用了 3 个昼夜就到了日本值嘉岛。

头陀亲王一行在石丹岙上岸后,只见岸上有几十人,正脱了衣服围坐着吃酒,看到有海船靠岸,纷纷惊起,聚立岸边,向张友信打听情况。张友信回答:"这是日本国求法僧徒。"这些人嗟叹良久后,差人问候,并献上土梨、柿、甘蔗、砂糖、白蜜、茶等特产。亲王好奇地问张友信:"他们都是什么人?"张友信回答:"盐商人。"亲王感慨道:"虽是商人,却体貌闲丽。"即答谢,以本国土物数种相赠,商人辞不肯受,头陀亲王便派张友信前去解释,这些商人就只收了杂物,谢绝了金银之类物品。

明州官府接到有外国船只到来的报告后,于九月十三日派遣司马李闲前来点检船上人与物。之后将此事奏报朝廷,同时安排头陀亲王一行住进专门接待日本使者的宾馆,等待京师的消息。这年十二月终于等来了唐朝皇帝的敕令,敕令里说可以让头陀亲王一行移住越州,但不可进京。亲王此行的目的地是长安,因此这个命令让亲王感到意外和失望。

一年后的唐咸通四年(863)十二月,在越州节度使独孤陶的帮助下,亲王与宗睿、智聪、安展、禅念、伊势兴房等驾江船,沿浙东运河和大运河北上入京。留下来的慧萼、贤真、忠全与小师、弓手、舵师、水手等由张友信护送,从明州望海镇(镇海)返航日本。

咸通五年(864)五月二十一日,亲王一行抵达长安城。唐懿宗被头陀亲王贵为日本王子,花甲之年还毅然西渡求法的精神所感动,下令让佛学造诣很深的青龙寺"阿阇梨"法全负责教导头陀亲王。头陀亲王在法全门下学习了 6 个月,仍不满意,

于是向唐廷请求前往佛教的发源地印度求法。

在得到唐懿宗的敕许后，头陀亲王就携侍僧安展、随从丈部秋丸和在京城邂逅的日僧圆觉去了广州。圆觉是法全弟子，对广州情况熟悉，这可能是头陀亲王带上圆觉的原因。而伊势兴房在此之前就已被头陀亲王打发去淮南做各项准备工作，约定在广州与亲王他们会面。

就在伊势兴房办妥事情，准备赴广州之际，他接到了头陀亲王的亲笔信，信中这样写道："我等待兴房至今，但出发在即，时间紧迫，故你不必羁留，亦不必赶往广州，可早日乘李延孝之船回归本国。"

因季风的原因，头陀亲王等不及伊势兴房来广州与他会面，于咸通六年(865)正月二十七日从广州出海，远赴他向往的印度，不料这一去多年杳无音讯。

16 年后的日本元庆五年(881)十月十三日，阳成天皇突然在诏书中宣布了头陀亲王的死讯，而这一消息来自当时尚在大唐境内的日本僧人中瑾。中瑾报告说，风闻头陀亲王渡过流沙前往印度，到达罗越国后不幸去世。罗越国在今马来半岛南端的新加坡一带。


# 八、海上陶瓷之路


九秋风露越窑开，夺得千峰翠色来。

好向中宵盛沆瀣，共嵇中散斗遗杯。

这是晚唐诗人陆龟蒙七绝《秘色越器》,对唐代釉色晶莹透绿的越窑秘色瓷做了形象逼真的描绘。

中国是世界上第一个制造瓷器的国家,而浙江是中国瓷器的重要产地和引领地。早在商周时期,浙江德清就出现了原始青瓷。汉代以后,浙江制瓷业发展迅速。东汉晚期,浙江上虞一带便率先烧制出了比较成熟的青釉瓷器。到了六朝时期,浙江地区烧制的瓷器已达到了很高的水平。唐代,随着社会经济的繁荣和社会饮茶习俗的推动,浙江制瓷业进入兴盛时期。当时,瓷器出现"南青北白"的格局,北方以白瓷为主,南方以青瓷为主;而南方的青瓷,则以浙江生产的越窑青瓷为最好。越窑青瓷,就是古代浙江宁绍地区烧制的青瓷器,因该地区唐时称越州,故名越窑青瓷。

"越窑"一名,最早见于唐代陆羽的《茶经》,书中多次出现"越窑"一词。《茶经》完成于 8 世纪后半叶,陆羽在书中评价当时全国各地生产的茶碗,将越窑产品排在首位:"碗,越州上,鼎州次,婺州次,岳州次,寿州、洪州次。或者以邢州处越州上,殊为不然。若邢瓷类银,越瓷类玉,邢不如越一也;若邢瓷类雪,则越瓷类冰,邢不如越二也;邢瓷白而茶色丹,越瓷青而茶色绿,邢不如越三也。"可以看出,当时越窑青瓷烧造技术已很高超,声名鹊起。从晚唐开始,越窑青瓷步入其发展历史中的辉煌时期。这一时期出现的"秘色瓷",更是当时越窑青瓷中的精品,标志着唐代越州在青瓷器烧造工艺上渐趋巅峰。

所谓"秘色瓷",是指碧清釉色瓷器,其造型、瓷质和釉彩特佳,烧造工艺十分精细,尤其在釉色上更是优于一般青瓷器。其釉色特征,在颜色方面以青和青绿为主,在施釉工艺方面,釉层均匀滋润,呈半透明状。这些上品青瓷在晚唐和五代吴越时期是宫廷专用贡品,因其造型美、釉色美和专供贡奉,

而被时人称为"秘色瓷"。但宋代以后,"秘色瓷"神秘消失,千百年来再也没有人亲眼见过"秘色瓷",直到 1987 年 4 月,陕西省文物考古部门对扶风县法门寺塔唐代地宫进行发掘,出土了越窑青瓷 14 件,伴随出土的账单将这批越窑青瓷明确记为"秘色瓷",①人们才得以一睹"秘色瓷"的庐山真面目。

唐代越窑秘色瓷葵口碗

从近年考古调查资料来看,越窑窑址主要分布于以下三大区域:一是慈溪上林湖一带,二是上虞曹娥江中游地区,三是鄞州东钱湖地区,这 3 个区域就是历史上先后形成的三大越窑生产中心。考古调查表明,唐代越窑遗址,在慈溪上林湖有 84 处,在上虞曹娥江中游有 28 处,在鄞州区东钱湖有 3 处。② 由此可见,三大越窑生产中心,在唐代以慈溪上林湖为最盛;而上

① 张如安、张恒武、唐燮军:《宁波通史(史前至唐五代卷)》,宁波出版社 2009 年版,第 235—236 页。

② 张如安、张恒武、唐燮军:《宁波通史(史前至唐五代卷)》,宁波出版社 2009 年版,第 234—235 页。

虞曹娥江中游和鄞州东钱湖两大中心则都是在五代吴越时期发展起来的。

上林湖越窑遗址位于浙江省慈溪市鸣鹤镇栲栳山北麓上林湖一带。现发现东汉至南宋的瓷窑遗址上百处,大部分为唐至北宋的遗址。晚唐五代至北宋初,上林湖越窑青瓷生产进入鼎盛时期,成为全国六大青瓷名窑之首。慈溪上林湖成为唐五代越窑生产中心,并不是偶然的。首先,这里有着大量优质瓷土资源和丰富的烧瓷燃料;其次,上林湖地处杭州湾南岸,靠近唐代著名贸易港明州港,水陆交通十分便捷;最后,唐代晚期,通过明州港和扬州港出口的越窑青瓷数量明显增加,反过来刺激了当地青瓷生产技术的提升。

越窑青瓷是最早走向世界的中国瓷器。两晋时期,越窑青瓷便外输到朝鲜半岛。到唐代早中期,越窑青瓷的外输已扩大到亚、非各国。当时,除中国外,世界各国还不懂如何生产瓷器,许多外国人见到中国瓷器,莫不视为珍贵之物。中唐以后,越窑在外销利益的驱动和刺激下获得了迅猛的发展,依托邻近明州、扬州的港口优势,越窑青瓷被源源不断地运销世界各地。晚唐时,越窑青瓷海外贸易开始进入高峰期。到五代末至北宋早期,越窑青瓷替代长沙窑瓷器和广东产青瓷,一跃成为中国外销最主要的产品和输出量最大的瓷器,其贸易范围遍及亚、非近20个国家和地区的沿海重要港口和城市,外销青瓷产品种类包括碗、盘、壶、盅、碟、罐、钵、盒、灯盏、托具,还有脉枕、狮座等医疗用具和其他陈设。

越窑青瓷海外贸易的繁荣,直接促进了唐代明州港的兴起。考古发掘表明,在明州港还没有真正崛起之前,越窑青瓷大多是伴随着长沙窑瓷器从扬州港输出,从明州港输出的不多,此时的明州港充其量只是扬州港对外贸易的附属港口。晚

唐时期,随着越窑青瓷海外贸易的发展,就近从明州港输出的越窑青瓷数量不断增加。1973 年至 1975 年,宁波和义路唐代海运码头附近出土了 700 多件唐代瓷器,其中越窑产品最多,长沙窑产品次之;1978 年至 1979 年,宁波东门口码头遗址又出土一批精美的晚唐越窑青瓷。① 如此多的瓷器集中于港口附近出土,显然是当时准备外运的商品。至五代、北宋初期,距越窑青瓷产地最近的明州港一跃成为越窑青瓷输往海外的最主要港口,直接面向日本、朝鲜半岛和东南亚诸国。自此,以越窑青瓷为贸易主体,以明州为启运港的"海上陶瓷之路",架起了古代东西方经济文化交流的桥梁,为世界文明的发展做出了不朽的贡献。

宁波和义路码头遗址出土的唐越窑执壶(宁波博物馆藏)

---

① 李志庭:《浙江通史(隋唐五代卷)》,浙江人民出版社 2005 年版,第 182—183 页。

## 第三章 崛起东南(隋唐五代)——浙江海上丝绸之路的形成

从目前的陆地考古和海洋考古成果来看,在亚洲和非洲的一些国家,如日本、韩国、泰国、马来西亚、印度尼西亚、菲律宾、印度、斯里兰卡、巴基斯坦、伊朗、伊拉克、阿曼、埃及、苏丹、肯尼亚、坦桑尼亚等,都发现了越窑青瓷残器。日本是发现越窑青瓷较多的国家之一,据不完全统计,仅日本西部地区就有190余处遗址发现有唐到北宋时期的越窑青瓷,其中以京都、奈良及福冈(旧称博多)附近为多。① 日本出土中国唐五代陶瓷总数为1633件(片),其中越窑青瓷数量达1274件(片),占总数的78%。这些越窑青瓷80%在九州地区出土。② 韩国也出土了不少越窑青瓷,其中在庆州地区的20处遗址中,共出土越窑青瓷75件,占总量的72%,年代以晚唐五代为主,北宋占少量。③东南亚地区发现的唐五代越窑青瓷数量相当多,主要集中在岛屿地区。1998年在印尼勿里洞海域发现的年代为826年前后的黑石号(Batu Hitam)沉船中,出水了约200件越窑瓷器;2003—2005年,在印尼爪哇井里汶岛海域一艘10世纪沉船里,出水了36万余件中国瓷器,其中越窑青瓷的数量多达30万件以上。④ 另外,新加坡国家博物馆收藏有柔佛的卡达丁几和麻

---

① [日]三上次男:《从陶瓷贸易看中日文化的友好交流》,《社会科学战线》1980年第1期,第219—223页。

② 陈文平:《唐五代中国陶瓷外销日本的考察》,《上海大学学报(社会科学版)》1998年第6期,第97页。

③ [韩]李喜宽著,李辉达译:《庆州地区出土的越窑青瓷》,载沈琼华主编:《2012海上丝绸之路:中国古代瓷器输出及文化影响国际学术研讨会论文集》,浙江人民美术出版社2013年版,第241页。

④ 秦大树:《拾遗南海,补阙中土——谈井里汶沉船的出水瓷器》,《故宫博物院院刊》2007年第6期,第94—95页。

拉出土的数千件瓷片,以越窑青瓷为主;①在非洲地区,埃及越
窑青瓷的出土数量特别多,仅开罗南部的福斯塔特遗址中就已
出土了约 2 万片中国瓷器,其中 9—10 世纪的中国瓷器以浙江
越窑青瓷产品为多。2006 年中国考古工作组曾对肯尼亚帕泰
岛南部的上加遗址出土的中国瓷器进行调查,发现了部分 9—
10 世纪的瓷器,其中就有越窑青瓷。②

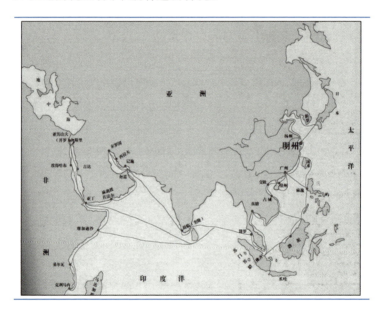

古代"海上陶瓷之路"航线示意图

　　从以上考古成果可以推定唐五代明州越窑青瓷的外销路
线。这些瓷器先用内河船运到明州港,然后换用海船出海。有

---

　　① 苏垂昌:《唐五代中国古陶瓷的输出》,《厦门大学学报(哲学社会
科学版)》1986 年第 2 期,第 96 页。

　　② 秦大树:《中国古代陶瓷外销的第一个高峰——9～10 世纪陶瓷
外销的规模和特点》,《故宫博物院院刊》2013 年第 5 期,第 42 页。

的直接运到日本,有的运到国内南北诸港,再从那里转运到海外各地。其时北面的登州、楚州等是连通朝鲜半岛和日本的重要港口;南面的福州、广州、交州(今越南河内),是沟通东南亚、南亚各国及西亚、北非阿拉伯世界的重要港口。9世纪中叶,阿拉伯商人苏莱曼(Suleiman)所记广州,阿拉伯地理学家伊本考尔大贝(Ibn Khordadhbeh)所记交州,都有大量的瓷器待运。至于长沙窑瓷器,可能是从产地先经长江运到扬州,然后入大运河到杭州,再转浙东运河抵达明州,换船出海。

越窑青瓷在海外分布如此之广,说明了精美的越窑瓷器受到世界许多国家人们的青睐,以致一度取代丝绸,成为中国海外贸易的最大宗商品。显然,明州越窑青瓷的外销航线,也就是明州港的海上贸易航线。9世纪中叶以后,明州港海上贸易发展很快,其航线不仅遍及国内诸港,而且直通东邻日本。宁波和世界各地出土的唐五代越窑青瓷遗物,是当时明州港海上贸易繁盛的见证。

北宋晚期,随着耀州窑、汝窑、官窑等北方诸多窑场的建立和崛起,越窑失去了上贡机会和商贸市场优势,产量与质量明显下降,在短时间内迅速衰落,昔日窑场林立的上林湖窑场至此已是窑烟寥寥,数量锐减,至目前仅发现27处。① 南宋初期,上林湖附近的寺龙口、低岭头等越窑曾为南宋宫廷烧制御用产品,然而,此时的越窑已被新崛起的浙江龙泉窑等超越,最终在南宋时不可避免地走向了历史的终点。但越窑青瓷的清风雅韵却延续下来。宋元时期,龙泉窑以美润似玉的粉青和梅子青独领南方青瓷的风骚,成为这一时期浙江瓷器的出色代表。

---

① 李军:《千峰翠色:中国越窑青瓷》,宁波出版社2011年版,第30页。

# 九、吴越国的海外贸易

唐哀帝天祐四年(907),朱温废唐自立,建立后梁,改元开平。同年,遣使册封钱镠为吴越王,吴越国由此建立,定都杭州。至公元978年,钱弘俶纳土归宋,吴越国共存在72年,实际统治达80余年。吴越国全盛时辖有原唐代浙东道全部、浙西道南部及福建道部分区域,约相当于现在的浙江全境加上苏州、上海、福州的范围。吴越国濒临东海,造船和航海技术比较发达,统治者采取"保境安民"基本国策,对内休兵息民,对外大兴舟楫商贾之利,使两浙经济得到进一步的发展。

朱温建立后梁后,各地藩镇随之纷纷而起,逐鹿天下,中国历史进入纷争动荡的五代十国时期。在五代十国当中,吴越国与海外诸国交往最为频繁。吴越国依靠其发达的海上交通,大力开展与海外各国的交往,与朝鲜半岛、日本、印度、伊朗等地区都建立了海外贸易关系。为了更好地管理杭州、明州等沿海港口的海上贸易,吴越国还设立了类似于市舶机构的"博易务",专门管理吴越国与海外各国及中原各地之间的贸易活动。

吴越国的海外贸易继承唐代后期贸易体系,主要贸易对象是朝鲜半岛和日本。有意思的是,吴越国虽长期奉中原为正朔,但在与海外诸国的交往中,却又处处显示出那种中央政府才有的王者权威。

先说说吴越国与朝鲜半岛的贸易往来。早在668年(唐高宗总章元年),新罗文武王就统一了朝鲜半岛,建立了统一的国家"统一新罗"。9世纪末,统一新罗开始陷入内乱纷争。892年,甄萱据武珍州起兵,900年定都完山,称后百济王。901年,新罗王族弓裔建立摩震国(又称后高句丽),定都铁圆,911年改国号为泰封。918年,泰封国的部将王建在豪强贵族支持下发动政变,推翻弓裔政权,建立高丽国。以上两大势力与衰弱的新罗再次形成"三国鼎峙"的局面,是为朝鲜半岛的"后三国时期"。其时中国也正处于分裂的五代十国时期。这三个国家都想与中国境内的重要政治势力取得外交联系,以增强自身的政治影响力。

　　吴越国与朝鲜半岛的交往始于唐光化三年(900),这一年刚自立为后百济王的甄萱首次遣使吴越。后梁开平三年(909),后百济王甄萱第二次遣使吴越。贞明四年(918),甄萱又遣使入吴越进马,吴越王钱镠也遣使报聘,授甄萱为太中大夫。从《高丽史》的记载来看,后百济使者进入吴越国的路线是越渤海湾后傍海南下。甄萱遣使吴越,不仅带有"进马"等贸易上的目的,更重要的是为了对付朝鲜半岛其他政治力量,甄萱迫切需要在中国寻找政治上的支持。

　　吴越国与朝鲜半岛诸国都有着政治、宗教和贸易上的往来,其中与后百济的关系最为密切。当时吴越国在海外诸国中扮演着宗主国的角色,高丽、后百济、新罗以及渤海等东北亚四国同时向吴越国称臣,受吴越册封。后唐同光元年(923),后唐封钱镠为吴越国王,2年后,钱镠即以国王身份"遣使册新罗、渤海王,海中诸国皆拜封其君长"[1]。

　　当时,因后百济与高丽纷争不休,吴越国还充当过居间通

---

① 《新五代史》卷六七《吴越世家》。

和、调停的角色。后唐天成二年(927),后百济发兵攻陷新罗的首都,导致高丽兴兵讨伐,钱镠派遣班尚书为通和使,前往高丽及后百济进行调停,高丽和后百济都做出了积极的反应。后晋天福二年(937),高丽还派使臣张训来吴越通和修好。

由于史料限制,吴越国与朝鲜半岛诸国的贸易情况无法具体呈现。从考古发现情况来看,在陶瓷贸易与技术方面,吴越国与朝鲜半岛南部的新罗和后百济都有较多的交流。瓷器是吴越国对外交流的大宗物品,目前在新罗核心区的庆州,百济核心区的扶余、益山等地,均发现了数量可观的晚唐和吴越时期的越窑产品。而随着产品交流的不断深入,吴越地区的青瓷生产技术逐渐传入朝鲜半岛,推动了其后高丽青瓷的产生。如朝鲜半岛中部京畿道始兴市芳山洞窑址中,出土了大量高丽早期的窑具,其中包括筒形匣钵、钵形匣钵、"T"字形垫具、垫圈等。其中一件筒形匣钵的底部刻有草书"吴越"字样,另一件"T"字形垫具正面,刻有"奉化"字样,这表明高丽早期的陶瓷生产技术,与吴越国越窑产区保持着一定程度的联系,甚至存在吴越国窑工直接进入朝鲜半岛参与陶瓷生产的可能。①

随着吴越国与朝鲜半岛外交关系的日益密切,两地的佛教文化交流也得到了发展。吴越国统治者笃信佛教,广建寺塔,仅杭州扩展创建的寺院就多达 200 余所,浙江佛教在五代时得到很大发展,浙江从那时起就有了"东南佛国"之称。杭州净慈寺第二任住持延寿禅师,佛学修养精深,著有禅学名著《宗镜录》一百卷,吴越国王钱弘俶亲为作序。高丽国王十分

---

① 李晖达:《吴越国考古》,浙江人民出版社 2022 年版,第 162—165 页。

敬慕延寿的佛学造诣,常投书问道,行弟子礼,甘拜延寿为师,并且派遣 36 位高丽禅师前来取经,足见吴越国与高丽佛学交流之盛。[①] 发源于浙江台州的天台宗是第一支中国化的佛教宗派,但自九祖湛然后宗势陡然衰落。宋太祖建隆元年(960)十月,吴越王钱弘俶通过天台宗十五世螺溪的羲寂法师,得知天台宗的一些主要经典在唐末五代时因战乱相继流散海外,便遣使致书,开列 50 种宝书往高丽访求。次年,高丽僧谛观奉高丽王之命,持论疏诸文渡海来华,至螺溪谒见羲寂法师,一宗教文复还中国,成为天台宗中兴的契机。

再来看吴越国与日本的贸易往来。吴越国与日本的交往始于后梁开平三年(909),《日本纪略》记载,这年有从日本返航中国的船舶。钱镠之子钱元瓘继位以后,曾几次派遣蒋承勋、蒋衮等海商以使者身份向日本递交信件和方物,其中最早的一次是在后唐清泰三年(936),蒋承勋、季盈张奉吴越王钱元瓘之命出使日本,这也是吴越国首次向日本派遣使节。同年,日本左大臣藤原忠平复书吴越王。在最后一个君主钱弘俶在位期间,吴越国与日本的交往进入高潮,钱弘俶除派遣蒋承勋以使者身份向日本递交书信和锦绮等珍品外,还派遣其他人以使者身份多次赴日。

吴越国与日本的商业往来较为频繁。仅从《日本纪略》《本朝文粹》等日本史籍中就可见,自 909 年至 959 年的 50 年间,中日商船往来有 15 次,而实际往来次数恐怕要更多。

吴越国与日本的交往大部分是纯商业往来。往来于中日间的吴越商人,见于文献记载的有蒋承勋、季盈张、蒋衮、俞仁秀、张文过、盛德言等,他们都拥有自己的船舶。从吴越国去日

---

① 《十国春秋》卷八九《吴越十三·僧延寿传》。

本的海上航路仍是唐朝时所开辟的东海航道,即吴越国的商船从明州一带出发,横渡东海,经过肥前松浦郡的值嘉岛,进入博多津港,返程时仍循此航路。

吴越国输出日本的货物主要有瓷器、香药等。① 这些货物极为日本人所喜爱。中国商船到日本后,先与大宰府进行交易,然后才被准许与普通商人或市民交易。大宰府交易所得货物,先送京师,供天皇御览后,交内藏寮收藏,除了天皇所需要的以外,其余卖给大臣,大臣们无不争相购买。吴越国从日本输入的货物主要有沙金、木材等。据倪璠《神州古史考·钱塘注》,吴越国时杭州有地名"椤木营、椤木桥",这种椤木就是日本进献的。

值得注意的是,日本文献记载的 15 次中日商船往来,用的都是中国的商船,没有一艘是日本船。日本僧人来华,也都搭乘中国商船。这种现象的出现与当时的政治因素密切相关。如前所述,五代吴越国大力发展海外贸易,而此时期的日本处于醍醐天皇与村上天皇统治时期,实行"锁国政策",对海外贸易采取消极态度,禁止日本商船出海,因而制约了民间私人海外贸易的规模。同样,在中日官方交往中,日本采取消极、被动的外交姿态,不再像唐朝时那样积极主动发展中日关系,因此中日两国之间的官方往来很少,少量的政府间往来也是通过商人来进行的。吴越国与日本的官方交往,主要由吴越国方面推动,一般都是吴越国首先遣使者到日本,日本出于应酬,才复函和答礼,而这种复函是由左大臣或右大臣署名,并未采取正式的国书形式,更没有特意派遣答礼使者,而是把书信托交吴越

---

① 唐和五代时浙江丝、绵对海外的输出还非常有限,参见李伯重:《唐代江南农业的发展》,农业出版社 1990 年版,第 181—182 页。

国的使者带回。①

　　吴越与日本频繁的贸易往来,给天台宗与日本的文化交流带来了方便。经唐末五代战乱和统治者灭佛之举,天台宗教义典籍散失殆尽,吴越国王钱弘俶命该国客商前往高丽、日本等国,搜求天台宗经论章疏。有史料记载,钱弘俶曾购书于日本国主,"奉黄金五百两,求写其本,尽得之"②,从而使天台典籍从日本复还中国。五代十国时期,日本渡海来华的僧人,见于史册的有宽建、宽辅、澄宽、长安、超会以及日延等6人,他们利用吴越国商船渡海来华,朝拜天台山等佛教圣地,吴越国商船对当时的中日文化交流起到了沟通和桥梁的作用。但来华的日本僧人数量极少,无法与唐代相比。

　　除了朝鲜半岛和日本以外,吴越国与其他海外国家也有贸易往来。据海外考古发掘与调查资料,在今泰国、马来西亚、印度尼西亚、菲律宾、印度、斯里兰卡、巴基斯坦、伊朗、伊拉克、阿曼、埃及、苏丹、肯尼亚、坦桑尼亚等一些亚非国家和地区的沿海重要港口、城市、岛屿与宗教寺院等处,都发现了大量五代越窑青瓷。这些吴越青瓷基本上都是从明州港出发运往海外的。印度尼西亚的巨港、占碑,泰国的柴亚与斯里兰卡的满泰等港口,是吴越青瓷在东南亚与南亚的卸货港或主要贸易集散地;伊朗的席拉夫、阿曼的苏哈尔则是吴越青瓷销往中东地区的重要中转港。③

---

　　①　王心喜:《五代吴越国时期宁波与日本海外贸易年次及特点探讨》,李英魁主编:《宁波与海上丝绸之路》,科学出版社2006年版,第148—151页。

　　②　《杨文公谈苑》"日本僧奝然朝衡"条。

　　③　李军:《五代越窑青瓷的外销与制瓷技术的传播》,李英魁主编:《宁波与海上丝绸之路》,科学出版社2006年版,第172—174页。

史籍记载,吴越国曾从大食国进口过火油(石油)。后梁贞明五年(919),吴越国在狼山江(今江苏南通东南狼山附近的长江)与南吴发生一场水战,吴越国使用火攻,大获全胜。对此,《吴越备史》卷二有详细的记载:

> (贞明五年)夏四月乙巳,大战淮人于狼山江。将战之夕,王(引者注:钱元瓘)召指挥使张从宝计之曰:"彼若径下,当避其初以诱之,制胜之道也。"乃命军中宿理帆樯,每舟必载石灰、黑豆、江沙以随焉。翼日昧爽,淮人果乘风自西北而下,危樯巨舰,势若云合,我师皆避之。贼舟既高且巨,不能复上,我师反乘风逐之。复用小舟围其左右,贼回舟而斗,因扬石灰,贼不能视;及舳舻相接,乃撒豆于贼舟,我舟则沙焉。战血既渍,践豆者靡不颠踣。因纵火油焚之。(原注:火油得之海南大食国,以铁筒发之,水沃其焰弥盛。武肃王以银饰其筒口,脱为贼中所得,必剥银而弃其筒,则火油不为贼有也。)斩其将百胜军使彭彦章,获士卒七千余人。贼船四百余艘皆焚之。①

"火油得之海南大食国",说明吴越国使用的火油就是来自大食国的石油。石油一旦烧起来,用水浇不灭,反而越浇越猛,所以又称"猛火油"。大食国是唐代以来中国文献对阿拉伯帝国的称呼。由此可见,吴越国曾从大食输入过石油。又《资治通鉴》卷二百六十九胡三省注引《南蕃志》云:"猛火油出占城

---

① 〔宋〕钱俨撰,顾志兴标点:《吴越备史》,王国平总主编:《杭州文献集成》第 31 册,浙江古籍出版社 2017 年版,第 46 页。

国,蛮人水战,用之以焚敌舟。"由此看来,火油很有可能是由阿拉伯经占城(今越南南部)辗转传入吴越国的。这是外国石油传入中国的最早记载。

吴越国通过频繁的海外交往,不但提高了其政治威望和在海外贸易中的地位及影响,而且从航海贸易中获得了丰厚的回报。史书说吴越国"航海所入,岁贡百万"①,一个小小的吴越国,每年供奉中原王朝的钱帛就多达百万,这些钱帛就来源于海上贸易所得,足见其航海贸易规模非同一般。在五代十国当中,吴越国堪称航海大国了。

---

① 《旧五代史》卷一三三《钱佐传》。

第四章

梯航万国（宋代）

——浙江海上丝绸之路的

繁荣（上）

　　宋代是浙江海上丝绸之路发展的黄金时期。正是在宋代,政府在杭州、明州等地设立了类似今天海关的国家外贸管理机构——市舶司,并对民间海上贸易采取了有效的激励措施,极大地促进了浙江对外贸易以及明州、杭州、温州等港口的发展。明州港因此成为当时中国最重要的对外贸易港口之一。

　　两宋时期,与浙江进行海外贸易的国家除日本、高丽外,还有东南亚及西亚诸国,包括大食、三佛齐、渤泥、占城、交趾、阇婆、丹流眉、真腊等。这一时期,中日两国僧人频繁往来成为两国文化交流的主要形式。入宋后,日僧从中国带回去大量佛教经典,并将一些佛教流派传入日本。日本禅宗临济宗和曹洞宗就是在南宋时期从浙江传到日本的。

# 一、万斛神舟

　　有"水乡"之称的两浙地区早在先秦时期就有"以楫为马"的记载,造船业历史悠久。到了隋唐时期,随着大运河的开通,浙江的造船业已达到了较高的水平,船只的稳定性与航海性能都有了极大的提高。唐太宗时,为了征伐高句丽,多次敕令越

州等地建造海船,以做海上远征之用,如唐贞观二十二年(648),唐太宗"敕越州都督府及婺、洪等州造海船及双舫千一百艘"①。一次性造船数量上千,可见唐时越州等地的造船能力之强。当时除官营之外,浙江民营造船业也十分发达。唐咸通三年(862),明州商人张友信在日本肥前国松浦郡柏岛打造大型海船,并传授造船技术。

宋代,我国科学技术的发展达到了一个新的高度,无论是造船规模还是技术,都有了显著的进步。如果说在宋代以前,大型远洋海船还是以外国船舶为大、为多,那么到了宋代,中国海船无论数量还是技术,在当时均已经处于世界领先地位。

宋代的造船场数量众多,几乎遍及全国濒海临江地区,在今浙江境内的温州、明州、台州、越州、严州、衢州、婺州、杭州、湖州、秀州均设有造船场。当时浙江的造船能力在全国名列前茅。据记载,宋太宗至道末年,全国官办船场每年造漕运船数额为 3337 艘,至天禧末年,虽有所减少,但仍达 2916 艘,分配给浙江各造船场的数字是:明州 177 艘,婺州 103 艘,温州 125 艘,台州 126 艘。合计 531 艘,②几乎占了全国总数的 1/5。其中,明州定额居浙江地区首位。

明州是宋朝与日本、高丽交往的进出港,海外贸易兴盛,文化交流繁荣,其中造船业起到了关键的作用。北宋时期,明州已有多处官办造船场,其中位于甬江入海口的招宝山船场,是打造大型海船的定点造船场,代表着当时国内船舶制造的最高水平。明州造船不仅质量高,数量也很庞大。元祐五年(1090),宋哲宗下诏温州、明州岁造船以 600 艘为额,③其数量居同期全

① 《资治通鉴》卷一九九《唐纪十五》。
② 《宋会要辑稿》食货四六《水运一》。
③ 《宋会要辑稿》食货五〇之四。

国官营造船场首位,明州也因此获得了"天下船场"的美名。

宋代官方出使人员乘坐的大型海船多在明州打造。北宋元丰元年(1078),宋神宗派遣安焘、陈睦两学士出使高丽,下诏在明州建造 2 艘大型"神舟",命名为"凌虚致远安济神舟"和"灵飞顺济神舟",规模甚雄。两神舟自定海(今镇海)绝洋而东,到高丽国后,高丽人从未见过如此宏伟的船,纷纷欢呼出迎,轰动高丽。政和七年(1117),明州知州楼异为应办高丽贡使船只,将温州船场并入明州船场。次年,明州就打造完成 100 艘"高丽坐船"①。其时,为加强与高丽的联系,宋徽宗已在准备向高丽派出一支更为庞大的出使船队,命令明州建造 2 艘"万斛神舟"。宣和二年(1120)七月,2 艘神舟在明州打造完毕,被分别赐名为"鼎新利涉怀远康济神舟"和"循流安逸通济神舟"。宣和五年(1123)五月,路允迪、傅墨卿等奉诏乘坐神舟出使高丽。随行人员徐兢在《宣和奉使高丽图经》一书中描述,2 艘神舟"巍如山岳,浮动波上,锦帆鹢首,屈服蛟螭。所以晖赫皇华,震慑海外,超冠今古"②。这次出使,除 2 艘神舟外,还有 6 艘"客舟"随行,每艘船上的水手有 60 人之多。这支规模庞大的出使船队抵达高丽时,在高丽国再次引起轰动,国人倾城耸观,欢呼赞叹。

徐兢的《宣和奉使高丽图经》虽然对神舟的形制没有做具体的描述,但书中对客舟的形制和装备却有较详细的记载,从中可管窥宋代的造船技术,全文引录如下:

> 旧例,每因朝廷遣使,先期委福建、两浙监司顾募客舟,复令明州装饰,略如神舟,具体而微。其长十余

---

① 《宋会要辑稿》蕃夷四之一〇四。
② 《宣和奉使高丽图经》卷三四《海道一·神舟》。

丈,深三丈,阔二丈五尺,可载二千斛粟。其制皆以全木巨枋挽叠而成。上平如衡,下侧如刃,贵其可以破浪而行也。其中分为三处,前一仓不安艎板,惟于底安灶与水柜,正当两樯之间也。其下即兵甲宿棚。其次一仓,装作四室。又其后一仓,谓之"庥屋",高及丈余,四壁施窗户,如房屋之制。上施栏楯,彩绘华焕,而用帘幕增饰。使者官属,各以阶序分居之。上有竹篷,平时积叠,遇雨则铺盖周密。然舟人极畏庥高,以其拒风,不若仍旧为便也。船首两颊柱中有车轮,上绾藤索,其大如椽,长五百尺,下垂碇石,石两旁夹以二木钩。船未入洋,近山抛泊,则放碇着水底,如维缆之属,舟乃不行。若风涛紧急,则加游碇,其用如大碇,而在其两旁。遇行则卷其轮而收之。后有正舵,大小二等,随水浅深更易。当庥之后,从上插下二棹,谓之"三副舵",惟入洋则用之。又于舟腹两旁传大竹为橐以拒浪。装载之法,水不得过橐,以为轻重之度。水棚在竹橐之上。每舟十橹,开山入港,随潮过门,皆鸣橹而行,篙师跳踯号叫,用力甚至,而舟行终不若驾风之快也。大樯高十丈,头樯高八丈。风正则张布帆五十幅,稍偏则用利篷左右翼张,以便风势。大樯之巅,更加小帆十幅,谓之"野狐帆",风息则用之。然风有八面,惟当头不可行。其立竿以鸟羽候风所向,谓之"五两"。大抵难得正风,故布帆之用,不若利篷翕张之能顺人意也。海行不畏深,惟惧浅阁,以舟底不平,若潮落则倾覆不可救,故常以绳垂铅硾以试之。每舟篙师水手可六十人,惟恃首领熟识海道,善料天时人事而得众情,故一有仓卒之虞,首尾相应如一人,

则能济矣。若夫神舟之长阔高大,什物器用人数,皆
三倍于客舟也。①

　　先来看宋船的体量。宋代船舶载重单位有"斛""石""料"
等,重量相同,都是百斤单位。但宋代的"斤"的重量与我们现
在不同,1斛约相当于现在的120斤。客舟"可载二千斛粟",则
客舟的载重量为120吨。若按"神舟之长阔高大……皆三倍于
客舟"计算,则神舟的载重量应是客舟载重量的27倍,这显然
是令人难以置信的。因此徐兢所说的"三倍于客舟",应是就船
体之高大(容积)而说的。据此,神舟的载重量为360吨左右。
客舟、神舟的长度将分别达到35米和46米。② 在当时,神舟称
得上是"庞然大物"了。客船的体量也不小,但东南沿海中比客
船大的海船并不少见。南宋吴自牧《梦粱录》记载,当时两浙路
"海商之舰,大小不等,大者五千斛,可载五六百人;中等二千斛
至一千斛,亦可载二三百人。余者谓之'钻风',大小八橹或六
橹,每船可载百余人"③。可以看出,南宋时期,东南沿海较大的
海船,载重量约在5000斛,约300吨。而充当主力的商船多在
两三千斛,宣和奉使高丽的客舟就是由从两浙和福建沿海雇募
的民间海船在明州改装而成。

　　宋代的海船不仅船体较大,为提高船舶航海性能和安全
性,还采用了当时一些先进的技术。依徐兢《宣和奉使高丽图
经》所记,宋代明州所造海船在建造工艺和装备方面具有以下
优点:

---

　　①　《宣和奉使高丽图经》卷三四《海道一·客舟》。
　　②　席龙飞、杨熹、唐锡仁主编:《中国科学技术史(交通卷)》,科学出
版社2017年版,第99页。
　　③　《梦粱录》卷一二《江海船舰》。

（1）采用"上平如衡，下侧如刃"的"V"型船体设计，即俗称的尖底海船，是宋代福建、浙江一带常见的船型。这种船吃水深，在风浪中不易侧翻，可以在海中破浪而行。

（2）船体内部采用了独特的水密隔舱构造。客舟全船分成3个舱：前舱不安铺板，在舱底安设灶台和水柜，相当于厨房；中舱分作4室，可能用于储放物资；后舱建得如房屋，高1丈余，四壁开窗，上设栏杆，施以彩绘，悬挂帘幕，装饰华丽，使团人员按官阶高低分住。上有竹篷，平时积叠，遇雨则铺盖周密。采用隔舱法，可以提高抗沉能力，即使有一两个舱漏水，也不致危及整船。

（3）船头设置绞车来进行起锚或抛锚作业。绞车采用滑轮结构，船头两侧立2根柱子，中间安装滑轮，滑轮上盘结如房椽般粗的藤索，长500尺（166.7米），下端捆着碇石。船抛锚停泊时，放开滑轮的关卡，碇石就以自身重力沉入水底。若靠泊时风浪很大，则在船两侧再放下"游碇"，以减缓船身摇摆。起锚开行时，则众人合力转动滑轮，把碇石收上来。

（4）船尾采用大小不等的双正舵装置，可以随水道深浅而使用。驶入大洋后，在舟船尾部，从上插下二棹，谓之"三副舵"，使操纵更加轻便。又在舟船腹部两侧缚两捆大竹，既可增加船在风浪中的稳定性，又可以测定船的荷载量，吃水不可超过大竹位置，以确保安全。

（5）采用多桅多帆技术，以便灵活借用风力。船上竖有2根大桅杆，大桅设在船中央，高10丈（33.3米），头桅设在船前部，高8丈（26.7米）。若遇顺风，则张布帆50幅，以充分利用八面来风推动舟船前进；若遇风偏，则用利篷（以竹篾或苇蒲制成的硬帆），左右调整翼张度，以迎合风势。无风时，则在大桅之顶加小帆10幅，谓之"野狐帆"。在有风浪时，加"野狐帆",还可以借风势劈浪前进。[①]

(6)安装指南针,在天色晦暗时航行时,以此辨别航向。徐兢写道:"是夜,洋中不可住,惟视星斗前迈;若晦冥,则用指南浮针以揆南北。"[②]这里称指南浮针,说明当时使用的是水浮法,也就是后来所称的水罗盘。

(7)海船中配备了测深探水设备"铅硾",过浅滩时,以此来测试海水的深浅。

以上这些措施,大大提高了远洋海船的航海能力和安全性。

1979 年宁波宋代海运码头遗址发掘出土的一条宋代海船实物,长 15.5 米,宽 5 米,尖底船型,设有水密舱装置,证实了当时明州造船的这些技术特点。特别是在船的舭部,装有最大宽度为 9 厘米,厚度为 14 厘米,残长为 7.1 米的半圆木,这正是现代船舶中经常运用的舭龙骨,也称"减摇龙骨"。这是中国造船技术史上的一项重要发明,可以使船舶在风浪里做横摇运动时增加阻尼和力矩,从而起到减缓摇摆的作用。这种造船技术最迟在宋代已经运用,至少比国外早了六七百年。

总之,根据《宣和奉使高丽图经》的记载和考古发现,当时明州打造的大型海船,其船体的结构、性能和装备均已十分先进,特别是"V"型结构、水密舱及龙骨结构,可谓是宋代造船的三大技术革新。而明州建造的"万斛神舟",更是 12 世纪当之无愧的巨舶,代表了当时中国木帆船制造的最高技术水平。

2010 年,"万斛神舟"再现宁波镇海利涉道头。这艘按1∶1比例仿造的"万斛神舟",长 40 米,宽 10 米,高 7.5 米,分为 5 层,总面积 544 平方米,从中可见当年"万斛神舟"的辉煌壮观。

---

① 《宣和奉使高丽图经》卷三四《海道一·半洋焦》。
② 《宣和奉使高丽图经》卷三四《海道一·半洋焦》。

镇海仿造的"万斛神舟"

## 二、宋代的两浙市舶司

古代把外贸称为市舶，"舶"指海船，"市"就是贸易。有了外贸，就需要管理。因此在宋代时，政府就建立了专门管理对外贸易等事务的机构，叫作"市舶司"。宋代市舶司的设置，是当时海外贸易发展、兴盛的重要标志之一。

宋代最初设立市舶司是在开宝四年(971)。开宝四年二月，宋灭南汉。4个月后，在广州设立了市舶司，由知州潘美、尹崇珂兼市舶使，通判谢处玭兼市舶判官。此后，大约在 987—989 年，两浙路的杭州也设立了市舶司，①由杭州知州兼任市舶使。宋代的两浙路在至道三年(997)为全国 15 路之一，治所在杭州，统辖十四州和江阴军，辖境约相当于今浙江全省、上海市和江苏镇江、金坛、宜兴以东地区。

端拱二年(989)五月，朝廷规定："自今商旅出海外蕃国贩易者，须于两浙市舶司陈牒，请官给券以行，违者没入其宝货。"②这里的两浙市舶司就是指杭州市舶司。从这一规定来看，杭州市舶司的设立似乎主要是为了管理境内舶商出海，这与广州市舶司的职能有明显的区别，后者主要致力于管理海外来的舶商，带有非常明显的朝贡贸易的痕迹。

市舶司设在杭州，虽然内陆交通方便，但不能完全扼控两浙沿海众多港口。于是，淳化三年(992)四月七日，市舶司从杭州迁至明州定海县(今宁波市镇海区)，由监察御史张肃主管。次年张肃上书称管理不便，市舶司又从明州回迁至杭州，明州设市舶征榷点。杭、明二州各有利弊，市舶司设置地点变来变去，"实际上是朝廷在以国内交通为重或以海外交通为重的两难之间做出取舍"③。到了咸平二年(999)九月，两浙转运副使王渭在奉命考察杭州、明州两地市舶机构后上奏，建议取消明州市舶征榷点，到明州的海舶一律到杭州抽解(征税)，但这一建议没有被采纳。宋朝廷反复权衡后，最终决定在杭州、明州分别设立市舶司，实行相对独立的管理模式。杭州、明州市舶

---

①　章深：《宋元海上丝绸之路史》，世界图书出版公司 2020 年版，第108 页。

②　《宋会要辑稿》职官四四之二。

③　王兴文：《略论宋代市舶制度》，《白城师范学院学报》2003 年第 1期，第 35—40 页。

司同为州一级的市舶机构,海商可自由选择。此时全国共有广州、杭州、明州 3 处市舶司,这种"三司并立"的局面共持续了 80 余年,直到元祐二年(1087)增置泉州市舶司为止。

元丰三年(1080),《广州市舶条》颁布,在广南、两浙、福建三路推广。这是中国历史上第一部比较完整的外贸法规,为配合该法规,设置两浙路市舶司,为路级单位,置提举市舶官,由本路转运副使兼任。两浙路市舶司统辖杭州市舶司和明州市舶司,而当时明州市舶司的地位远高于杭州市舶司。《广州市舶条》明确规定:"非明州市舶司而发过日本、高丽者,以违制论。"①即把明州作为中国与高丽、日本民间贸易的唯一港口。此后,杭州、明州 2 处市舶司曾一度被撤销,直到崇宁元年(1102)才恢复,这年七月十一日,诏杭州、明州市舶司依旧复置,所有监官、专库、手分等,依各处旧额。此次复置杭州、明州市舶司,应是新任宰相蔡京的主张,是他新官上任 6 天后所烧的"一把火"。在宋徽宗时,蔡京曾多次被罢相,又多次被起用,把持朝政达 17 年之久,祸国殃民,臭名昭著。但蔡京是福建人,知道通过市舶外贸朝廷能获得更多的财富,所以注重发展健全市舶机构。说来也有趣,蔡京一被罢相,他的反对者就拆他的台,全国市舶司就有变动;但他一当上宰相,就马上恢复和健全市舶司。崇宁五年(1106)二月,蔡京第一次被罢。不久,凡蔡京所为者均被罢去,朝廷撤销了掌管两浙、广南、福建三路市舶的提举官。大观元年(1107)正月,蔡京第二次出任宰相,三月十七日,就诏广南、福建、两浙依旧复置提举官,由杭州知州胡奕修兼提举两浙路市舶。大观三年(1109)六月,蔡京第二次被罢相,七月二十日,就诏罢两浙路和福建路提举市舶官,由

---

① 《苏轼文集》卷三一《乞禁商旅过外国状》。

提举常平官兼领,通判主管。政和二年(1112)五月十三日,蔡京第三次出任宰相,五月二十四日,就诏两浙、福建路依旧复置市舶。此后直到北宋灭亡,两浙市舶司再未撤销,而且还有了新的发展。① 政和三年(1113)七月二十四日,朝廷于两浙路的秀州华亭县(在今上海市松江区)置市舶务。当时秀州华亭县市舶务应属县级市舶机构,南宋绍兴后才升格为州级,称秀州市舶务。这样,到北宋末年,两浙路共有杭州、明州 2 处市舶司和秀州华亭县 1 处市舶务,由两浙路市舶司统辖管理。

南宋初年,为了精简机构,节省经费,两浙路及福建路市舶司曾一度归并转运司。但不到一年,建炎二年(1128)五月,朝廷又下令恢复了两浙、福建两路市舶司。当时,两浙路市舶司的办公地点在杭州。为了更好地管理市舶事务,绍兴二年(1132)三月,两浙路市舶司从杭州移至未受战乱破坏的秀州华亭县。与此同时,杭州、明州市舶司均降格为市舶务。此后两浙路市舶司一度于绍兴十三年(1143)被废罢,2 年后恢复,仍驻秀州。

建炎、绍兴之际,朝廷下令增设温州市舶务。绍兴十五年(1145)十二月,又增设江阴军市舶务。温州早在北宋时期即已因海上贸易而繁荣。北宋绍圣年间(1094—1098),温州知府杨蟠有《咏永嘉》诗云:"一片繁华海上头,从来唤作小杭州。"②江阴军治今江苏省江阴市,位于长江南岸入海口处,南宋时是长江上的重要交通枢纽和江海联运的天然良港,时人称"连江接海,便于发舶,无若江阴"③。

综上,至南宋绍兴十五年(1145),在两浙路主要港口均设立

① 章深:《宋元海上丝绸之路史》,世界图书出版公司 2020 年版,第 114—115 页。

② 《方舆胜览》卷九《瑞安府》。

③ 《建炎以来系年要录》卷一九〇,绍兴三十一年五月丙辰。

了市舶机构。两浙路市舶司下辖临安府、明州(1195 年改称庆元府)、温州、秀州(1195 年改称嘉兴府)和江阴军共 5 处市舶务。

乾道初年,宋孝宗登基不久,就有官员上言,说两浙路市舶司有 5 处市舶务,而在这 5 处之上,还凌驾了一个驻在华亭的两浙路市舶司,机构职能重叠,人浮于事。而近年遇明州外贸船舶到来,提举官便带一司官吏赴明州,一待就是几个月,以"抽解"的名义行骚扰之实。而两浙路的市舶贸易收入又不如广南和福建两路多,承受不起机构重叠带来的负担。两浙路市舶司的存在,实属多余而有害,建议撤销。宋孝宗采纳了这个建议,于是,乾道二年(1166)六月三日,两浙路市舶司被撤销,5 处市舶务继续保留,各处抽解职事,委知州、通判、知县、监官"同行检视而总其数",市舶事务改归两浙转运司提督。① 自此,两浙路市舶司终南宋一朝再未恢复。

绍熙元年(1190),大概出于海防的考虑,朝廷禁止商船至临安外港澉浦港,临安府市舶事务逐渐减少乃至停顿,但市舶机构并未撤销。

嘉定年间(1208—1224),南宋政府又禁止商船停泊在江阴军、温州和秀州,这 3 处市舶务因此而废置。②

至宝庆三年(1227),两浙路的 5 处市舶务只剩下庆元府一处还在有效运作。是年纂修的《宝庆四明志》记载:"凡中国之

---

① 《宋会要辑稿》职官四四之二八。

② 《宝庆四明志》卷六《郡志·叙赋下·市舶》载:"宁宗皇帝更化之后,禁贾舶泊江阴及温、秀州,则三郡之务又废。"此处"宁宗皇帝更化",论者多以为指庆元元年(1195),实误。《宋会要辑稿》职官四四之三三载,开禧元年(1205),提辖行在榷货务都茶场赵善谲上奏,要求"明、秀、江阴三市舶,遇番船回舶,乳香到岸,尽数博买,不得容令私卖",可见是年秀州、江阴军两市舶司尚在运作。实际上这里所说的"宁宗皇帝更化"指的是嘉定更化。

贾高丽与日本,诸蕃之至中国者,惟庆元得受而遣焉。"①

　　不过,到了宋理宗的时候,庆元府以外的一部分市舶机构又开始重建或加强。淳祐六年(1246),海盐县澉浦镇创设市舶官,以接纳部分来临安贸易的海舶。淳祐八年(1248),临安府市舶务"拨归户部,于浙江清水闸河岸新建,牌曰'行在市舶务'"②。淳祐十年(1250),澉浦镇设市舶场,这是宋朝最后设置的市舶机构。

　　在南宋两浙路诸市舶机构中,明州(庆元府)市舶务的重要性要远高于其他4个市舶务,存在时间也最久。宝祐六年(1258),都省的一份奏折还提到了"庆元舶司"。③ 直到德祐元年(1275)五月,在元军大兵压境的情况下,南宋朝廷才下诏"罢市舶分司,令通判任舶事"④,通判接管外贸,包括庆元府市舶务在内的宋朝全部市舶机构就此退出历史舞台。

　　两浙市舶机构,一开始实行"州郡兼领"的管理体制,即由地方官员兼任市舶使。到元丰三年(1080)《广州市舶条》颁行后,改由两浙路转运副使兼提举官,即由转运副使直接负责市舶司事务,从而结束了"州郡兼领"的管理体制。宋徽宗时,为解决严重的"三冗"(冗官、冗兵、冗费)等问题,增加经济收入,崇宁二年(1103)推行"专置提举制",在此背景下,两浙、福建、广南三路各建立提举市舶司,长官称"提举市舶",此举进一步加强了朝廷对海外贸易活动的控制和管理。此后经过多次整

---

　　①　《宝庆四明志》卷六《郡志·叙赋下·市舶》。
　　②　《淳祐临安志》卷七《城府·仓场库务·诸务》。
　　③　《续资治通鉴》卷一七五载,宝祐六年八月,"都省言:倭船入界,禁令素严。比岁庆元舶司但知博易抽解之利,听其突来泄贩铜钱,为害甚大"。
　　④　《宋史》卷四七《瀛国公纪》。

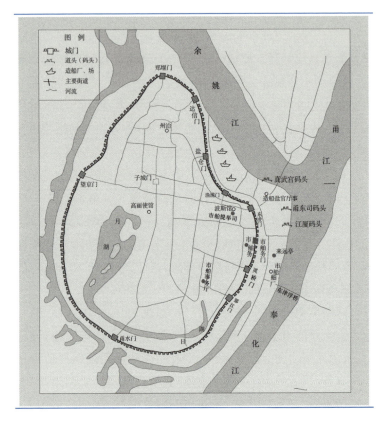

宋明州（庆元府）码头分布图

合撤并,到南宋中期,最终确立了两浙市舶由两浙转运司提督、知州兼管的管理体制。

《宋史·职官志》对市舶司的职能描述为"掌蕃货、海舶、征榷、贸易之事,以来远人,通远物"。宋代两浙市舶机构的职能范围比现代的海关要宽泛得多,其主要职能有:(1)受理舶商"投状"。舶商须向市舶司申报船上人员、所载货物的品种与数量、前往贸易地区等事项,称为"投状"。(2)派人上船点检货物,检查有无夹带人口及铜钱、兵器等违禁物品。(3)发放公凭(出海许可证)。商人欲往海外贸易,须申请取得公凭方可出行,未取得公凭而擅行者,则要施以"徒二年"的处罚。(4)负责对舶货进行抽解、禁榷、博买,以及抽解博买来的货物的买卖、保管与解送。所谓抽解,即征税,从全部货物中抽出若干份作为税收,属于国家征收的一种实物形式的市舶税。抽解比例各时期不同,并有粗、细色货物之分,较为复杂。大致而言,政府抽解全部货物的1/10。抽解之后的舶货,又有政府的禁榷及博买。所谓禁榷,即某些货物如珊瑚、玛瑙、乳香等,全归国家专买专卖。所谓博买,即政府对征税过的一部分舶货按时价进行强制性收购,博买的比例初时达一半,后降为十分之三。舶货经抽解博买后,还给所有者。市舶司把抽解博买来的货物,保存在市舶司的仓库中,之后或起发解送朝廷官库,或在当地售卖。(5)负责接待外国贡使和外商。(6)处理贸易纠纷。

　　总之,两浙市舶司是宋廷为适应两浙地区日益增长的对外贸易需要而建立的。较为完善的市舶管理制度促进了两浙路民间海外贸易的发展,使得宋代两浙港口城市普遍呈现繁荣发展的局面。

宋代明州市舶司签发的公凭(宁波博物馆藏)

# 三、高丽使行馆

宋代时,朝鲜半岛上的国家叫高丽。高丽建立于 918 年,当时半岛尚处于短暂分裂的"后三国时代"。935 年,高丽灭新罗,次年又灭后百济,统一了朝鲜半岛,建立起统一的高丽王朝。高丽王朝存在共 475 年,历经 34 代国君,与中国五代、宋辽金、元、明这些王朝并存,多数时间接受中国历代王朝的册封,向中国王朝称藩纳贡。

宋朝与高丽的交往,是在高丽与五代十国时的后周、吴越交往的基础上发展起来的。宋太祖建隆三年(962)十二月,也就是北宋建立以后的第三年,高丽国王王昭派遣李兴祐入宋进贡,次年春,宋政府也派使者前往高丽,册封王昭为高丽国王,两国外交关系正式建立。此后两国使节往来不断,保持着十分密切的联系。

北宋建立后,东北有契丹族建立的辽国。辽国与高丽一直处于敌对状态,因此宋与高丽之间的陆路交通被完全隔断,两国只能依靠海路进行交往。宋丽之间的海上航线有多条,徐兢的《宣和奉使高丽图经》卷三《封境》记载:"若海道,则河北、京东、淮南、两浙、广南、福建,皆可往。"可见从北宋到高丽的海上航线极为通畅,但最主要的航线有 2 条:一条是北路航线,即从山东半岛北岸的登州出发,在朝鲜半岛西岸的瓮津登陆;另一条是南路航线,即从明州出发,向东北航行,经过朝鲜半岛南端的黑山岛,再往北到礼成江口。徐兢就是经由南路明州航线往返的。北路航线是自唐五代以来传统的航线,因直线距离较短,比南路航线要便捷得多,风潮顺向时,在海上的航行时间仅需 3 天,可以大大减少海上航行带来的风险,因此在北宋熙宁以前,高丽使者来宋,多在登州登陆,再改陆路前往宋都汴京(今河南开封)。

宋太宗淳化四年(993),辽国出兵入侵高丽。次年,高丽遣使来宋乞求兵援,但此时宋朝因伐辽战役惨败,朝野上下笼罩着畏惧辽军的情绪,不愿触怒辽国,因而不肯出兵。高丽在辽国重兵压境之下,被迫臣服,奉其正朔,称臣纳贡,宋朝对高丽的宗主权由此丧失。不过宋朝与高丽的外交关系并未完全断绝,宋仁宗天圣八年(1030),高丽派遣一支 293 人的庞大使团入宋朝贡。此后,高丽迫于辽国强大的压力,不再派使节来宋,中断与宋的外交关系达 40 年之久。

宋神宗即位后,为了富国强兵,革除积弊,对内重用王安石推行变法,对外则采取"联丽制辽"战略,主动向高丽伸出橄榄枝,积极打开外交局面。宋神宗熙宁二年(1069),福建转运使罗拯密奉旨令,通过福建商人黄慎与高丽联络,得到高丽积极响应。熙宁四年(1071),高丽重新遣使通宋,宋丽恢复交往。熙宁七年(1074),为了避开辽国耳目,高丽派遣使臣金良鉴赴宋,提出改走南路航线,由两浙的明州港登陆。高丽方面提出这一要求,正符合宋方的意愿。由于宋辽对峙,宋廷一直担心登、莱二州,"地近北虏,号为极边,虏中山川,隐约可见,便风一帆,奄至城下"[①]。辽国控制高丽后,更增添了宋廷对北路航线的担忧。因此,当 1074 年高丽提出改道明州的要求时,宋方欣然接受。自此以后,高丽使节多走南路明州航线,所谓"天圣以

---

① 《苏轼文集》卷二六《登州召还议水军状》。

前,(高丽)使由登州入,熙宁以来皆由明州"①。

　　高丽之所以选择明州作为使节出入的港口,原因除了以上提到的政治和军事因素外,还有当时明州海外贸易十分繁荣,明州专门设有对外贸易管理机构——市舶司,中外商人多选择明州作为始发港前往高丽、日本贸易。当时明州至高丽的航线也较为便捷,《宣和奉使高丽图经》卷三记载:"由明州定海放洋,绝海而北,舟行皆乘夏至后南风,风便不过五日即抵岸焉。"这就是说,最顺利的情况下,这段航程5天就能完成。另外,高丽人到明州后,经浙东运河到杭州,再沿大运河北上到达北宋首都开封,这段路线全程都是水路,与走北路从山东半岛转陆路去开封相比,可以运载更多的货物,而且运输成本也相对较低。而高丽人又"便于舟楫,多赍辎重"②,所以多取道于此。

　　宋元丰三年(1080),宋神宗下诏:"非明州市舶司而发过日本、高丽者,以违制论。"③把去高丽和日本的始发港定为明州,从制度上保证了明州成为中国对高丽和日本最重要的贸易港。从此,北路航线趋于衰落,而明州港则活跃起来,"自元丰以后,每朝廷遣使,皆由明州定海放洋,绝海而北"④,很少例外。

　　在宋神宗时期,宋丽双方使节往来频繁。明州作为连接宋丽两国往来的纽带,在双方的官方交往中起了十分重要的作用。为了接待高丽贡使,在元丰初年,宋廷就在明州与定海县分别建造了乐宾馆和航济亭,亭馆之名还是由宋神宗钦赐的。元丰二年(1079),宋廷还为明州修建高丽使亭馆拨款,又增明州"公使钱"二千六百缗,用于接待高丽贡使。

---

①　《续资治通鉴长编》卷三三九,元丰六年。
②　《萍洲可谈》卷二。
③　《苏轼文集》卷三一《乞禁商旅过外国状》。
④　《宣和奉使高丽图经》卷三《封境》。

关于航济亭，南宋《宝庆四明志·定海县志》这样记载："航济亭，县东南四十步，元丰元年建，为高丽使往还赐燕之地，建炎兵毁遂废。"由此可知，航济亭建于元丰元年（1078）。航济亭遗址在今镇海城关的南大街路与城河路的交叉口。既然叫亭，规模应该不大，其主要功用是让漂洋过海而来的高丽使臣有一个临时休息住宿之处，他们进明州城后就住在乐宾馆了。距其不远处，当时还建有柔远亭，也是接待海外来宾之所。乐宾馆建在明州城中，其位置、规模等具体情况不见于记载。从航济亭建于元丰元年（1078）以及次年宋神宗赐名、拨款来看，乐宾馆应该建于元丰元年或二年。

元丰时，宋廷厚待高丽人，从明州到汴京沿路亭传都叫高丽亭。高丽贡使每一次入贡，朝廷及淮、浙两路赐予、馈送、燕劳之费达10余万贯，这还不计修建、装饰亭馆等费用，从而造成明州等地困于供给的局面，加之朝廷内部的保守派始终对高丽充满警惕，因此，宋神宗去世后，宋廷对高丽的态度和接待规格有所改变。宋徽宗即位后，出于对付辽国的需要，两国关系再度升温，"政和以来，人使岁至"①。此时明州乐宾馆的规模和功能，已经难以承担起频繁、大规模的宋丽官方往来，急需改扩建。但是建设新的、更大规模的馆驿，需要大笔资金。而当时政府财政已捉襟见肘，宋徽宗对此一筹莫展。恰在这时，楼异的出现，解决了明州面临的困境。

楼异（？—1123），字试可，出身明州楼氏世家大族。楼异的祖父楼郁是北宋庆历年间（1041—1048）活跃在明州的一位著名学者，进士出身，与杨适、杜醇、王致、王说等4人毕生从事郡学、县学和私学教育，开启了明州教育和学术的新气象，培养

---

① 《宋史》卷四八七《高丽传》。

了许多人才,因此被并称为"庆历五先生"。

楼异于元丰八年(1085)高中进士,随后开始了他的为官生涯。他初任汾州司理参军,后历任大宗正丞、度支员外郎、泗州知州、吏部右司员外郎、左司郎中、太府鸿胪卿、秀州知州等职。政和七年(1117),楼异被派到隋州任知州。隋州在今湖北省境内,离楼异的家乡较远,而楼异希望能回到明州当官。于是他利用赴任"陛辞"的机会,以明州人的身份,向宋徽宗面呈管理明州的一些想法和建议。针对政府经济困难、接待高丽使者的经费难以筹措的情况,他向宋徽宗提了 2 个建议:一是将明州境内的广德湖改造为田地,然后收租以为应奉之用;二是在明州置高丽司,造百舟,供使者往来之需。宋徽宗听了大喜,立即改命楼异为明州知州,并拿出内库钱 6 万缗,作为造船经费。

楼异到明州上任后,就开始落实他向宋徽宗做出的承诺,做了 4 件大事。

第一件事是废湖为田,奠定财政基础。广德湖在明州鄞县(今宁波鄞州区)西乡,可灌溉农田 2000 顷(133.3 平方千米),约占当时鄞县耕田的一半。楼异下令提闸放水,组织民夫填埋广德湖,得地近 800 顷(53.3 平方千米),又开始募民耕种。次年,湖田熟,每年可收租谷近 2 万石。广德湖改田,田有了,租也收上来了,但鄞西七乡之田从此失去了灌溉水源,产量锐减。更严重的是,因废湖为田,致使广德湖地区生态破坏而引发长期环境危机,这恐怕是当时楼异始料不及的吧。因此,对楼异废湖为田之举,自古褒贬不一。不过,这已是题外话了。

第二件事是创建高丽使行馆,安置宋丽使节。有了充足的财政收入后,楼异就着手创建高丽使行馆。很快,一座重檐叠楼、高大壮丽的高丽使行馆,在月湖东岸的菊花洲拔地而起。这是经宋徽宗钦批,在当时可算是真正意义上的国家级迎宾馆。月湖开凿于唐贞观年间,北宋时已是明州著名的风景区和城内最为繁华之地,世家云集,文人荟萃。高丽使行馆建在这样的地方,反映出其不一般的地位。

由于高丽使行馆在南宋初被毁,而文献记载又过于简单,人们已无法知道当年明州高丽行使馆的规模和式样。当时汴京专门接待高丽来使的同文馆就有舍宇 278 间,作为与之配套的明州高丽使行馆规模也应该不会差太多。当时高丽来使入宋,沿途各地争建高丽馆驿,接待规格一再提高。高丽使团来宋少则几十人,多时达 200 人,仅仅安置庞大的使团就需要大量的房舍,这还不算其携带的货物。要满足如此规模团队的食宿和贸易,自然需要相应规模的基础设施。元丰八年(1085),苏轼途经密州板桥镇,见到那里的高丽亭馆,叹其壮丽,遂赋诗一首,诗中有"檐楹飞舞垣墙外"之句。明州的高丽使行馆建于徽宗政和年间,又有充足的资金,其规模和壮丽当然更胜过当年苏轼见到的密州行馆了。

第三件事是置高丽司,统筹高丽事务。宋政府处理高丽事务,接待高丽使节,元丰时均由鸿胪寺下面的同文馆及管勾所掌管。政和以后,高丽事务改由枢密院掌管,并有详细的接待规范。崇宁年间,宋政府提高了高丽使节的接待规格,就在明州设置管理高丽事务的来远局,由太监邓忠仁负责。但邓忠仁身居京城,办事实在不便。因此楼异在得到宋徽宗允准后,在明州创设高丽司,设在新建的高丽使行馆内,由他亲自掌管,其作用是统筹办理宋丽双方使节往来的行政、贸易等事务。这是宋代在地方政府体系中,唯一为对外交往而设立的专职官方机构。

第四件事是买木造舟,打造神舟巨舰。明州造船素有传统,到了宋代,明州造船技术和航海技术都出现了革命性的飞

跃。北宋政和前,明州设有官营造船场,宋使所乘船只,或由明州负责打造,或在明州修饰一新。如元丰元年(1078),谏议大夫安焘、起居舍人陈睦出使高丽,所乘"凌虚致远安济"和"灵飞顺济"2艘大型神舟,即由明州负责打造。但造船需要木材,到北宋晚期,明州本地木材日益匮乏,加之财政困窘,出现无木可买的情况。因此,从政和二年(1112)起,明州造船场并入温州造船场,明州官方造船由此暂停。

楼异到明州后,就开始重新谋局造船。为打造出使高丽的神舟巨舰,他奏请重移造船场至明州,政和七年(1117),又将神舟设计图样呈报尚书省。次年正月,宋徽宗批准了楼异所奏,明州正式开造2艘名为"鼎新利涉怀远康济"和"循流安逸通济"的神舟和100艘供高丽贡使使用的"高丽坐船"。

到宣和二年(1120)七月,"高丽坐船"和神舟先后打造完毕。宣和五年(1123),给事中路允迪、中书舍人傅墨卿奉使高丽,一行人乘坐明州所造的2艘"万斛神舟"和6艘由民用大船改装的"客舟",从明州出发,浩浩荡荡驶往高丽,到高丽之日,高丽人倾城而出观看神舟,叹为观止。

楼异在明州一连干了4件大事,深受宋徽宗信任。宋代地方官员任期一般为3年,楼异的明州知州,一当就是5年,算是破了格。后在方腊起义时,楼异守城有方,因此擢升徽猷阁直学士,宣和三年(1121)调任平江府(今苏州)。宣和五年(1123)去世,追封为太师、齐国公。

楼异在明州任上的最大贡献是创建高丽使行馆和高丽司。此举大大提高了明州的政治地位。它在当时产生的影响也是多方面的:迎送高丽使节,促进了海上丝绸之路的繁荣,推进了宋丽双方的贸易往来和文化交流;操办丽务,扩大了明州造船业、航运业,促进了明州及周边地区经济的发展。

高丽使行馆在南宋初年被毁于金兵的一把火。南宋建炎三年(1129)八月,金兵渡江南下,直扑临安(今杭州)。宋高宗率众臣仓皇出逃,一路逃至明州,又从明州逃往海上。金兵也一路追至明州,建炎四年(1130)正月,明州城破。二月,金兵从明州退兵,撤走时将明州城焚掠一空,高丽使行馆就在这次劫难中荡为瓦砾。明州高丽使行馆只存在了短短的13年。

高丽使行馆被焚毁后,终南宋之世再也没有重建,其古迹也随之湮没在漫漫历史的尘埃中。

与北宋不同,南宋与高丽的关系十分疏远,双方几乎没有官方交往。南宋初期,高丽曾对宋表达通好之意,但由于高丽与比辽国更强大的金国接壤,南宋朝廷对高丽的不信任感加深,深恐与高丽交往会被金国利用而不利于国防,因此拒绝了高丽的要求,此后两国关系相当微妙,不久更中断了官方往来。宋孝宗时,金势渐衰,加之宋金和议维持了较长时间的和平局面,宋始恢复与高丽的官方往来,互遣使臣。但好景不长,在乾道九年(1173)宋廷派遣徐德荣出使高丽后,双方不再有使节往来。①

1999年,宁波市在对市中心的月湖进行改造时,在月湖东岸宝奎巷一带发现了高丽使行馆的遗址,占地面积约1000平方米。这与《宝庆四明志》等明州地方志的记载基本相符。南宋绍兴五年(1135),高丽使行馆遗址曾为都酒务用地。淳熙七年(1180),丞相史浩在此建造宝奎阁。明代以后这里又演变成宝奎庙,延续至今。现在,宝奎巷已建成一个小型纪念馆对外开放。

---

① 张伟、张如安、邢舒绪:《宁波通史(宋代卷)》,宁波出版社2009年版,第98—99页。

明州与高丽交往史陈列馆

# 四、徐兢从明州奉使高丽

　　海洋文化学者梁二平说,元代之前,中国古文献中有记载的只有 2 个人可以被称为航海家,第一个是秦时的徐福,第二个是北宋使节徐兢。① 徐福东渡只是传说,徐兢却是正史记载的、有航行专著传世的名副其实的使节航海家。

　　徐兢(1091—1153),字明叔,号自信居士。他的祖先是建州瓯宁(今福建建瓯)人,至其祖父始迁居和州历阳(今安徽和县)。徐兢出身于一个仕宦之家,24 岁时以父荫补将仕郎,开始

―――――――

　　① 　梁二平:《海上丝绸之路 2000 年》,上海交通大学出版社 2016 年版,第 118 页。

步入仕途,后来担任知县。北宋宣和五年(1123),徐兢从明州出使高丽,归国后撰写了40卷的《宣和奉使高丽图经》,此书流传至今,我们从中得以详细了解此次出使的全过程。

宣和四年(1122)三月,尽管因北方战事,宋廷的财政状况已极为困难,宋徽宗为了"联丽制辽",还是决定派遣一支规模庞大的使团出使高丽。使团由正副信使、都提辖官和船工共200多人组成,给事中路允迪任正信使,中书舍人傅墨卿任副信使,徐兢以国信所提辖人船礼物官的身份跟随前往。九月,宋徽宗得知高丽国王去世、王子登位,随即委任路允迪一行兼作吊丧与贺喜的特使,不过当年并未成行。

宣和五年(1123)五月三日,徐兢一行从汴京(开封)坐船到达明州府城(今宁波三江口),十三日,把赠送高丽的礼物装入2艘神舟和6艘客舟中。十六日,由8艘大型海船组成的出使船队由明州启碇,十九日至出海口定海县。二十四日,八舟鸣金鼓,张旗帜,依次自招宝山起航,开始了漫长的海路出使之旅。

徐兢在《宣和奉使高丽图经》中,把出使船队从明州甬江口招宝山出发到高丽的航线走向做了详细记载。

五月二十四日船队自招宝山起航,过虎头山(今招宝山东北之虎蹲山),水浃港口(甬江口),七里山(今七里峙岛),蛟门,大、小谢山(今北仑区大、小榭岛),抵达芦浦(今北仑区老穿山港)抛泊。二十五日至沈家门(今属舟山市普陀区)抛泊。二十六日到梅岭山(今普陀山)拜观音。二十八日从普陀山出发,放洋得顺风,过海驴礁(疑今蜂巢岩屿)、蓬莱山(疑今嵊山岛)、半洋礁(位于嵊泗列岛海域,疑今海礁岛)。二十九日过白水洋(今衢山岛以北至上海市近海岸海洋)、黄水洋(今江苏淮河入海附近海洋)、黑水洋(黄海外洋)。

六月一日黎明乘西南风航行,巳时后转西南风。二日到夹

界山(今小黑山岛),"华夷以此为界限"。三日午后过五屿(今大黑山岛西南五小岛)、排岛、白山(今荞麦岛)、黑山(今济州岛西北之大黑山岛,为宋丽海航的重要中转站和补给地)、月屿、阑山岛、白衣岛、跪苫、春草苫。四日经槟榔礁,午后过菩萨苫、竹岛。五日至苦苫苫(今扶安西南之猬岛)。六日乘早潮行,辰刻至群山岛(全州境,今古群山群岛)抛泊,受高丽官吏的接驾,于七日到群山岛之南的横屿,"全州守臣致书备酒礼,曲留使者,使者以书固辞乃已"①。

徐兢一行的最终目的地是高丽首府开城,因此船队于六月八日晨自横屿出发,由朝鲜半岛西南部继续沿海北上,午后到富用山(今元山岛)、洪州山(今安眠岛)、鸦子苫(今贾谊岛附近)、马岛(清州境,今泰安西安兴)。六月九日经九头山、唐人岛、双女礁(均在今安兴以北海域,与马岛相近),午后过大青屿、和尚岛(今大舞衣岛)、牛心屿(今龙游岛)、小青屿(永宗岛以南之小岛),下午抵达紫燕岛(广州境,今仁川西之永宗岛),船队泊此岛,高丽广州(今仁川)地方官派遣译官持书来迎,徐兢等登岸到馆致谢。六月十日,自紫燕岛出发,经急水门、蛤窟、分水岭,于十二日晨到达开城西礼成港东岸碧澜亭,登陆后改走陆路,在高丽官员的护送下到达开城。高丽国王亲率文武百官、兵甲仪仗前来迎接。

从徐兢的记载可以看出,出使船队出明州(今宁波)后,经定海(今镇海)至舟山群岛,过沈家门、普陀山后向北,经过岱山和嵊泗列岛海域,再渡白水洋、黄水洋、黑水洋北上。船队到达朝鲜半岛西南的黑山岛后,由此改变航线,沿半岛西侧海岸北上,经清州境、广州境后入礼成港登陆。

---

① 《宣和奉使高丽图经》卷三七《海道四·紫云苫》。

## 第四章　梯航万国(宋代)——浙江海上丝绸之路的繁荣(上)

徐兢一行在开城进行了为期一个月的访问与参观,七月十三日从高丽国宾馆顺天馆出发,十五日复登神舟,起锚回国,大体循来路返航。过黄水洋以北,与去途一致。徐兢记道:

> 二十一日辛丑,过沙尾,午间第二舟三副舵折,夜漏下四刻,正舵亦折,而使舟与他舟皆遇险不一。二十三日壬寅,望见中华秀州山。二十四日癸卯,过东、西胥山。二十五日甲辰,入浪港山,过潭头。二十六日乙巳,早过苏州洋,夜泊栗港。二十七日丙午,过蛟门,望招宝山,午刻到定海县。自离高丽到明州界凡海道四十二日云。①

可见,向南过黄水洋后,经浪港山(今浪岗山列岛),过苏州洋(今长江入海口以南和钱塘江入海口以北海面),经栗港(今舟山金塘岛的沥港)、蛟门、招宝山,到定海。其中从浪港山至蛟门一段海路,不复经梅岭山、沈家门,与去途不同,其余均与去途相同。

徐兢一行返航时,遭遇暴风,被迫返回群山岛,停留20日左右。后又屡遭风险,经过42日,于八月二十七日才回到定海。对于海道之艰险,徐兢心有余悸地写道:

> 痴风之作,连日怒号不已,四方莫辨。黑风则飘怒不时,天色晦冥,不分昼夜。海动则彻底沸腾,如烈火煮汤,洋中遇此,鲜有免者。且一浪送舟,辄数十余里。……比者使事之行,第二舟至黄水洋中,三舵并

---

① 《宣和奉使高丽图经》卷三九《海道六·礼成港》。

折，而臣适在其中，与同舟之人断发哀恳，祥光示现，然福州演屿神亦前期显异。故是日舟虽危，犹能易他舵，既易，复倾摇如故。又五昼夜，方达明州定海。比至登岸，举舟朣悴，几无人色，其忧惧可料而知也。①

当时船上的徐兢等人相信，他们能幸运地回到明州，是因为妈祖显灵，并把这事上奏朝廷。宋徽宗闻讯大悦，诏赐妈祖庙额"顺济"。这标志着妈祖从民间地方性神变为朝廷承认的神，此后，妈祖信仰从福建向全国发展并走向世界。

徐兢在奉使高丽时，虽然只是一位管理礼品的官员，但他归国后的第二年，即宣和六年（1124），将这次出使的经历记录下来，写成《宣和奉使高丽图经》40卷。此书现图失文存，但仍弥足珍贵。北宋与高丽两国之间频繁的交通往来，主要经由海途。但在徐兢之前，有关海上航路从无完整的记录。徐兢奉使高丽，随舶航海，往返两经海路，亲历其程，在《宣和奉使高丽图经》一书中，以6卷的篇幅，详载从明州至高丽海道全程，是关于宋丽海上航路和浙江海外交通史的最早和最完整的记录，也是全书的精华所在。此外，该书对宋代浙江造船技术与工艺也有详细的记载，还记载了船队夜晚航海："是夜，洋中不可住，惟视星斗前迈；若晦冥，则用指南浮针以揆南北。"②这是中国人在航海中使用水浮指南针导航的最早记录之一。

总之，《宣和奉使高丽图经》是研究宋丽关系史、科技史和海上交通史的重要著作，也是古代海上丝绸之路文献中的经典之作。徐兢因此被公认为了不起的古代航海家。

---

① 《宣和奉使高丽图经》卷三九《海道六·礼成港》。

② 《宣和奉使高丽图经》卷三四《海道一·半洋焦》。

《宣和奉使高丽图经》书影

# 五、宋代两浙的海外贸易

宋代是我国封建社会发展的最高阶段，社会经济相当繁荣。在这一时期，两浙地区各项生产事业迅速发展，成为中国东南区域经济、贸易和文化中心。发达的社会经济、先进的科学技术和政府推行的鼓励海外贸易的政策，使两浙地区的海外贸易步入黄金时期。杭州、明州、秀州华亭、温州、江阴军等5处沿海港口先后设立市舶机构，港口规模和对外贸易范围进一步扩大。其时明州、杭州不仅是宋朝对外贸易的主要港口，同时也是世界著名的贸易港。

宋船模型

## （一）两浙与高丽的贸易往来

两宋时期，两浙地区最主要的贸易对象是高丽和日本。宋与高丽的贸易主要有 2 种形式：一是以"朝贡"和"回赐"形式进行的政府间的贡赐贸易；二是以私人经营为主的民间贸易。

高丽是宋朝建国后最早来华朝贡的国家之一，也是宋朝派遣使臣出访的少数国家之一。宋丽两国间的贡赐贸易主要发生在北宋时期，自熙宁以后明州被宋政府指定为与高丽交往的港口，贡赐贸易基本以明州为枢纽而实施。进入南宋后，随着宋丽之间官方往来中断，贡赐贸易也因之消失。

据不完全统计，北宋时期，高丽遣使入宋达 50 余次，宋使至高丽也有 20 余次。[①] 伴随着双方使臣的频繁往来，贡赐贸易迅速发展。由于贡赐贸易的主要对象是帝王、皇室贵戚和权柄

---

① 王力军：《宋代明州与高丽》，科学出版社 2011 年版，第 136 页。

大臣,所以贸易物品多为生活奢侈品、高级工艺品和上等土特产。高丽进奉的礼物多为金银器、兵器、高级工艺品、马匹和马具,以及香油、松子、人参和布匹等高丽土特产。而宋朝的回赐,主要有高档衣饰、金银器、玉器、瓷器、乐器以及大量的绫罗绸缎和珍贵的茶叶、酒、蜡烛和各种高档药材。无论是品种还是数量,宋政府所赐的都远远高出高丽进奉的,甚至后来还出现不估值回赐的情况。元丰三年(1080),高丽进奉使船在明州近海遇风,一半贡物漂失,无法估值,宋神宗下诏规定回赐物品的数量:"高丽国王每朝贡,回赐浙绢万匹,须下有司估准贡物乃给,有伤事体。宜自今国王贡物不估直回赐,永为定数。"[1]当时一匹浙绢在高丽值十两银子,回赐以"浙绢万匹"作为定例,其价值已相当可观。但实际上,宋廷在此前后回赐给高丽的各种物品,已远远超过了"浙绢万匹"这一数额。贡赐贸易作为一种特殊的贸易形式,带有浓厚的政治色彩,并不以获取经济利益为目的。高丽对宋朝来使的馈赠数量也相当惊人。元丰元年(1078),安焘从明州出使高丽,高丽除了赠衣带、鞍马外,还赠送了大量金银、宝货、米谷、杂物。礼物之多,以致舟船不能尽载,不得不就地变卖。

另外,在宋丽贡赐贸易中还存在着一种高丽使臣及其随从人员在宋境内进行的"互市"贸易,或称夹带贸易。当时,高丽来华使团十分庞大,有时多达 200 余人。他们凭借舟楫之利,多赍辎重,自登岸明州之日起,便在沿途从事贸易活动。由于夹带贸易绝大多数受高丽政府委托,因此,宋政府对于这种行为不但不禁止,反而予以保护和特殊关照。[2] 高丽使节入宋后,

---

① 《宋会要辑稿》蕃夷七之三六。

② 张伟、张如安、刑舒绪:《宁波通史(宋代卷)》,宁波出版社 2009年版,第 100—101 页。

往往为沿途贸易活动所羁绊,行动迟缓。如熙宁九年(1076),高丽使节在明州停留时间过久,以致宋神宗担心他们在汴河河口封冻前无法赶到开封,因而密令引伴使催促其赶路。

相对于宋丽之间的贡赐贸易而言,宋丽之间的民间商贸往来则更为频繁,交易物品的数量与品种也更多。

北宋在建国之初,就积极发展对外贸易。为了适应日益增长的民间海外贸易需要,987—989年,宋政府建立了杭州市舶司。不久便规定商人出海贸易,"须于两浙市舶司陈牒,请官给券以行,违者没入其宝货"①。这里的两浙市舶司就是指杭州市舶司。宋真宗咸平二年(999),宋政府又在明州建立市舶司。此后,从事海上贸易的中外商人不少经明州签证后放洋。不过,此时宋与高丽的关系却并不正常。

如前面第三节所述,自宋太宗淳化五年(994)起,高丽受到辽国的控制,与宋朝的关系逐渐疏远。宋仁宗天圣八年(1030)以后,高丽不再派使节来宋,中断与宋的外交关系达40年之久。在此期间,由于宋辽军事对峙,而高丽又与辽陆地接壤,宋朝担心商人"因往高丽,遂通契丹(辽国)之患"②,因此一度禁止商人前往高丽。北宋仁宗朝颁布的《庆历编敕》《嘉祐编敕》都明确规定:"客旅于海路商贩者,不得往高丽、新罗及登、莱州界。"神宗朝颁布的《熙宁编敕》规定:"自海道入界河,及往北界高丽、新罗并登、莱界商贩者,各徒二年。"③虽然上述禁令给浙江的海外民间贸易带来一定的负面影响,但许多商人无视禁令,私自前往高丽经商,加之宋廷在实施贸易禁令的同时,又不能不顾及市舶税收所带来的经济利益,所以禁令实际效果并不

---

① 《宋会要辑稿》职官四四之二。
② 《苏轼文集》卷三一《乞禁商旅过外国状》。
③ 《苏轼文集》卷三一《乞禁商旅过外国状》。

大,实施时间也不长。《高丽史》记载,当时仍有宋商频繁地往来于宋丽之间。

　　宋神宗熙宁四年(1071),宋丽恢复官方往来。熙宁七年(1074),由于北路被辽国所阻,应高丽使臣的要求,北宋朝廷改明州为高丽使者登陆地。元丰二年(1079),朝廷又明确规定,商人前往高丽贸易,资本达 5000 缗者,必须有当地保人担保,并取得明州市舶司签发的公凭(出海许可证),方能出洋贸易,否则按盗贩法处理。元丰三年(1080)八月,朝廷再次规定,无明州市舶司签发的公凭往日本、高丽者,以违制论。自此以后,明州成为宋丽贸易的核心口岸,也是双方官方往来的唯一港口。这给两浙的民间贸易提供了充分的发展空间和机遇,两浙与高丽的民间贸易日益兴旺。南宋时,虽然宋丽官方中断了往来,但民间贸易仍十分活跃。

　　总之,虽然两宋与高丽之间的关系先后受到北方辽、金、蒙的影响,但宋丽的民间贸易从未中断。据《高丽史》等史料统计,自 998 年至 1279 年,宋商往高丽约 150 次,每次人数少则数十,多则上百人。① 当然,实际次数肯定不止这些,可见两宋时期宋丽贸易之盛。当时来往于宋丽之间的海商主要来自两浙路(主要是明州、台州)和福建路(主要是泉州)。史籍记载的宋代两浙商人到高丽贸易的次数和人数就有不少。如天圣九年(1031)六月有宋台州商客陈惟志等 64 人,宝元元年(1038)有明州商陈亮、台州商陈惟绩等 147 人,皇祐元年(1049)有台州商徐赞等 71 人。崇宁二年(1103)有明州教练使张宗闵、许从与纲首杨火台等 38 人至高丽,同年又有明州商人杜道济、祝

---

① 张伟、张如安、刑舒绪:《宁波通史(宋代卷)》,宁波出版社 2009 年版,第 106 页。

延祚到高丽,留居不归。当时,每年滞留于高丽的宋商有数百人之多,有一些商人甚至在高丽担任官职或组建家庭。宋代商人到高丽去,自然以经商为主,但有些商人还带有政治使命。如《高丽史》等史料记载:南宋建炎二年(1128),宋纲首蔡世章持宋高宗即位诏书赴高丽;绍兴八年(1138),宋商吴迪等 63人,持明州牒到高丽,通报宋徽宗及宁德皇后郑氏去世的消息;隆兴元年(1163),宋都纲徐德荣到高丽,传宋帝密旨。

高丽朝廷对民间贸易也相当重视,当时在王城开京专门建有清州、忠州、四店、利宾 4 所客馆以接待宋商。① 有时高丽国王还会赐宴犒劳前来贸易的宋商,如至和二年(1055)二月寒食节,高丽国王在娱宾、迎宾、清河 3 馆犒劳宋商,与会商人竟达240 人之多。②

两浙与高丽民间贸易的货物品种十分丰富。与官方贡赐贸易不同,民间贸易以实用商品为主。《宝庆四明志》卷六记载,高丽输入明州的货物,细色有银子、人参、麝香、红花、茯苓、蜡,粗色有大布、小布、毛丝布、绸、松子、松花、栗、枣肉、榛子、椎子、杏仁、细辛、山茱萸、白附子、芜荑、甘草、防风、牛膝、白术、远志、茯苓、姜黄、香油、紫菜、螺头、螺钿、皮角、翎毛、虎皮、漆、青器、铜器、双鐗刀、席、合蕈。从高丽输入的货物中,以人参、药材为最多,其次是各种布匹、漆、青器、虎皮等。青器即高丽青瓷器,近年在宁波宋元码头、仓库、市舶司、城池等遗址的考古发掘中,出土了北宋至元代的高丽青瓷与高丽镶嵌青瓷,证明了高丽瓷器出口明州的史实。同时说明,从宋代开始,朝鲜半岛已经由以前的陶瓷输入国逐渐变成陶瓷输出国。

---

① 《宣和奉使高丽图经》卷二七《馆舍》。
② 《高丽史》卷七《文宗一》。

明州输往高丽的货物种类更加丰富,大致也可分为 2 类:一类是中国出产的货物,如丝织品、瓷器、茶叶、药材、书籍、文具等;另一类是来自东南亚、南亚等地的特产,如香药、犀角、象牙等。当时宋朝与这些地区之间贸易频繁,大食(古代阿拉伯国家)、阇婆(在今印尼爪哇)、三佛齐(在今印尼苏门答腊)等国的商人经常往来于广州、泉州、明州等地,运来了大量特色商品,宋商再把它们转贩到高丽。

输往高丽的货物以瓷器、茶叶和纺织品为大宗。朱彧《萍洲可谈》卷二记载了当时瓷器大规模输出的情况:"每舶大者数百人,小者百余人,以巨商为纲首……船舶深阔各数十丈,商人分占贮货,人得数尺许,下以贮物,夜卧其上。货多陶器,大小相套,无少隙地。"在朝鲜半岛及其沿海沉船中发现了大批青瓷,也证明瓷器是当时的大宗贸易物品。宋丽陶瓷贸易呈现双向交流的趋势。高丽人饮茶之风很盛,对宋朝的蜡茶情有独钟,所用茶具,"金花乌盏,翡色小瓯,银炉汤鼎,皆窃效中国制度"①。高丽虽然也出产茶叶,但味苦涩,不可入口,因而茶叶也是两浙对高丽输出的大宗物品之一。宋代时,浙江已发展成为全国丝绸重点产地,特别是南宋时,浙江的丝绸业有了显著的发展,因而有大量浙产丝织品输往高丽。南宋景定元年(1260)十月,"宋商陈文广等不堪大府寺、内侍院侵夺,道诉金仁俊曰:'不予直而取绫罗丝绢六千余匹,我等将垂橐而归。'仁俊不能禁"②。从"侵夺"的货物数量可知,这一年前来高丽的商船装载的绫罗丝绢数目是相当可观的。当时庆元港(今宁波)是南宋与高丽交往的最主要港口,所以这些丝织品应是从庆元

---

① 《宣和奉使高丽图经》卷三二《茶俎》。
② 《高丽史》卷二五《元宗一》。

港运往高丽的。高丽人珍爱的中国物品还有书籍,宋代是历史上汉籍传入朝鲜半岛最多的时期,当时除官方赠送外,高丽还通过僧人、留学生和商人购买中国书籍。据说高丽宣宗王治嗜好书籍,每当拿到商人从宋朝带来的书时,便洁服焚香来阅读。不仅如此,高丽还以重金利诱商人违禁贩运汉文书籍,因有利可图,宋代商人多有贩书入高丽者。如元祐二年(1087),泉州商人徐戬私自雕刻《华严经》书版 2900 余片从明州渡海献给高丽宣宗,得银 3000 两,被苏轼追罪,苏轼要求朝廷严惩,徐戬因此被发配到千里外的州军编管。

### (二)两浙与日本的贸易往来

北宋时期,日本正值平安时代,继续采取唐末五代以来的闭关锁国政策,不仅对宋政府的示好反应冷淡,未能建立起两国正常的外交关系,而且严禁本国居民私自出海贸易。不过当时日方并不禁止宋商前去贸易。因此,宋日双方之间并不存在贡赐贸易,只有单一的民间贸易。当时往来于中日之间的几乎全是中国商船,这些商船多为小型帆船,可以搭乘六七十人,至多不超过百人。由于日本距中国两浙地区较近,因此这些商船大多从两浙诸港口出发,横越东海,先到达日本肥前松浦郡的值嘉岛,然后转航到筑前的博多,贸易活动大多在此进行。部分商船更深入日本海沿岸,甚至到达越前的敦贺。这条航线十分便捷,遇上顺风时,只需三五天,最多 10 天就可到达。当时从中国赴日本,多利用五六月间的西南季风;而从日本赴中国,则一般都利用三四月间的东北季风。

如前所述,宋初,为了适应两浙地区日益增长的海外贸易需要,宋廷先后建立了杭州市舶司和明州市舶司。元丰三年(1080),明州市舶司被指定为管理对高丽、日本贸易的机构后,从中国东南地区去日本、高丽的商船,必须到明州市舶司登记,领取"公凭"(出海许可证),才能出海贸易,这样一来,从明州赴日本、高丽等国贸易的商人就更多了。据不完全统计,仅北宋160多年间,宋商赴日本贸易,有确切年代记录的至少有70次。[①] 如明州商人孙忠、陈咏,台州商人周文德、周文裔,泉州商人李充,福州商人陈文佑等,都以明州为根据地,多次往来于中日之间,他们的名字频频出现于日本文献中。如熙宁年间来宋的日僧成寻在其日记《参天台五台山记》中记载,自1048年至1069年,明州商人陈咏持明州市舶司签发的公凭,先后5次赴日贸易。[②] 陈咏会日语,成寻入宋时还曾担任通事(翻译)。

宋商到达日本博多后,先由警固所官员向大宰府报告宋船开到,大宰府即派府使、通事查问来日情由,检验宋方签发的公凭、搭乘人员名单、货物清单等文件,然后上报京都。日本政府接到报告后,审议是否允许交易。交易得到许可后,即派唐物交易使到大宰府,处理一切具体事务。在贸易程序上,大宰府代表政府优先收购政府需要的物品,然后才允许宋商同普通百姓交易。在此期间,将宋商一行安排在大宰府鸿胪馆内。

早在日本延喜年间(901—923),因中国商人来日过于频繁,日本就制定了一项限制外国海商赴日的制度,即所谓"年纪制",其中,中国商船来日本的频度被限定在两年一次。这一禁令对之后的宋日贸易也产生了深刻影响。日本政府审议是否允许交易的主要标准就是"年纪制"。宋商来日贸易,凡距离上次来航时间不到2年,日本政府即会依"年纪制"禁令,命令其返回本国。但还是有宋商贪图贸易之利,经常不等到规定的年

---

① [日]木宫泰彦著,胡锡本译:《日中文化交流史》,商务印书馆1980年版,第238—243页。

② 《参天台五台山记》卷八,延久五年四月十二日。

限便来到日本。在日本文献《小右记》《百练抄》等史料中,有不少宋商载回原物的记录。为了避免载回原物这种情况,宋商煞费心机,一些宋商便假托遭遇风暴而漂流到日本。

12世纪中期,日本国内政治发生变化。1167年,代表武士力量的大贵族平清盛取得政权。平清盛一改前朝的锁国政策,大力开展对外贸易活动,修建了作为海外贸易中枢的"大轮田泊"港(即兵库港,今神户港的前身),以便让外国商船通过濑户内海,在大轮田泊进行交易。当时中国正处于对外贸易最积极的南宋孝宗时期(1162—1189),所以这个时期中日间贸易十分繁荣。1181年,日本源氏取平氏而代之;1192年,源赖朝建立了镰仓幕府,自此日本进入幕府时代。在对外关系上,镰仓幕府继续执行与宋贸易的政策。宋日间贸易继平氏时代后,又迎来了第二个繁荣期。在这样的背景下,南宋时期,特别是12世纪后半期到13世纪,宋朝商人、僧侣频繁赴日,以民间为中心的宋日贸易交往呈现前所未有的繁盛局面。

宋人到达日本后,大多聚集于博多,博多逐渐形成了著名的华侨聚居区"宋人百堂",相当于今日的唐人街。到12世纪末,居住在博多的宋人数量达到顶峰,在日本初步形成了一个早期的华侨社会。在博多,居住着很多宋商,大多是拥有资产的富商。临安(今杭州)籍商人谢国明就是其中一人,他以博多为据点,靠海贸发家,领有土地,死后其遗族与宗像神社大宫司之间曾就土地的支配权发生过诉讼。

南宋中期后,日本商船也开始频繁驶入明州从事贸易活动,改变了过去只有中国商船赴日的现象。《开庆四明续志》记载,每年夏汛,"倭人冒鲸波之险,舳舻相衔,以其物来售"①。明

① 《开庆四明续志》卷八《蠲免抽博倭金》。

州地方政府对来华的日本商人，也是优待有加。如减少对日商舶货的抽分，"高丽、日本船纲首、杂事十九分抽一分，余船客十五分抽一分"，远低于当时南洋商船十分抽一分的标准。① 自宝祐六年（1258）开始，对日本商人带来的黄金采取免税政策。此外，"念倭人之流离于海上者多阻饥"，庆元市舶务还给日商一定的资助，"人各日给米二升，舶司日支钱一贯五百文，候次年归国日为止"②，以保证其在华生活所需。

　　两浙与日本民间的贸易货物颇为丰富。《宝庆四明志》卷六载，当时经庆元港从日本输入的货物，细色有金子、砂金、珠子、药珠（即药用珠）、水银、鹿茸、茯苓等，粗色有硫黄、螺头、合蕈、松板、杉板、罗板，都是名重一时的贸易物，其中尤以黄金、木材和硫黄为大宗。理宗宝祐年间（1253—1258），沿海制置大使、判庆元府吴潜在奏状中也说："倭商每岁大项博易，惟是倭板、硫黄，颇为国计之助，外此则有倭金。"③日本盛产木材。赵汝适的《诸蕃志》中"倭国"条载：日本"多产杉木、罗木，长至十四五丈，径四尺余"，当地人将其剖解为枋板，以巨舰运至南宋贸易。诗人陆游在《放翁家训》中提到："四明、临安，倭船到时，用三十千可得一佳棺。"连棺木都来自日本，可见当时宋朝对日本木材需求量之大。硫黄既是火药原料，又是常见药品，而宋朝本土产量却非常低，因此宋朝对日本的硫黄需求量很大。北宋元丰七年（1084），明州曾"准朝旨，募商人于日本国市硫黄五十万斤"④。从上引吴潜的话来看，直到南宋后期，硫黄仍是大宗贸易物品之一。日本黄金也是输入庆元的大宗货物。日本

---

① 《宝庆四明志》卷六《叙赋下·市舶》。
② 《开庆四明续志》卷八《蠲免抽博倭金》。
③ 《开庆四明续志》卷八《蠲免抽博倭金》。
④ 《续资治通鉴长编》卷三四三，元丰七年二月丁丑。

学者加藤繁考证,南宋宝祐年间,庆元府一年间由日本商人输入的黄金总额约达四五千两,再加上南宋商人从日本带回来的黄金,输入南宋的黄金总额很可能达到 1 万两,这个数字在当时是相当可观的,因为当时南宋的黄金年产量仅数千两。[①] 另外,日本的工艺品,如金银蒔绘(描金)、螺钿以及扇绘、屏风、笔、墨、砚、扇、刀等也大量输入中国,为宋朝士大夫和文人墨客所喜爱和收藏。苏辙有诗咏日本扇:"扇从日本来,风非日本风。……但执日本扇,风来自无穷。"[②]欧阳修也有诗咏越贾所得之日本宝刀:"昆夷道远不复通,世传切玉谁能穷。宝刀近出日本国,越贾得之沧海东。鱼皮装贴香木鞘,黄金间杂鍮与铜。百金传入好事手,佩服可以禳妖凶。"诗中还称日本国"至今器玩皆精巧"。[③]

宋朝通过明州向日本输出的货物,主要是铜钱、瓷器、香料、药材、丝织品和书籍等。宋朝的铜钱因铸造精美而受到日本人青睐,从 12 世纪中期开始大量流入日本,被日本人作为本国钱币流通。庆元五年(1199),南宋政府公布法令:"禁高丽、日本商人博易铜钱。"[④]说明当时铜钱已大量流入日本和高丽,造成宋朝国内铜钱流通的严重不足。虽然南宋政府因国内"钱荒"加剧而多次下令禁止中外商人用铜钱交易,但"法禁虽严,奸巧愈密……其弊卒不可禁"[⑤]。淳祐年间(1241—1252),广东转运副使包恢上《禁铜钱申省状》[⑥],称近年日本来华商船增多,

---

① [日]加藤繁著,吴杰译:《中国经济史考证》下册,中华书局 2012 年版,第 687 页。

② 《栾城集》卷一《杨主簿日本扇》。

③ [宋]欧阳修:《日本刀歌》,载《全宋诗》卷二九九。

④ 《宋史》卷三七《宁宗纪一》。

⑤ 《文献通考》卷二〇《市籴考一》。

⑥ 《敝帚稿略》卷一。

每年往来不下四五十艘,台州、温州富豪之民公然用铜钱与日商交易,以致"台城一日之间,忽绝无一文小钱在市行用";同时赴日贸易的江淮闽浙海商,"以高大深广之船,一船可载数万贯文而去"。从庆元到广州"沿海一带数千里,一岁不知其几舟",可见当时铜钱外流数目巨大。日本学者小叶田淳在《改订增补日本货币流通史》一书中记载,日本境内 28 处出土的中国铜钱,主要为北宋钱,数量多达 45.5 万枚,这些钱绝大部分是南宋时输往日本的。

宋代瓷器的产量和烧制水平都超过前代,深受日本人喜爱。在日本文献《朝野群载》中,存有一份北宋崇宁四年(1105)六月泉州商人李充由明州出港赴日本贸易的公凭,其货物栏中,除象眼 40 匹、生绢 10 匹、白绫 20 匹外,还有瓷垸 200 床、瓷碟 100 床。[①] 1978 年日本福冈港曾出土了来自宋朝的大批青、白瓷器,表明当时输入日本的除越窑青瓷外,还有大量白瓷。另外,在镰仓以河口为中心,从材木座、由比滨等海岸一带开始,以曾经散落许多宋元时代的中国陶瓷碎片而闻名,说明镰仓时代曾有大量中国陶瓷被船航运到濑户内海沿岸。[②] 以上文献已提及有丝织品运销日本。另有日本文献记载,宋孝宗淳熙十二年(1185),"有唐锦十端,唐绫、绢、罗等百十端……运往日本"[③]。日本现在还保存有南宋时输往日本的"道元缎子"和"大灯金襕"等纺织品。

---

① 《朝野群载》卷二〇《大宰府付异国·大宋客商事》。

② 王勇、郭万平等:《南宋临安对外交流》,杭州出版社 2008 年版,第 114 页。

③ [日]藤本实也:《日本蚕丝业史》卷一《生丝贸易》,转引自《浙江通志》编纂委员会编:《浙江通志·蚕桑丝绸专志》,浙江人民出版社 2018年版,第 350 页。

书籍作为商品之一,在两宋时期也不断通过明州港流入日本。如北宋雍熙二年(985),日僧奝然从明州搭乘宁海商人郑仁德船回国时,带去宋太宗钦赐的唐开宝年间雕版印本《大藏经》和新译经286卷,收藏在京都法成寺。此后不断有日本僧人来华,致力于收购佛经及其他图书,待回国时全部带回。这一时期,由宋商带去日本的书籍也不少,如在太宗时编成的《太平御览》就在宋代由海商输入日本。宋代传入日本的书籍,除上述提到的《大藏经》等佛经和《太平御览》外,较有名的还有《新唐书》《新五代史》《五臣注文选》《白氏文献》《东坡指掌图》等。

### (三)两浙与东南亚及其他地区的贸易往来

从宋人著作《岭外代答》《诸蕃志》等书中可以看出,两宋时期,由于政府大力鼓励海外贸易,以及海上丝绸之路的拓展,除日本、高丽外,中国还与交趾(越南北部)、占城(越南中南部)、真腊(柬埔寨)、阇婆(印尼爪哇)、三佛齐(苏门答腊)、大食(阿拉伯)等50多个海外国家有贸易交往。这些国家和地区的海船抵达中国最近的港口是广州,其次是泉州。但《宝庆四明志》卷六记载,"外化蕃船"运来的商品有80余种,"海南占城西平泉广州船"运来的商品有70余种,这说明不仅有一些广州、泉州的蕃货被转运到明州,甚至有不少蕃船舍近求远,直接将蕃货运至明州贸易,同时将两浙的瓷器、丝织品等货物从明州港运至东南亚以及波斯、阿拉伯地区,并转输至欧洲,由此传到世界各地。历年来,在今埃及、巴基斯坦、印度、阿富汗、伊朗、伊拉克、叙利亚、黎巴嫩、也门、斯里兰卡、马来西亚、印度尼西亚、文莱、坦桑尼亚以及阿拉伯半岛的阿曼苏丹国等地,均出土发现了宋代的龙泉青瓷及其残片。① 这是宋代两浙与这些国家和地区进行商贸交往的实物见证。

在文献中，也有不少宋代两浙与东南亚直接交往的记载，其中最早发生在北宋淳化三年（992）。《宋史》卷四八九《阇婆国传》记载，淳化三年八月，一艘阇婆国贡船载着象牙、珍珠、檀香、金银装剑等众多朝贡物品，在中国海商毛旭的引导下前来中国朝贡，在海上行驶 60 天后抵达明州定海县（今镇海）。这表明，最迟到 10 世纪末，浙江已经出现了直达东南亚的海上航线。

宋代时，一些蕃商还在明州等地长期居住、经商。如南宋孝宗乾道年间（1165—1173），赵伯圭任明州知州。当时真理富国（今柬埔寨）有个大商人在明州经商老死，没有后代，遗有巨万资财。有官吏提出将这笔财富没收，但赵伯圭不同意，令官府备棺收殓，并让死者的同伴将其棺椁连同财产送归故国，深得真理富人好评。② 两宋时期，有不少波斯人来明州经商，逐步形成了"波斯巷"等聚居地。"波斯巷"位于今宁波市海曙区旗杆巷一带，现天一广场内。南宋《开庆四明续志》记载有"波斯团"③，波斯团疑即波斯馆，可以推想当时明州的波斯商人不在少数。

南宋时期，杭州（时称临安府）是国都，是外国使臣来南宋朝贡的目的地，所以来浙江的东南亚朝贡使臣不少。这在《宋史》《宋会要辑稿》等史籍中多有记载。南宋的朝贡贸易，使明州港和杭州港成为外国贡舶汇集之地。

---

① 沈冬梅、范立舟：《浙江通史（宋代卷）》，浙江人民出版社 2005 年版，第 483—484 页。

② 《攻媿集》卷八六《皇伯祖太师崇宪靖王行状》。

③ 《开庆四明续志》卷七《楼店务地》。

两宋时期,由于"陆上丝绸之路"隔断,东南方向的海路成为中国对外贸易的唯一一道。两浙地区依托明州等港口的巨大优势,与日本、高丽以及东南亚和西亚诸国开展海上贸易。这一时期,两浙商人纷纷驾驶船舶涌出国门,成为推动海外贸易发展的生力军。两浙地区对外贸易的空前繁荣,特别是海外贸易范围的不断扩大,为两浙地区的商品开拓了广阔的国外市场,极大地推动了本地区农产品经济以及造船业、制瓷业等手工业的发展及商品化进程。两宋时期可谓浙江对外海上贸易的一段好时光。

# 六、《岭外代答》和《诸蕃志》

《岭外代答》和《诸蕃志》是宋代记载海外交通和各国情况最有代表性的 2 部书,反映了宋代人对外部世界的认知水平。这 2 部书的作者都是浙江人。

《岭外代答》作者周去非(1134—1189),字直夫,浙江永嘉(今温州)人,南宋隆兴元年(1163 年)进士。乾道八年(1172)至淳熙五年(1178),周去非在广西钦州、桂林任职。在广西期间,他随事笔记,得 400 余条,广西任职期满东归,途中遗失笔记,后幸从广西携回的药箱中检得"所钞名数",又受范成大《桂海虞衡志》的启发,遂撰成此书,以便有亲朋问及时,可以用以代答,所以取名《岭外代答》。① 据卷首作者自序,

---

① 《岭外代答》卷首周去非"序"。

此书大约完成于淳熙五年(1178)。原书已佚,今本由后人从《永乐大典》中辑出。

《岭外代答》全书共 10 卷,分地理、边帅、外国、风土、法制、财计、器用、服用、食用、香、乐器、宝货、金石、花木、禽兽、虫鱼、古迹、蛮俗、志异等 20 门,<sup>①</sup>凡 294 条。其中外国门、香门、宝货门,涉及南海以及印度洋周围 40 余国之名,并对其中的 20 余国的位置、国情与通达线路做了比较准确的记述。周去非将这些国家按方向分为正南诸国、东南诸国和西南诸国三大方位体系,然后根据这三大方位再朝远方细分,由此形成了一个类似今天的大洲划分理念。同时作者从经济中心的角度,概括出海外地区的 6 个"都会":"正南诸国,三佛齐其都会也。东南诸国,阇婆其都会也。西南诸国,浩乎不可穷,近则占城、真腊,为窊里诸国之都会;远则大秦,为西天竺诸国之都会;又其远则麻离拔国,为大食诸国之都会;又其外则木兰皮国,为极西诸国之都会。"<sup>②</sup>周去非按方位"三分法"对海外国家进行划分,并从经济中心的视角来观察海外国家及其相互间的关系,超越了此前文献单纯对地理位置的描述。

《岭外代答》中的另一珍贵内容,就是介绍了宋代东西方海上往来的航线。卷三《外国门下·航海外夷》中记载了 3 条外夷航线:一是从三佛齐出发,"正北行,舟历上下竺与交洋,乃至中国之境"。三佛齐,在今印度尼西亚苏门答腊岛东部一带;上下竺,位于今马来西亚柔佛州东海岸的奥尔岛;交洋,约指暹罗湾、越南东海岸一带海域。二是从阇婆出发,"稍西北行,舟过十二子石,而与三佛齐海道合于竺屿之下"。十二子石,即今卡

---

① 今有标题者共 19 门,"一门存其子目而佚其总纲"(《四库全书总目提要》)。

② 《岭外代答》卷二《外国门上·海外诸蕃国》。

里马塔海峡附近的塞鲁士岛;竺屿,即上下竺。此线到达竺屿后,与三佛齐至中国的航线重合。三是从大食出发,"以小舟运而南行,至故临国,易大舟而东行,至三佛齐国,乃复如三佛齐之入中国"。大食,泛指阿拉伯地区;故临国,即今印度半岛西南端奎隆。

反映宋代海外交通情况的另一部重要著作是《诸蕃志》。该书作者赵汝适(1170—1231),字伯可,是宋太宗八世孙,明州人。父亲赵善待官至朝请大夫、岳州知州。绍熙元年(1190),赵汝适以祖荫补将仕郎,二年(1191),授迪功郎、临安府余杭县(今余杭区)主簿。庆元三年(1197),赐进士及第,授修职郎。此后历任多种官职。嘉定十七年(1224)九月,赵汝适赴泉州任福建路市舶提举,宝庆元年(1225)七月兼任泉州知州。赵汝适在任福建路市舶提举时,因职务之便,于宝庆元年撰成《诸蕃志》。原书已佚,今本也是后人从《永乐大典》中辑出的。

《诸蕃志》大量引用了《岭外代答》的内容,如有关海外诸国风土人情的记载多采自后书,但此书也有其特点和独特的价值。两书的区别主要有二:一是《岭外代答》主要记载两广地区特别是广西的情况,兼及海外诸国的地理交通,而《诸蕃志》则专门记述外国,所记国家和物产的数量比《岭外代答》多;二是《岭外代答》比较注重对海外世界的总体介绍,而《诸蕃志》则注重对个别国家或地区的详细记述。

《诸蕃志》全书分上、下2卷,上卷志国,下卷志物。上卷列有专目的国家共计58个,其中记载颇为详细的国家有真腊、单马令、渤泥、麻逸、阇婆、三佛齐、南毗、大食、斯伽里野等。书中对每一个国家记述的内容,一般包括该国的地理、前往中国的路程、国情、风俗、物产、商贸以及和宋朝之间朝贡贸易情况等。下卷列出的各国物产多达 47 种，基本上囊括了宋代海外贸易中的主要舶来品，正如其作者在自序中所言："海外环水而国者以万数，南金象犀珠香玳瑁珍异之产，市于中国者，大略见于此矣。"对这些海外诸国的物产，书中介绍了它们的形状、采制方法以及用途等，多数都注明了它们的产地或来源地。

《诸蕃志》书影

《岭外代答》和《诸蕃志》两书虽然都不免有错讹，但就全书史料价值来说，仍不失为 2 部反映古代中外交通的重要著作。尤其是赵汝适的《诸蕃志》，经常为后来的史地学家所引用，《宋史·外国传》就是以《诸蕃志》为底本。《四库全书总目提要》评价此书："是书所记，皆得诸见闻，亲为询访。宜其叙述详核，为史家之所依据矣。"

## 七、《舆地图》中的"大洋路"

日本京都栗棘庵收藏有一幅中国南宋时期地图《舆地图》的拓本,这幅《舆地图》有海上交通线路的描绘和标示,是我国现存第一幅绘出海上航线的地图。那么,这幅珍贵的南宋地图为何庋藏在日本?这还得从南宋中日佛教文化交流说起。

南宋时期,由于建都临安(今杭州),中国政治及文化中心南移,江南佛教出现了繁荣的局面,尤其是在两浙地区,天台宗和新兴的禅宗文化最为兴盛。与此同时,中日佛教文化交流也在唐朝之后迎来了第二次高峰,众多入宋日僧来到杭州、明州等地朝圣巡礼,参禅学佛。其中对中国禅宗文化东传贡献最大的是圆尔。圆尔(1202—1280),别号辨圆,日本禅宗文化的奠基人,后人尊称"圣一国师"。圆尔于南宋端平二年(1235)跨海入宋,次年到杭州径山寺参谒中国佛教界泰斗无准师范,从此随侍左右,在无准门下学习临济宗杨岐派禅法,淳祐元年(1241)学成归国。圆尔回到日本以后,名声大噪,曾为日本王室、摄政王藤原道家以及幕府将军北条时赖讲授临济宗禅法,新兴的禅宗由此进入日本上层社会。藤原道家还专门为圆尔在京都建造东福寺,请圆尔出任开山之祖。从此,圆尔以京都东福寺为中心弘扬禅法,成为日本二十四派禅门中影响最大的"东福寺派"(又称"圣一派")的创始人,日本禅门由此而大盛。

在圆尔之后,他的弟子纷纷渡海来南宋求学,其中就有日

本僧人白云慧晓。白云慧晓(1223—1297),日本赞州人。幼上
比睿山出家,36岁时到京都东福寺投依圣一国师圆尔,成为圣
一的弟子。他于日本文永三年(咸淳二年,1266)渡海入宋,在
两浙一带遍访名师,途中遇到元兵,险被杀害。白云慧晓最终
来到了庆元府瑞岩山开善禅寺(在今宁波市北仑区柴桥街道西
南),拜无准师范的嫡传弟子希叟绍昙禅师为师。

　　祥兴二年(1279),南宋灭亡,白云慧晓也于这一年离开中
国,返回日本京都,在东福寺修行。在白云慧晓归国时随身带
回的物件中,除一些佛学书籍外,还有一幅石刻或木刻的地图
拓本,就是前面提到的《舆地图》。

　　《舆地图》原是一块石刻或木刻地图,图幅巨大,纵207厘
米,横196厘米,由左右等宽的两幅拼合而成。正上方刻"舆地
图"3个大字,左上方刻"诸路州府解额"。图四周的中部标有
东、南、西、北,以示方向。图上没有注明绘图人的姓名和绘图
时间。但根据此图反映宋代政区改制最晚至咸淳元年(1265),
以后皆不反映,学者推测此图为咸淳年间(1265—1274)绘制,
更有人论定为咸淳元年或二年。

　　《舆地图》是一幅包括宋代疆域及其周边国家、地区的大型
总图,与同时代的其他宋代地图相比,此图有以下一些特点:一
是范围广。全图以宋代政区为主体,次及契丹、女真、夏。图的
周边,东及日本,西到葱岭(今帕米尔高原地区),南涉印度及南
海上的一些岛屿,北达蒙古高原。二是内容多。图、文、表齐
全,除政区外,还绘有山脉、森林、河流、湖泊、海洋和岛屿,在许
多州、县间还绘有道路。三是注记详。除地名、政区名、山水名
等文字外,北方和东北2处有数百字的注记,补充说明当地的
历史与地理情况。四是重交通。此图详绘府、州、县、关镇间的
交通路线,我国古地图中,在清初利用西法测绘地图之前,全国

范围的交通路线图没有比这更详细的。① 此图也是中国现存的
最早绘出航海线路并分别标注名称的古地图。

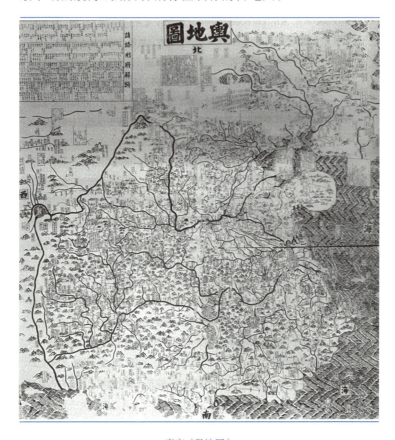

南宋《舆地图》

此图东部涉及全国沿海地区和高丽、日本、琉球等海外诸
国。但地图上,全国沿海各地只有在庆元府(今浙江宁波)海岸

---

① 曹婉如等编:《中国古代地图集(战国—元)》,文物出版社 1990
年版,第56—57,82—83页。

外集中注记了海港、海岛名称,其中庆元府昌国县(今舟山群岛)海域地名信息最丰富,收录了石弄山、神前山、深水山、北介山(即北界山)、马迹山、洋山、三姑山、小朐山、大朐山、宜山、代山、长墓山、吴农山、马秦山、宝□山(疑为宝陀山)、桃花山、沈家门山、昌国山、岑江山、洌港山等20个地名。此图是一幅全国性地图,居然收录了这么多昌国县地名,显然绘制者对庆元府和昌国县格外关注,应是庆元府人氏,而且绘制、刻印地点也应在庆元。

《舆地图》最具特色的是,由今宁波北上,以阴刻线绘出了多条海上航线的名称。从庆元府之蟹浦(今宁波市镇海区蟹浦镇)等处出发,沿海岸北上,绘有几条通往山东半岛的沿海航线,以方框标注"过沙路";从庆元府定海县出发,经舟山海域,向东北绘有多条延伸到日本的航线,以方框标注"大洋路"。另外,在"过沙路""大洋路"2个方框之上,在长江口与高丽间的海面上,以方框标注"海道舟舡路",可能是"过沙路"与"大洋路"的统称,并非指第三条海上航路。

这幅地图的海上交通部分主要体现在"大洋路"上。"大洋路"是唐代后期发展起来的宁波往来日本、高丽的新航路,到南宋时,这条航线已非常成熟,是日本僧人渡海来往于中日间的主要海路。"大洋路"过去只有文字描述,而《舆地图》则是第一次将它以地图的方式标示,该图的文献价值由此可见一斑。

也许正因为《舆地图》有大量浙东海域地名和海上航线描绘,所以才会引起入宋日僧白云慧晓的兴趣,在南宋祥兴二年(1279)回国时特意将它带往日本。白云慧晓于日本正应五年(1292)任东福寺住持,永仁二年(1294)隐退后,于洛北白云村创建栗棘庵,永仁四年手定栗棘庵藏书规则,很多藏书来自中国。永仁五年圆寂,谥号佛照禅师。此图被白云慧晓从明州带

回后,就一直藏在栗棘庵里,鲜为人知,大约于 20 世纪 30 年代末才被发现;而介绍到中国时,则已是 20 世纪 80 年代前后的事了。由于在中国的《舆地图》原刻早已亡佚,当年白云慧晓带回日本的拓片图成为存世孤本。

《舆地图》上所绘海上航线虽然简略,却是现存中国古代地图中最早绘出海上航线的地图,因此弥足珍贵。此图可谓是有关古代东亚"海上丝绸之路"硕果仅存的实录,对于研究古代航海史,尤其是浙江对外交通贸易史,具有重要的史料价值。


# 八、成寻与《参天台五台山记》


两宋时期,中日之间官方外交关系处于断绝状态,但两国的民间交往和文化交流并未因此中断,日本不断有僧人搭乘中国商船来中国学习交流。北宋时期,来华日僧先后有奝然、寂照、成寻、快宗、戒觉等人,有名字可考的有 32 人。到了南宋时期,由于日本平清盛政权积极推动本国与南宋的贸易关系,搭乘商船来华的日僧不断增多,有名字可考的有 149 人。两宋时期名留史册的来华日僧合计 181 人。① 这些来华日僧被日本学者木宫泰彦称为"入宋僧",他们回国后,或创立新的佛教宗派,或积极传播中国文化,为中日文化交流做出了重大的贡献。

---

① 王勇、郭万平等:《南宋临安对外交流》,杭州出版社 2008 年版,第 126 页。

　　成寻是北宋时期来华日僧中影响最大的一位，他为了追寻先人的足迹，渡洋跨海来到中国，开始了巡礼中华佛教圣地之旅，并留下了一部详细记录旅宋见闻的日记——《参天台五台山记》。成寻的《参天台五台山记》，是迄今唯一保存完整的日僧入宋游历日记，其中涉及两浙地区的海上交通、风土人情和佛教文化，是了解宋代浙江海上丝绸之路的珍贵史料。

　　成寻（1011—1081），中国史籍中多写作"诚寻"，日本平安中期天台宗僧侣。俗姓藤原。7岁时入京都岩仓大云寺，拜文庆为师。文庆是大云寺初代检校、权大僧都、三条天皇的护持僧，园城寺长吏，为当时名僧。成寻还曾随悟圆（致平亲王）、行圆（源国辅）习内外典。日本长久二年（1041），成寻成为大云寺别当，天喜二年（1054）被任命为天台宗本山比睿山延历寺总持院阿阇梨。

　　成寻从少年时代起就有赴宋志向，50岁那年，他梦见神谕示他入宋，自此赴宋求佛法的愿望就更强烈了。日本延久二年（宋神宗熙宁三年，1070），60岁的成寻向天皇呈赴宋申文，请求巡礼中国天台山和五台山圣迹。当时日本严禁本国人渡航海外，所以成寻的赴宋申文迟迟没有批复。延久四年（1072）三月十五日，在等待申文无望的情况下，成寻率弟子赖缘、快宗、圣秀、惟观、心贤、善久和长明等7人，悄悄来到日本肥前国松浦郡壁岛（今佐贺县东松浦郡呼子町加部岛），登上一艘将要回国的宋商船。在等待顺风开船的数天里，成寻等人因惧怕被人发现而藏匿船中，历尽偷渡之苦："海边人来时，诸僧皆隐入一室内，闭户绝音，此间辛苦，不可宣尽。"三月十九日，他们乘坐的船终于扬帆起航，至二十五日，"天晴，东北风吹。大悦，进船。巳过以后，四方大翳，不辨东西。午时天晴，顺风如故。未时始见苏州石帆山，大岩石也，无人家。船人大

悦。丑时至苏州大七山(今浙江嵊泗县大戢山岛),宿"①。从此,进入浙江舟山群岛海域,三月二十六日经徐翁山(今徐公岛)、小均山(今小衢山岛),四月一日到袋山(今写作岱山),二日到东茹山(疑岱山岛东沙角一带),因等顺风,在东茹山停泊一天,四日离开东茹山,经烈港山(今大鹏山岛)、吴农山(今鱼龙山岛)、铁鼠山(今捣杵山岛),向西南进入定海县,到达招宝山下,成寻一行遂离舟上招宝山游览。船主本想从港口进入明州,但成寻要求他不入明州,直向西去杭州,于是成寻一行从海上向西经越州往杭州,于四月十三日至杭州凑口,十六日登陆,入住客店。

四月二十日,成寻在杭州见到了明州商人陈咏,即邀请其为通事(翻译),陈咏曾先后 5 次赴日贸易,精通日语。四月二十六日,成寻向杭州官府申请赴天台山巡礼,五月三日便获得了"杭州公移"(行游许可书)。次日,成寻一行即在陈咏引带下离开杭州,历经越州、三界、新昌等地,于五月十三日抵达天台山,参拜国清寺等寺院。

在天台山期间,成寻与国清寺诸僧就佛教进行了广泛而深入的交流。国清寺僧如日还作《赠日本国师成寻》诗云:"乡国扶桑外,风涛几万程。人心谁不畏,天道自分明。鹏起遮空黑,鳌回似海倾。到应王稽首,宠赐佛公卿。"②对成寻不畏重洋之险入宋求法的坚定信念,表示了钦佩之情。

六月初,成寻通过台州官府呈表宋神宗,表达巡礼五台山的愿望。神宗下旨允许,还派遣使臣护送成寻一行上京。八月六日,成寻一行在使臣的引伴下离开天台山,经新昌、剡县(今

---

① 《参天台五台山记》卷一。
② 《参天台五台山记》卷二。

嵊州)、越州至杭州,之后开始沿大运河赴汴京,十月十一日至
汴京,下榻于当时翻译佛经的机构——传法院,不久在延和殿
谒见了宋神宗。十一月,在宋朝官员和士兵的护送下,前往五
台山巡礼,十二月末返回汴京。熙宁六年(1073)三月,成寻与
印度僧人一起斗法祈雨,结果成寻灵验,宋神宗钦赐紫衣和"善
慧大师"之号。五月,在求得新译《大藏经》等宋朝典籍后,仍沿
大运河返回明州。

　　熙宁六年(1073)六月十二日,成寻弟子赖缘、快宗、惟观、
心贤和善久等 5 人搭乘宋商孙吉的船,从明州首途回国,成寻
赴明州送别,并将宋神宗的御笔文书、下赐的新译佛经 400 余
卷等礼物以及成寻在宋所收集到的大量佛教典籍,托付他们带
回日本。成寻本人则留宋不归。

　　神宗元丰四年(1081),成寻圆寂于汴京开宝寺,后敕葬天
台山国清寺,神宗为所建墓塔赐额"善慧大师之塔"。

　　成寻在入宋前后,坚持撰写旅行日记,后成书 8 卷,即《参
天台五台山记》。该书所载日记从熙宁五年(1072)三月十五日
在日本登上宋商船开始,至熙宁六年(1073)在浙东明州与归国
弟子辞别之日结束,共一年零三个月,几乎一天也未间断。全
书共计 8 卷 468 篇。在宋代,来华求法的日本僧人不少,但对
其在华足迹做如此详尽记录的,则再无第二人。《参天台五台
山记》一书对宋神宗时期的政治、经济、文化、交通、地理、风俗
以及中日关系等方面做了全面的描述,其中有不少内容涉及浙
江海上丝绸之路,主要表现在以下几个方面。

　　一是书中记载了自日本肥前松浦郡壁岛经舟山群岛至明
州的南路航线,其中提及了舟山群岛许多地名,在路程、舟行所
需时间以及各岛之间的方位关系等方面都记述得相当详细,并涉
及这一带的自然和人文概况。如《参天台五台山记》卷一记载:

四月一日庚戌，辰时，依北风吹出船。申时，着袋山，在随稍山西山也，有人家。东南有栏山，有人家……二日辛亥。辰时，出船。依潮满，以橹进船。午时，到着东茹山。船头等下陆，参泗州大师堂。山顶有堂，以石为四面壁，僧伽和尚木像数体坐。往还船人常参拜处也。……三日壬子，依西风吹，尚不出船，在东茹山。福州商人来，出荔子。唐果子，味如干枣，大似枣，离去上皮，食之。

袋山即岱山。东茹山即宋《乾道四明图经·昌国县》中所载的"东乳山"，在今岱山岛上，具体位置难以考定，疑在岱山东沙角一带。成寻言东茹山上有供奉僧伽和尚的泗州大师堂，这有南宋方志可证。宋《宝庆四明志·昌国县志》载："普明院，(昌国)县西北海中，古泗州堂也……皇朝大中祥符中赐院额……高丽入贡候风于此。"可见，东茹山的津渡港口，是当时与日本、高丽往来人员的候风待泊之处，船人常到附近泗州堂祈福。据成寻所记，东茹山上还有福州商人出售水果等商品。《参天台五台山记》的记载不仅可与宋代方志记载互证，还可补后者之缺。

二是书中记载了来往于浙江与日本之间的宋代海商。成寻于熙宁五年(1072)偷渡入宋，就是搭乘宋商曾聚、吴铸、郑庆的船来到明州。担任成寻通事(翻译)和生活助手的陈咏，也是一个商人。《参天台五台山记》卷二所载成寻抄录的杭州公移中，有陈咏本人的牒状：

明州客人陈咏状，昨于治平二年内，往日本国买卖，与本国僧成寻等相识，至熙宁二年，从彼国贩载

留黄（硫黄）等，杭州抽解货卖，后来一向只在杭、苏
买卖。见在杭州抱剑营张三客店内安下，于四月二
十日在本店内逢见日本国僧成寻等八人，称说从本
国泛海前来，要去台州天台山烧香，陈咏作通事，引
领赴杭州。

可见，陈咏是个明州商人，曾多次赴日贸易，早年在日本时
就与成寻结识。又据成寻等人下榻的杭州抱剑营店主张宾状：
"四月初九日，有广州客人曾聚等，从日本国博买得留（硫）黄、
水银等，买来杭州市船司抽解。"可见，曾聚与陈咏等人同是往
来于宋日之间的商人，且常从日本进口硫黄等来宋售卖。宋代
之所以从日本输入硫黄，主要是宋代大量使用火药兵器，而硫
黄是制作火药最重要的原料。但宋朝境内缺乏硫黄，无法满足
需求；而日本火山众多，盛产硫黄，故硫黄成为宋日贸易的大宗
商品。根据以上《参天台五台山记》的记载，还可以知道，陈咏
等人从日本贩运硫黄来宋，都是前往杭州市舶司抽解，并在杭
州、苏州一带销售。这些记述为了解宋神宗时中日民间贸易情
况提供了第一手资料，弥足珍贵。

三是书中记载了成寻在浙期间交流书籍的情况。成寻入
宋时，随身携带有天台真言经书 600 余卷，他积极向在浙宋人
推介宣传这些典籍，或供其借阅，或任其抄写。如熙宁五年
（1072）五月二十三日，成寻将自撰的《善财知识抄》、智证大师
圆珍的《普贤十愿释》以及天台大师智颉的《观心诵经法》，分别
借给天台山的 2 位阇梨。六月，成寻先后将《观心注法花经》借
给台州官府的通判和司理官。与此同时，成寻在宋也竭力收集
典籍，其收集并托付弟子带回日本的典籍有 600 余卷。其中有
一部分是在浙宋人馈赠的，如熙宁五年（1072）五月四日，在成

寻离杭赴天台山当天,杭州捍江第三指挥部第五都长行兵士徐贵前来赠送《四十二章经》1 卷。五月十三日在赴天台山途中,成寻在景福院得到了《疗痔病经》《八阳经》《地藏十王经》。五月十八日,成寻参拜天台山大慈寺时,副寺主赠送成寻《禅宗永嘉集》1 卷、《证道歌注》1 帖。除宋人馈赠外,他自己抄写或购买了新译经 102 卷、天台教籍 90 余卷,其中有一部分是在浙游历时抄写完成的。成寻到汴京后,宋神宗赐予他们显圣寺印经院所印新译经共计 413 卷。在成寻弟子赖缘等 5 人先行从明州回国前,成寻将收集到的这些典籍托付给他们带回日本。随后这些典籍有的进献给日本朝廷,有的奉纳给一些寺院和贵族。在这些带回日本的典籍中,还夹有一部特别的书,这就是成寻的《参天台五台山记》。可见,成寻为中日典籍交流做出了重大贡献。

四是书中不厌其烦地记载了成寻在浙江见到的和经历的茶事。如熙宁五年(1072)四月二十二日,成寻在杭州看到茶肆沿街林立,人们用银茶器饮茶,出钱一文即可取饮。二十六日,成寻与通事陈咏同去杭州都督府办理去天台山的公文,看见都督府的走廊内有点茶,这是成寻第一次看到与唐代煮茶法不同的宋代点茶法。此后,成寻在天台山,也多次与僧人一起点茶饮茶。十月十五日,成寻在开封延和殿谒见宋神宗时,神宗问他回日本需要带什么中国物品,成寻的回答中有"茶椀"一项,茶椀即茶碗。可惜后来成寻在中国圆寂,未能生归日本,其回国的弟子中亦无声名卓著者,不然宋代点茶法就会早于荣西禅师一个多世纪传到日本。①

---

① 沈冬梅、范立舟著:《浙江通史(宋代卷)》,浙江人民出版社 2005年版,第 473—474 页。

# 九、开宗传派的高丽僧侣

五代到两宋时期,有许多高丽僧侣冒险跨海到中国学习佛学。其中有 2 位高丽僧侣来天台宗的活动中心浙东天台山求法,后来成为开宗传派的大德高僧:一位是中国佛教天台宗十六祖、被尊为宝云大师的义通;还有一位是高丽王子、被尊为高丽天台宗初祖的义天。

义通(927—988),俗姓尹,字惟远,相貌异常,头顶有肉髻,眉毫宛转,长达五六寸。自小即剃度入了佛门,从龟山院释宗为师,十六七岁受具足戒,学习《华严经》《大乘起信论》。义通大约于五代汉、周之间(950—951)来浙东天台山求法,他很可能是从高丽乘船直抵明州,再从明州转赴天台山。

义通先至天台山云居寺拜见德韶国师,有所契悟。经德韶介绍,又至附近螺溪传教院,参谒天台宗十五祖義寂大师,听闻"一心三观"要旨,叹为完备,于是留下受业,居螺溪 20 年,深得天台宗之要。学成后,义通想回高丽弘法,于宋太祖乾德年间(963—998)整装来到明州,准备搭船回国。义通在天台时已名闻遐迩,明州郡守钱惟治和当地僧众百姓得知消息后竭力挽留。钱惟治是原吴越国王钱俶之子,时任明州军州事,为明州最高长官,他对义通十分崇敬,恳切地对义通说:"我没有力量使你留下来,但是如果说要弘法利生,何必一定要回高丽呢?"义通被明州官民的诚意所感动,于是放弃回国,留在明州传讲天台宗教义。开宝元年(968),曾多次受义通教诲的明州人、福

州前转运使顾承徽,在明州舍宅建寺,名传教院,延请义通居此开山讲经。传教院在义通的主持下发展很快,到太平兴国六年(981)底,已有殿宇房廊 100 余间,听徒 60 余人。次年四月,宋太宗钦赐传教院"宝云禅院"匾额,寺名遂改为"宝云寺",义通也因此被尊为"宝云大师"。原吴越国王钱俶对义通十分钦重,有诗寄赠义通云:

> 海角复天涯,形分道不赊。
> 灯青读圆觉,香暖顶袈裟。
> 戒比珠无类,心犹镜断瑕。
> 平生赖慈眼,南望一咨嗟。①

　　义通在宝云寺传教多年,影响巨大,升堂受业者不可计数。宝云寺成为宋代天台教寺十刹之一,天台宗中心也因此从天台山转移至明州,并得以发扬光大。宋太宗端拱元年(988)十月二十一日,义通于宝云寺示寂,享年 62 岁。著有《观经疏记》《光明赞释玄辩》《光明句备急疏》等。

　　义通,一位来自朝鲜半岛的外籍高僧,在遥远的东海之滨开寺弘法,为天台宗在明州地区的流播和发展做出了不可磨灭的贡献,被后人尊为天台宗十六祖,成为中国天台宗一代宗师,其在宋丽佛教交流史上具有重要的地位,也成就了中外文化交流中一段佳话。义通入寂后,其弟子知礼(960—1028)继承其衣钵,继续在明州弘扬天台宗教义,学徒云集,宋真宗赐号"法智大师",其创立的天台宗"山家派"学说大行于世,被尊为天台宗十七祖。

　　在义通圆寂近一个世纪后,又有一位高丽僧人来浙江求

---

① 《宝云振祖集》卷九。

法,学成后回国弘法,成为天台宗大师,他就是高丽王子义天。义天(1055—1101),俗名王煦,字义天。义天出身高贵,是高丽国王文宗第四子,宣宗之弟。因避宋哲宗赵煦的名讳,故以字行世。高丽王室崇尚佛教,义天 11 岁时,便顺父王文宗之愿,出家为僧,随师出居灵通寺,学习《华严经》,旁涉儒术,无不精识。13 岁时被封为佑世僧统。

义天在研习佛学时,看到高丽国内所传诸家教典资料不全,有的语义混乱,有的注解不详,于是产生了到宋访师求法的念头。当时杭州的华严宗高僧净源法师与海商往来密切,所著经文流布国外,其学识、声望遂传入高丽。义天本就对华严宗情有独钟,读了净源的著述,对净源十分仰慕,曾托往来宋丽两国的海商致书修礼。通过书信往来,净源也了解到义天并非常人,就复书邀请义天来宋。净源的邀请更加坚定了义天入宋求法的信念。

义天在文宗在世时就曾请求入宋求法,但为群臣所阻,未能成行。宋神宗元丰六年(1083),文宗驾崩,顺宗即位;顺宗即位 3 个月后即驾崩,宣宗即位。元丰七年(1084)正月,义天再次请求国王和群臣允许他入宋求法,又被拒绝。不久,宣宗派遣礼部侍郎崔思贤至宋告哀,义天有意率僧人随告哀使赴宋作功德。此次似乎得到了宣宗的准许。消息传到宋廷后,宋神宗极为重视,因义天的王子身份,特为其制定迎接礼仪,要求有关人员不得稍有怠慢。但此次义天后来是否去宋,高丽和中国史料均没有记载,看来此次义天仍然未能成行。矢志不渝的义天在入宋请求活动屡次失败后,终于选择了极端的方式,不辞而别。

元丰八年(1085)四月八日夜,乘宣宗南巡之机,义天瞒过母亲,留下书信,携弟子寿介等二人微服潜行至贞州港,搭乘宋商林宁的船渡海,于五月初二日从山东密州板桥镇登岸入宋。

宣宗闻讯后,立即命御史魏继廷等分道乘船去追,但没有追上。

自宋神宗熙宁七年(1074)以后,宋和高丽官方往来基本都选择明州作为出入港。一年前,义天就计划从明州入宋,然后赴杭州与净源会面,义天还把即将来杭州的消息写信告知了净源。明州方面也按照宋神宗的旨意做好了迎接的准备。但不知何故,这次义天没有往明州,而是从密州板桥镇登陆,可能是因为义天此行并非官方往来,且搭乘的是商船,义天不能完全按照自己的意愿行事。当时板桥镇也是大宋与高丽交往的重要港口,不久之后朝廷还在此设立了板桥镇市舶司。

在密州,义天受到了密州知州范锷的热情招待。半个月后,义天一行辞别范锷前往京城汴梁(今河南开封)。义天于七月六日到达京城,奉敕安置于启圣寺,宋廷派中书舍人范百禄负责接待。七月二十一日,10岁的宋哲宗和皇太后高氏在垂拱殿接见了义天,对他赏赐有加,义天则呈献佛像及经文。在京一个多月的时间里,义天遍访了当地名寺和名僧,还拜访了名相司马光。

义天想尽快见到来宋之前就已有书信往来的杭州净源法师,这是他此行的最主要目的。于是他向宋哲宗上书《乞就杭州源阇梨处学法表》,宋哲宗同意了他的请求,并派遣主客员外郎杨杰伴行。八月底,义天在杨杰陪同下,沿大运河南下,于这年冬来到杭州,在大中祥符寺见到了仰慕已久的净源。义天向净源请教华严学研习中存有疑问的地方,净源也将自己毕生所学倾囊相授。元祐元年(1086)正月,杭州知州蒲宗孟请净源入住南山慧因寺,开讲《华严经》。义天也随之移住此寺,并施钱营斋,广揽学徒。后净源在慧因寺建置华严教藏,义天又舍捐银购置教藏7500卷,贡献很大。

义天在杭州时,除在慧因寺师从净源学华严宗教义外,又到灵芝寺向律宗高僧元炤律师请教戒法及其所著《四分律行事钞资持记》,至天竺寺(今法喜寺)拜谒天台宗高僧慈辩大师从谏,请其讲授天台宗经论。

正当义天在杭州忙于取经学法之时,高丽宣宗上书宋廷,以太后思子心切放心不下为由,要求遣义天回国,慈辩大师也以不要"为经背母"相劝。于是义天决定回国,由杭州北上向哲宗辞行,于元祐元年(1086)闰二月十三日抵达汴京,二十一日,朝见宋哲宗与皇太后。三月初二日,在杨杰陪同下南下。四月,义天再至杭州慧因寺辞别净源,接着义天前往天台山拜谒智者大师塔,发誓将天台宗传于东土。至明州,住延庆寺,访阿育王广利寺,拜谒大觉禅师怀琏。

在宋逗留约 14 个月之后,元祐元年(1086)五月十二日,义天乘高丽朝贺使船从明州回国。

义天回国后任兴王寺住持,在寺内设教藏总监,致力于佛典的搜罗、校勘、刊印。他回国时曾随身带去他在中国收集的千余卷佛典,加上他先后在辽(契丹)、日本以及国内搜集的佛经章疏,共达 1010 部 4740 卷,义天将这些佛典编为《高丽续藏经》,全部雕版刊行,为高丽佛典的整理和流布做出了巨大的贡献。义天又以浙江天台山国清寺为蓝本,历时 2 年,耗费巨资建立高丽国清寺,自任开山住持,大力弘扬天台宗教义,被后世尊为高丽天台宗的初祖。可惜义天 47 岁就英年早逝,死后谥"大觉国师"。其诗文著述,后由门人辑为《大觉国师文集》。

如前所述,高丽王子义天曾住杭州慧因寺求法,并捐经捐资。义天回国后第二年,为报师恩,又将青纸金书的晋、唐所译《华严经》3 本共 170 卷,托宋商远涉重洋送入慧因寺。此外,高丽王室还多次施赠慧因寺银两,资助寺院建设,使慧因寺名声大振,被誉为"华严第一道场",俗称"高丽寺",此寺也因此成为

中国和朝鲜半岛长久友好往来的历史见证。据考证,高丽寺原址位于杭州西湖南岸玉岑山以西、兔儿岭以东、南高峰以北的筲箕湾,①为后唐天成二年(927)吴越王钱镠所创。宋元时一度香火旺盛,后屡毁屡建,至清光绪初年,寺院建筑已荡然无存。

1992年,韩国佛教界人士曾来杭州探寻高丽寺遗迹。为纪念中韩友谊,2004年,杭州西湖风景名胜区管委会根据天一阁所藏明代孙枝绘的《高丽寺》图,在西湖边易地复建"慧因高丽寺",2007年5月建成开放。复建后的慧因高丽寺,占地面积约15000平方米,总建筑面积约2500平方米,成为浙江海上丝绸之路的一个重要景点。

明代孙枝绘的《高丽寺》

---

① 鲍志成:《高丽寺与高丽王子》,转引自徐吉军等主编:《西湖通史》第1卷,杭州出版社2014年版,第217页。

# 十、天台山与日本的文化交流

天台山位于浙江省东南部天台县境内，北接四明山，南连雁荡山，西衔括苍山，东蜿蜒起伏于东海之滨。主峰华顶，地处天台县城东北，海拔高达 1138 米，天台宗的祖庭、始建于隋代的国清寺就坐落在华顶之麓。天台山绚丽多姿，幻如仙境的奇峰、怪岩、幽洞、飞瀑，令历代文人墨客魂牵梦绕，慕名而来。晋代王羲之僚属孔绰曾作《天台山赋》盛赞山水之美："天台山者，盖山岳之神秀……夫其峻极之状，嘉祥之美，穷山海之瑰富，尽人神之壮丽矣。"①唐代大诗人李白诗赞："天台四万八千丈，对此欲倒东南倾。"②除了神秀的山水，天台山还孕育了一朵穿越千年而不衰的文化奇葩，这就是以天台宗为代表的天台山佛教文化。

天台山佛教起源甚早，三国孙吴赤乌年间（238—251），天台山一带就出现了佛教寺庵。陈隋之际，"智者大师"智颛集当时中国佛教之大成，在天台山创立了天台宗，这是中国本土产生的第一个佛教宗派。唐时，天台宗与华严宗、禅宗一起成为势力和影响最大的三大佛教宗派，并开始远播日本，对日本的佛教产生了深远的影响，浙东天台山也因此成为日本僧众心目中的名山圣地。

---

① 《文选》卷一一。

② ［唐］李白：《梦游天姥吟留别》，载《全唐诗》卷一七四。

天台山与日本的文化交流由唐代鉴真大师发起。鉴真(688—763),广陵江阳(今扬州)人,俗姓淳于,14 岁即出家为僧,法号鉴真。他师从天台宗第五祖灌顶的弟子弘景法师学习戒律和天台宗教义,是灌顶的再传弟子,因其学识渊博、品德高尚,成为唐代名扬四方的高僧。天宝元年(742),受日本政府和佛界的邀请,鉴真决定到日本传教。可命途多舛,5 次东渡日本都失败了。天宝十二年(753),鉴真第 6 次东渡方得成功,其带去的佛教典籍中就有"天台三大部"《摩诃止观》《法华玄义》《法华文句》等天台宗的经典著作。鉴真在日本传播律宗的同时,大力弘扬天台宗教义,揭开了天台山与日本文化交流的序幕。台州开元寺僧人思托随其师鉴真东渡日本,协助鉴真建立举世闻名的日本唐招提寺,并在该寺宣讲天台宗教义,兼弘律宗,扩大了天台宗在日本的影响。

鉴真师徒在日本弘扬天台宗教义,激发了日本僧人研习天台宗和赴中国天台山求法的热情,其中就有最澄。

最澄(767—822),日本近江国滋贺郡(今日本滋贺县)人,早年在京都比睿山结庵修行,研习鉴真东渡时带去的天台教典时,萌发了入唐求法的愿望。唐贞元二十年(804),最澄以短期"还学僧"的身份,带着弟子兼翻译义真随遣唐使渡海入唐,来到天台山,先后师从天台宗第十祖、国清寺座主道邃和佛陇寺座主行满学习天台宗教义,又师从禅林寺僧翛然学习牛头禅法。此外,最澄还到过越州,师从龙兴寺僧顺晓学三部灌顶密宗。唐贞元二十一年(805),最澄学成回国,带去天台宗经典教义共 239 部 460 卷。最澄回国后不久,在桓武天皇的支持下,在比睿山创立了融台、密、禅、律"四宗合一"的日本天台宗。日本弘仁十三年(822),最澄圆寂,嵯峨天皇批准在比睿山建立天台宗大乘戒坛,翌年改比睿山寺为延历寺。此后 1000 多年,延历寺成为日本天台宗的大本营。日本天台宗的创立,对日本古代文化产生了很大的影响。日本贞观八年(866),清和天皇追赐最澄"传教大师"谥号,这是日本有"大师"称号之始。

最澄圆寂后,日本天台宗僧人圆仁、圆载、圆珍等继承最澄的衣钵,相继来中国求法,为发展日本天台宗做出了重大贡献。

圆仁、圆载都是最澄的弟子,唐开成三年(838),两人同随藤原常嗣的遣唐使船渡海入唐,抵达扬州。圆载获准去了天台山,而圆仁去天台山的申请却未获批准,圆仁只好委托圆载将比睿山诸法师提出的有关天台宗教义的 30 条疑问带往天台山请益,自己则参访五台山大华严寺,从志远、玄鉴等天台宗高僧学习天台宗教义。唐大中元年(847),圆仁携经疏传记等 700 余卷回国,后被敕封为延历寺座主,建总持院,弘传天台宗教义,成为日本天台宗山门派的创始人。圆仁撰有《入唐求法巡礼行记》4 卷,为研究中国唐代政治、宗教、文化和中日关系提供了极其珍贵的史料,后世将该书与《大唐西域记》和《马可·波罗行记》并称为世界三大游记。圆载在唐学习 40 年,于唐乾符四年(877)携带数千卷书籍搭乘唐商船回国,不幸遭风暴遇难。最澄的再传弟子圆珍,于唐大中七年(853)八月搭乘唐商船抵达福州,十二月来到天台山国清寺。在唐期间,圆珍先后师从天台山国清寺僧物外和越州开元寺僧良湑学天台宗教义,并在天台山国清寺建了"天台山国清寺日本国大德僧院"。大中十二年(858),圆珍携带 1000 余卷经疏回到日本,10 年后被敕封为日本天台宗第五代座主,成为日本天台宗寺门派始祖。

到了北宋,日本执政的藤原氏政权对海外各国力主闭关主义,严禁其国人私自渡海出境,但仍有不少日本天台宗僧人冲破禁令,搭乘宋商船入宋。入宋日僧的主要目的,除台州的

天台山外,还有明州的四明山。北宋咸平、景德年间(998—1007),天台宗第十七祖"四明尊者"知礼法师驻锡四明山麓的延庆寺,弘扬天台教观,其学说"山家派",被视为天台宗的正统,其后成为我国天台宗的主流,四明山也因此成为日本僧人巡礼、学习的一个圣地。

北宋时来华的日本天台宗僧人,最杰出的是寂照、绍良、成寻3人。寂照是日本天台宗高僧源信的弟子,宋咸平六年(1003),寂照率弟子念救、元灯、觉因、明莲等7人渡海从明州入宋。翌年,寂照一行受到宋真宗接见,寂照被授"圆通大师"称号。后寂照前往明州四明山谒见知礼法师,代其师源信提出有关天台宗教义的27个问题,知礼遂作《问目二十七条答释》。寂照在中国江南苏州、杭州、台州等地游历参学,前后达30余年之久,最终没有回国,圆寂后葬在杭州清凉山麓。寂照的弟子念救,在宋大中祥符八年(1015)重建天台山大慈寺时,一度返回日本募捐,在得到日本左大臣藤原道长等人的布施后,重登天台山。继寂照之后,源信又遣弟子绍良,于宋天圣六年(1028)持有关天台宗的疑问10条,至明州求教于知礼的嗣席广智,得到广智的详细解答。绍良留寺受学3年,回国后大弘天台宗。宋熙宁五年(1072),日本天台宗大云寺座主成寻率弟子7人乘宋商船渡海入宋。在宋期间,成寻一行参访天台山、五台山等南北佛教名寺,著有《参天台五台山记》8卷,圆寂后敕葬天台山国清寺。

南宋以后,禅宗势力在天台山崛起,逐步取代了天台宗在天台山佛教中的主导地位。这一时期,佛教在日本也渐趋大众化,由中国传入的禅宗在日本勃然兴起,天台山与日本的文化交流内容由天台宗文化转为禅宗文化。

中国禅宗初传日本的时间可追溯到7世纪唐朝初期,但传入后在日本的影响并不大。禅宗在日本的正式弘传,始于日本比睿山天台宗僧人荣西。

荣西(1141—1215),字明庵,故又称明庵荣西,号叶上房,被后世尊为"千光法师",日本备中国吉备津(今属冈山县)人,俗姓贺阳,出身神官家庭。14岁在比睿山出家,19岁学天台宗教义及密教。南宋乾道四年(1168)入宋至天台山求法,5个月后即归国。淳熙十四年(1187)荣西再度入宋,在天台山万年寺和明州天童寺,师从临济宗黄龙派八世孙虚庵怀敞禅师学习禅法,终得虚庵怀敞印可,继承临济宗正宗的禅法,绍熙二年(1191)七月乘杨三纲的船自明州回国。1196年,荣西在博多建圣福寺,为日本禅寺之始。荣西在此大力弘传临济宗,参禅者四方云集,声名远播。1203年,荣西在京都建仁寺内置真言、止观二院,成为天台、真言、禅宗三宗兼学的道场,从而正式创建了融合此三宗的日本临济宗。此后,荣西的再传弟子道元(1200—1253)于嘉定十六年(1223)入宋,师从明州天童寺长翁如净,得曹洞法脉而归,成为日本曹洞宗的创始人。而在荣西圆寂约半个世纪后,宋僧兰溪道隆从明州东渡日本,在建仁寺弘扬纯正的中国临济宗禅法,并在日本建立了完整的禅林制度。日本禅宗由此蔚为大宗,还创造了辉煌的日本禅宗"五山文学"。

在荣西、道元的努力和影响下,一大批日本禅宗僧人仰慕宋元禅风,纷纷来天台山等地求法,其中较著名的,南宋有圆尔、无关普门、无象静照、彻通义介、俊芿等人,元代有孤峰觉明、祖继大智、别源圆旨、不闻契闻、古先印元、寂室元光、古源邵元、友山士偲、正堂士显、观中中谛等人,他们都是日本临济、曹洞两宗的高僧。

明代,日本天台宗名僧智惠来到天台山求法,归国时从黄

岩带回了一些蜜橘苗木,从此黄岩蜜橘在日本繁衍生根。清代,因中日两国实行闭关锁国政策,加之日本佛教在朱子学的压制下,失去了往日的活力与地位,导致天台山与日本长达千年的频繁交流归于沉寂。中华人民共和国成立后,天台山与日本的交流再次活跃起来,并在中日恢复邦交后进入一个新的历史时期。

# 十一、禅茶东传与日本茶道

一般认为,中国茶早在南北朝时期就已经从海路传到了东邻日本,但有确切记载的则始于唐代。唐时由于经济文化的兴盛,日本频繁派出遣唐使来中国学习。这一时期正是中国茶文化兴起时期,寺院中盛行饮茶之风。日本遣唐学问僧在学习、吸纳中国佛教文化的同时,也把中国的茶和茶文化带到了日本。日本古籍《奥仪抄》记载,日本天平元年(729)四月,圣武天皇在宫中召集百僧讲《大般若经》时,曾举行施茶仪式,以茶赐百僧,表明当时饮茶的习俗已传入日本。

唐贞元二十年(804),日本遣唐学问僧最澄从明州登陆,在明州、台州、越州等地留学。次年,最澄与另一遣唐学问僧都永忠一起,从明州启程回国。完成于 16 世纪的《日吉神道秘密记》一书记载,最澄回国时除带回大量佛经外,还从天台山带去了茶籽,回国后播种在日本滋贺县比睿山东麓的日吉神社旁,后人称之为"日吉茶园",该地成为日本最古老的茶园,并立有石碑作为纪念。那么这事是否可信呢? 唐代的浙江是中国名茶的主要产区和茶文化最活跃的中心区域,世界上第一部茶书——唐代陆羽的《茶经》就是在浙江问世的。当时浙江寺院内有献茶、供茶、饮茶的礼规习俗,最澄在此修行,耳濡目染,自然会对中国的茶文化产生兴趣。最澄回国前夕,台州刺史陆淳召集当地官员、僧人等,举行"酌新茗"茶会为最澄饯行,也应会给最澄留下深刻的印象。日本古代汉诗集《文华秀丽集》中收有一首日本嵯峨天皇与最澄的唱和诗《和澄上人韵》,诗中有"羽客亲讲席,山精供茶杯"之句,说明最澄曾为天皇说法、供茶。由此看来,最澄传茶播种之说,并非空穴来风。

与最澄同船回国的都永忠在中国生活了近 30 年之久,精通唐代的煎茶技艺和饮茶方法。日本官撰史书《日本后纪》记载,都永忠回国后住持梵释寺。日本弘仁六年(815)四月,嵯峨天皇行幸近江(今日本滋贺县)经过该寺,与都永忠和群臣吟诗唱和,都永忠还亲手煎茶献给天皇,嵯峨天皇饮后大加赞赏。同年六月,嵯峨天皇下令在畿内地区及近江、丹波、播磨等地种植茶树,以备每年上贡之用。这是日本大规模种植茶树的最早记载,据说从此之后,饮茶之风在日本大盛。

遣唐使制度废止后,日本国内唐风渐息,中日茶文化交流也进入了二三百年的沉寂时期。直到宋元时期,日本进入镰仓时代,唐风又兴,有许多日本高僧来中国求法,并延请中国禅师赴日传经布道,两国的茶文化交流也随之开启了新的篇章,其间影响深远的人物当推日本禅僧荣西。

荣西是日本临济宗的创始人,曾于南宋乾道四年(1168)和淳熙十四年(1187)两度入宋。荣西在中国的数年时间里,除了学习临济宗禅法外,还亲身体验了南宋浙江僧人饮茶的风俗和茶的效用。回到日本后,他写了一部《吃茶养生记》,这是日本的第一部茶书。该书引用中国古籍对茶的记载,从茶的

名称、树形、花叶、功能、采摘、炒制等方面介绍了中国茶,也谈到了南宋盛行的制茶法和饮茶法。当时,中国茶的饮法已不是唐代的末茶煮饮法,而是末茶冲点法,即将已经碾磨成末状的茶叶放入茶碗,然后冲入开水,用茶筅(点茶用的竹制茶具)搅动碗中茶汤,搅拌均匀,使表面产生一层厚厚的茶沫。此书虽然篇幅不大,没有过多地描述中国茶道的细枝末节,却代表了当时日本人对中国茶的认识,因而被称为日本的"茶经"。

《吃茶养生记》大约完成于日本承元五年(1211),该书的流行与日本将军源实朝有关。日本镰仓时代的史书《吾妻镜》记载,建保二年(1214)二月某日,日本第三代将军源实朝因喝多了酒,卧床不起,正在镰仓将军府做法事的荣西听说后,立即派人从他所在的寿福寺取来茶叶,为将军亲自泡了一碗茶。将军喝了以后,顿觉神清气爽。趁此机会,荣西献上他写的《吃茶养生记》一书,源实朝大为赞赏。此举使《吃茶养生记》在日本广为流传,日本兴起了新的饮茶之风。荣西对日本茶饮的普及和后世茶道的形成功不可没,因此被后人尊为日本的"茶祖"。

荣西从中国浙东带回茶籽并在日本国内传播植茶的故事也在日本广为流传。据说,荣西乘杨三纲的商船抵达九州平户岛后,荣西就把从浙东带来的茶籽播撒在下榻的富春院的后山上。同年,荣西又在筑前背振山(今福冈县西南)的灵仙寺播种茶树。日本建久六年(1195)荣西创建博多圣福寺时,也在寺内栽种了茶树。荣西还将精心培育的茶籽送给京都栂尾山高山寺的名僧明惠上人,明惠将其种植在寺旁。那里的自然条件非常适合茶树生长,所产的茶味道纯正,品质优良,后人遂将该地所产之茶称为"本茶",而把其他地方所产茶称为"非茶"。高山寺至今还珍藏着一个黑釉陶罐,罐中有 5 粒茶籽,传说即为荣西赠明惠之物。

日本京都栂尾山茶园

　　虽然上述关于荣西传茶、播茶、荐茶的故事是缺乏可靠史料依据的历史传说,①荣西也并非将中国茶种引入日本的第一人,但可以肯定的是,正是荣西的《吃茶养生记》和这一系列传说的传承,共同铸就了荣西"茶祖"的地位。如今,日本京都建仁寺每年都会在 4 月 20 日(荣西生日)举行"四头茶会"纪念荣西。1991 年,日本曾发行"日本茶 800 年纪念"邮票,即以荣西第二次从明州回国的 1191 年作为日本茶的起点。荣西在日本

---

　　①　荣西将中国茶籽传入日本事,在有关荣西生平事迹的早期文献如宋人虞樗的《日本国千光法师祠堂记》、日本《洛城东山建仁禅寺开山始祖明庵西公禅师塔铭》以及虎关师炼的《元亨释书》中均无记述,在荣西自己的著作如《入唐缘起》《吃茶养生记》《兴禅护国论》中也没有提及。

之影响由此可见一斑。

荣西之后,其再传弟子道元正式制定了日本禅院的行茶礼仪。道元是日本曹洞宗的开山始祖,宋嘉定十六年(1223)随其师明全从明州入宋,师从天童寺如净禅师,学习 3 年,开悟而归。道元主张实行严格细密的禅院礼法,回国后在其住持的永平寺,按照中国唐代的《百丈清规》和宋代的《禅院清规》等,制定了《永平清规》,其中对吃茶、行茶、大座茶汤等茶礼做了明确的规定,推动了茶礼、茶宴在日本社会的流行,对后世日本茶道的形成产生了深远的影响。

此后,入宋求法的日本禅僧圆尔、南浦绍明及赴日的明州宋僧兰溪道隆、无学祖元等一起,将中国禅院的茶礼、茶宴系统地引入日本,从而使日本禅院的茶礼更趋完整、规范。其中对日本茶道贡献最大的是南浦绍明。

南浦绍明(1235—1308),日本骏河(今日本静冈县)人。南宋开庆元年(1259)入宋求法,先后在杭州净慈寺和径山寺师从虚堂智愚学习禅法,同时还学习径山寺的种茶、制茶技术以及"径山茶宴"礼仪。咸淳三年(1267),南浦绍明归国,带回中国的 7 部茶典,其中包括《茶道轨章》《四谛义章》,这 2 部书被后人合并整理为《茶道经》,现代日本茶道所信奉的"和、敬、清、寂"四规即来源于《茶道经》。此外,南浦绍明还将径山寺举行茶宴用的茶台子及其他多种茶具一起带回日本,并仿径山寺举行"茶宴"活动。茶台子的使用促进了日本点茶礼仪和茶道的形成。今天日本茶道中茶室的典雅布置、行茶的庄重礼仪以及以茶论道、注重德行的风格,仍然具有径山茶宴的韵味。因此,径山茶宴被认为是日本茶道之源。

到了日本室町时期(约 14 世纪至 16 世纪),杰出的艺术家能阿弥对当时的饮茶习俗进行了改革,设计出一种在书院式建筑(茶室)里进行的庄重而肃静的"书院茶",踏出了迈向现代茶道的第一步。此后,日本大禅师一休宗纯的弟子村田珠光根据他悟出的"佛法存于茶汤"的道理,将禅的思想导入茶文化,对茶室和茶具做了精心的改良,形成以"和、敬、清、寂"为精神的"草庵茶风",日本茶道的规式由此定型。因此,村田珠光被称为日本茶道的鼻祖。

到16世纪后期,日本茶道之集大成者千利休对茶道进行了一系列改良,使之进一步日本化。至此,由中国传入的禅院茶礼最终转变为纯粹的日本式茶道,并延传至今。

第五章 》》 大元帆影（元代）
——浙江海上丝绸之路的
繁荣（下）

1279 年,南宋灭亡,蒙古大军通过军事征服最终建立了一个地域空前辽阔的大帝国。元世祖忽必烈在位期间(1260—1294),蒙古的势力范围就已扩大到现在的中亚、西亚乃至欧洲。这不仅使得东亚、东南亚地区与印度洋沿岸诸地之间的联系比历史上任何时期都更加密切,而且为元朝统治者提供了宽阔的国际视野。元政府在文化上奉行兼收并蓄的政策,在经济上推行开放的对外贸易政策,市舶制度、机构更趋完善、完备,海外贸易之发达,较南宋有过之而无不及。位于我国东南沿海的浙江,凭借其得天独厚的自然条件、良好的经济基础、发达的造船业和航海业,在元代海外贸易发展中占据着极其重要的地位。

# 一、元代浙江港口与市舶司

宋代海上贸易已相当发达,宋廷在几个重要港口设立了市舶司,用来管理对外商业航运与贸易。元朝在统一全国之际,在宋代基础上又进一步发展了市舶制度。至元十四年(1277),元军夺取闽、浙以后,便在泉州、庆元(今浙江宁波)、上海、澉浦 4

地设立了市舶司,后又在温州、杭州、广州3地设置市舶司。截至
至元二十三年(1286),元政府在东南沿海共设置了7处市舶司。
元政府为了更好地对海外贸易进行管理,在原南宋市舶官员的
参与下,于至元三十年(1293)制定了通行全国的对外贸易管理
法规《市舶则法》。其管理制度之完善,管理条例之严谨,均超
过了前代。源于唐宋的市舶制度,至此达到了"详密"的程度。

元政府在全国沿海港口设立的7个市舶司中,浙江一省就
占了4个,凸显出浙江在元代对外开放中重要的地位。元代浙
江设有市舶司的港口有庆元、澉浦、杭州、温州。

(1)庆元港。庆元即今天的宁波,唐宋时期称明州。庆元
是元代三大贸易港之一,是元朝与日本、高丽交往的枢纽。至
元十四年(1277),元军夺取闽、浙后,元政府便在庆元设置市舶
司,此后中国与日本之间的交通贸易,多从庆元港出入。至元
三十年(1293)四月,温州市舶司被并入庆元市舶司。大德二年
(1298),上海、澉浦2个市舶司又被并入庆元市舶司,隶属中书
省。自此,庆元市舶司成为整个江浙地区海外贸易的管理机构
和职能部门,也是全国三大市舶司之一(另外2个市舶司分别
设在泉州和广州)。

庆元市舶司除有办公衙署外,还有一个贮藏舶货的市舶
库。市舶司署和市舶库的地址,《至正四明续志》中有记载:"庆
元路市舶提举司,在东北隅姚家巷,元系断没仓官房屋基地,重
建公宇。""市舶库,在东南隅车桥东,内有敖房二十八间,用'天
开瀛海藏珍府,今日规模复鼎新,货脉流通来万宝,福基绵远庆
千春'二十八字为号。土库屋并前轩共六间,至元元年创盖外
门楼三间,以备关防。"①考古发掘证明:元代庆元市舶司署在今

---

① 《至正四明续志》卷三《在城公宇》。

宁波市旗杆巷北的东后街与车桥街交界的西侧；市舶库则在城东南隅灵桥门内车桥东，是在原南宋市舶务的旧址上重建而成的。庆元市舶司设置提举二员，同提举一员，副提举一员，最初归福建安抚使管辖，后直属中书省，最后由江浙行省管辖。海舶到时，市舶司官员要到海面去"封海舶"①，将船押送到港口，监盘货物入库，抽解之后，再发还给舶商。

元朝曾多次禁商下海，就是后世所说的海禁，这就导致庆元市舶司一度频繁被废置。如大德七年(1303)，禁商下海，庆元市舶司随之撤销，至大元年(1308)复置，至大四年(1311)再次撤销，延祐元年(1314)恢复，延祐七年(1320)又被废除，至治二年(1322)复置。此后庆元市舶司再也没有发生大的变化，一直维持到元末。总的来看，元朝的海禁时间并不长，多数时间里，私人航海贸易相对自由，庆元港的海外贸易颇为繁荣。

庆元港"南通闽广，东接日本，北距高丽，商舶往来，物货丰溢"②。当时进出庆元港的除了日本商舶，还有来自东南亚等地的外国商舶。繁荣的海外贸易为庆元港带来了大量的市舶税收。元人张翥在《送黄中玉之庆元市舶》一诗中写道："是邦控岛夷，走集聚商舸。珠香杂犀象，税入何其多。"③

(2)澉浦港。澉浦位于钱塘江口、杭州湾北岸。北宋时还只是一处盐场，南宋时发展成为杭州的外港，到元代已成为"远涉诸蕃，近通福广，商贾往来"④的要冲。《马可·波罗行纪》中写道："离城(指杭州)25英里(约40.23千米)处就是海，那个地点叫澉浦，是一个市镇，并且是一个良好的港口，可以停泊大

---

船。该地从事与印度和其他国家的航运往来,进出口各种货物。"①可见当时澉浦与印度及南洋各地有着密切的海上贸易往来。

至元十四年(1277),即元军占领杭州的第二年,元政府便在澉浦正式设置市舶司,并命出身澉浦海商世家的福建安抚使杨发督领。此后,凡是来杭州贸易的海商均必须停泊在澉浦港,在此接受市舶官员的验证、稽查和抽解,然后将货物转运至杭州。大德二年(1298),澉浦市舶司与上海市舶司一起并入庆元市舶司。

(3)杭州港。杭州自唐宋至元一直是海外贸易的重要口岸,也是元朝东南地区的经济文化重心,至元二十一年(1284)以后还是江浙行省的治所,位尊权重。由于杭州繁华,前来澉浦的海外商人多将海舶直接驶进杭州,停泊于钱塘江边;更有从广州、泉州、庆元港转口来杭州的外商,"旁连诸蕃,椎结卉裳"②。杭州的海外贸易随之活跃起来。为了管理日益繁荣的海外贸易活动,元政府于至元二十一年(1284)在杭州设立了市舶都转运司。市舶都转运司是一个级别较高的市舶管理机构,它不仅管理杭州本地的海外贸易,还负责转储其他各港口市舶司抽解的舶货,并负责管理元代特殊的"官本船"贸易。至元二十三年(1286),杭州市舶都转运司隶辖于专掌海运的江浙行省泉府司。至元三十年(1293),杭州市舶司被撤,杭州市舶事宜划归杭州税务司管理。该年颁布的《市舶则法》规定,各地舶货先集中到杭州,再转运到大都(今北京),可见当时杭州是元政

---

① 贺起:《世界上最美丽华贵的城市——〈马可·波罗行纪〉节译》,载周峰主编:《元明清名城杭州(修订版)》,浙江人民出版社1997年版,第50页。

② 《金华黄先生文集》卷八《江浙行中书省题名记》。

府指定的全国进口舶货的集中地。到了延祐元年(1314),杭州又设立市舶库,直接由行省管理。

(4)温州港。温州港在宋代已经颇有名气,在南宋绍兴十五年(1145)前便设有市舶务,但其对外贸易在南宋后期一度中断。到元代,元政府重新在温州设置了市舶司,①温州港便又逐渐繁荣起来,成为元代浙江对外交往和贸易的重要港口。至元三十年(1293),温州市舶司并入庆元市舶司。元代温州兴修了码头以供海舶停靠,兴修灯塔作为海舶入港的航标,并设置"来远驿",迎接远来的外国商人,供其居住。元贞二年(1296),周达观随元使团出使真腊,便是从温州港开洋的。2021—2022年,温州朔门古港遗址在考古工作中被发现,发掘面积约5000平方米,主要遗迹有8座码头、1条木栈道、多组干栏式建筑、成片房址、水井等,并出土宋代沉船2艘、数以吨计的宋元瓷片以及漆木器、琉璃、砖雕等大量遗物,年代主要集中于宋元时期,生动再现了宋元时期温州港的繁荣景象。

元代的市舶管理制度,总的来说,是"承宋制",但它在总结宋代经验的基础上,更趋完善与严谨。元政府在至元三十年(1293),委派通晓宋代市舶制度的李晞颜等人,参酌宋代市舶制度,制定《市舶则法》23条。延祐元年(1314),经反复修订,又重颁《市舶则法》22条,该法最终成为我国历史上第一部较为系统完善的对外贸易法规。《市舶则法》对外贸商船出入港口、禁

① 温州市舶司在至元三十年(1293)之前已存在,但现存史籍都没有提到温州市舶司始设于何时。今人论著中有以下2种说法,即至元十五年(1278)说和至元二十一年(1284)说。前者的依据:《元史》卷十《世祖纪七》载,至元十五年,"诏谕沿海官司,通日本国人市舶",温州是对日贸易的港口,故在此设市舶司。后者的依据:至元二十一年(1284),江浙行省从扬州迁至杭州,并在杭州设市舶都转运司,温州港地位上升,故设市舶司。但这2种说法都缺乏直接可靠的史料支撑。

运物品种类、进口商品征税、人员出入境等方面都做了具体的规定。元代一改宋代的榷货制度,对进口商品不再实行专卖、官市和博买,而是实行征税制,即按比例征收商品进口的实物税,称为"抽解",也称"抽分",就是将商品分作若干份,官府取走其中的一份或两份。如延祐法则规定,粗货十五抽二,细货十分抽二。这里的细货是指珍宝、香料等高级商品,粗货是指一般商品。已经抽解的货物,市舶司还要再征取 1/30 的舶税钱。只有经抽解和交纳舶税钱后的货物,商人才能售卖。元代对进出口商品和外贸商船出入港口的管控较之宋代更加严密细致,如商人进出口货物必须详报官府,若隐匿不报,逃避抽解,一经查出,则货物充公,人员判罪。中外商船一概凭公据、公凭出海入港,商人在海外的活动也要详细记录,回国后向官府汇报。丝和丝织品一向是中国传统的出口拳头产品,在宋代从不禁止出口,但在元代却不许出口。

元代的海外贸易主要是私营贸易,但也有官营贸易、官商结合贸易等形式。值得一提的是,元政府还实施过一种"官本商办"的海外贸易政策,即"官本船"制度。

至元二十一年(1284)十一月,刚出任中书右丞的元代著名理财家卢世荣向元世祖忽必烈提出一条建议,"于泉、杭二州立市舶都转运司,造船给本,令人商贩,官有其利七,商有其三"①,结果立即得到批准,"官本船"制度就此推行开来。所谓"官本船",就是由官方打造海船,并提供必需的贸易本钱,委托挑选的商人代为经营海外贸易。其贸易所得,七成归官府,三成归商人自己。这种"国有民营"的方法,在唐、宋两代均未实行过,元代可谓首创。

---

① 《元史》卷二〇五《卢世荣传》。

　　"官本船"制度于至元二十二年(1285)正月开始实施。一方面,这一政策使政府通过控制与经营海外贸易而直接攫取了可观的利润,同时也使一些势单力薄的中小海商以几乎"零成本"放心拓展海外贸易,因此在当时是具有积极意义的。另一方面,推行这一政策的本意就是要由政府垄断海上进出口贸易。就在实施当年,私人到海外经商被禁止,从而限制了私人海外贸易的发展。元政府独擅舶利的做法遭到了原来经营海外贸易的权豪势要的激烈反对,而且仅靠少数的"官本船"贸易,也无法满足国内市场对于舶来品的巨大需求。因此不到一年,禁止民间商人出海的规定就废除了,"官本船"与私营贸易活动兼行。延祐七年(1320),元政府以"下番之人将丝银细物易于外国"为由,废罢了各地市舶司,再次禁止私商航海贸易。①至治三年(1323),元政府在泉州、庆元、广东三路复置市舶司,"听海商贸易,归征其税"②,重开海禁。至此,历时近40年的"官本船"贸易最终退场。

　　"官本船"制度虽然实施不足半个世纪,但在元朝对外贸易中发挥了很大的作用。至元二十六年(1289),"官本船"制度仅仅实行了几年,时领行泉府司事的沙不丁上言,市舶司岁输珍珠四百斤,黄金三千四百两,③可见收入之巨。"官本船"开拓的海外贸易,与传统的私人海外贸易互为补充,有力地推动了元代对外航海贸易的蓬勃发展,也成就了许多大商人和航海家。嘉兴人杨枢,就是以"官本船"来往于西亚伊利汗国与元朝之间,成为留名青史的远洋航海家。

---

①　《元史》卷二七《英宗纪一》,卷九四《食货志二·市舶》。
②　《元史》卷九四《食货志二·市舶》。
③　《续文献通考》卷三一《市籴考·市舶互市》。

# 二、元代浙江的海外贸易

> 招徕或外域,贸易从兹乡。
>
> 喁咿燕国语,颠倒龙文裳。
>
> 方物抽所宝,水犀警非常。
>
> 驱鳅作旗帜,驾鳌为桥梁。

　　这是元人吴莱《次定海候涛山》一诗里的诗句,生动地描绘了当时浙江庆元港海外贸易的繁荣景象。

　　宁波海曙楼东侧发掘出的永丰库遗址为庆元港的繁盛提供了实证。元至元十三年(1276),庆元路在子城东南隅兴建了永丰库,以"收纳各名项断没赃罚钞及诸色课程"①,即一收缴赃物,二征纳税收。永丰库的前身为南宋时当地官府为调节米价而设置的"常平仓"。2001—2002年,宁波市文物考古研究所对该遗址进行了考古发掘,遗址面积为3500平方米,共出土历代各类完整或可复原文物800余件,其中元代地层出土的有福建的德化窑、磁灶窑、义窑、浦口窑、庄边窑,江西的景德镇窑、河南的钧窑、河北的磁州窑等诸窑口生产的各色瓷器,说明当时浙江庆元港是各地商品的外销集散地和重要的转运中心。

　　浙江自宋代起,就与朝鲜半岛、日本、东南亚和亚非其他地区有贸易联系。元代,由于政府鼓励海外贸易和手工业的发展,

---

　　①　《至正四明续志》卷三《城邑》。

宁波永丰库遗址

浙江与上述海外地区的贸易联系得到了进一步加强,贸易对象和进出口货物品种也大为增加。

元时,浙江海外贸易对象东达日本、高丽,南达印度、南洋诸岛,西南及阿拉伯、地中海东部,西边远抵非洲,主要有大食(泛指阿拉伯地区)、爪哇(即古阇婆国,今印尼爪哇岛中北部)、占城(今越南中南部)、勃泥(今加里曼丹岛)、麻逸(今菲律宾明多罗岛)、三佛齐(今印尼苏门答腊岛东部)、宾董龙(今越南藩朗)、真腊(今柬埔寨)等。

经由庆元港从国外进口的货物种类繁多。《至正四明续志》卷五《土产·市舶物货》列有一份市舶进口物品货单,这是了解元代浙江海外贸易状况的珍贵史料,现转录于下:

　　细色:珊瑚、玉、玛瑙、水晶、犀角、琥珀、马价珠、生珠、熟珠、倭金、倭银、象牙、玻瑠、龟筒、翠毛、南安息、苏合油、槟榔、血竭、人参、鹿茸、芦荟、阿魏、乌犀、腽肭脐、丁香、丁香枝、白豆蔻、荜澄茄、没药、砂仁、木香、细辛、五味子、桂花、诃子、大腹子、茯苓、茯神、舶

上茴香、黄芪、松子、榛子、松花、黄熟香、粗熟、黄熟头、迎香、沉香、暂香、蒌香、虫漏香、没斯宁、蟹壳香、蓬莱香、登楼眉香、旧州香、生香、光香、阿香、委香、嘉路香、吉贝花、吉贝布、木棉、三幅布罩、番花棋布、毛驼布、袜布、鞋布、吉贝纱、胡椒、降真香、檀香、糖霜、苓苓香、麝香、脑香、人面乾、紫矿、龙骨、大枫油、泽泻、黄蜡、八角茴香、金颜香、朱砂、天竺黄、桔梗、麽香、剄香、鹏砂、新罗漆、笃耨香、乌黑香、搭泊香、水盘香、肉豆蔻、水银、乳香、喷哒香、龙涎香、栀子花、红花、龙涎、修割香、硇砂、牛黄、鸡骨香、雌黄、樟脑、赤鱼鳔、鹤顶、罗纹香、黄紧香、赖核香、黑脑香油、崖布、绿矾、雄黄、软香、脊蛉皮、三泊、马鸦香、万安香、交趾香、土花香、化香、罗斛香、高丽青器、高丽铜器、苾拨、沙鱼皮、桂皮。

粗色：红豆、壳砂、草豆蔻、倭枋板枔、木鳖子、丁香皮、良姜、蓬术、海桐皮、滑石、藿香、破故纸、花梨木、射香、搋木、乌木、苏木、赤藤、白藤、螺头、鲦鮎、琼芝菜、倭铁、苎麻、硫黄、没石子、石斛、草果、广漆、史君子、益智、香脂、花梨根、椰子、铅锡、石珠、炉甘石、条铁、红柴、螺壳、相思子、豆蔻花、倭条、倭橹、芦头、椰簟、三赖子、芜荑仁、硫黄泥、五倍子、白术、铜青、甘松、花蕊石、合草、印香、京皮、牛角、桂头、镶铁、丁铁、铜钱、麂皮、鹿皮、鹿角、山马角、牛皮、牛蹄、香肺、焦布、手巾、生布、藤棒、椰子壳、生香粒、石决明、枙明、云白香、真炉、黄丁、断白香、暂脚香、画黄、杏仁、沥青、松香、磨珠、细削香、条截香。

从这份货单中可以看出,元代浙江经由庆元港进口货物种类多达 223 种,较宋代《宝庆四明志》记载的进口货物增加了 60 多种。这些进口货物按其价值高低,分为粗色、细色 2 档,其中价值较高的细色货物有珊瑚、玛瑙等 134 种,价值较低的粗色货物有红豆、牛皮等 89 种。从具体品种来看,有奢侈品、香料、药物、食材、布匹、器皿、皮货、木材、漆等,其中生活、生产用品种类明显增加,仅布匹一项就有吉贝布、番花棋布、毛驼布、袜布、鞋布等 10 余种,体现了当时海外贸易对国计民生的重要意义。从产地来看,有来自日本和高丽的货物,如从名字上就可以看出,倭金、倭银、倭枋板柈、倭铁、倭条、倭橹来自日本,新罗漆、高丽青器(即高丽青瓷)、高丽铜器来自高丽。还有很大一部分是南海舶来品。"南海舶货来源存在两种可能性:一是江浙商舶或南海番船直接舶运而来;二是两浙商舶或闽广商船从闽广舶市上转贩而来"①。

元代时中国的各种货物大量出口,蜚声海外。元人汪大渊的《岛夷志略》记载,当时出口货物多达 150 多种,包括纺织品、陶瓷器、金属及其制品、药物、农副产品、日用商品和文化用品等七大类。

浙江出口货物主要以丝织品和瓷器制品为主,另外还有铜钱和浙江各地的土特产等。

元朝时期,浙江的丝绸业很繁盛,与日本、朝鲜、东南亚、南亚乃至阿拉伯等国家和地区都有丝织品贸易。如温州人周达观所撰《真腊风土记》中记载:"其地不出金银,以唐人金银为第一,五色轻缣帛次之。"元时,浙江外贸的丝织品品种较前代大

---

① 刘恒武,马敏:《元代庆元港在对外贸易中的地位》,《中国港口》2014 年第 9 期,第 18 页。

为增加,有龙缎、苏杭五色缎、花宣绢、杂色绢、丹山锦、水绫丝布等;还有布类,包括印花布、五色布、青白土印布、塘头青布、巫仑布、丝布、八舟布等20余种。

元朝时期,浙江也是当时青瓷的主要产地与重要的外贸输出地,浙南的龙泉青瓷在当时尤为著名。龙泉青瓷以其中心位于处州路龙泉县(今龙泉市)而得名,汪大渊的《岛夷志略》曾多次提到"处州瓷器""处瓷",即指当时的龙泉青瓷。1978年在宁波宋元市舶库附近的东门口海运码头遗址中出土了大批元时龙泉窑青瓷,数量之多,品种之繁,无不印证当时青瓷外输的兴盛。在近年发现的漳州圣杯屿元代沉船遗址中,共发掘出水文物标本约1.7万件,其中绝大部分是龙泉青瓷,数量达到1.6万件,器形包括碗、盘、碟、盏、洗、钵、香炉和高足杯等,年代为元代晚期,为典型的外销贸易瓷。结合温州朔门古港的考古发现,推测该沉船可能是从温州港出海前往东南亚的民间贸易商船。圣杯屿沉船重现了元代晚期龙泉青瓷外销和海上丝绸之路的繁荣。① 近几十年来,世界各国和地区,如越南、柬埔寨、菲律宾、马来西亚、印度尼西亚、斯里兰卡、泰国、印度、伊朗、孟加拉国、沙特阿拉伯、坦桑尼亚等,在古遗址、古墓葬的调查发掘中,陆续发掘了大量元代龙泉青瓷。从中可见,元朝时期,浙江与这些国家和地区都有直接或间接的贸易往来。

浙江各地的土特产当时也受到海外诸国的欢迎。浙江嘉兴的漆器在当时极负盛名,史载明成祖时,琉球向明政府赠送了一件剔红漆器珍品,经鉴定是元时中国漆器名匠嘉兴张成、杨茂所制。

---

① 韦衍行:《漳州圣杯屿元代沉船遗址发掘出水1.6万余件龙泉青瓷》,人民网,2023年10月19日。

圣杯屿元代沉船内码放的龙泉青瓷

由上可见,元代浙江与众多国家和地区有着贸易往来,贸易航线远达非洲海岸。但就浙江海外贸易的主要对象而言,则仍旧是东亚的日本和高丽。

元朝建立后,为了征服日本,元世祖忽必烈曾于至元十一年(1274)和至元十八年(1281)两次发动对日战争,即"文永之役"和"弘安之役",但均因风暴突作而告失败。因为这两次战争,元代中日之间一直处于交恶状态,双方始终没有建立起正常的外交关系。为缓和关系,元政府改变策略,允许日商来元贸易,以通商手段达到"通好"的政治目的。至元十五年(1278),忽必烈就曾"诏谕沿海官司通日本国人市舶"①。另一方面,当时日本上层社会对中国舶来品有巨大的需求,为此日本镰仓幕府也坚持"政商分离"的原则,允许日商对元贸易。由于这两方面的积极态度,两国的贸易总体上得到很好的发展,民间贸易十分活跃。

元代,中日海上贸易交往之频繁,任何朝代都无法与之相

---

①　《元史》卷一〇《世祖纪七》。

提并论。据中国学者江静所编《元日间商船往来一览表》①，1277 年至 1367 年的 90 年间，中日间就有 56 年 110 次商船往来的记录。也就是说，平均每 2 年不到，便有一批或多批商船往来于中日之间。该表系江静在日本学者木宫泰彦、森克己等人研究统计的基础上，结合近年日本出版的《对外关系史综合年表》而编订的，虽然存在因原始资料记载不详而重复计算商船往来次数的可能，但基本能反映元代中日间贸易往来的频繁程度，况且表中所列也仅限于年代较为明确的记录，实际情况可能会更多。和南宋不同，这些来往于中日之间的商船几乎全是日本船，至元十六年(1279)驶入庆元港的 4 艘日本商船上，竟载有 2000 多名日本人。

当时日本规定的外贸港口是筑前的博多港，而元朝则有庆元、温州、福州、泉州、太仓等港口，尤以庆元港为主。庆元从唐宋以来一直就是对日的主要贸易港，至元代依然保持着其在中日贸易中的领先地位。日本商船大多从博多港出发，横渡东海，至庆元港登岸，航期一般在 10 天左右，这条航线基本上承袭了南宋的航路。此外，在庆元和博多之间还存在另一条绕道高丽的单向航线。日商出于与高丽贸易的需要，从庆元出港后，沿北宋徐兢使团走过的航线至高丽，然后沿高丽西南海岸线南下，穿过高丽南端的济州海峡，东行至对马、壹岐，抵达博多。②

当时往返于庆元港与日本博多港之间的日本商船，绝大多数是在日本西部九州、关西一带经营的私人船舶。其中也有在日本幕府保护下，为筹措某项工程的资金而派出的半官方性质

---

① 江静：《元代中日通商考略》，载王勇主编：《中日关系史料与研究》第一辑，北京图书馆出版社 2002 年版，第 102—113 页。

② 江静：《元代中日通商考略》，载王勇主编：《中日关系史料与研究》第一辑，北京图书馆出版社 2002 年版，第 127—128 页。

的商船,这类商船最典型的就是天龙寺船。天龙寺船的纲司一般由寺院推荐,幕府任命,船数、航期等也按幕府指令而定。天龙寺船回国后,不管赚钱与否,都得向寺院缴纳 3000—5000 贯的铜钱及其他财物,用作寺院修造资金,可见天龙寺船贸易的利润应是很丰厚的。有关史料的记载也可以佐证这一点,日本文献《太平记》记载,1342 年来元的一艘天龙寺船,次年夏回国,"买卖之利百倍",获利甚巨,并如约给寺院缴纳了 5000 贯铜钱。①

不过,由于元代时中日两国政治关系并不友好,所以元政府对来华的日本商船防备有加。如至元二十九年(1292)十月,日本商船至庆元求互市,元政府恐其作乱,特下诏设立都元帅府。大德八年(1304),置千户所戍定海(今镇海),"以防岁至倭船"②。在贸易过程中,也会派官员进行监督。如延祐四年(1317),江浙行省派遣左右司都事王克敬至庆元,监督日本商人交易。"先是,往监者惧外夷情叵测,必严兵自卫,如待大敌。克敬至,悉去之,抚以恩意,皆帖然无敢哗。"③

元代,因高丽在中国的控制之下,两国的关系十分密切,贸易往来相当频繁,可谓成绩辉煌。④ 元朝与高丽之间的贸易往来有通过陆路的也有通过海路的,对浙江而言则以海路为主,且庆元港仍是浙江对高丽贸易的最主要港口。庆元至高丽的航线依然是宋代徐兢走过的路线:由庆元出港,向北经东海,入黄海,在朝鲜半岛南端沿西岸北上,到达礼成江口,航期 5 至 7

---

① 〔日〕木宫泰彦著,胡锡年译:《日中文化交流史》,商务印书馆1980 年版,第 399 页。

② 《元史》卷二一《成宗纪四》。

③ 《元史》卷一八四《王克敬传》。

④ 张雪慧:《试论元代中国与高丽的贸易》,《中国社会经济史研究》2003 年第 3 期,第 63—71 页。

天。遗憾的是,因史料限制,元代前中期浙江与高丽海上往来的具体情况无从详知。

元末,江浙一带被张士诚、方国珍等割据,庆元、上海等沿海港口也在他们的控制之下。张士诚、方国珍两人都重视发展海外贸易。《高丽史》记载,1358年至1365年,张士诚和方国珍多次遣使高丽,向高丽国王致书赠礼,要求推进双方的贸易;而高丽政府对此也持积极态度。因此,虽然元末中国处于动乱之中,但浙江与高丽之间的海上交通和贸易一直未曾中断。

# 三、新安沉船与庆元港

1975年7月的一天,韩国新安郡渔民崔享根在近海捕鱼时,一网下去,居然捞上来6件完整的青瓷器。后来,当地渔民又打捞出100多件青瓷器。根据渔民提供的线索,1976年至1984年,韩国对新安沉船一共进行了11次水下发掘,有4本考古报告和多卷图录及系列书出版,并最终在新安海底打捞出一艘大型商船,新安沉船的面目由此显露在世人面前。

这是一艘巨大的双桅木帆船,出水时,上半部分和船尾已经烂掉了,复原后长34米,宽11米,载重量约200吨。该船为带水密舱的尖底海船,从形制上看,是典型的中国制造的"福船",现已基本明确制造地是中国泉州。

新安沉船是现存最大、最有价值的古代贸易船,也是现存较古老的船只之一。目前陈列在韩国新安郡木浦市的国立海洋遗物展览馆,部分出水文物收藏在韩国国立中央博物馆等处。

新安沉船遗存

关于新安沉船的所属国,起初中、日、韩三国学者普遍认为
这是艘中国商船,因为该船为中国所造。但后来,随着韩国方
面陆续进行发掘,学者们倾向于认为这是艘日本商船,主要根
据是:沉船中发现的 364 枚被认为是货物标签的木简中,有 49
枚木简墨书"东福寺""钓寂庵""筥崎宫"等日本寺社名,尤以标
"东福寺公用"或"东福寺公物"字样的木简最多,达到 41 枚。
另有 47 枚木简标有普通日本人名。很多木简中还出现"纲司"
"足""奉加钱"等日本汉字字样。此外,沉船中还发现了 13 种
32 件日本制品,包括漆器、日本铜镜、武士刀、濑户釉陶梅瓶等,
这就证明了船主和货主都是日本人。

新安沉船年代明确,因为有墨书"至治三年"的木简。至治
为元英宗年号,至治三年为 1323 年。还有一枚铜钱,两面都铸
有铭文,一面为"庚申年",另一面为"庆元路"。距至治三年最
为接近的"庚申年"为元延祐六年,即 1320 年。另外沉船中出
土的铜钱中,最晚的钱币为铸于 1310 年的元代"至大通宝"和

"大元通宝"。据此可以判断这艘船的沉没年代应是元至治三年或之后不久。元代,在中日贸易中,唱主角的始终是日本商人,这可以进一步印证这是一艘日本商船。

关于这艘沉船的始发港,最重要的线索是铜权(秤砣)上的铭文"庆元路"。庆元,就是今天的宁波。当时,元政府在广州、泉州、庆元三地设市舶司,庆元是元朝对日本、高丽贸易的主要港口之一。另外,出水的瓷器绝大多数为浙江龙泉窑的产品,而且其中有一个船上使用的龙泉窑青瓷盘,底足圈内刻有"使司帅府公用"铭文。此处的"使司帅府"当指"浙东道宣慰使司都元帅府"。1303—1354 年,浙东道宣慰使司都元帅府治所就在庆元。2001 年兴建宁波天一广场时,出土的碗的残片,其底足圈内也刻有"使司帅府公用"铭文。这些线索都表明沉船的始发港应是庆元港。而木简中标有多处日本地点及货主,显示新安沉船原计划以日本博多港为目的地。根据日本学者的研究,这艘船是 1323 年京都名门贵族九条家族资助的东福寺通过博多的末寺升天寺派往中国的贸易船。① 如果这一说法成立,那么这艘新安沉船应是一艘从庆元港向博多返航,不幸在新安海域遇难沉没的日本商船。

沉船出水了大量文物,共计 22040 件遗物,包括 28 吨铜钱,20664 件陶瓷器,1017 根紫檀木,729 件金属器,90 块石制品,以及大量的胡椒、肉桂、山茱萸、巴豆等香料和药材,②被誉为 20 世纪最重要的水下考古成果之一。

新安沉船中,数量最多的为中国铜钱,共出水 40 箱 800 多

---

① [韩]洪椿旭著,郑丹丹译:《金钱何以改变世界:传染病、气候变化与金融危机》,东方出版中心 2022 年版,第 3—4 页。

② [韩]韩国文化公报部,文化财管理局:《新安海底遗物(综合篇)》,同和出版公社 1988 年版。

万枚,重达 28 吨,包括"五铢"钱在内的 52 个品种,年代从王莽新朝的"货泉"到元代的"至大通宝"和"大元通宝",其数量之多、种类之丰富、时间跨度之长,在古币发现史上绝无仅有。

新安沉船上为何会装载这么多铜钱?这应跟日本需要大量的中国铜钱有关。宋元时期,中国铜钱就是亚洲的硬通货,日本将中国铜钱作为国内主要流通货币,因此对中国铜钱的需求量很大(日本直到 1636 年才完全以本国铜钱取代中国铜钱)。中国铜钱的外流在南宋时就很严重,屡禁不止。元朝统一南方之初,是允许铜钱出海的。如《元史·日本传》记载,至元十四年(1277),元朝两次出征日本之间,"日本遣商人持金来易铜钱,许之"。元政府为了招徕日本商人,即便在两国关系非常紧张时期,仍允许日商用黄金贸易铜钱。但因铜钱大量外流,元政府很快就改变了方针,"禁海外博易者,毋用铜钱"①,之后朝廷重申该要求,但防不胜防,实际上并无多大效果。延祐五年(1318),一艘载有 500 余名客商的日本商船驶往中国,目的地是庆元,但被风吹到了温州平阳,他们来庆元贸易的货物首先就是铜钱。另外,日本向中国派遣的天龙寺船回国后,必须向寺院缴纳 3000—5000 贯的铜钱,也是例子。

除中国铜钱外,出水的陶瓷数量也颇为可观,多达 20664件,其中又以浙江龙泉窑青瓷最多,有 10652 件,占陶瓷总量的52%。江西景德镇窑系的白瓷、影青瓷次之,有 5120 件。此外还有福建建窑系的黑釉瓷、江西吉州窑的白釉黑花瓷、河北磁州窑系的白釉褐花瓷等。新安沉船青瓷遗物质量极高,有考古学家由此得出结论,从胎釉质量和制瓷工艺上看,元代青瓷质量总的来说高于南宋时期。新安沉船表明,宋元时期,浙江龙

---

① 《元史》卷九四《食货二·市舶》。

新安沉船出水的龙泉窑青瓷

泉瓷已是重要外销瓷,很受外国人欢迎。

　　新安沉船的发现,为探索东亚海域交流,尤其是 14 世纪中日海上贸易情况提供了珍贵的实物资料。

　　2012 年 12 月 18 日,"大元帆影——韩国新安沉船出水文物精华暨康津高丽青瓷特展"在浙江省博物馆武林馆区举办,展览共展出新安沉船出水文物约 220 件(套),从中可窥见元代庆元港对外输出货品的状况以及当时浙江地区的繁荣景象。


# 四、澉浦杨氏:元代杰出的航海世家


　　位于钱塘江口、杭州湾北岸的澉浦,今天看起来不过是浙江海盐县的一个小口岸,但在以前却不小,它曾是我国古代著名的港口。澉浦于唐开元五年(717)建镇,不过直到北宋时期,这里还只是一个不起眼的盐场。澉浦的跨越式发展是从南宋开始的。南宋定都临安(今杭州)后,澉浦成为畿辅之地,前来杭州的海外商船,往往在澉浦停泊并进行贸易活动,这里逐渐发展成为通商港口。元取江南后,立即在澉浦设立了市舶司,澉浦遂成为"远涉诸蕃,近通福广,商贾往来"①的要冲,是杭州及其毗邻地区对外贸易的门户。

澉浦在元代的发展,除了其天然良港的地理优势外,也要归功于一个家族几代人的苦心经营。这个家族就是元代杰出的航海世家——澉浦杨氏。

澉浦杨氏的先祖是福建浦城人,宋代时由福建辗转迁至澉浦定居。杨氏先祖杨春以军功起身,曾授武经大夫,死于南宋末年。杨氏真正兴旺是从杨春之子杨发这一代开始的。杨发在南宋时曾任利州刺史、殿前司选锋军统制官、枢密院副都统等职。南宋景炎元年(1276),元军逼近临安,杨发降元。次年,杨发被元政府任命为明威将军、福建安抚使,不久又"领浙东西市舶总司事"。《元史》载:"至元十四年……立市舶司三于庆元、上海、澉浦,令福建安抚使杨发督之。"②这就是说,至元十四年(1277),元政府将刚成立的庆元、上海、澉浦 3 处市舶司都交由杨发统一管理,这可是一个大肥缺,足见元政府对他的重视。从此以后,杨氏家族就与航海事业联系在了一起。

杨发领浙东西市舶总司事后,就回到了澉浦,在这里修筑船场建造大船,组织船队进行海外贸易。"每岁招集舶商于蕃邦博易珠翠、香货等物。及次年回帆,依例抽解,然后听其货卖。"③很快,澉浦港成为元朝对东南亚、西亚贸易的主要港口,

---

① 《元典章》卷五九《工部·造作》。
② 《元史》卷九四《食货二·市舶》。
③ 《元史》卷九四《食货二·市舶》。

这里的商船近通我国闽粤、日本、高丽,远达东南亚、印度、阿拉伯和非洲。意大利旅行家马可·波罗当年来到澉浦,曾经亲眼看到澉浦港的盛况。杨发开创了官商一体的海外贸易形式,在海外贸易中获得了巨大的利润,为杨家后来的发展打下了扎实的基础。

后来,杨发的儿子杨梓继承了市舶事业,澉浦杨氏在其经营下,声势极为显赫。杨梓的航海生涯中最为重要的经历是参加元朝对爪哇的战争。至元三十年(1293),元世祖忽必烈发兵征讨爪哇,杨梓因熟悉南海的航线和东南亚风土人情,可以为远征军海上导航,被任命为招谕宣慰司官,随大臣亦黑迷失率500余人、船10艘先往招谕。杨梓招谕归来,以功封安抚总使,官至杭州路总管。

澉浦杨氏在杨梓一代时,已拥有大量的私家船只,海上势力非同一般,其所从事的海外贸易与航海活动也更加频繁。至大三年(1310),江浙行省左丞沙不丁极力推荐其弟合八失、泉州大商马合谋但的和澉浦杨梓三家,自行出船为元政府运粮。次年,元政府接受了沙不丁的建议,任命杨梓为海道都漕运万户,参与海道漕运的管理,成为元政府整顿海运的中坚力量。

杨发、杨梓两代亦官亦商,以海运起家,成为当地巨富。明天启《海盐县图经》说:"总领舶务杨发者,土著澉川,其家复筑室招商,世揽利权,富至童奴千指,尽善音乐,饭僧写藏建刹,遍两浙三吴间。"①澉浦杨氏不仅是豪门巨商,杨梓本人还是一位著名的戏曲家,是昆曲前身"海盐腔"的创始人之一。

终元一朝,杨氏后代继承杨发的事业,一直从事航海贸易。杨梓之子杨枢曾于大德五年(1301)、八年(1304)两次出使西

---

① 《天启海盐县图经》卷六《食货篇二之下·课程附市舶》。

洋,并进行海上贸易,是中国历史上著名的大航海家。在中外交通史上,他的声望超过了他的父亲与祖父。杨枢的事迹载于元代"儒林四杰"之一黄溍所写的《松江嘉定等处海运千户杨君墓志铭》[①]中。

杨枢(1283—1331),字伯机,杨梓第二子。虽生长在名门望族,却从小警敏好学,没有一点纨绔子弟的习气。大德五年(1301),年仅19岁的杨枢即被委任为"官本船"代理人,从澉浦出发,远赴印度洋经营海外贸易。所谓"官本船",就是由政府提供海船和贸易本钱,获利后杨家与政府三七分成,颇像现在的国有企业。

杨枢完成海外贸易归来,在南印度马八儿地区,遇见波斯伊利汗国第七代可汗合赞派往元朝贡献珍宝异物的使臣那怀一行。那怀等遂搭杨枢的海舶,于大德七年(1303)平安抵达中国。那怀一行在大都觐见了元成宗。完成朝贡使命后,他们向中书省左丞相哈剌哈孙答剌罕请求,批准他们仍搭乘杨枢的海舶返回波斯。元政府答应了这一请求,并特封杨枢为忠显校尉、海运副千户,佩戴金符,让他以官员的身份护送那怀一行回国。

关于第二次远航,杨枢墓志中是这样记载的:

> 以(大德)八年发京师,十一年乃至。其登陆处曰忽鲁模思云。是役也,君往来长风巨浪中,历五星霜。凡舟楫糇粮、物器之须,一出于君,不以烦有司。既又用私钱市其土物白马、黑犬、琥珀、葡萄酒、蕃盐之属以进。

---

① 《金华黄先生文集》卷三五。

由此可见,大德八年(1304),杨枢护送那怀一行从大都出发,搏击长风巨浪,历经艰险,直到大德十一年(1307)才到达波斯湾内的忽鲁模斯港。忽鲁模斯港在今霍尔木兹海峡附近,扼守波斯湾出口处,为古代交通贸易要道,也是郑和下西洋的主要目的地。正史记载,郑和于永乐十一年(1413)第四次下西洋时到达过霍尔木兹港;杨枢下西洋到达霍尔木兹港,比郑和早了107年。

杨枢在护送使臣回国之时,也不忘本行。他用自己带来的钱,在波斯诸国购买了白马、黑狗、琥珀、葡萄酒、蕃盐等货物,满载而归。当时使臣往来,都兼营贸易。

杨枢此次出使,前后历时5年,于至大二年(1309)才返回大都述职。长期的海上活动使杨枢积劳成疾,一回国就病倒了,只好回到老家澉浦休养。天历二年(1329),杨枢奉命率领海船运粮到直沽,这是他最后一次参与航海活动,此次航海导致他旧病复发。至顺二年(1331),杨枢去世,终年49岁。

杨枢两下西洋,特别是最后一次以使节的身份远赴波斯湾,不仅使元朝政府通过海路与西亚保持着密切的联系,也使杨枢本人得以跻身元代著名航海家之列。

澉浦杨氏一门三代的航海传奇,不仅彰显了杨氏家族勇敢无畏、远航海外的精神,也凸显了一个港口的繁华。

# 五、一山一宁与中日文化交流

有元一代,浙江与日本在佛教文化方面的交流十分频繁,有许多著名的高僧从浙江前往日本讲经说法,其中一山一宁是最著名的一位。他受元朝皇帝派遣,作为元朝的使者出使日本,不仅使断交多年的中日两国恢复了密切的往来,而且在促进中日文化交流中起了非常重要的作用。

一山一宁(1247—1317),名一宁,号一山,俗姓胡,台州临海县人。自幼入村塾读书,稍长,由其出家为僧的叔父月灵江介绍,师事台州浮山鸿福寺无等慧融禅师。几年后,月灵江迁至庆元太白山天童寺,遂将一山一宁接来,在天童寺附近的普光寺修习《法华经》诸经。2年后,一山一宁剃度出家。此后,到城中应真律寺学律宗,又到延庆寺和杭州天竺集庆寺学天台教义。因"嫌(天台教)义学之支离",又返回天童山,师事天童寺住持简翁居敬禅师。此后,又到鄮山阿育王寺(在今宁波鄞州区),先后投入藏叟善珍、东叟元恺、寂窗有照和顽极行弥等4位住持门下,最后在顽极行弥禅师的指点下,得到契悟。至元二十一年(1284)五月,一山一宁追随其师顽极行弥渡海来到昌国(今舟山),任祖印寺住持,在此一住达10年之久,其间与宝陀(今普陀山)观音寺住持愚溪如智长老交情甚深。至元三十一年(1294),应愚溪如智之请,转到宝陀观音寺任住持。

以上是一山一宁赴日前的主要经历。那么,元成宗为何要派遣一山一宁出使日本呢?这还得从当时两国的关系说起。

在北方兴起的蒙古族,通过连年征战,先后攻灭了西辽、西夏和金,征服了朝鲜半岛上的高丽国。1271年,元世祖忽必烈定都大都(今北京),建立"大元"。1279年,元军攻灭南宋,统一了中国。

忽必烈即位后,就想把日本也纳为藩属。于是从1266年起,多次派使臣携带国书前往日本劝其归顺。当时日本正处于武士政权镰仓幕府的统治之下,长期以来与中国北方的政权没有任何联系,双方不在一个频道上,根本无法建立有效的沟通。

元朝使者每次到日本,都被日本幕府拒之门外。失去了耐性的忽必烈决定运用他最擅长的武力方式来征服日本,先后在1274年和1281年两次对日本发动战争,日本称之为"文永之役"和"弘安之役",最终这两次战役都以元军的失败告终。但忽必烈并没有因此放弃收服日本之意,在得知日本崇尚佛教、文学之后,决定派高僧出使劝谕归顺。至元二十年(1283),他听从宝陀观音寺住持愚溪如智的建议,派遣如智和提举王君智(一作王君治)携带国书出使日本。当年八月,两人过大洋,遇到飓风,"不能达而返"。第二年正月,忽必烈又派南宋降将、参知政事王积翁和愚溪如智一道出使日本。五月十三日,王积翁、如智一行从庆元放洋北上,经山东半岛抵朝鲜半岛南部的济州岛(耽罗),七月十四日到达对马岛。不料在那里,王积翁被舟人所杀。此次又无功而返。

1295年,忽必烈去世,元成宗铁穆耳继位。在这之前二十几年里,因为忽必烈两次征日,中日之间几乎断绝了所有的经济、文化交流,南宋时期曾经繁盛的僧侣交往也因此中断。两国的紧张关系如同坚冰一样难以消融。正是在这样的历史背景下,元成宗想改善两国关系,化解战争带来的积怨,试探性地向日本派出使者,释放希望和好的信号。

大德二年(1298)夏,有日本商船停泊在庆元口岸,元成宗决定派使者奉书搭乘此船"通好日本",于是又想到了愚溪如智。但愚溪如智以自己年老体弱不堪使命为由推辞了,并向朝廷推了正在普陀山担任住持的一山一宁。大德三年(1299)五月,朝议选定一山一宁为信使,诏赐一山一宁以金襕袈裟和"妙慈弘济大师"之号,并授以"江浙释教总统"。一山一宁不得已接受君命。元成宗在给日本的诏书中说:

> 有司奏陈:向者世祖皇帝尝遣补陀禅僧如智及王
> 积翁等两奉玺书通好日本,咸以中途有阻而还。爰自
> 朕临御以来,绥怀诸国,薄海内外,靡有遐遗,日本之
> 好,宜复通问。今如智已老,补陀宁一山道行素高,可
> 令往谕,附商舶以行,庶可必达。朕特从其请,盖欲成
> 先帝遗意耳。至于惇好息民之事,王其审图之。①

　　就这样,在非常时期,一山一宁带着修复中日睦邻关系的
使命,踏上了使日之程。

　　大德三年(1299)八月,一山一宁带着曾经在日本生活多年
的西涧子昙和外甥石梁仁恭以及相关随行人员 5 人,从庆元港
搭乘日本商船渡海,10 余日后抵达日本博多,船主立即将一山
一宁的情况上报幕府。但在当时中日两国关系紧张的局势下,
幕府掌权者北条贞时怀疑一山一宁是元朝所派间谍,遂将一山
一宁等人扣押。本欲将一山一宁处死,但鉴于他为佛门禅师,
于是把他们遣送到豆州(今日本静冈县)的修善寺软禁起来。
但是世上没有不透风的墙,一山一宁来到日本的消息不胫而
走,当地佛门信众都很欢迎这位元朝得道高僧的到来,连幕府
官员都说:"沙门者,福田也,有道之士……在元国元之福也,在
我邦我之福。"

　　北条贞时本来就十分信奉禅宗,在听闻了一山一宁德高望
重又被人劝说后,便改变了主意,于当年冬天派人将一山一宁
请至镰仓,请其住持关东最大的禅寺建长寺,并皈依在其门下,
经常前来与一山一宁探讨佛法。

　　此后,一山一宁深得北条贞时的信任和重视,先后被请住

---

① 《元史》卷二〇《成宗纪三》。

持圆觉寺、净智寺。投到他门下参学的人很多，一山一宁的声名很快传到京都。日本正和二年(1313)，崇信佛教的后宇多上皇宣招一山一宁入京都，请他担任京都南禅寺第三代住持。一山一宁来到京都，引起轰动，后来成为一山一宁门下弟子的虎关师炼回忆其师初到日本京师时的情形说：

> 伏念堂上和尚(一山一宁)往己亥岁，自大元国来我和域，象驾侨寓于京师，京之士庶，奔波瞻礼，腾沓系途，唯恐其后。公卿大臣未必悉倾于禅学，逮闻师之西来，皆曰大元名衲过于都下，我辈盍一偷眼其德貌乎！花轩玉骢，嘶骛辖驰，尽出于城郊，见者如堵，京洛一时之壮观也。①

一山一宁到京都后，上至公卿大臣，下至普通民众，倾城出观，争先恐后，都想一睹其风采，足见其声望之高。后宇多上皇对一山一宁也十分敬慕，常亲自到寺参谒和问道，一山一宁体弱多病，患病时后宇多上皇十分担忧，时时问疾。

一山一宁在日本弘法 18 年，在镰仓、京都等地大张法筵，道誉远扬，受到了日本社会各阶层的广泛欢迎和爱戴。朝廷官员、僧俗信众纷纷前来参禅问学。

一山一宁不仅禅修功夫精进，而且有极高的宋学造诣和深厚的佛教文学艺术修养。他在传播中国禅宗文化的同时，还将朱子之学和书画艺术等也传授给了其在日本的弟子，从而对日本的禅宗、宋学、书法、绘画等诸方面都产生了重要影响，为中

---

① ［日］虎关师炼：《济北集·上一山和尚书》，载［日］上村观光：《五山文学全集》第 1 卷，思文阁 1973 年版，第 203—204 页。

日文化交流做出了重要贡献。在日本的 18 年间,一山一宁培养了一大批优秀的弟子,形成了日本禅宗二十四流派中重要的一派"一山派"。在众多的弟子中,尤以雪村友梅、龙山德见、嵩山居中、无著良缘、东林友丘、梦窗疏石、虎关师炼等最享盛名,他们中的不少人成为此后日本的文化中心人物,并在日本佛教史上,特别是日本五山文学中占有重要地位。

日本文保元年(1317)十月二十四日,一山一宁在日本圆寂,终年 71 岁。后宇多上皇闻知后深为哀痛,赠"国师"之号,又赞其像曰:"宋地万人杰,本朝一国师。"对其做了高度评价。还令人撰文致祭,敕令建塔庙,御赐"法雨"匾额。徒僧嵩山居中辑有《一山国师语录》2 卷,弟子虎关师炼著有《一山国师妙慈弘济大师行记》。

整个元代,中日两国官方关系一直比较紧张,但就在这样的紧张关系下,因一山一宁使日,中日恢复了密切的民间往来,迎来了自唐宋以来中日经济和文化交流的又一高峰,这不能不说是奇迹。自一山一宁使日后,日本僧侣入元风气渐开,开始有大批日僧入元,其中著名的有龙山德见、雪村友梅、嵩山居中、无著良缘、中岩圆月、古源邵元、月山友桂、愚中周及、性海灵见等。据木宫泰彦《日中文化交流史》一书的统计,至元末,史册留名的入元日僧多达 220 余人。而南宋时期是 108 人,明代 300 年间为 114 人,可见入元日僧数达到了历史的最高峰。这些入元日僧都是搭乘商船来华,足可想见当时日本开往元朝的商船数量之多。同时,在一山一宁的影响下,元朝赴日僧人也络绎不绝,其中史册留名的就有东里弘会、东明惠日、灵山道隐、清掘正澄、玉涧坚瑶、永琪、明极楚俊、东明惠日、竺仙梵仙、懒牛融、东陵永屿等 10 多名高僧。正如日本学者藤家礼之助在《中日交流两千年》一书中所总结的那样,一山一宁使日后,

"到元末,中日之间的民间交流不论在经济上还是文化上,都进一步扩大了"①。一山一宁对中日两国经济文化交流上的贡献可谓大矣。②

# 六、《马可·波罗行纪》对杭州的记述

　　早在东西方之间的新航路开辟之前,就有一位欧洲人来到浙江,第一次将杭州详尽地介绍给了欧洲人,在西方产生了很大的影响,杭州也因此名扬世界。他就是意大利人马可·波罗。

　　马可·波罗(Marco Polo,1254—1324),出身于意大利威尼斯的一个商业世家,"马可"是他的名字,"波罗"是姓。他的父亲和叔叔常年往来于里海北岸的商业城市从事贸易活动。1271年,只有17岁的马可·波罗跟随他的父亲和叔叔从威尼斯出发去元朝统治下的中国。他们此行是奉罗马教皇格利高里一世之命,将教皇写给忽必烈的信函带去中国。一行人穿过中亚内陆后,从敦煌经玉门关,过河西走廊,于1275年来到元上都(今内蒙古正蓝旗境内),谒见了元朝皇帝忽必烈。马可·波罗在中国生活了17年,由于聪明好学,颇受忽必烈的赏识,被敕命在大都(今北京)供职元朝,担任过宣使(传送诏旨)、扬

---

　　①　[日]藤家礼之助著,章林译:《中日交流两千年》,北京联合出版公司2019年版,第166—167页。
　　②　本文中有关一山一宁事迹的文字,主要根据其弟子虎关师炼于1321年所写的《一山国师妙慈弘济大师行记》一文整理而成,该文见《大正藏》第八十册《一山国师妙慈弘济大师语录》卷下。

州盐务官之类的小官。其间，马可·波罗奉忽必烈之命，先后到过今新疆、甘肃、内蒙古、山西、陕西、四川、云南、山东、江苏、浙江、福建等地，广泛接触元代社会。1291 年，马可·波罗从泉州启程，经过波斯，于 1295 年回到了威尼斯。1296 年，马可·波罗参加了威尼斯与热那亚之间的海战，结果被热那亚人俘获，被关进监狱。马可·波罗在监狱中向一个名叫鲁思梯谦（Rusticiano）的作家讲述了自己在中国的所见所闻，鲁思梯谦则把这些内容记录下来，汇成一书，这就是广为人知的《马可·波罗行纪》（又译作《马可·波罗游记》）。后来威尼斯与热那亚议和，马可·波罗也获释回到家乡，于 1324 年去世。[①]

马可·波罗像

《马可·波罗行纪》是西方第一部全面深入介绍中国的游记。该书问世后，不仅风靡意大利，而且被译成不同文字在其

---

① 关于马可·波罗行程的年代，参见余世雄：《马可·波罗游记中的几个主要问题评述》，载中国国际文化书院编：《中西文化交流先驱——马可·波罗》，商务印书馆 1995 年版，第 349—357 页。

他国家广为流传。迄今为止,各种文字的《马可·波罗行纪》译本共有 120 多种。

马可·波罗在中国期间,曾经到过杭州,因此书中有大量关于杭州的描述,约占全书的 1/15,被认为是这部游记中"最精彩、最重要的一个章节"①。在《马可·波罗行纪》中,杭州被写作 Quinsay、Quinsai、Kinsay,都是"行在"的音译。杭州在南宋时为首都,被称为"行在",所以书中有此称呼。

《马可·波罗行纪》称杭州是一座美丽的"天城",是世界上最美丽和华贵的城市:

> 离长安城(引者注:此指今海宁市长安镇),走三日,经过一些绮丽的城镇和乡村,即可到达最华贵之城——行在,这也就是多次提到的"天城"。我们到达该城后,我就详细地了解到该城的豪华富丽,种种事物实在是非常值得描绘与介绍的,这是因为无可置疑那是世界上最美丽和华贵的城市。②

接下来,《马可·波罗行纪》对杭州的各方面都做了非常详细的记载和生动的描述,内容十分广泛,涉及杭州的城市布局、社会政治制度,人们的居住饮食、风俗习惯以及宗教信仰等方面。杭州华丽的殿宇、高耸的房屋、平坦的街道、完善的交通、兴盛的贸易、丰富的物产、完备的消防体系、数量众多的桥

---

① [法]摩勒,伯希和:《马可·波罗:世界的描述》,罗特列出版社 1938 年版,第 499 页。

② 贺起译:《世界上最美丽华贵的城市——〈马可·波罗行纪〉节译》,载周峰主编:《元明清名城杭州(修订版)》,浙江人民出版社 1997 年版,第 47—59 页。以下《马可·波罗行纪》引文均摘自此译文。

梁……这一切无不令马可·波罗啧啧赞叹。

元代的杭州是一个商业繁荣的大都市,"邑屋繁华,货殖填委","象犀珠玉之珍,粳稻鱼盐之利,常溢于庐市"①。《马可·波罗行纪》中对杭州商贸的繁荣有较多的着墨:

> 城内各行各业有 12 种行会,每一行会各有 12000 雇工的商家,每商家雇用的人至少有 12 人,有的 20 人,有的 40 人。所有这些有手艺的人虽然不能总有活儿干,但国内其他城市所需的此类人力均有赖于此城的输送。此城商贾的人数与财富,以及他们经手的货物的数量之大,没有人能就此做出精确的估计……大汗之所以特别看重这个城市,是因为这是蛮子国(引者注:指南宋)的首府,并因为巨大的财源来自这里的发达的贸易而征得的税收,其数额之大简直使人难以置信。
>
> ············
>
> 城市的这一区域有十大市场,除此以外,在城市的其他区域还有许许多多市场。这十大市场均有半英里见方,这些市场的入口是主要的街道,有 40 步宽,一直从城的这一头贯通到另一头,要穿过许多桥及舒展的引桥,每隔 4 英里距离就有这么一种 2 英里见方的更大的市场,这些市场与大街并行,市场后面是大运河,朝着市场的河岸上筑有石砌的仓库,贮存着商人们从印度和其他国家运来的货物,准备交付市场出售。这些市场一星期有 3 天开市,集市上常有 4

---

① 《玩斋集》卷九《杭州新城碑》。

万或 5 万人,他们将各种生活必需品拿到集市上出售……10 个市场四周都是高楼,楼下就是商店,那里陈列有各种工艺品,出卖各种衣装物品,包括香料、宝石和珍珠,还有专卖酒的铺子……

我在前面已经提到,贯穿全城从这一头到那一头的主要街道的两边,房舍与豪华的宫殿鳞次栉比,当中还镶嵌着与前两者配套的花园,在房舍的当中还间隔着从事各种手工业的商号。你总是可以看到,人们熙熙攘攘,来来往往,干着他们的营生。只有在集市之日,亲眼目睹这些市场上挤满了买货与卖货的人,以及极其充足的、从水陆运输调运到省城商号来的货源和可供出售的形形色色的商品,才会相信有足够的粮食用来满足那么多人口的消费。

书中还提到了杭州市场货品丰富:各种禽畜,各类蔬菜瓜果,品种繁多且数量巨大的鱼类、葡萄酒、葡萄干、香料、药材、小饰物、珍珠,当地自酿的新鲜酒,等等。书中还特别提到了杭州胡椒每日的销售量:

马可·波罗从大汗的一位征税官员那里获悉,运到这个城市来的胡椒,每天所要消费的量达到 43 担,每担的分量相当于 223 磅。

在冷冻技术发明以前,西方人都是使用胡椒等香料来防止肉类腐败,所以胡椒的需求量很大。胡椒产于印度,欧洲人需要的胡椒"只能先由阿拉伯人从印度进口,然后运到埃及,再由埃及人批发给意大利人,然后由意大利人运到威尼斯,再由威尼斯人批发给各地零售商,几经转手,才能买到"①。经过这样的一番周折,胡椒的价格自然居高不下,成了欧洲人取之不易的"舶来品",以致在中世纪的西方,人们往往用胡椒的拥有量来比附人的财富。而马可·波罗借助杭州城中大汗收税官的数据确凿无疑地告诉欧洲人,当时杭州城中胡椒每天的消耗量达到了 43 担,每担合 223 磅,总共合 9589 磅。这对于以颗来计算胡椒价格的欧洲人来说,杭州的惊人财富及消费能力简直使他们瞠目结舌,难以想象。

杭州的胡椒也是舶来品,很可能来自印度等地,是从澉浦进口运到杭州的。澉浦港位于浙江海盐县西南,宋元时在此设置市舶司,是元代对外贸易的重要港口之一。这在《马可·波罗行纪》中就可以得到印证,书中写道:

> 离城 25 英里处就是海,那个地点叫澉浦,是一个市镇,并且是一个良好的港口,可以停泊大船。该地从事与印度和其他国家航运往来,进出口各种货物。正是靠了这一对外贸易,使杭州受惠。此外,还有一条大江流经杭州通此海港,所以船只可以顺此大江到杭州城,这条江还流到内陆许多地方。

对于今天的人们来说,杭州最令人难以忘怀的就是那美丽的西湖了。在 700 多年前,西湖同样给马可·波罗留下了深刻的印象:

---

①　传奇翰墨编委会:《香料之路:海上霸权》,北京理工大学出版社2011 年版,第 8 页。

城内有一大湖，周围约 30 英里。沿湖皆为宫殿与楼台亭阁，其富丽堂皇和极其别致的建筑格式当然均属于城中的权贵所有……湖中有两岛，每座岛上有一富丽而讲究的建筑，内部摆设的气派就同帝王的宫殿似的。这里是提供给城中的人举行婚礼和宴请的地方……湖面上，游船如梭，满载着出游的人群，这在当地被人们视为极大乐趣。

需要指出的是，《马可·波罗行纪》中也有一些失实和夸大之处。如书中说到杭州桥梁时写道：

杭州城之大，方圆广达百英里；城内有石桥 12000 座，大部分的桥大得船队可畅通无阻。有这么多的桥梁，没有一个人不为之惊奇，整个城市简直就好像矗立在水中，城的四周都是水，所以要这么多的大桥，以便于自由通行、沟通往来。

"12000"这个数字显系夸张之辞。不过，这也有可能是作者借以形容石桥之多，并非确指万桥。不管如何，这类细节的失实并不妨碍全书整体的真实性。

在《马可·波罗行纪》中，杭州是一个美丽华贵、具有惊人财富和神秘气质的人间天堂——"天城"，激起了西方人对东方和中国的无限向往，以至于在马可·波罗死后掀起了西方人探索东方、寻找"天城"的热潮，从而开启了西方的大航海时代。

元代是中外交流史上空前发达的朝代，这一时期，除了意大利旅行家马可·波罗外，来到浙江的还有同样来自意大利的鄂多立克(Odorico)、元末来华的马黎诺里(Giovanni dei Marignolli)

以及摩洛哥人伊本·白图泰(Ibn Battūtah,1304—1377),他们都留下了游记,将杭州介绍给欧洲人和非洲人。

鄂多立克为意大利方济各会传教士,大约于 1323 年从印度经海路到达广州,然后北行,在大都(今北京)生活了几年后,向西沿陆路返回欧洲。鄂多立克到过杭州,他在游记中称杭州为"天堂之城",认为它是"全世界最大的城市"。他还提到一个长江口附近的港口名城"Menzu",并写道,"此城中的船只,恐怕比世上任何其他城市的都要好、要多"。有学者认为,"Menzu"应是"明州"的音译,因为在当时中国东南沿海一带找不到与此对应的其他港口城市。① 如果真是这样,则鄂多立克应是历史上第一个提到宁波的欧洲人,尽管他本人可能并没有到过宁波。

最后有必要再介绍一下伊本·白图泰,因为他是历史上第一个将杭州介绍给非洲的外国人。伊本·白图泰是中世纪最杰出的旅行家之一,他大约在 1346 年夏由孟加拉国渡海来到中国南部的主要港口泉州,在游历了泉州后,他又去了广州和杭州。然后,白图泰声称自己沿着京杭大运河北上去了北京,但其实他并没有北上,而是从杭州返回泉州,同年冬离开中国回国。② 伊本·白图泰回国后,由他口述,他人代笔,写成一部游记,一般称为《伊本·白图泰游记》。

伊本·白图泰在书中,称杭州为汗沙(Hansa),他说:"该城是我在中国地域所见到的最大城市。全城长达三日程……全城分为 6 个城市……""第二日,由所谓犹太人进入第二城,城内居民为犹太、基督教人,以及崇拜太阳的土耳其人,他们人数

---

① 龚缨晏:《求知集》,商务印书馆 2006 年版,第 233—235 页。

② 许永璋:《伊本·白图泰访华若干问题探讨》,《黄河科技大学学报》2003 年第 2 期,第 67 页。

很多。该城长官系中国人。""第三日进第三城,穆斯林们住此
城内,城市美丽,市街布局如伊斯兰地区一样,内有清真寺和宣
礼员。"可见当时有不少阿拉伯人因经商而聚居杭州。伊本·
白图泰在杭州时,就住在埃及大商人欧斯曼后裔的家里。伊
本·白图泰在书中还提到杭州城里活跃着一支能用波斯语、汉
语和阿拉伯语3种文字演唱的中西合璧乐队,可谓中外文化交
流的一朵奇葩。


# 七、周达观与《真腊风土记》


　　周达观,字达可,自号草庭逸民,浙江温州永嘉人。周达观
名不见经传,生卒年和生平情况不详。但他写的《真腊风土记》
一书,却是记录13世纪末叶吴哥时代柬埔寨唯一留存于世的
第一手资料。仅凭此一书,周达观便足以跻身中国古代著名旅
行家行列。

　　柬埔寨古称真腊,是东南亚地区的一个文明古国,早在汉
代时,柬埔寨就与中国开始了交往。自汉至宋,中国和柬埔寨
一直保持着友好的关系。进入元代后,元朝统治者也非常注意
与海外各国的友好往来,经常派员出使他国。

　　元贞元年(1295)六月,元成宗决定派遣使团出访真腊。这
是一次友好的访问,元朝使团的使命就是处理两国间发生的一
起不愉快的事件。此前,元朝派出的使者在真腊被扣留,元政
府不愿因此事影响两国关系,所以决定派使团前往妥善解决。
温州人周达观被选中作为随员随使团赴柬埔寨。次年二月,周

达观一行从温州港拔锚起航,当年七月抵达真腊。大德元年(1297),动身回国,八月到达庆元。

　　周达观在真腊逗留了约1年的时间,他和使团成员以吴哥为中心,进行了游览和访问,广泛地接触各阶层人民,对古代柬埔寨的各个方面均有所了解。回国后,周达观根据他在当地的所见所闻,写出了《真腊风土记》一书。

　　《真腊风土记》全书约8500字,是一本描述真腊国都吴哥城的游记。除了卷首的"总叙",全文以40则不同的内容向读者展示了真腊这个国家的风土人情。这40则内容分别是城郭、宫室、服饰、官属、三教、人物、产妇、室女、奴婢、语言、野人、文字、正朔时序、争讼、病癞、死亡、耕种、山川、出产、贸易、欲得唐货、草木、飞鸟、走兽、蔬菜、鱼龙、酝酿、盐醋酱曲、桑蚕、器用、车轿、舟楫、属郡、村落、取胆、异事、澡浴、流寓、军马和国主出入,囊括了当时柬埔寨的地理、历史、制度、语言、文字、文化、历法、宗教、民族、习俗、城市、贸易、交通等各个方面,十分全面。正如周达观在"总叙"中所说:"其风土国事之详,虽不能尽知,然其大略亦可见矣。"

　　周达观在书中详细记录了海上丝绸之路从温州至真腊一段的航海路线。元贞二年(1296)二月二十日,元朝使团从温州出海,途经福建、广东沿海多个港口,又经过七洲洋(今海南岛东北海面)、交趾洋(海南岛西南至越南海面),于三月十五日抵达占城(即新州,今越南中部顺化附近)。再从占城到真蒲(今越南巴地、头顿一带),然后转向西南航行,过昆仑洋、湄仑洋,找到进入湄公河的第四支流入口,溯湄公河北上,经洞里萨河(今金边附近),来到查南(今柬埔寨磅清扬),然后换乘小舟继续行驶,经半路村、佛村(今柬埔寨菩萨),再横穿淡洋(今洞里萨湖)至干傍,弃舟登陆,陆行50里,于当年七月始抵达真腊国

都吴哥。元朝使团以温州港作为启航点,这说明温州自唐代开通和东北亚、东南亚地区间的航线以来,到宋元时已是当时海上丝绸之路的重要节点。至于回程,书中记载他们次年六月回国,八月十二日在庆元港靠岸。经过夏鼐等学者的考证,《真腊风土记》中所记载的方位及行进路线非常准确,这为后人研究元代海上丝绸之路,提供了十分宝贵的材料。

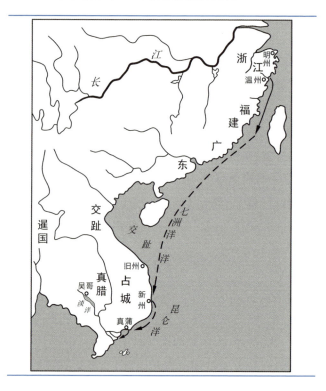

周达观航行路线图

更可贵的是,《真腊风土记》是柬埔寨吴哥文化的见证者。真腊历史上曾是扶南古国的属国,位于扶南国的北方,7世纪真腊独立并以武力吞并扶南,之后迁都吴哥,从9世纪起迅速发展为中南半岛上一个地区性大国。10—13世纪是柬埔寨文明最辉煌的时代,也称吴哥时代。周达观出使真腊之时,正值13世纪末吴哥文化极盛期。吴哥文化作为古文明早已没落,而近代的柬埔寨又因为战争比较频繁的原因,除了少量镌刻在当地石碑上的文字资料得以保存外,其他古籍史料几乎无一存留。而《真腊风土记》却对吴哥古都和吴哥寺等建筑做了真实记录,全面介绍了以此为中心的整个吴哥文化。"这是现存的吴哥文化极盛时代当时人留下的唯一记载,就是在柬埔寨本国也找不到类似的史料,所以是全世界学者,包括柬埔寨学者在内,研究吴哥和吴哥文化最权威的根据。"[①]吴哥作为柬埔寨首都的历史至15世纪结束。迁都后,吴哥被放弃了,一度繁华显赫的都城很快被热带丛林掩盖,从此湮没无闻。1860年,法国博物学家亨利·穆奥正是根据周达观在《真腊风土记》中提供的方位,在莽莽丛林中重新"发现"了吴哥古城。吴哥的"发现",周达观功不可没。

在《真腊风土记》中,周达观多处提到了中国与真腊的贸易情况。如"贸易"条载:

> 每日一墟,自卯至午即罢。无铺店,但以蓬席之类铺于地间,各有常处,闻亦有纳官司赁地钱。小交关则用米谷及唐货,次则用布;若乃大交关,则用金银矣。[②]

可见当地与中国不同,贸易大多没有商铺,进行小宗交易时用米谷及唐货,次则用布,大宗交易则用金银。"贸易"条提

---

① 葛剑雄:《葛剑雄说城》,河北教育出版社2022年版,第381页。

② 本节中《真腊风土记》引文均来自夏鼐:《真腊风土记校注》,中华书局1981年版。

到当地的妇人善于经商,中国人到达此地,必先娶一位当地妇人,以帮助营业。"欲得唐货"条记载了真腊人十分喜欢中国商品:

> 其地向不出金银,以唐人金银为第一,五色轻缣帛次之;其次如真州之锡镴、温州之漆盘、泉处之青瓷器,及水银、银铢、纸札、硫黄、焰硝、檀香、草芎、白芷、麝香、麻布、黄草布、雨伞、铁锅、铜盘、水珠、桐油、篦箕、木梳、针。其粗重则如明州之席。甚欲得者则菽麦也,然不可将去耳。

可见当时进入真腊的中国商品品种之多,这些商品中就包括了浙江温州的漆盘、处州的青瓷、明州的草席。另"流寓"条记载了中国向真腊移民的现象:

> 唐人之为水手者,利其国中不著衣裳,且米粮易求,妇女易得,居室易办,器用易足,买卖易为,往往皆逃逸于彼。

"异事"条载:

> 余乡人薛氏,居番三十五年矣……

这样算来,周达观的老乡薛氏在南宋末年就在真腊生活了。诸多记载反映了 13 世纪末中国与柬埔寨人员往来、货物交流的盛况。

《真腊风土记》的版本较多,曾收入元末陶宗仪的《说郛》、明吴琯的《古今逸史》及清《四库全书》等丛书中。该书还曾被译成英文、日文等流传于国外。我国著名考古学家、历史学家夏鼐曾著《真腊风土记校注》一书,由中华书局于1981年出版。

# 八、日本馒头与浙江的因缘

位于杭州西湖西北面的孤山,有一座以"梅妻鹤子"闻名的北宋隐逸诗人林和靖的墓,墓的附近有2座亭子:一座是为纪念林和靖而建的"放鹤亭";另一座是为纪念林和靖的后裔林净因而建的"净因亭"。"净因亭"两边的柱子上有副对联:"孤屿照栖霞疏影暗香留处士;绝艺渡东海妻梅子鹤得传人。"说的是林净因在14世纪时横渡东瀛,把制作馒头的手艺传到日本的故事。

馒头是深受我国人民喜爱的一种日常面食。传说馒头的创始人是三国时期的诸葛亮,这在宋朝高承的《事物纪原》一书中就有记载。诸葛亮进军西南、横渡泸水时,遇到了毒瘴,大军无法过江,当地老百姓都说这是河神挡道,必须用人头祭供方可渡过。诸葛亮不愿无故杀人,于是命人宰杀了牛、羊、猪,剁肉为泥,包在生面团中,做成一个个人头形状,取名"馒头",投入水中祭河神,平息了河神作祟,大军安全过河。这种面食做法后来就在民间流传开来,成了我们现在所吃的馒头。

中国的馒头传入日本的确切时间并不清楚,史籍上确切记载将中国馒头制作方法传入日本的是浙江人林净因。

日本方志《雍州府志》卷六《土产门上·造酿部》"馒头"条有如下一段关于日本馒头来源的记载:

古建仁寺第二世龙山禅师入宋，于时中华人林和靖末裔林净因执弟子礼。斯人于中华制造馒头，元顺宗至正元（十）年龙山归本朝日，林净因相从来，在本朝改氏盐濑，始住南都制之。其形状片团，是称奈良馒头，是本朝馒头之始也。于中华始自诸葛孔明。曾盐濑净因有数子，其内一人为僧，从龙山，则建仁寺中两足院祖无等以伦是也。故到今盐濑一家，悉为两足院之檀越。以伦弟某于北京造之，今乌丸盐濑之祖也。一说净因脱寺归中华云。

林净因像

由此可见，林净因是元代至正年间的人，是北宋杭州的隐逸诗人林和靖的后裔，日本京都建仁寺第二代住持龙山德见禅师渡海入元求法的时候，认识了林净因。林净因拜龙山德见为师,当至正十年(1350)龙山德见回国的时候,他也跟着来到了日本,在奈良定居下来,改姓盐濑。

林净因会制作馒头,他到日本后,为了维持生活,开始以制作馒头为业。为适应日本人的口味,他一改中国馒头使用菜馅或肉馅的传统做法,改用日本人喜爱的小豆馅,并在馒头上描一个粉红色的"林"字,没想到这种新式馒头很快受到日本上至天皇下至普通民众的欢迎,被称为"奈良馒头"。据说林净因献馒头至宫中后,深得后村天皇的赏识,赐宫女给他为妻,生下二子二女,其中一子出家,师从龙山德见,就是上面《雍州府志》中提到的建仁寺两足院的第一代祖无等以伦。

1358 年,林净因的师父龙山德见逝世,勾起了林净因的思乡之情,他于次年离开奈良,返回中国。林净因回国后,他的妻儿仍以制作馒头为生,开设了日本第一家馒头店,广受欢迎,远近闻名。当时的日本将军足利义政还亲笔为馒头店书写"日本第一馒头所"的招牌。到了林净因第四代子孙惟天盛祐的时候,林家在日本京都有了分支,即盐濑家,这就是现在日本京都"馒头屋町"一名的起源。

林净因的七世孙林宗二为了继承与发扬祖业,经过多年搜集与研究,编撰一本馒头词典——《馒头屋本节用集》并出版,第一次对先祖制作馒头的经验做了总结与介绍,该书成为日本饮食史上的重要著作。

林净因的子孙中,人才辈出。15 世纪时曾担任遣明使的圭圃支璋就是林净因的后裔。日本五山文学僧正宗龙统所写的《长林字说》①一文记载,林净因生道安,道安生净印,净印生妙

---

① [日]正宗龙统:《秃尾长柄帚》第五《长林字说》,载[日]玉村竹二:《五山文学新集》第 4 卷,东京大学出版会 1970 年版,第 78—79 页。

庆,妙庆生祥增,祥增生圭圃支璋。可见,圭圃支璋是林净因的第五代孙。又中日史籍记载,圭圃支璋随遣明使团于 1483 年农历四月从日本堺港出发,次年到达宁波港,后又随遣明使团赴北京朝贡。圭圃支璋到达宁波的时候,浙江市舶太监林槐见他也是林姓子孙,"待之特敦,爱为养子"。圭圃支璋是这次遣明正使周玮的高徒,1485 年遣明使团从宁波港启碇回国的时候,因正使周玮病卒于宁波,遂由圭圃支璋和另外 2 个遣明使共同出任"正使代",1486 年回到日本。另正宗龙统《长林字说》记载,圭圃支璋出使明朝期间,想在明朝给老父祥增求取一个字号,竟不果。后来他的族弟悦岩东念就向正宗龙统求字,于是正宗龙统给取了"长林"这一字号,并应请作《长林字说》。

林氏馒头当初只是日本奈良一家不起眼的小吃店,经过 650 多年的不断发展壮大,如今在日本各地开设了众多分店。林净因将中国馒头带到日本,对日本饮食文化的发展做出了重要贡献。

1986 年 10 月,林氏后裔、日本第一馒头所盐濑总本家三十四代当主川岛英子出资,在杭州"柳浪闻莺"公园内建立"日本馒头制作创始人盐濑始祖林净因纪念碑",并在孤山建"净因亭",以纪念林净因对日本饮食文化做出的贡献。

第六章 》》

西人东来（明代）
——浙江海上丝绸之路的
曲折发展（上）

　　在浙江海上丝绸之路发展史上,明代是一个转折点。明代之前,中国的海洋政策是开放的,明代之后,海洋政策逐渐变得保守。从明洪武年间开始,朝廷实行海禁政策,限制了浙江民间海上贸易的发展,严重影响了沿海居民生计。有压迫就有反抗,沿海私人贸易悄然兴起。1523年宁波争贡事件后,随着东南沿海私人贸易的发展和西方葡萄牙人东来,舟山双屿港成为中国东南沿海最大、最有名的海上走私贸易港口。明军捣毁双屿港后,以宁波港及其附近海域为中心进行的海外贸易活动一度沉寂下来。尽管如此,伴随着江南地区商品经济的发展,浙江的私人海上贸易仍在继续壮大。

　　明代中期后,私人贸易成为中国海外贸易的主流,从中国东南沿海港口起航的海上丝绸之路已发展到了商品贸易全球化阶段。浙江的丝绸、瓷器、茶叶、蔗糖等贸易商品,通过浙、闽、粤和东南亚海域的各个口岸,畅销至世界各地,其规模和贸易额较之开放的宋元时期有过之而无不及。可以说,当时浙江与越来越兴盛的世界市场的联系一直保持发展的势头。也是在这一时期,欧洲天主教传教士沿着海上丝绸之路陆续来到中国。虽然传教士来华的主要目的是传教,但客观上传播了西方的科学技术,促进了中西文化的交流。

# 一、"兰秀山之乱"与明代海禁

　　海禁,又称洋禁,是一种闭关锁国政策,禁止民间私自出洋贸易,严厉时甚至规定"尺板不得出海";同时也限制外国商人前来中国通商。中国历史上曾有2个朝代大规模推行过海禁政策,实行闭关锁国,一个是明朝,一个是清朝。

　　明政权建立初期,其实并未实行海禁和禁止民间商贸往来,而是沿袭元代的传统,积极实行对外开放政策,先是于吴元年(1367)在太仓黄渡设立市舶司,以浙东按察使陈宁等为提举。洪武三年(1370)虽然关闭了太仓黄渡市舶司,但随后又在宁波、泉州和广州设立3处市舶司,并规定"宁波通日本,泉州通琉球,广州通占城、暹罗、西洋诸国"①。但是,这种开放局面并未维持很久。在洪武四年(1371)十二月,朱元璋就一改之前积极的海外贸易政策,颁布了海禁令,禁止居民随意出海贸易。《明太祖实录》卷七十载:

> 　　洪武四年十二月,诏吴王左相靖海侯吴祯,籍方国珍所部温、台、庆元三府军士及兰秀山无田粮之民尝充船户者,凡十一万一千七百三十人,隶各卫为军,仍禁濒海民不得私出海。②

---

①　《明史》卷八一《食货志五·市舶》。
②　《明太祖实录》卷七〇,洪武四年十二月丙戌。

这是最早明确记载明初海禁政策的史料。从"仍禁"的用词来看,显然在洪武四年十二月之前已有禁海令出台。

那么,朱元璋为何会放弃宋元以来的海洋开放政策,转而推行闭关锁国的海禁政策? 有学者认为,朱元璋实行海禁政策的根本原因,是为了抑制商品经济的发展,防止商品经济对封建农业经济形成冲击,最终危及封建统治。作为中国历史上唯一出身赤贫农民的皇帝,朱元璋脑袋里装的是"鸡犬之声相闻,老死不相往来"的简朴农业社会理想。因此,在明朝政权逐渐巩固之后,朱元璋便放弃了海洋开放政策,转而走上了"重本抑末""重农抑商"的道路。

其实,朱元璋实行海禁,更直接、更重要的原因,就是所谓的"海疆不靖"。这从上述洪武四年(1371)十二月的海禁令就可以看出来。当时对明王朝构成威胁的主要是东南沿海的两股势力,一是在元末战争中被朱元璋打败的张士诚、方国珍的残余势力,二是倭寇。

元代末年,民不聊生,各地起兵反元,在江浙沿海起兵者为张士诚、方国珍等。张士诚在平江(今江苏苏州)称吴王,占据绍兴至徐州广大地区;方国珍占据台州、温州和庆元(今宁波)等地。到至正二十七年(1367),朱元璋已先后击败了张士诚、方国珍,控制了浙江全境。洪武元年(1368),朱元璋在南京称帝,正式建立了大明王朝,但浙江沿海并没有因此而安定,这一年就爆发了"兰秀山之乱"。

"兰秀山"是浙江舟山群岛中的两个岛屿兰山(今大长涂山岛)和秀山的合称,元末明初属于昌国州。两岛居民向以"悍勇,善斗击,习海事"[①]出名。方国珍于至正十五年(1355)攻占

----

① 《王忠文公集》卷二四《赵君(观光)墓志铭》,《文渊阁四库全书》本。

昌国州后，便在兰山、秀山等岛聚集一批武装力量。方国珍被朱元璋打败后，其在舟山群岛的残余势力并不支持新建立的明政权，因偶得方国珍的元朝"行枢密院印"，于是以此为号召，组织队伍起来反明，这就是历史上著名的"兰秀山之乱"。

吴元年(1367)十二月，朱元璋命征南将军汤和、副将军吴祯等率水师自庆元由海道南下征讨陈友定。次年即洪武元年(1368)正月，明军攻破延平，俘虏陈友定，平定了福建全境。四月，明军水师班师北还，当他们驻扎昌国州时，竟遭到由兰秀山岛民组成的民兵的袭击，汤和手下的2名指挥徐珍、张俊及部分官兵被打死，损失惨重。一帮岛民为何会对明军水师发起袭击？原来，早在这年(1368)正月，兰秀山民兵就在叶希戴、王子贤、陈君祥的率领下攻打庆元府城，表明了其反对明政府的鲜明立场，结果兰秀山民兵被守卫庆元府城的明军打败。三月初七，兰秀山民兵的另一首领陈魁四领着船队在定海招宝山港口等候，拦截明军。四月，正赶上汤和、吴祯水师船队班师回庆元，四月十八日两军在崎头洋交锋，于是发生了明军2名指挥战死一幕。明军水师大失颜面，岂肯罢手，于是进入昌国州，全力围剿。兰秀山民兵溃败，退守夏山。[①] 五月，兰秀山民兵一部分余党又伺机攻入象山，失利后逃亡海上。与此同时，陈君祥等100余人逃往高丽，藏身全罗道古阜郡等地。陈君祥等人逃往高丽，这应与元末他们经常到高丽经商的经历有关。

洪武三年(1370)，陈君祥等人的行踪被在高丽经商的庆元人鲍进保发现，鲍遂将陈君祥在高丽的消息报告了明政府。六月二十四日，明朝中书省派百户丁志、孙昌甫等携咨文前往高丽，要求引渡陈君祥等人。高丽王迫于明朝的压力，下令将

---

① 《训读史文》卷二。

兰秀山"叛民"陈君祥兄弟及其余党 100 多人移交明朝使臣。[①] 至此,"兰秀山之乱"彻底平定。

明军 2 名指挥在"兰秀山之乱"中战死,令朱元璋非常震惊,大将汤和还因此没能封公爵。朱元璋意识到浙江沿海的方国珍残余势力不容小觑,于是在洪武四年(1371)十二月,下令将方国珍旧部连同兰秀山船户共 111730 人由原来的民户改为军户,编入不同的卫所,从此将他们牢固控制起来。同时开始实行海禁政策,禁止浙江等地沿海民众出海,其目的正如朱元璋自己所说:"朕以海道可通外邦,故尝禁其往来。"[②]元末方国珍、张士诚割据江浙地区时,都与高丽聘使有来往,建立了密切的政治、经济联系。仅《李朝实录》一书记载,方国珍在 1358—1365 年,就 5 次遣使高丽。朱元璋害怕方、张残余势力继续与高丽往来,为切断这种联系,最彻底的办法就是实行海禁。

促使朱元璋实行海禁的另一个原因是倭寇问题。元末明初,日本正处于南北朝分裂的混乱时期,一些失意武士、无业游民和走私商人等,结伙为盗,不断到中国沿海进行抢劫,史称"倭寇"。与之相呼应,国内也出现了方、张残余势力和其他沿海反叛者与倭寇勾结犯边的危险迹象。据统计,洪武年间,倭寇骚扰中国沿海达 44 次之多,其中浙江被扰 16 次,为倭患最多地区。[③] 面对倭患,朱元璋起初试图通过外交努力而睦邻自固,但收效甚微。于是转而通过海禁政策来加强对沿海的控制。

朱元璋虽然在洪武四年(1371)颁布了海禁令,但是出海贸

---

① 《高丽史》卷四二《恭愍王世家》,恭愍王十九年六月辛巳。

② 《明太祖实录》卷七〇,洪武四年十二月庚辰。

③ 王慕民:《海禁抑商与嘉靖"倭乱":明代浙江私人海外贸易的兴衰》,海洋出版社 2011 年版,第 8 页。

易已经成为沿海地区居民重要的经济来源,岂是一纸禁令就能完全禁绝的?于是权力欲极强的朱元璋便一再颁布海禁令,层层加码。洪武七年(1374),撤销了明州、泉州、广州3处市舶司,全面禁止民间海外贸易。洪武十四年(1381),重申"禁濒海民私通海外诸国"①;洪武二十三年(1390),"诏户部申严交通外番之禁"②;洪武二十七年(1394),"禁民间用番香番货"③,企图从源头取缔出海贸易;洪武三十年(1397),"申禁人民,不得擅出海与外国互市"④。同年,朱元璋将海禁令写入《大明律》中,主要内容有:(1)禁止沿海官民擅造二桅以上大船及私自驾船出海通番;(2)禁止民间贩卖和夹带番货;(3)禁止私运违禁货物出海。自此海禁令以法律的形式固定下来,成为明代的基本国策。

与此同时,为了保证海禁能够得到切实执行,朱元璋下令在沿海各地筑城,设立卫所,设置巡检司,逐步建立起一个庞大的沿海防御体系,严密封锁了东部沿海地区漫长的海岸线。不仅如此,洪武二十年(1387),朱元璋听从左参议王锐的建议,颁行"迁海"令,在浙江、福建、广东等沿海地区,凡发现有海商活动的地方,一律墟地徙民,实行坚壁清野,彻底断绝海外与内地的联系。

明成祖朱棣即位后,仍然重申海禁,虽然他曾派遣郑和7次率领20000多人规模的船队,出访西洋地区的数十个国家,史称"郑和下西洋",创造了中国海外交通史上的奇迹,但其主要目的是向海外炫耀大明帝国的声威,属于"形象工程",而不

---

① 《明太祖实录》卷一三九,洪武十四年十月己巳。
② 《明太祖实录》卷二〇五,洪武二十三年十月乙酉。
③ 《明太祖实录》卷二三一,洪武二十七年正月甲寅。
④ 《明太祖实录》卷二五二,洪武三十年四月乙酉。

是出于对外经济贸易的需要。宣德八年(1433)后,海禁政策时紧时松。正德五年(1510),明武宗推行"抽分"政策,准许对私人海商征税,海禁政策出现较大的松动,加之正德、嘉靖年间,西方殖民者陆续东来,私人海外贸易得以发展兴盛。

到了嘉靖年间(1522—1566),面对东南沿海日趋盛行的私人海上贸易,明政府并没有因势利导,仍坚持海禁,导致东南沿海地区发生严重的倭患。事实上,明朝的海禁政策并不能阻遏浙江地区海外贸易日趋繁盛的势头,甚至出现了海禁越严厉,走私贸易就越活跃的状况。正如明人徐光启所说:"官市不开,私市不止。"①嘉靖年间,日本、葡萄牙等国的商人,纷纷来到位于今舟山市境内的双屿港,与商人交通接济,双屿港由此成为当时东南沿海最大、最有名的海上走私贸易港口。虽然双屿港最终被明军摧毁,但东南沿海地区社会经济的发展和海上私人贸易的兴盛,与明政府的海禁和闭关锁国政策形成激烈的冲突,最终引发"嘉靖倭患",使东南沿海地区陷入一场延续数十年的空前浩劫之中。而极具讽刺意味的是,明朝中期以后所谓的"倭寇",其实大多数是中国人。由于海禁,他们不能从事正常的海外贸易,转而进行海上走私。闽浙地区土地少,又多贫瘠,沿海百姓无法依靠农业生存,于是铤而走险,沦落为海盗。做海盗不是目的,生计成问题才逼得他们不得已作乱。

到了嘉靖后期,人们越来越认识到海禁是造成倭患的根本原因,因此随着倭寇问题的缓解,社会各阶层要求开禁的呼声越来越高,迫使明政府接受福建巡抚、都御史涂泽民的建议,于隆庆元年(1567)对海禁政策做出局部调整,允许民间

---

① 《明经世文编》卷四九一《海防迂说》。

商人由福建漳州的月港出海,准贩东、西二洋,史称"隆庆开海",但仍不准前往日本贸易。然而,这仅仅是权宜之计,海禁作为一项基本国策并没有被废除,一直延续到明朝末期,并被清朝所沿袭。

明清时期的海禁政策,虽然在一定程度上有利于保证当时中国周边环境的相对安定,但从长远来看,更多的是消极作用。它逆历史潮流而行,遏制了中国经济的发展,使宋元以来蓬勃发展的海外贸易局面遭到空前的重创。海禁对中华民族的长远利益更是产生了巨大的负面影响。实行海禁的明朝正处于14—17世纪,在这200多年的时间里,世界正发生着剧烈而深刻的变化。随着西方航海家的"地理大发现",世界市场逐渐形成,西方大踏步地跨入近代社会。而就在这个节骨眼上,中国却关闭了自己的国门。海禁将中国同世界人为地隔绝开来,阻碍了中国人对世界的认知,固化了统治者坐井观天、夜郎自大、故步自封的观念,葬送了宋元时期创造的中国走向海洋大国的机遇。海禁导致了中国海洋观的倒退和中国航海业的衰落,把辽阔的海洋拱手让给了西方,最终让西方的军舰横行于中国沿海。美国人博克塞曾对当时世界的海权形势评价说:"要感谢中国皇帝孤立的海禁政策所造成的刻意缺席,使得葡萄牙人能在毫无东方海权的抗衡下,以惊人的速度成为印度洋上的主宰者。"①

明代海禁,让曾经的海洋大国就此自废武功,从海洋撤退,变得日益封闭和保守。其带来的消极影响深远而沉重,不能不引起人们的深思。

---

① 转引自陈尚胜:《"怀夷"与"抑商":明代海洋力量兴衰研究》,山东人民出版社1997年版,第70页。

# 二、郑和下西洋与浙江

明朝自立国之初就实行海禁,封锁海疆,"寸板片帆,不许入海",其后的大多数时间里又一直以闭关锁国为基本国策,因此明朝对外贸易和文化交流远不及宋元时期兴盛。但明朝第三个皇帝明成祖朱棣登基后,却干了一件组织国家舰队下西洋的大事,史称"郑和下西洋"。

永乐三年(1405),明成祖为了宣扬国威,并招徕各国称藩纳贡,命太监郑和①组织庞大航海船队出使西洋,开始了第一次大规模的远洋航行,于永乐5年(1407)返回。此后,从永乐五年至七年(1407—1409)、永乐七年至九年(1409—1411)、永乐十一年至十三年(1413—1415)、永乐十五年至十七年(1417—1419)、永乐十九年至二十年(1421—1422)、宣德六年至八年(1431—1433),郑和又先后6次出使西洋,②历时28年之久,开创了中国航海史上前所未有的辉煌时期,中国的航海史至此达到顶峰。

郑和7次下西洋,每次均出动百余艘各色舰船,载有官员、士兵、商人、船师、水手、工匠、医生、通事(翻译)等2.7万余人,③

---

①　郑和,明朝内官监太监,原姓马,名和,乳名三保,回族,云南昆阳(今晋宁)人,明朝航海家、外交家。

②　从郑和船队所到的国家和地区来看,明朝所谓的"西洋",主要指的是南洋和印度洋。

③　在迄今所知的历史文献中,郑和船队第一、三、四、七次出使西洋均明确记录了人数,其中最多一次为27800余人,最少一次有27000多人。其余几次出使人数不详,估计也都在27000人以上。

以及数量众多的丝绸、织锦、瓷器、铜钱和铁器等货物,配备航海图和罗盘针等当时世界上最先进的航海设备。船队从太仓刘家港(今江苏太仓东浏河镇)启程,泛海南下到福建长乐太平港集结后,由闽江口的五虎门出洋,涉海万里,先后到达过占城、爪哇、苏门答腊、满刺加、苏禄、彭亨、真腊、古里、暹罗、榜葛剌、阿丹、天方、祖法尔、忽鲁谟斯、木骨都束等亚非 30 余个国家和地区,①最远到达非洲东海岸麻林(今肯尼亚马林迪)和红海的天方(今沙特阿拉伯麦加),总计航程 16 万海里,合 29.6 万千米,极大地扩展了中国海上航线,促进了我国与亚非国家之间的睦邻友好关系,推动了海外贸易和中外文化交流。

郑和宝船模型

浙江沿海地处长江口与福建之间,是郑和下西洋的必经海道。郑和船队从刘家港起航,出长江口入嵊泗洋面大戢洋,驶

---

① 这些都是明代时的国名,若按现代国家来划分,则郑和船队到过的国家主要有越南、柬埔寨、泰国、菲律宾、马来西亚、印度尼西亚、文莱、新加坡、孟加拉国、印度、斯里兰卡、伊朗、阿曼、沙特阿拉伯、也门、索马里、肯尼亚等国。

过西堠门航道,入金塘洋面横水洋,而后出双屿港,经台州、温州沿海南下福建出使西洋。返航途中,又经浙江沿海返回长江口。据统计,明茅元仪《武备志》卷二百四十《郑和航海图》中所载中外地名共计 500 多个,其中浙江地区的地名多达 70 余个,占总数的近 1/7。① 另图上所载线路,在浙江的也有 3 条,仅次于福建。此外,祝允明《前闻记·下西洋·里程》也记载了郑和船队回程时途经浙江海域:

> (宣德)八年二月十八日开船回洋……(五月)二十六到占城,六月一日开船,三日到外罗山,九日见南澳山(引者注:今广东南澳岛),十日晚望见望郎回山,六月十四日到骑头洋,十五日到碗碟屿,二十日过大小赤,二十一日进太仓,七月六日到京。②

上面提到的骑头洋(今崎头洋)、碗碟屿和大小赤(今大、小戢山),均在今浙江宁波、舟山海域。

浙江海域的众多岛屿和优良港湾,在郑和的庞大船队途经浙江海域时除了提供导航作用外,还为船队靠岸避风、补给提供了有利条件。如《嘉庆太平县志》卷二载:"骊洋即间洋……出此洋面,无所不通。永乐间,征西番官军舰舶自福建长乐港过骊洋,遇怒涛大恐怖,即此。"③间洋即今浙江温岭市(明清时

---

① 周运中:《郑和下西洋新考》,中国社会科学出版社 2013 年版,第 361 页。

② 转引自[明]巩珍著,向达校注:《西洋番国志》,中华书局 2000 年版,第 57 页。

③ [明]曾才汉等修纂:《太平县古志三种》,中华书局 1997 年版,第 203 页。

为太平县)东南部的隘顽湾内洋面。这则史料表明,郑和的船队曾在这里遇到大风浪,遂在隘顽湾短暂停靠。

郑和下西洋的一个重要目的是"跨越海外,与诸番货"①,所以郑和船队每次下西洋都要携带大量的丝织品、瓷器等中国产品,与海外各国进行交换。浙江是丝织品和瓷器的重要产地,且质量优良,如明代杭州的丝绸产品就很有名,蜚声海外。郑和船队携带的大量丝绸、瓷器产品应有一部分是浙江出产的。此外,船队中大量人员所需的米、盐、酒、油等生活用品,除在南京和福建置办之外,还有一部分是由浙江提供的,这可以从明人余学夔为已故福州人高旻所撰的《常山县令高公传》中的一段记载中得到印证:

> 时沿海郡县守令多不事事,上诏吏部选近臣练达
> 者任其寄,公拜浙之常山县令。其邑临浙海,中使下
> 西洋海舶往来必经之地,民以应办为艰。又以邑豪
> 猾,倚是为奸利,侵渔百倍,民久苦之。公至,奋曰:
> "芜秽弗薅,嘉谷罔遂。为天子养小民,忍视其患乎?"
> 宿奸巨蠹有干犯者,捕鞫之,悉置于法。②

永乐年间,中官(指郑和等人)出使西洋,浙江的常山县要向船队提供后勤物资,给百姓带来负担。常山县今属衢州市,在浙江的最西面,因县南有常山,故名。该县不靠海,大概在作

---

① [明]马敬:《瀛涯胜览序》,马欢著,万明校注:《明钞本〈瀛涯胜览〉校注》,海洋出版社 2005 年版,第 107 页。

② [明]余学夔:《北轩集》卷二《常山县令高公传》,清乾隆三十四年余沛章等刻本。

者眼里,浙江各县都算濒临东海了。① 从这则记载可知,当时浙江全省都为郑和下西洋提供后勤服务。②

　　郑和下西洋,船队每次要搭载大量的物资和两三万名官兵及随行司职人员,这自然需要不少的船只。郑和等人所立的刘家港天妃宫《通番事迹记》和长乐《天妃灵应之记》两碑文记载,"和等统率官校旗军数万人,乘巨舶百余艘,赍币往赍之,所以宣德化而柔远人也",可见郑和船队的规模一般为"巨舶百余艘"。这些船只由"体势巍然,巨无与敌"的宝船(载宝的货船)以及战座船(官兵所乘之船)、粮船、水船等组成。③ 永乐时期,郑和曾6次下西洋,每一次回国不久旋即再度出使,船只沉没、破损了,需要及时更换和补充,所需新船的数量是相当可观的。郑和使团使用的宝船,主要来自南京宝船厂和福建造船厂。但短期内要打造那么多巨舟,仅靠一两个地方的力量是不够的。那么,郑和使团所用的船只中,有没有来自浙江造的船呢?

　　宋元以来浙江的造船业就较为发达。永乐年间(1403—1424),明成祖曾多次下令浙江造船厂造船。《明成祖实录》记载:永乐三年六月"丙戌,命浙江等都司造海舟千一百八十艘";永乐七年十月"壬戌,命江西、湖广、浙江及苏州等府卫造海船

---

　　① "常山"有没有可能是作者或刻书者写错,如系真正靠海的"象山"之讹误? 答案是否定的。"常山"地名在传文中出现多次,且传主高旻又终于常山县令任上,所以不可能写错。又,明林志《鳌峰书室记》云:"前右春坊清纪郎,知常山县高君汝大,福唐三山人也。"此外,明杨溥《杨文定公诗集》中亦有《送常山令高汝大》诗。高汝大即高旻(字汝大),可以证明高旻确实是常山县令。

　　② 周运中:《郑和下西洋新考》,中国社会科学出版社2013年版,第359页。

　　③ 郑鹤声、郑一钧:《略论郑和下西洋的船》,载《文史哲》1984年第3期。

三十五艘";永乐九年十月"辛丑,命浙江临山、观海、定海、宁波、昌国等卫造海船四十八艘";十一年九月"辛丑,命江西、湖广、浙江及镇江等府卫改造海风船六十三艘"。此外在《明成祖实录》中还有不少浙江建造、改造海运船的记录。《弘治温州府志》也记载,宣德初年,温州知府何文渊"奉檄造海舰百余艘"[1]。可见,作为当时全国造船中心的浙江在郑和下西洋时期建造了不少海船和海运船。虽然这些船只有相当一部分是以防范倭寇为主的海防船和以南粮北运为主的沿海运输船(《明实录》中称为海运船),但将其中一部分用于下西洋是完全可能的。再从郑和船队的船型来看,由于是远洋航行,据学者考证,其主体船型是适合深海航行的尖底、深吃水、长宽比小但非常瘦削的福船。[2] 而福船的主要使用地和制造地就是福建和浙江,这可以从明代抗倭将领侯继高所称"浙亦用福船耳,若浙中去闽造船,此固可为彼地张本也;如浙中自为成造,必往闽中买料为佳"[3]得到证实。

如果说,浙江为郑和下西洋提供船舶还属于一种合理推测的话,那么浙江为之提供船舶修造人员及出使团队中的军官、船员、翻译等各类专业人员,则是史籍中有明确记载的事了。

郑和船队中的巨型宝船,主要建造于南京宝船厂。明嘉靖年间曾任工部主事,于嘉靖三十年(1551)主持龙江船厂的李昭祥,在谈到宝船厂设立时说:"洪武、永乐时,起取浙江、江西、湖广、福建、南直隶滨江府县居民四百余户,来京造船,隶

① [明]章纶:《前郡守何公祠记》,载《弘治温州府志》卷十九《词翰》。
② 席龙飞、何国卫:《试论郑和宝船》,纪念伟大航海家郑和下西洋580周年筹备委员会、中国航海史研究会编:《郑和下西洋论文集》第一集,人民交通出版社1985年版,第100页。
③ 《全浙兵制》卷三《造修福船略说》。

籍提举司,编为四厢。一厢出船木梭橹索匠,二厢出船木铁缆匠,三厢出艌匠,四厢出棕蓬匠。"①可见当时南京宝船厂集中了全国各地技术比较高超的造船工匠,这些造船工匠中就有来自浙江的。

郑和下西洋船队规模庞大,人数众多。《瀛涯胜览》记载,第四次下西洋时,"宝船六十三号官校、旗军、勇士、通事、民梢、买办、书手,通计二万七千六百七十员名。官八百六十八员,军二万六千八百员"②。如以每次出使2.7万人计算,则郑和7次下西洋总出使人数可达18.9万人次。在如此众多的出使人员中,就有不少浙江人。

浙江人自古善于航海,在郑和船队的"船师"中,就有不少熟悉海道、富有航海经验的浙江人。对此,明人巩珍在《西洋番国志》自序中说:

> (郑和)始则预行福建、广、浙,选取驾船民梢中有经惯下海者称为火长,用作船师。乃以针经图式付于领执,专一料理,事大责重,岂容怠忽。③

可见浙江是郑和船队中"船师"的三大来源地之一。

在随郑和出使的大批卫所官兵中也有许多浙江人。现存明代兵部编录的《卫所武职选簿》④保留了至少180名随郑和下

---

① 《龙江船厂志》卷三《官司志》。

② 《瀛涯胜览》卷首。

③ [明]巩珍著,向达校注:《西洋番国志》,中华书局2000年版,第6页。

④ [明]佚名:《武职选簿》,载中国第一历史档案馆、辽宁省档案馆编:《中国明朝档案总汇》第2编簿册类第49—74册,广西师范大学出版社2001年版。

西洋卫所官兵的档案,①其中明确记载为浙江籍的有 18 人,约占总数的 1/10。现依下西洋时间胪列如下:

(1)永乐三年至五年(1405—1407)6 人:乐清李荣、乐清王亚接、奉化胡谦、山阴孙闰、定海王道官、临海张永;

(2)永乐五年至七年(1407—1409)3 人:松阳陈兰芳、乐清李荣(第二次下西洋)、乐清王亚接(第二次下西洋);

(3)永乐七年至九年(1409—1411)4 人:新昌尤成、浦江郑足、乐清李荣(第三次下西洋)、奉化胡谦(第二次下西洋);

(4)永乐十一年至十三年(1413—1415)13 人:青田潘定远、天台张亚侃、定海王捨保(第二次下西洋)、②乐清陶旺、临海吕泰、永嘉方荣、乐清李荣(第四次下西洋)、乐清王亚接(第三次下西洋)、奉化胡谦(第三次下西洋)、临海张永(第二次下西洋)、松阳陈兰芳(第二次下西洋)、新昌尤成(第二次下西洋)、浦江郑足(第二次下西洋);

(5)永乐十五年至十七年(1417—1419)6 人:乐清汤辛友、嵊县姚佛兴、山阴孙闰(第二次下西洋)、临海张永(第三次下西洋)、天台张亚侃(第二次下西洋)、定海王捨保(第三次下西洋);

(6)年份无考 2 人:鄞县俞寿、鄞县蒋忠观。

此外,在《天启海盐县图经》卷十中,载录海宁卫浙江籍下西洋军官 3 人:

(1)永乐十一年至十三年(1413—1415)1 人:会稽王亚员

---

① 范金民:《〈卫所武职选簿〉所反映的郑和下西洋史事》,《郑和研究》2009 年第 4 期,第 5—10 页。
② 《卫所武职选簿》卷六十一载王捨宝"因二次差往西洋公干回还,永乐十四年升本所副千户",知王捨宝永乐十一年已是第二次下西洋,第一次下西洋时间不详。

(海宁卫中所百户,疑第二次下西洋);①

(2)永乐十五年至十七年(1417—1419)1人:黄岩沈亚显(海宁卫左所百户);

(3)年份无考1人:永嘉朱亚文(海宁卫乍浦所镇抚)。

综上可见,先后有21名浙江籍卫所官兵随郑和下西洋,多人在2次以上,其中乐清李荣最多,达到4次,总计37人次。从年份可考的记录来看,郑和第一次至第五次下西洋均有浙江籍官兵参加,其中参加第四次下西洋的人最多,达到13人,资料没有记载参加第六次、第七次的人。另外,在参加下西洋的浙江籍卫所官兵中,除了王亚员、沈亚显、朱亚文3人来自浙江海宁卫,其他人都来自京师南京及周围地区卫所。

郑和使团下西洋,要同使用不同语言的亚非各国人民打交道,自然少不了翻译(当时称通事)。在郑和船队配备的通事中,就有浙江人马欢和郭崇礼2人,他们先后参加了第四次、第六次和第七次下西洋之行。后来马欢还写了一部著名的《瀛涯胜览》,为郑和下西洋保留了珍贵的第一手资料(详见下节)。

郑和七下西洋是世界航海史上的伟大壮举。一方面,浙江是郑和下西洋的必经之地,同时浙江经济繁荣,造船业发达,人民善于航海,人才济济,为大规模的航海活动提供了丰富的人力、物力资源,充分彰显了浙江在郑和下西洋过程中的重要地位。另一方面,郑和下西洋带来的"诸番宾贡"局面,使因明初海禁遭到打击的商品经济在东南沿海又繁荣起来,从而为明代中叶浙江航海事业和私人贸易的发展奠定了基础。

---

①　《天启海盐县图经》载王亚员"(洪武)十七年至永乐十二年下西洋,升试百户",可见在永乐十一年前至少还有一次下西洋。

## 三、马欢与《瀛涯胜览》

在前面"郑和下西洋与浙江"一节中,我们已经提到,浙江有军事人员、船师、翻译等各类人才跟随郑和出使西洋。翻译在当时称通事,马欢就是其中最著名的一个。

马欢,字宗道,别字汝钦,自号会稽山樵,出身于浙江会稽(今绍兴)一个回族穆斯林家庭。他从小喜欢读《岛夷志》之类的外国地理书,对陌生、神奇的异国风情十分向往。永乐年间,郑和奉永乐帝之命组织使团下西洋,马欢因通晓阿拉伯语被选中,任使团通事(翻译)。马欢先后参加了郑和第四次(1413—1415 年)、第六次(1421—1422 年)和第七次(1431—1433 年)下西洋之行,访问过亚非 20 个国家和地区,"历涉诸邦,其天时气候地理人物,目击而身履之"①。

马欢虽然只是一个翻译,但他具有良好的学者素质,凭借会阿拉伯语的优势,每到一处,便与当地人进行直接交流,并将所见所闻记录下来。永乐十四年(1416),马欢第一次下西洋归国后,就开始认真整理记录的材料,于当年完成了初稿,取名为《瀛涯胜览》。后 2 次下西洋归来后又对书稿进行了修改增添,最后于景泰二年(1451)形成定稿。②

---

① ［明］马欢:《瀛涯胜览序》,［明］马欢著,万明校注:《明钞本〈瀛涯胜览〉校注》,海洋出版社 2005 年版,第 1 页。

② 万明:《马欢〈瀛涯胜览〉源流考》,［明］马欢著,万明校注:《明钞本〈瀛涯胜览〉校注》,海洋出版社 2005 年版,前言第 1 页。

这里还要提一下马欢的同事兼同乡郭崇礼。郭崇礼是浙江仁和(今浙江余杭)人,他与马欢一样,也是回族,也因通晓阿拉伯语而被朝廷选中担任郑和使团的通事。更重要的是,他同马欢一样,也参加了郑和第四次、第六次和第七次下西洋。多年的同事使两人结下了深厚的友谊。马欢在撰写《瀛涯胜览》时,郭崇礼做了大量的协助整理工作,并在《瀛涯胜览》书稿完成后,极力促成该书的刊印。①

《瀛涯胜览》全书 2 万余字,比较详细地记载了亚非 20 个国家的情况。书中每一个国家都单独成篇,全书所记 20 个国家分别是:占城(今越南南部)、爪哇(今印度尼西亚爪哇)、旧港(今印度尼西亚巨港)、暹罗(今泰国)、满剌加(今马来西亚马六甲一带)、哑鲁(今印度尼西亚苏门答腊岛东岸巴鲁蒙河口)、苏门答剌(今苏门答腊岛)、那孤儿(在今苏门答腊岛北部)、黎代(在今苏门答腊岛北部)、南浡里(在今苏门答腊岛北部)、锡兰(今斯里兰卡)、小葛兰(今印度奎隆)、柯枝(今印度柯钦)、古里(今印度卡利卡特)、溜山(今马尔代夫)、祖法尔(今阿曼西部沿岸的多法尔)、阿丹(今亚丁)、榜葛剌(今孟加拉国及印度的孟加拉邦地区)、忽鲁谟厮(今伊朗霍尔木兹岛一带)、天方(今沙特阿拉伯麦加)。

《瀛涯胜览》对每一个国家的航行路线、位置、沿革、都会港口、名胜古迹、政教刑法、社会风俗、宗教信仰、生产状况、商业贸易、气候物产和动植物资源等方面都不同程度地做了较为翔实的记录。书中用很大的篇幅描写了郑和船队在所到国家和地区的活动,特别是在当地进行的贸易活动。在马欢记述的 20

---

① 　[明]刘弘:《瀛涯胜览后序》,载[明]马欢著,万明校注:《明本〈瀛涯胜览〉校注》,广东人民出版社 2018 年版,第 216 页。

个国家中,很多国家均有与中国进行物品交易的记录,有些记录还十分生动有趣,如书中是这样描写郑和船队与西洋大国古里国生意人交易过程的:双方先约定好议价的日子,中国这边是锦绮等货,古里国那边是宝石、珍珠、珊瑚等货。到了约定的日子,古里国主管与中国宝船贸易的大头目率哲地(有钱财主)、书算手(管账计算的人)和官牙等,前来与中国领船的官员议价,结束后,即与中国官员众手相击。这时官牙就会当众说:"某年月日交易,于众中手拍一掌,已定,或贵或贱,再不悔改。"①估价时,中国人用算盘,古里国人不用算盘,只用两手两脚共 20 指计算,结果竟分毫不差。

根据《瀛涯胜览》的记载,郑和船队通过官方贡赐、以货易货、货币交易等方式,与所到国家进行正当贸易,参与贸易的海外物产多达 70 种,中国的物品有青瓷盘碗、纻丝、绫绢、烧珠、麝香、花绢、铜钱、布帛、色绢、樟脑、锦绮等,其中青花瓷器、丝绸、麝香、铜钱深受海外各国人民的喜爱。瓷器和丝绸都是中国特有的手工产品,这从一个侧面反映了明代手工业的发达。

《瀛涯胜览》还记载了马欢等人到伊斯兰教圣地天方进行朝觐活动的情况。

宣德六年(1431)十二月,郑和率船队第七次出使西洋,这是马欢随郑和的最后一次下西洋之行。当马欢跟随郑和船队的一支来到古里国时,恰好赶上古里国使者要去伊斯兰教圣地天方国朝圣。于是太监洪宝就先派马欢等 7 人,带着麝香、瓷器等物货,搭乘古里国使者的船去天方国。马欢等人进入天方国禁寺内,参观了宏伟壮丽的天房克尔白,马欢称它为"天堂礼

---

① 《瀛涯胜览》"古里国"条。

拜寺",当地人称它为"恺阿白",那是全世界所有穆斯林教徒礼拜朝向的地方,每年伊斯兰教历的十二月十日古尔邦节,很多教徒从世界各地赶来此地朝觐。马欢写道:

> 每年十二月十日,各番回回人一二年远路的,也到堂内礼拜,皆将所罩纻丝割取一块为记,念念而去。剜割既尽,其国王预织其罩复罩之,年年不绝。①

由此可见天房克尔白在穆斯林教徒心目中的神圣地位。天堂礼拜寺呈四方形,整个建筑高大深广,对此马欢在《瀛涯胜览》中有详细的描述,回国时他们还将一幅在麦加摹绘的《天堂图》真本带回中国。

《瀛涯胜览》中关于马欢等人朝觐麦加的文字虽然篇幅不多,但意义重大。这是自唐代杜环所撰《经行记》以来,中国人对伊斯兰教圣地麦加的首次亲历记载。

有关郑和下西洋的明人著作,除马欢的《瀛涯胜览》外,还有费信的《星槎胜览》和巩珍的《西洋番国志》,这3本书都是当时跟随郑和下西洋的人所著。其中,马欢的《瀛涯胜览》所记最为翔实,原创价值最高,成为有关郑和下西洋的最重要的经典文献。该书为研究郑和下西洋、中外交通和15世纪初一些亚非国家的基本状况,提供了珍贵的第一手资料。

马欢和郑和一样,都是世界航海史上的先驱者,在七下西洋的历史性壮举中发挥了重要的作用。为纪念马欢的功绩,如今南沙群岛北部有以他的名字命名的马欢岛。

---

① 《瀛涯胜览》"天方国"条。

## 四、中日勘合贸易

明代前期的百余年间,明政府推行严厉的海禁政策,禁止私人海外贸易,中国与海外各国之间的正常商业贸易被迫中断。当时中外经济交往的唯一合法途径,是各国使臣在朝贡的名义下来中国进行一些贸易活动,史称"朝贡贸易"。当时的日本、暹罗(今泰国)等海外番国,派遣贡使随带本国的奇珍异品来中国朝贡,这些贡品由明政府照单全部收购,并向贡使们回赠相应的金银、绸缎、纱、丝等中国特产。回赠物品的价值,往往超过贡品数倍乃至数十倍,以此来笼络海外诸国,打造"万国来朝""四夷威服"的形象。也就是说,这种贸易不以营利为目的,在国家财力的支撑下,以"厚往薄来"作为指导原则,其政治意义远大于经济意义。

明朝的朝贡贸易,对周边国家的社会经济文化均产生过一定的影响,其中受影响最大最深的国家是日本。不过,日本与明朝的朝贡贸易并非一帆风顺,而是一波三折,时断时续。

明朝成立之初,为争取日本纳贡称臣和抑制倭寇,明政府对中日贸易的限制并不严厉。洪武三年(1370),明政府在宁波、泉州、广州3地设立了市舶提举司,其中设于宁波的浙江市舶提举司专门负责接待日本来使,这也使得宁波成为日本与中国进行官方朝贡贸易的唯一交通港。但当时日本正处于南北朝分裂状态,朝政不稳,无法控制倭寇对中国沿海的侵扰,加之中日双方缺乏信任基础,因此在明太祖朱元璋时期,两国始终未能恢复邦交,开展正式的朝贡贸易。洪武十九年(1386),发生了林贤"通倭"案。虽然林贤当时是一个小小的明州卫指挥,但据说林贤案的背后是日本人助原宰相胡惟庸谋反的惊天大阴谋。林贤案发生后,朱元璋下令切断了与日本的一切贸易往来,两国关系彻底恶化。

　　明成祖朱棣以"靖难"之师夺取皇位后,希望进一步改善同海外各国的朝贡关系,使万国来朝,以提高自己的声望和威信。而当时日本的实权人物——室町幕府的将军足利义满已统一了南北朝,也急于想与中国建立良好的经贸关系,以扩大财政收入,因此双方一拍即合。永乐元年(1403)十月,足利义满派遣300余人的使团到达南京,奉上表文(国书),受到明成祖的热情接待。足利义满在表文中以臣自称,承认明朝的宗主权;明朝皇帝则册封足利义满为日本国王,至此中日正式恢复了邦交。次年,明政府首次向日本发放勘合,同意日本持勘合来华进行朝贡贸易,规定10年一贡,来贡者不得超过200人,贡船2艘,是为"永乐事例"。所谓勘合,就是明政府发给海外国家来华朝贡贸易的凭证,以防止外国海商冒充贡使来华贸易从中牟利。勘合最先发给暹罗(今泰国),后渐及其他国家。对日本的勘合,把"日本"两字分开,做成"日"字号和"本"字号勘合各100道,"日"字号和"本"字号底簿各2册。"日"字号勘合100道及"日"字号、"本"字号底簿各1册存于明政府礼部,"本"字号底簿1册交浙江布政司收存,以俟日船抵宁波后验对;其余交给日本幕府保管,入贡时携来。永乐二年(1404),明使赵居任等出使日本时,首次带去了"本"字号勘合100道及"日"字号底簿1册。此后每当明朝新皇帝继位改元,便会照例送去新勘合和底簿,日本把未用完的旧勘合及底簿还给明政府。凡日本来中国的朝贡贸易船,每船需带勘合1道,上面填写朝贡人员名单、

贡物品种及数量等信息，如无勘合即系伪诈。日本贡船可开进的港口限于宁波一港，经严密的核查后，才允许船舶靠岸，然后由市舶司的官员负责护送到北京(1421年前是南京)，与明政府礼部存档的勘合及底簿进行比对。这种必须持有勘合才可进行的朝贡贸易，也被称为勘合贸易。

中日勘合贸易关系确立后，两国交往十分频繁。当时日本的遣明船都是从大阪湾西的兵库(今日本神户)出发，沿中国地区(今冈山、广岛、山口一带)的海岸线，也就是经濑户内海，航行至博多(今福冈县)暂停，然后经过五岛，横渡东海，直达宁波。这条航路从中国唐代就已经开辟，往来十分便捷，日本俗称"中国路"。宁波至北京的路线是：从宁波的四明驿乘船，溯姚江而上，经过余姚、绍兴、萧山等地，渡钱塘江至杭州。然后经江南运河到达镇江，由此渡过长江，进入江北运河。经扬州、淮安、彭城(今徐州)、沛县、济宁，渡过黄河到达天津。再溯运河至通州登陆，由此前往北京。

据统计，自永乐二年至八年(1404—1410)，日本幕府6次派遣使节来中国，每次派出船只六七艘，共用去了43道勘合，日本遣明使往来的次数和贸易规模大大超过了最初的协定。而明政府为护送日使而遣使赴日的次数也不少，至少有6次。这段时间可谓中日的"蜜月期"，两国关系十分密切。足利义满按照明政府的要求，积极讨伐海寇，且对于来到日本的明使，接待也很隆重。明朝也尽力迎合日本，日本贡使一到，必遣使送还，于是两国使船每年往来不绝。

明永乐六年(1408)，51岁的足利义满去世，其子足利义持继任幕府将军。当时日本朝野上下对足利义满在世时向中国称臣的外交政策表示强烈不满，加之义满、义持父子之间的矛盾，足利义持遂以"灵神托人谓曰，我国自古不向外邦称臣"为由,从永乐九年(1411)开始,主动中断了与明朝的政治、经济往来。此后,倭寇劫掠中国沿海的活动又猖獗起来。

长时间的贸易中断使日本幕府失去了获厚利的机会,也造成了日本国内的财政危机。足利义教继任将军后,又恢复了与明通好的外交政策。宣德七年(1432)八月,足利义教派出220人的复交使团,于次年五月到达北京,奉表入贡。明宣宗十分高兴,向日本回赐了非常丰厚的礼物。宣德九年(1434)五月,明宣宗派遣500人的使团回访日本,并送上新勘合,规定日本10年一贡,人不过300,船不过3艘,是为“宣德事例”。此后日本也基本遵循这一规定,中日朝贡贸易进入新的阶段。从宣德七年(1432)到嘉靖二十六年(1547)这115年中,日本共派出遣明使团11次,每次有船四五艘,明朝回访1次。这一阶段的日本遣明船多从兵库或堺港出发,通过濑户内海,经博多、五岛到达宁波,此即传统的“中国路”。也有从堺港出发,经过四国岛南部,绕九州岛至萨摩的坊津,由此横渡东海到达宁波的。这条新航路,日本文献称为“南海路”。因耗时长且风险大,整个遣明使时期,只有极少数遣明船取道“南海路”。①

在中日勘合贸易中,双方的贸易额是相当可观的,交易的物品种类也很多。日本从中国进口的物品,主要有铜钱、生丝、丝绸、药材、砂糖、瓷器、书籍、字画、铜器、铁锅、漆器等。而日本输入中国的物品,主要有刀剑、硫黄、红铜、苏木、玛瑙、扇子、描金笔匣、粉匣等,其中以刀剑、硫黄、红铜为多。如景泰四年(1453),由东洋允澎率领的日本遣明使团,共来了勘合贸易船9

---

① 日本“应仁之乱”(1467—1477)后,掌握幕府实权的细川氏与雄踞西部的大内氏矛盾激化。为了避开大内氏控制的“中国地区”(今冈山、广岛、山口一带),细川氏另行开辟以自己控制的堺港为起点,绕九州岛航行的“南海路”。

艘,1200余人,是中日勘合贸易规模最大的一次。所载货物除进贡给皇帝的方物外,还有以下附带物:硫黄 397500 斤(237236 千克)、生红铜 154500 斤(92208.7 千克)、苏木 106000斤(63262.9 千克),腰刀 9483 把、衮刀 417 把、枪 51 把、扇 1250把以及大大小小的描金品 634 种,这些附带物是明政府为奖励日本使节朝贡而必须买进的"商品",其数量远多于进贡方物。如成化二十一年(1485)年,日本贡使一次附带的刀剑就多达35000 余把,而当时日本国王朝贡的刀剑仅 3610 把,前者几乎是后者的近 10 倍,由此可见附带物数量之巨。

明政府对这些附带物一般采取"官给钞买"的办法加以收购,经过一番讨价还价后,大都用日本需要的铜钱支付。由于贸易额大,而且日方船队是以朝贡的名义派出的,从进入宁波港起,日本遣明使及其随员们的饮食起居以及所有交通、装卸、搬运等费用,一概由明政府负担,因而日本在勘合贸易中获利巨大,通常所获之利在成本的 4—5 倍,高的甚至达 10 倍以上。如上述景泰四年(1453)这批附带物,总价值在日本是 2000—2500 贯,明政府给价 34790 贯,日方获利达成本的 10 余倍之多。这次中方给价还是"大减其值",如按旧例给价,则日方获利就更多了。日本使团在从北京回宁波的路上还一路交易。史料记载,东洋允澎一行在苏州至杭州途中收货款 3 万贯,在杭州收货款 3 万贯,从杭州至宁波途中又收货款 3 万贯,总计 9万贯,可见其获得的利润十分惊人。

中日勘合贸易虽是合法的官方贸易,却是一种受到种种限制的"不平等"的贸易。随着商品经济的发展,这种贸易的弊端日益突出。

由于勘合贸易获利丰厚,日本上至幕府将军、守护大名,下至寺社僧人、武士、商人,都把这种贸易视作发财的大好机会,总是想方设法突破与明政府的约定,不断增大朝贡规模。到了后期,日本的朝贡船更是全部承包给了博多和堺港的商人,贡船变成了商船,其船数、人数和所携货物量大幅增加,给明政府造成了沉重的财政负担,因此明政府不得不多次申述各种限制。正统十四年(1449)"土木之变"后,明朝国势渐衰,政府财政困难,而来华的日本贡船和货物过多,明政府只能限量限价收购,同时允许日本遣明使将部分附带物品在京师会同馆进行公开交易。

由于明政府对日本来华朝贡贸易的贡期、人数、船数进行了限制,日方的贸易需求始终处于不满足的状态,因此日本贡船多在驶达宁波港之前,或驻留宁波期间,伺机进行私下贸易。有的日本贡船未到贡期就来宁波,甚至有日本商船多次冒充贡船前来,明政府对这些日本来船一般拒不接纳,责令其归国。为保赢利,这些日本商人往往会与中国沿海地区的私商勾结,在当地进行走私贸易。中日官方之间进行的朝贡贸易,逐渐演变成了日本商人在朝贡名义下进行的走私贸易。如嘉靖二十三年(1544),有一艘日本贡船驶达宁波,但因不到贡期,而且没有国书(表文),明政府不予接待。但是日本贡船久久不肯离去,滞留宁波沿海一年有余。其间,极有可能在浙东双屿港与走私商展开了贸易。嘉靖二十六年(1547),当最后一次勘合贸易结束之后,日本政府再也无力控制这种贸易的经济秩序,勘合贸易自然结束,取而代之的是夹杂着倭寇侵扰行为的轰轰烈烈的民间走私贸易。

# 五、宁波"争贡事件"

明嘉靖二年(1523),2支日本遣明使团先后抵达宁波,他们都是来朝贡贸易的。由于浙江市舶司处置不当,引起内讧,祸及浙江沿海居民,史称"争贡事件"。这一事件对中日关系产生了深刻的影响,中日官方贸易不久就中止了,这也为其后走私贸易的盛行和"嘉靖大倭寇"的爆发埋下了伏笔。

"争贡事件"的发生,与明朝的贸易政策和日本国内的局势有关。为杜绝私人民间贸易和欺诈行为,从永乐二年(1404)开始,明朝每逢新皇帝继位,就向日本发放100道"勘合",作为朝贡用的官方凭证。明政府只允许持有勘合的日本朝贡船在宁波港靠岸,经浙江市舶司查验后,方能前往京师朝贡。没有勘合的船只属于非法,被视为海盗。

中日勘合贸易在永乐九年至宣德七年(1411—1432)曾一度中断,因此我们可以将它分为2个时期:永乐二年至八年(1404—1410)为第一期;宣德八年(1433)至嘉靖二十六年(1547)为第二期。这2期勘合贸易中,日本勘合船的经营主体有很大的不同。第一期的勘合贸易,大都是由执政的日本京都室町幕府经营的,而幕府代表当时日本中央政府,因此能保持良好的贸易经济秩序,不会出什么大的乱子。而第二期则不同,由于财力的限制,幕府逐步用承包抽分的办法,把经营勘合船的特权转让给有实力的地方大名。因此第二期的勘合贸易,幕府船极少,大多为大名船和寺院船,从而引发了大名、商人之间的竞争。

日本"应仁之乱"(1467—1477)后,幕府将军大权旁落,对华贸易权逐渐为两大地方势力所把持:一方是大内氏及与之联合的博多商人,另一方就是细川氏及与之联合的堺港商人。与明朝的勘合贸易带来的巨额利润使大内氏、细川氏这两大地方势力为争得一道前往明朝的勘合,每每斗得不亦乐乎。

正德八年(1513),日本遣明船回国时,明政府曾颁发正德新勘合,交给遣明使带回日本,但这批新勘合并没有像以前那样送到幕府手里。遣明使团在回国途中遭到盘踞九州的大内氏袭击,从明朝带来的新勘合全被劫走。大内氏不仅始终不肯归还这批勘合,还强制幕府委托他们保管,3年之后,幕府被迫同意给予大内氏派遣贸易船只的权力。

嘉靖二年(1523),大内氏凭借3道正德年间的勘合,派遣正使宗设谦道率3船300余人前往宁波开展朝贡贸易。细川氏对大内氏独占对华贸易权极为不满,也向幕府提出要派1艘贡船前往宁波。细川氏不仅领地紧邻京都幕府所在地,且拥有强大的军事实力,幕府不敢拒绝,但幕府并没有正德年间的新勘合,只好将已经失效的弘治年间的旧勘合交给细川氏。于是,细川氏就用幕府给的旧勘合,派遣正使瑞佐、副使宋素卿,率一船经南海路赶赴宁波。

嘉靖二年(1523)四月的一天,大内氏所派的3艘朝贡船到了宁波,细川氏所派的1艘朝贡船也在几天后赶到。大内氏持有正规勘合,而且先到一步,这对于带着已失效勘合的细川氏是极为不利的。这时细川氏的副使宋素卿派上了大用场。宋素卿原是宁波人,本名朱缟,因早年其父与日本商人做生意时欠下债务,被当作人质带到日本。此人到日本后改名宋素卿,并在日本娶妻生子。因能说会道,又颇有点文学才华,受到细川氏的重用,曾于正德四年(1509)被派入明进行勘合贸易。这

次细川氏与大内氏争贡,自然不忘派熟悉明朝官场潜规则的宋素卿来中国。

按照惯例,"番货至,市舶司阅货及宴坐,并以先后为序"。结果,宋素卿上下其手,用重金贿赂负责浙江市舶司的太监赖恩。赖恩见钱眼开,竟不按惯例办事,让携失效勘合且后到的细川氏贡船优先办理了入关手续。此后在嘉宾堂为日本遣明使举行的欢迎宴会上,瑞佐、宋素卿的座次又被安排在大内氏正使宗设谦道之上。

这种种不地道的做法,彻底激怒了大内氏正使宗设谦道,他与瑞佐、宋素卿争执起来,双方大打出手。宗设谦道一不做二不休,率领手下打开市舶司东库,取出按规定封存在里面的武器,攻入嘉宾堂,见人就杀,然后一把火烧了嘉宾堂,又到细川氏泊船处,烧了其贡船,还趁机劫掠了市舶司仓库的所有贡品。

斗殴的结果是瑞佐被杀,而宋素卿及随从在明朝军队的保护下,逃向慈溪,后又跑到绍兴县城。宗设谦道还不罢休,带领100多人,从宁波沿着余姚江一路追杀至绍兴城下,见追不到宋素卿,便又折回宁波,沿途烧杀抢掠,胡作非为。宗设谦道见宁波城军民已有防备,就抢夺3艘民船,挟持宁波最高军政长官袁琎,冲出定海关,顺流逃入大海。明朝备倭都指挥刘锦、千户张镗率军追击,不幸战死。

日本遣明使"争贡"引发暴乱的消息传到北京后,嘉靖皇帝和朝中大臣大为震惊,经过一番廷议后,派给事中夏言等人到浙江处理此案。在宗设谦道等追杀下侥幸逃生的宋素卿,作为"争贡"事件的祸首被捕下狱;与宋素卿一起下狱的,还有2个日本人。原来,夺舟窜逃的宗设谦道一伙中,有一船遭遇暴风漂流至朝鲜,朝鲜人击斩30人,生擒中林、望古多罗2人,缚献明朝,于是中林、望古多罗与宋素卿一起被关入浙江按察司狱。

经过 2 年的调查，最终明政府决定处死宋素卿等人，并严惩宁波市舶司的有关官员。但还没等到处决，宋素卿就病死在狱中。而中方的主要责任人、提督浙江市舶司的太监赖恩，不仅未受处分，反而于嘉靖四年（1525）升官，监理提督海道，掌握海外贸易和海防的双重管理权。

宁波"争贡事件"平息后，明政府加强了沿海海防建设，进一步强化了海禁措施；又让到中国进行勘合贸易的琉球使者传话给日本，要求将"争贡"肇事元凶宗设谦道押送回中国，并送还被他们挟持的明朝军队指挥官袁五进，否则就断绝中日之间的勘合贸易。但日本始终没有明确回应。"争贡事件"后，虽然中方并没有拒绝日方的朝贡，也没有立即撤销浙江市舶司，但明政府对于日本遣明使团的不满和戒心与日俱增，对其采取了更为严格的措施。此后日本仍不断派遣遣明使团来中国，但只有嘉靖十八年（1539）和二十六年（1547）2 次被中方接待，其余都被中方以没有国书（表文）或不逢贡期为由拒绝。嘉靖二十六年（1547）五月，日本派遣策彦周良率 600 余人，分乘 4 船、从五岛出发，六月初抵达定海，要求进入宁波港开展朝贡贸易，但因不到贡期，被明政府阻回，他们只得退到舟山的呑山岛停泊半年多，次年到了贡期，明政府才允许他们进入宁波。这次虽然最后得以入关进行贸易，但真正入京朝贡者不过 50 人，明政府回赐物品的质和量也有很大的下降，而且拒绝向日本发放新的勘合。此后日本不再遣使来华朝贡，中日勘合贸易走到了历史尽头。隆庆元年（1567），明政府部分开放海禁，但与日本的贸易仍在被禁之列，早已名存实亡的浙江市舶司也于这一年被裁革。

中日正常官方贸易中断后，早已存在的私人海外贸易的发展速度大大加快，呈现出蓬勃发展的局面，浙江海外贸易进入新的历史阶段。

# 六、葡人东来

由于《马可·波罗行纪》在欧洲的流传,西方人认为东方遍地是黄金和财宝。为了到东方去寻找财富,欧洲的商人、航海家开始冒着生命危险远航大西洋去开辟到东方的新航路。1498 年 5 月 20 日,葡萄牙航海家达·伽马的远洋船队,经好望角进入亚洲,成功抵达印度西海岸的重要港口卡利卡特(即中国古籍中所称的"古里"),并于次年 7 月胜利返航。

这次航行开辟了从葡萄牙到印度、从西欧到东方的新航路,世界历史上所谓的"大航海时代"开始了。从这以后,当时欧洲航海最发达的 2 个国家葡萄牙和西班牙相继吹响了进军东方的号角。在明朝史料中,这两个国家的人都被称为"佛郎机",该词是阿拉伯文"Frank"的音译,意为"欧洲人"。

1510 年,明武宗正德五年,葡萄牙人出兵占领了印度西海岸重镇果阿;1511 年又占领了控扼印度洋进入太平洋的咽喉之地满剌加(今马六甲),在此建立据点。满剌加落入葡萄牙人手中后,中国南方的海上门户洞开,葡萄牙人的下一个目标正是欧洲人梦寐以求的通商之地——中国。

于是,葡萄牙人循南洋海道继续北上,企图叩开古老中国的贸易大门。而当时的中国人对葡萄牙还一无所知,《明史·佛郎机传》中如是写道:"近满剌加,正德中,据满剌加地,逐其王。"明代的中国人还以为"佛郎机"就在马六甲附近呢。

葡萄牙船队

1513 年(正德八年)6 月,葡萄牙人在马六甲商站的财务主管乔治·欧维士(Jorge Álvares)在中国商人的引导下,从海路来到位于广东珠江口的一个小岛 Tamāo(屯门岛)①,这是第一个到达中国的葡萄牙人,他按照当时葡萄牙人"发现"亚洲新地的习惯,在屯门岛上竖立了一块刻有葡萄牙国徽的石质纪念碑。欧维士逗留屯门岛至 1514 年春季,利用季风返回马六甲。② 此后葡萄牙人便频频来到屯门,与中国商人交换商品。

---

① Tamāo 是葡萄牙人自取的地名,即明代文献中所称的"屯门",为贸易之岛,明时属广东东莞县。经考证,此地即香港大屿山东涌海口。

② 路易斯·凯尤:《欧维士:第一个到中国的葡萄牙人(1513)》,澳门文化学会 1990 年版,第 28—32 页。

1517年,葡萄牙国王曼奴尔一世正式派遣外交使节托梅·皮雷斯(Tomé Pirés)出使中国,希望与中国建立外交和贸易关系。6月17日,舰队司令费尔南·佩雷斯·安德拉德(Fernao Peres de Andrade)率领8艘帆船从马六甲出发,护送皮雷斯使团前往中国,他们于8月15日抵达广东屯门。一个月后,使团乘3条大船溯珠江而上,约于9月底驶入广州。广州地方官立即将葡萄牙人"朝贡"之事奏闻朝廷。然而因葡萄牙不在《大明会典》所载的"朝贡之国"之列,明廷拒绝了葡萄牙使臣提出的进京请求,让他们就地回国,将其带来的货物高价收购。但皮雷斯等人并未就此回国,而是继续留在广州等待前往北京的机会。而费尔南不耐烦再等,便于1518年9月先行离开广州返回马六甲,于1520年6月返回葡萄牙。

在广州等待1年之后,皮雷斯通过贿赂手段,买通当地"镇守中贵",终于被允许入京。皮雷斯一行遂携带贡品于1520年1月乘船离开广州北上,辗转来到北京,住进会同馆。因当时明武宗正在"南巡",使团只得等待武宗返京再行觐见之礼。然而天有不测风云,明武宗于正德十五年(1520)十二月初十回到北京,不久即大病不起,一命呜呼。葡萄牙使臣皮雷斯在北京翘首等待了数月,最终也未能一睹这位明朝皇帝的尊容。

屋漏偏逢连夜雨,葡萄牙使团碰到的倒霉事接二连三。使团通事(翻译)火者亚三在结交权臣江彬后,骄横跋扈,丝毫不把负责接待的明朝官员放在眼里,引起朝臣极大愤慨,给葡萄牙使团造成很坏的影响。这时在广东屯门的葡萄牙人也因横行不法、偷抢人口而被查实,可谓火上浇油,令葡萄牙使团陷入绝境。

载皮雷斯来华的舰队司令费尔南·佩雷斯·安德拉德于1518年9月离开广州后,他的弟弟西蒙·安德拉德(Simao de

Andrade)接替了他,率 4 艘帆船组成的第二支葡萄牙舰队来到屯门。此人"傲慢自负,凶暴残忍",来到广东后很快显示出其海盗本色。英国海军司令威利斯里侯爵(Marquis Wellesley)所藏文书中有一份文件记录说:

> 这个指挥官(西蒙)像以前对待所有亚洲人的方式对待中国人。他未经允许擅自在屯门岛建筑堡垒,伺机对往来中国港口的船只进行敲诈勒索。他从沿海抢来年轻姑娘,抓来中国人把他们变成奴隶,沉沦于肆无忌惮的海盗活动,极为可耻放荡。他手下的水手和士兵也学他的样。①

许多中国文献中也有类似的记载,如《明史·佛郎机》说他们"久留不去,剽劫行旅""掠买良民,筑室立寨,为久居计"。明人陈文辅在《都宪汪公遗爱祠记》中也说:"正德改元,忽有不隶项数恶彝,号为佛郎机者,与诸狡猾凑集屯山、葵涌等处海澳,设立营寨,大造火铳,为攻战具;占据海岛,杀人抢船,势甚猖獗。"②西蒙虽然在广东只待了 1 年,但他的胡作非为改变了广东官员对葡萄牙人的印象,加速了葡萄牙使团使命的失败。真是"一粒老鼠屎,坏了一锅汤"。

其间,正好满剌加国王的使臣来华告难,控诉葡萄牙夺国仇杀的罪行。于是大臣纷纷上奏,要求对葡萄牙人采取强硬态

---

① 原载 Add. MS13875. vol. 24. "*Report of Embassies to China, presented to the British Museum by the Representatives of the Marquess Wellesley*",转引自张天泽:《中葡通商研究》,商务印书馆 1991 年版,第 55 页。

② 《康熙新安县志》卷一二《艺文志》。

度。正德十五年(1520)年底,监察御史丘道隆首请驱逐葡萄牙使臣,指责其占据满剌加。不久御史休鳌也上疏称"佛郎机最号凶诈""留驿者(指西蒙·安德拉德)违禁交通,至京者(指火者亚三)桀骜争长",主张"悉驱在澳番船及夷人潜往者,禁私通,严守备"①。但明武宗未及处理这件事,便于正德十六年(1521)三月撒手人寰了。

明武宗死后,他的堂弟朱厚熜即位,是为明世宗(嘉靖皇帝)。明世宗顺从众意,下令将明武宗宠臣江彬及火者亚三关进大牢并处死,将葡萄牙使团押回广东驱逐出境。至此,葡萄牙的首次使华活动以失败告终。

就在葡萄牙使团回广东途中,中葡两国爆发了海战。《明武宗实录》"正德十六年七月三十日(1521年8月31日)"条记载,广东奏称有葡萄牙船只来到,言称是"接济使臣衣粮者",礼部提出的处理意见是:"佛郎机非朝贡之国,又侵夺邻封(指满剌加),犷悍违法,挟货通市,假以接济之名……宜敕镇巡等官亟逐之,毋令入境。"于是,明政府正式决定对葡船下达驱逐令,同时申明:"自今海外诸夷,及期如贡者抽分如例,或不赍勘合及非期而以货物至者,皆绝之。"②广东地方官在得到驱逐葡船之命后,便要求葡萄牙人立即离开广东,但葡船没有服从命令离开。于是,从1521年6月开始,在广东海道副使汪鋐的统率下,50艘明军水师兵船包围了葡船所在的港口,9月8日,明军发起总攻,大败葡萄牙人。葡方总指挥杜瓦尔特·科埃略(Duarte Coelho)等人乘3艘巨舶,在暴雨掩护下仓皇突围,10月底回到满剌加。这次海战,有许多著述称之为"屯门海战"。

---

① 《明武宗实录》卷一九四,正德十五年十二月己丑。
② 《明世宗实录》卷四,正德十六年七月己卯。

此战明军得胜不易,葡方的兵船及武器质量先进,远在明军之上,而明军只有人数及地理上的优势,因此伤亡不小,但这是中国面对西方殖民者的第一战,胜利的意义重大。

再说葡使皮雷斯一行于1521年5月遭驱逐离开北京,9月到达广州时,恰巧是中葡海上冲突之后,因此被关入牢狱。据葡萄牙方面的记载,广东当局将皮雷斯一行作为人质,以葡萄牙人退出满剌加作为释放的条件,但被皮雷斯拒绝。皮雷斯1524年(一说1540年)死在中国。欧洲第一个访华使节落得如此结局,不免令人感叹。

皮雷斯使华失败后,中葡关系继续恶化。仅仅过了1年,又发生了一次规模较大的中葡之战。嘉靖元年(1522),大概中葡军事冲突的消息还没传到葡萄牙国内,葡萄牙国王又命末儿丁·甫思·多·灭儿(Martin Affonso de Mello Coutinho)充当舰队司令前往中国,按葡方的说法是,此行"目的是通商和好,了解派往中国呈送礼物大使的情况"①。葡船6艘于1522年8月7日到达中国沿海,在向屯门行驶时,受到中国官兵的阻拦,葡萄牙人拒不从命,于是双方在新会县西草湾爆发海战。明军拥有大小帆船97艘,在备倭指挥柯荣、百户王应恩的率领下,"众兵齐进,生擒别都卢、疏世利等四十二人,斩首三十五级,俘被掠男女十人,获其二舟"②,最终末儿丁率残敌乘风逃回马六甲。1523年10月25日,末儿丁在果阿给葡萄牙国王写信,汇报此次西草湾之战的情况,并提出"不应再向远在葡萄牙万里之外的地方派遣舰队。即便船坚炮利,亦非万无一失……我们在此

---

① 《末儿丁·甫思·多·灭儿致函国王汇报中国之行情况》,原件藏葡萄牙国家档案馆,编年档 I-30-40。此转引自金国平编译:《西方澳门史料选萃(15—16世纪)》,广东人民出版社2005年版,第39页。

② 《明世宗实录》卷三四,嘉靖二年三月壬戌。

可用武之地非我们想象那般,敌人亦比我们想象的强大得多"①。

从此以后,中方对在海面发现的葡萄牙船只一概以武力相向,双方的沟通和贸易渠道完全关闭,迫使葡萄牙政府放弃了在中国建立堡垒和贸易关系的计划。然而,由于与华贸易利润惊人,不少不愿放弃中国市场的葡萄牙商人开始避开广东港,转而到福建和浙江沿海进行走私贸易,并逐步在宁波甬江口外的双屿港一带站住了脚,在那里与中国和日本的走私海商发生联系并展开竞争。中国对外贸易重心一度北移,浙江的商贸活动由此被注入强劲动力。双屿港亦随之脱颖而出,以开展葡、中、日三角贸易的国际走私贸易而闻名于世。

## 七、双屿之殇

双屿港是 16 世纪 40 年代中国东南沿海最大、最有名的海上走私贸易港口,葡萄牙人称之为 Liampo②。葡萄牙人在 1522 年西草湾之战失败被逐出广东后,被迫将目光移向闽浙沿海,与中日商人一起在浙江双屿港建立起兴盛的私人海上贸易基地,直到嘉靖二十七年(1548),双屿港被明军捣毁并用木石填塞,这一局面大约维持了 20 余年。

---

① 《末儿丁·甫思·多·灭儿致函国王汇报中国之行情况》,第 42 页。
② 方豪考证,葡萄牙文献中的"Liampo"即指浙江的贸易地宁波,而葡萄牙人建立据点的"Liampo"港则指宁波的双屿港。欧洲人经常把宁波的贸易地和双屿港都叫作"Liampo",所以常常使人误认为双屿港就是宁波。见方豪:《十六世纪浙江国际贸易港 Liampo 考》,载《方豪六十自定稿》上册,台湾学生书局 1969 年版,第 91—121 页。

双屿港地处宁波外海的舟山群岛,悬居海洋之中。嘉靖二十七年(1548),浙江巡抚朱纨在派兵捣毁双屿港后,曾于五月中旬来到这里视察。他在给朝廷的奏报中曾提到双屿港的位置和形势:"五月十六日,臣自霩衢所亲渡大海,入双屿港口,登陆洪山。""入港登山,凡逾三岭,直见东洋中有宽平古路,四十余日寸草不生,贼徒占据之久、人货往来之多,不言可见。""前项地方(引者注:指双屿港)悬居海洋之中,去定海县不六十余里。虽系国家驱遣弃地,久无人烟住集,然访其形势,东西两山对峙,南北俱有水口相通,亦有小山如门障蔽,中间空阔约二十里,藏风聚气,巢穴颇宽,各水口贼人昼夜把守。""节该浙江按察司带管海道副使魏一恭呈称……于六月二十六日与刘恩至同到双屿,看得北港已筑未完,南港尚未兴筑。"①

由此可以看出,双屿港离定海霩衢所(今宁波市北仑区郭巨一带)不远,由南北2个港口组成。这是一个理想的港口,南北交通方便,又距当时著名的贸易港宁波港很近,便于商品集散和粮草接济。自明初实行迁海政策以后,双屿与舟山群岛的多数岛屿一样是"国家驱遣弃地,久无人烟住集",正是从事走私贸易的好地方。关于双屿港的具体位置,方豪在1937发表的《十六世纪浙江国际贸易港Liampo考》一文中认为,双屿港应在佛渡岛与六横岛之间。经过多年的研究,目前学术界公认双屿港位于舟山六横岛上,但由于没有找到相应的遗存遗迹,因此尚无法确定双屿港的具体位置,期待今后有重大的考古发现来解开这个谜团。

双屿港的发展经历了三个阶段、三波人。最早来双屿港进

---

① 《甓余杂集》卷二《捷报擒斩元凶荡平巢穴以靖海道事》、卷四《双屿填港工完事》。

行走私贸易的不是葡萄牙人,而是福建人。明代浙江鄞县人戴
鳌写过一篇《海防议》,其中提到:"漳船之入吾海徼,才十五六
年而止耳。捆载而来,固未尝垂橐而返。"①《海防议》写于嘉靖十
一年(1532),倒推十五六年,就是正德十二年至十三年(1516—
1517)。这说明早在葡萄牙人来浙江沿海之前,漳船就来到了
宁波沿海,他们"窃市海外番货,如胡椒、苏木、名香之属,潜入
岛徼,而侥幸射利,私其什百之赢,为之根柢橐穴"。这里的"海
徼""岛徼"就是指双屿及附近一些偏僻岛屿。

双屿港发展的第二阶段是葡萄牙人到来后。葡萄牙人被逐
出广东后,"福人导之,改泊海仓、月港;浙人又导之,改泊双屿"②。

葡萄牙人来到双屿港大概始于嘉靖五年(1526)。明人郑
舜功的《日本一鉴》记载,有福建人邓獠,初以罪被囚在按察司
狱中,嘉靖五年(1526),邓獠杀死布政使查约,越狱下海,开始
"诱引番夷往来浙海,系泊双屿等港,私通罔利"③。这是文献中
有关"番夷"来双屿的最早记载。这里的"番夷"很可能是指葡
萄牙人,但这时来浙江沿海的葡萄牙人应该不会太多,因为在
1535 年左右葡萄牙人绘制的几幅地图中,中国的海岸线还只延
伸到福建,并且在这些地图中,还有一个明显的错误,即认为在
福建沿海有一个弯钩形的海角,突出在大海之中。这似乎意味
着,直到 1535 年前后,葡萄牙人主要还是在广东、福建沿海逗
留,很少到浙江沿海活动。④

---

① 《戴中丞遗集》卷六《海防议》。
② 《筹海图编》卷一二上《经略三·御海洋》。
③ 《日本一鉴·穷河话海》卷六《海市》《流通》。
④ 龚缨晏:《早期欧洲地图上"宁波之角"的形成》,载谢永康主编:
《2004—2006 年度宁波市社会科学优秀成果集》,宁波出版社 2007 年版,
第 270 页。

葡人初至浙地,人数不多,且来去匆匆,他们"在贸易季节靠海滩搭起蔽身和存货的席棚,而在他们乘船离开时就把棚子烧掉或拆掉"①。

然而,从嘉靖十八年(1539)开始,情况有了很大的变化。这一年,闽人金子老"勾引西番人交易,屯双屿港",这里的西番人主要指葡萄牙人;次年即嘉靖十九年(1540)四月,"以枭勇雄海上"的闽人李光头也来到双屿港,与金子老合伙。这一年,更有徽州私商许栋兄弟从满剌加招引大批葡萄牙商人来到浙江沿海贸易。郑舜功《日本一鉴·穷河话海》记述:

> 嘉靖庚子,继之许一(松)、许二(楠)、许三(栋)、许四(梓),②勾引佛郎机国夷人(原注:斯夷于正德间来市广东,不恪,海道副使王镕驱逐去后,乃占满剌加国住牧。许一兄弟遂于满剌加而招其来。)络绎浙海,亦市双屿、大茅等港。自兹东南衅门始开矣。

这里明确指出,葡萄牙人于嘉靖庚子(1540)来到浙江沿海。这个时间点,也可以从俞大猷之言得到佐证:"(嘉靖)十九年,福建系囚李七、许一等百余人越狱下海……结巢于霸衢之双澳,出没为患。"③这里提到的李七即李光头,双澳即双屿港。

总之,嘉靖十九年(1540)前后,在中国私商的帮助下,葡萄牙人在浙江沿海的双屿建立了比较固定的贸易点,并以此为中

---

① [英]C.R.博克舍编著,何高济译:《十六世纪中国南部行纪》,中华书局2019年版,导言第4页。

② 括号内为原注,疑有误。据可靠明代文献推知,许二应为许栋,则许三有可能为许楠。

③ 《天下郡国利病书》卷九〇《浙江八》。

心在周边地区活动。在广东境内到处碰壁的葡萄牙人,终于在
浙江沿海找到了进入中国的落脚点。

此后,双屿海上私人贸易开始出现组织化。嘉靖二十二年
(1543)二月,双屿港上的许栋与继承金子老船队的李光头商团
合并,组成了以许栋为首的武装海商集团。当时许栋集团称雄
闽浙沿海,势力已十分强大。浙江海道副使张一厚曾督调官军
船只出海攻剿他们,反被打败。对此,不少明代文献都有记载,
如《日本一鉴·穷河话海》记述:嘉靖二十二年,"海道副使张一
厚统兵讨捕,败绩,故许一、许二等遂以番船竟泊双屿矣"。次
年,以"抵日本、暹罗诸国互市"致富的歙人王直也来到双屿港
加入许栋集团,担任"为司出纳"①的重任。此时的王直不仅拥
有叶宗满、徐惟学、方廷助、谢和、王汝贤、毛海峰等一批能干的
部属,而且有丰富的海上贸易经验。王直的加盟,使许栋集团
成为当时中国力量最强的海商集团,也标志着双屿港的发展进
入极盛时期。

说到这里,可能容易使人产生一种错觉:似乎当时控制双
屿贸易的主角是以许栋集团为代表的中国私商。其实不然,双
屿港并不是中国商人单独控制的贸易基地,而是中国、葡萄牙、
南海诸国和后来加入的日本等众多国家走私商人的共同居留
地,其中起主导作用的是已取得东南亚霸权、具有先进火器的
葡萄牙人,此时双屿港已成为葡人在中国的重要走私港口和中
转贸易基地,学者估测,极盛时双屿葡萄牙人的数量在 400 人
上下。② 但中国海商却占有地利人和之便,而且他们往往充当
葡人的经纪人,即《明史·朱纨传》所说的"为之主,司其质契"。

---

① 《筹海图编》卷八下《寇踪分合始末图谱》。
② 王慕民:《海禁抑商与嘉靖"倭乱":明代浙江私人海外贸易的兴
衰》,海洋出版社 2011 年版,第 82 页。

因此,许栋集团发展势头的强劲,也从一个侧面反映了葡萄牙人在双屿贸易的迅猛发展。

双屿港发展的第三阶段是日本商人加入后。中日两国互通有无,在所产商品上有很强的互补性,日本商人来华交易,往往能获得丰厚的利润。就明朝输往日本的最大宗商品生丝而言,景泰年间(1450—1456),从宁波购入时每斤 250 文,带回日本就变成了 5 贯,获利达 20 倍。① 正如明人唐枢所说:"中国与夷(日本),各擅土产,故贸易难绝。利之所在,人必趋之。"②嘉靖二年(1523)宁波争贡事件后,大明王朝对维持了 100 余年的中日勘合贸易已失去兴趣,朝贡贸易体系处于崩溃边缘,迫使日本人走上走上私贸易之路。嘉靖二十三年(1544)六月,日本使僧寿光率 158 人自种子岛出发驾着 1 艘贡船来到宁波求贡,因无表文,又未到贡期,被中方拒绝,但日人"嗜中国财物,相贸易,延岁余不肯去"③,在双屿港开展走私贸易。随后,发现商机的许栋又派王直率哨马船随日本遣明使至日本交易,事后又招引日本博多津商人 3 人来双屿港,"明年复行,风布其地"④。自此,中日民间贸易的闸门被打开。

1544 年以后,由于日本人的加入,双屿港成了连接海上丝绸之路东海航线与南海航线的枢纽。"佛郎机十人与伊一十三人共漳州、宁波大小七十余人,驾船在海,将胡椒、银子换米布绸缎,买卖往来日本、漳州、宁波之间。"⑤在浙江巡抚朱纨的奏

---

① [日]寻尊撰,辻善之助编校:《大乘院寺社杂事记》第 7 卷,角川书店 1963 年版,第 237 页。

② [明]唐枢:《复胡梅林论处王直》,《明经世文编》卷二七〇。

③ 《明世宗实录》卷二九八,嘉靖二十四年四月辛酉。

④ 《日本一鉴·穷河话海》卷六《海市》。

⑤ 《甓余杂集》卷二《议处夷贼以明典刑以消祸患事》。

章中,类似这样的记载不少。当时来自葡萄牙(满剌加)、暹罗、彭亨、琉球、日本和中国广东、福州、漳州、宁波、绍兴、南京、苏州、松江、徽州等国内外各路私商云集双屿,他们从满剌加等地贩来胡椒、香料等东南亚商品,运到双屿港,在宁波沿海与当地商人交换湖丝、绵绸、棉布等物,然后运往海外出售。日本是当时东方的一大产银国,从16世纪30年代开始,采矿引进新的冶炼法("灰吹法")以后,日本的白银产量节节上升,此后逐渐成了该国主要的出口产品。中外商人将中国出产的丝绸、棉布等日本紧缺的货物贩运到日本,从那里换取大量廉价的白银,再用此购买下一趟航行的船货。

总之,经过葡萄牙和中国海商20多年的经营和以上3个阶段的发展,16世纪40年代的双屿港,已是一派繁荣兴旺的景象。随着贸易范围从欧洲、东非和西亚、南亚扩展到东亚的日本,以及贸易数量的大幅提升,双屿也摇身一变,成了中国乃至东亚最大的国际走私贸易港口。

这时,从事双屿私人海外贸易的,已不仅仅局限于沿海地区的居民和商人,连地方豪强、官吏、军人及内地居民也以各种方式加入进来,织成了一张包括势家窝主、交通接济者和通番商人在内的错综复杂的海上贸易关系网。巡抚浙江、提督闽浙海防军务的朱纨在嘉靖二十七年(1548)十二月十六日的一道奏折中对双屿港内外勾结的走私贸易有一段很详细的记录:

双屿港乃海洋天险,叛贼纠引外夷,深结巢穴,名则市贩,实则劫掳。有等嗜利无耻之徒,交通接济,有力者自出资本,无力者转展称贷;有谋者诓领官银,无谋者质当人口;有势者扬旗出入,无势者投托假借。

双桅三桅，连樯往来。愚下之民，一叶之艇，送一瓜，运一樽，率得厚利，驯至三尺童子，亦知双屿之为衣食父母，远近同风，不复知华俗之变于夷矣。①

可见，当时不论是富人还是穷人，有权者还是无权者，都愿意与葡萄牙等国商人交往，纷纷投入火热的走私贸易中，把双屿港当作自己的衣食父母。官方朝贡贸易一统天下的局面被打破，私人贸易后来居上，逐渐在浙江对外贸易中占据了主导地位。

1556年到过中国广州的葡萄牙多明我会传教士克路士在其所著的《中国志》中亦有类似的记载：

这些住在中国以外并且自费尔隆·伯列士·德·安德拉吉②犯事以来和葡人一起去的中国人指导葡人开始到宁波（Liampo）做贸易。因为那一带地方没有带墙的城镇和村落，而沿岸有许多穷人的大镇，他们很喜欢葡人，把粮食卖给葡人以便得到收入。在这些城镇中有那些跟葡人一起的中国商人，因为他们为人所知，葡人也因此受到较好的款待，通过他们的安排，当地商人把货物携来卖给葡人，和这些葡人一起的中国人就充当葡人和当地商人的中间人，所以很快获得大利。海岸的小老爷也从这种贸易中获得大利，因为他们接受这个和那个的重贿，许人交易，让商人携带和转运货物。因此这种贸易在他们当中长期

---

① 《甓余杂集》卷四《双屿填港工完事》。
② 应为他的兄弟西蒙，见上节《葡人西来》。

瞒过了皇帝和省的大老爷……事态发展到葡人开始在宁波诸岛过冬,在那里牢牢立身,如此之自由,以致除绞架和市标外一无所缺。①

然而,就在浙江沿海私人贸易迅速发展的同时,海商的组织化、武装化程度也在不断提高。为了对抗官军禁缉和保护自身,在双屿港的中外海商往往配备武器,具有很强的海盗性,他们不仅与明朝官军对抗,还在沿海干杀人越货的勾当。嘉靖二十五年(1546),总指挥白濬、千户周聚和巡检杨英出巡昌国海上时,与许栋船队遭遇,结果竟被许栋掳回双屿港内,后被朝廷以重金赎回。另一方面,当时中外贸易的不规范性也导致了劫掠杀人事件发生。当时外商将货物运到中国后,必须找一个中间商负责销售,外商必须等中国商人完成销售,才可以拿到货款;外商收购货物也一样,必须交由中国商人进行。但中国商人特别是一些奸商往往拖欠货款,或预先拿了外商的定金,到期却拖着不交货,甚至利用海禁政策威胁报官抓人没货。这些拖欠的货款,"多者万金,少不下千金",以致"番人乏食,出没海上为盗"②。如嘉靖二十六年(1547),一些"贵官大姓,市番货皆以虚直(值),转鬻牟利,而直(值)不时给",导致"倭寇百艘久泊宁、台,数千人登岸焚劫"③。据说就在这一年,长期与双屿海商交易的浙江余姚谢迁家族,因贸易纠纷,其在余姚的宅第遭到一伙强人洗劫,发生"谢庄血案"。谢迁为弘治、正德、嘉靖三朝大学士,官至少傅兼太子太保。此案一出,举朝震惊。

---

① [英]C.R.博克舍编著,何高济译:《十六世纪中国南部行纪》,中华书局 2019 年版,第 170—171 页。

② 《昭代典则》卷二八。

③ 《明史》卷八一《食货志五·市舶》。

当时因贸易纠纷而杀人越货的,除了中国人和日本人,也有葡萄牙人。对此,克路士《中国志》记述说:

> 随同葡人的中国人及一些其他的葡人,无法无天到开始大肆劫掠,杀了些百姓。这些恶行不断增加,受害者呼声强烈,不仅传到了省的大老爷,也传到了皇帝处。他马上下旨福建省准备一支大舰队,把海盗从沿海,特别从宁波沿海驱逐走,所有的商人、葡人和中国人都一样,都被算在海盗之内。①

眼见浙江沿海局势处于失控的危险之中,浙江巡抚杨九泽于嘉靖二十六年(1547)六月上疏,声称闽浙沿海"海寇出没无常,两地官弁不能通摄,制御为难",建议朝廷"特遣巡视重臣,尽统海滨诸郡,庶事权归一,威令易行"②,得到明廷重视和采纳。于是,这年七月,嘉靖皇帝任命苏州人朱纨巡抚浙江、提督浙闽海防军务,着手整顿东南海防。

朱纨到任后,在闽浙厉行海禁,把一切违反海禁的人员通通视为"倭寇"。他实施"革渡船、严保甲、搜捕奸民"3项举措,并准备在闽浙沿海全线征剿非法武装海商,他的第一个目标,就是中外海商的大本营双屿港。

嘉靖二十七年(1548)二月,朱纨征调惯于水战的福建福清水军1070余名和兵船30艘,担任海上主攻任务;又招募浙江松阳等县乡兵1000人、船只30艘作为后应,由福建都指挥卢镗统一指挥。三月二十六日,卢镗督发二路兵船开洋前往双屿

---

① ［英］C. R. 博克舍编著,何高济译:《十六世纪中国南部行纪》,中华书局 2019 年版,第 171 页。

② 《明史》卷三二二《日本传》。

朱纨画像

港,相机剿捕。至四月六日,明军已在宁波外海对双屿港形成重重包围。四月七日一早,双屿"贼船"突围出海,明军一面占领双屿,一面分兵追击,"大胜之,俘斩溺死者数百人"。葡萄牙人和双屿港头目许栋、李光头等逃往福建,①王直则逃入舟山烈港(今舟山金塘沥港)。明军入港搜捕,"将双屿贼建天妃宫十余间、寮屋二十余间、遗弃大小船二十七只,俱各焚烧尽绝"②。在双屿港被明军摧毁后,不知情的大量走私船仍陆续前来浙江沿海,仅五月至六月,这些船只漂泊外洋,往来行驶,多达1290余艘。

————————

① 《筹海图编》《全浙兵制》均谓李光头被擒是在嘉靖二十七年(1548)四月的双屿港战役中,实误。据朱纨《甓余杂集》卷五《六报闽海捷音事》载,李光头被擒是在嘉靖二十八年(1549)二月的福建诏安走马溪战役中。另外,明军在嘉靖二十七年六月二十二日擒获的"许栋"系他人假冒,其本人从双屿港逃脱后一直在海上活动,直至嘉靖三十七年(1558)才被其养子所杀。
② 《甓余杂集》卷二《捷报擒斩元凶荡平巢穴以靖海道事》。

最初朱纨还打算在岛上设置军营,派兵驻守,但由于军官们不愿在这块远离大陆的孤岛上长期驻守,于是采取永绝后患的方法,将双屿港一毁了之。五月二十五日,朱纨令守军搬运了大批木头、石块,一举填塞了双屿的南北各港口。

至此,双屿这一中外海商经营 20 多年并盛极一时的国际私人贸易港,终被朱纨彻底摧毁。这一战,虽然未抓住一个葡萄牙人,只是俘获了 3 个黑人奴仆,但葡萄牙人在浙江的走私活动受到了重创,到嘉靖二十七年(1548)十二月,葡萄牙人被彻底赶出浙江海域,退到福建沿海。嘉靖二十八(1549)二月,葡萄牙人与中国"海寇"在福建走马溪中了明军埋伏,几乎全军覆没。此后葡萄牙人便退出福建,重新回到广东沿海,奔走于上川岛、浪白澳等地,直到 1553 年才在澳门落脚,稳定下来。

但朱纨的结局也让人扼腕。他厉行海禁、捣毁双屿港的行动,引起了沿海地方经济利益集团的强烈不满。朱纨索性一不做二不休,利用自己便宜处置的特权,先斩后奏,在宁波处决了在走马溪之役中被抓的李光头等 96 名走私商。这一下,舆论大哗,朱纨算是彻底得罪了闽、浙地方大家,被后者勾通朝中官僚控以"擅杀"之罪。嘉靖二十八(1549)年五月,朱纨落职,十二月在忧惧之中仰药自尽。

此后,从双屿港逃出的王直逐渐坐大,沿海形势更为动荡,终于触发了震动东南海疆、历时 10 多年的"嘉靖大倭乱"。到"嘉靖大倭乱"结束后,中国私人海外贸易的重心已逐渐由浙江向福建、广东转移。双屿港的消失使宁波失去了成为东亚国际贸易中心的良机。晚明时期,宁波港沦落为国内贸易港,地位一落千丈。

## 八、王直：海商还是海盗？

说到明代浙江的海上私人贸易和"嘉靖大倭乱"，有一个人似乎是不能回避的，他就是王直。王直这个人到现在还是非常有争议的。有人说他是明朝嘉靖时期祸害东南沿海地区多年的倭寇巨擘，也有人说他是从事私人海上贸易的海商，他们的贸易活动实际上是反海禁的斗争。两种评判截然不同，看来王直这个人并不简单。

王直（？—1560），号五峰，徽州歙县（今属安徽）人。关于王直姓王还是姓汪，一直有争论。《明史》中王直被写作"汪直"，但明代绝大多数史料中都写作"王直"。黄宗羲说："直，歙人，母汪妪，梦弧矢星入怀而生。"[①]王直的母亲被黄宗羲称为汪妪，看来王直的父亲姓汪。嘉靖三十六年（1557），王直在上疏中称自己是"带罪犯人王直即汪五峰，直隶徽州府歙县民"[②]。可见王直原本叫汪直，后来才改叫王直。

王直生活的时代，经过明初上百年的休养生息，经济复苏，整个江南地区社会经济开始繁荣起来，成化、弘治年间（1465—1505），一大批以蚕丝及丝绸为主导产业的新兴工商业市镇迅速崛起，商品经济空前活跃，甚至出现了"机户出资，机工出力"的专业化分工，资本主义萌芽开始出现。江南各地生产出来的

---

① 《南雷文定》卷一〇《蒋氏三世传》。
② 《倭变事略》卷四。

大量的丝绸、棉布、生丝、棉纱等商品,需要走出国门,开辟海外新市场。此时官方控制的朝贡贸易已根本无法适应日益增长的海外贸易需求,特别是嘉靖二年(1523)宁波"争贡事件"后,明政府的海禁政策更趋严厉,中日朝贡贸易也在不久后彻底终止。但官市不开私市开,宁波外海的双屿港走私贸易开始蓬勃兴旺起来。

王直出生在经商风气浓厚的徽州,他像很多徽州人一样走上了经商之路。起初他只是一名普通的盐商。嘉靖十九年(1540),趁明朝海禁宽松之机,他与叶宗满、徐惟学、谢和、方廷助等结伙,远赴广东沿海打造巨舰,满载硝磺、丝绵等违禁物品,驶抵日本、暹罗(今泰国)、西洋各国,"往来互市",从此做起了海商。仅仅五六年时间,王直就积累了巨额资本,成为远近闻名的富商。王直在贸易中讲究信誉,深得各国商人的信任,被称为"五峰船主"。

1543年(一说1542年),王直带着3名葡萄牙商人乘船前往宁波双屿港,途中突遭风暴袭击,结果漂到日本九州南方的种子岛。船上装备有西洋火枪,日本人称之为"铁炮"。岛主从未见过如此先进的火器,便从葡萄牙人手里购买了2杆"铁炮"并加以仿制,"铁炮"由此传入日本。谁也没想到,王直引来的西方先进火器,日后居然改写了日本历史。1575年,织田信长正是靠着"铁炮",才消灭武田胜赖精锐的骑兵部队,由此奠定了统一全日本的基础。

嘉靖二十三年(1544),王直来双屿港投奔同乡许栋,"在许二(许栋)部下管柜,素有沉机勇略,人多服之"①,很快成为许栋海商集团的主要头目之一。嘉靖二十七年(1548),双屿港被明

---

① 《玩鹿亭稿》卷五《海寇议》。

军捣毁,许栋逃去。王直招纳许栋旧部,自任舶主,在舟山烈港建立新的海上贸易基地。嘉靖三十年(1551),王直在慈溪通番陆商柴德美和宁波官府的协助下,以武力吞并了同在浙海的陈思盼海商集团,一举成为当时最大的海商首领,此后小股的海盗和从事走私贸易的商船都要打五峰(王直)的旗号,才敢在海上行驶。"五峰之势于此益张,海上遂无二贼矣。"①当时徐海(徐惟学之侄)、陈东、叶麻等都是他手下的大将,其拥有兵众万余人、巨舰百余艘。一时海上私人贸易又兴旺起来,"兴贩之徒,纷错于苏杭,公然无忌。近地人民,或馈时鲜,或馈酒米,或献子女,络绎不绝"。"杭城歇客之家,明知海贼,贪其厚利,任其堆货,且为之打点护送。"②王直在当时东南沿海地区具有极高的声望,就连明朝守边的卫所官员,也以与王直有往来为荣。王直船队的驻地烈港,俨然成了第二个双屿港。

这时候的王直虽然羽翼丰满,势力极大,但他并不想与明王朝对抗,总体上还是可以算作海商的。其间,他还多次受浙江地方官府之请,配合官军打击真正的海上寇盗。王直自以为杀陈思盼等海盗有功,"叩定海关(今镇海)献捷",请求解除海禁,准许私人出海贸易,但遭到官府拒绝。王直由此心生怨恨,开始报复官府。嘉靖三十一年(1552)四月,王直等率众万余,驾船千余,攻破黄岩县。此后,浙江的台州、温州、宁波、绍兴各府频频告急,自明朝立国以来前所未有的"嘉靖大倭患"由此拉开了序幕。次年三月,王直又"勾诸倭大举入寇,连舰数百,蔽海而至。浙东西,江南北,滨海数千里,同时告警"③。

明廷急忙任命金都御史王忬为浙江巡抚并提督浙闽军务,

① 《玩鹿亭稿》卷五《海寇议》。

② 《玩鹿亭稿》卷五《海寇议》。

③ 《明史》卷三二二《日本传》。

以俞大猷、汤克宽为分守参将,开始大力围剿王直集团。一边是明朝正规军,一边是装备精良的武装海商集团,双方战斗下来,都是各有输赢。

嘉靖三十二年(1553)四月,烈港被明军攻破,王直再度率部突围,先泊马迹潭(今舟山泗礁山岛),不久又逃往日本肥前的五岛、平户地区。在日本,王直趁当地内战不休,"各岛互不统属"之机,与平户藩主松浦隆信联合,在萨摩州的松浦津建立了根据地,并宣布称王建制,王直自称"徽王","部署官属,咸有名号","控制要害,而三十六岛之夷,皆其指使"①。这种说法或许有些夸张,但从中能看出王直当时拥有雄厚的实力,是在日本称霸一时的人物。那时候,他雇用和利用了一些日本人,也因此,王直集团被官方贴上"倭寇"的标签,但其实王直集团中,真倭人没几个,绝大部分是中国人,而且那些真倭人,也都是听命于王直的。

王直在日本继续从事日本、中国、东南亚三角海上贸易,同时,也将葡萄牙人的生意引入日本,使平户迅速成为日本对外贸易的重镇。这有日本《大曲记》的记载为证:

> 道可(引者注:指平户领主松浦隆信)是福气和武功都很大的人。有个名叫五峰的从大唐来到平户津,住在现在的印山邸址修建的中国式房屋。他利用了五峰,于是大唐商船来往不绝,甚至南蛮的黑船也开始驶来平户津。大唐和南蛮的珍品年年充斥,因而京都、堺港等各地商人云集此地,人们称作西都。②

---

① 《筹海图编》卷九。
② [日]木宫泰彦:《日中文化交流史》,商务印书馆 1980 年版,第618页。

由此看来,王直还是引领日本进入大航海时代的领航人和开埠功臣。现在日本平户藩主松浦隆信老宅前立有一座王直铜像,在平户王直旧居前,有一条路被命名为"王直の道",就是为了纪念王直对日本的贡献。

与王直在日本受到的礼遇不同,王直在他自己的国家大明王朝被视为江洋大盗,所以大明王朝必除之而后快。然而,一直没有一支正经水军的大明王朝,也实在是拿这个拥有上千船只和上万流寇的王直集团没有办法,王忬、张经、周珫、杨宜4任东南抗倭总督皆因抗倭不力,先后被撤职。

嘉靖三十三年(1554),安徽绩溪人胡宗宪出任浙江巡抚。他审时度势,见动用武力已经解决不了王直集团,便改用招抚手段对王直进行诱降。他派出宁波人蒋洲和陈可愿作为使者去日本会见王直。为了表达自己的诚意,胡宗宪还把王直的母亲和妻儿从金华府的监狱中释放出来,好生招待。经过多次谈判,王直决定接受官方招抚,归顺大明王朝,并通报了海盗商人徐海、陈东、叶麻等率倭寇进犯的消息。嘉靖三十六年(1557)九月,王直与其养子毛海峰等"驾异样巨舰,拥骁倭数千,火炮器械咸备"①,从日本回到舟山,进泊岑港。在那里,王直发现官军以重兵布防,又得知徐海已经被剿灭,察觉其中有诈,不愿上岸,双方僵持了50余天。在胡宗宪软硬兼施及派指挥夏正作人质后,王直终于于当年十一月上岸,赴定海关见胡宗宪。胡宗宪热情相待,并令其去杭州巡按御史王本固那里投案。王本固是严禁派,次年正月,将王直投入浙江按察司大牢。

对胡宗宪来说,他诱降王直也并非全出于阴谋,他确实有招安王直之心,以利用他的力量来平定海疆。所以他曾上疏请

---

① 《胡公行实》。

求皇帝赦免王直,但"其后议论汹汹,遂不敢坚请"[1],朝中大多数大臣都力谏处死王直,还有的弹劾胡宗宪说他是接受了王直巨额贿赂才为其说情的,胡宗宪遂大惧,只好附和大多数人的意见。嘉靖三十八年(1559)十二月二十五日,王直在杭州官巷口被斩首。

王直的故事到这里说完了。斯人早逝,身后却评骘不一。在明朝统治者的眼里,在正史的叙事中,王直就是祸害东南沿海地区多年的倭寇巨擘,甚至到现在仍有人这样认为。但我们若以全球史的视角去审视王直,则他又是一个杰出的海商领袖。他以其出色的经商才能和"素有沉机勇略"的品质,成为16世纪东亚各路海商公认的"商业盟主"、贸易"调停者"。尤其值得一提的是,他一生都在为推动中国海禁的废止而努力。王直不断向官府表示他的愿望仅是为了"解除海禁,开市贸易",只有开放海禁,才能从根本上杜绝"倭患"。但正如恩格斯所指出的:"航海事业根本与封建制度格格不入。"[2]在当时根深蒂固的封建体制下,王直的诉求不可能实现。

王直被抓、被杀后,海上武装集团失去控制,倭患不仅没有减轻,反而愈演愈烈。嘉靖三十七年(1558)以后的数年间,曾受打击的海盗和沿海投机者,对东南沿海地区施以更大规模的骚扰、劫掠,"倭患"从江浙蔓延到福建、广东。幸赖俞大猷、戚继光、谭纶等一批抗倭将领,出生入死,浴血百战,到嘉靖四十四年(1565),东南沿海的倭患才告结束。但海上走私贸易并未因此禁绝,私人海外贸易的重心从浙江转移到了

---

① 《国榷》卷六二。

② 恩格斯:《论封建制度的解体及资产阶级的兴起》,转引自田汝康:《中国帆船贸易和对外关系史论集》,浙江人民出版社1987年版,第140页。

福建、广东,其队伍和活动范围反而不断扩大。鉴于"嘉靖大倭乱"的惨痛教训,明朝官员中要求开放海禁的呼声不断,他们纷纷上书,要求放宽海禁。隆庆元年(1567),明政府终于同意在福建漳州月港部分开放海禁,"准贩东、西二洋",但与日本的贸易仍在严禁之列。

如果大明朝能够正确对待海外贸易,不搞一刀切的海禁,也许就不会有海盗身份的王直;又或者不杀王直,而是利用他的力量来平定海疆,那么"嘉靖大倭患"也许就能提前数年结束。可惜历史没有如果。

# 九、移民海外的浙江人

浙江人移居海外,最迟始于唐代。9世纪40年代,有许多明州(今宁波)人赴日经商,有的就定居日本,其中以张友信最为著名。张友信侨居日本16年,经营造船业,还当了唐通事。宋代以降,随着海上交通的拓展和海外贸易的繁荣,移居海外的浙江人就更多了。

移居海外的古代浙江人主要有2类:一类是僧侣,一类是商人。由于浙江佛教兴盛,高僧如云,宋元以来前去日本弘法而定居的高僧就有很多,如宋代有兀庵普宁、兰溪道隆、大休正念、无学祖元等,元代有明极楚俊、清拙正澄、一山一宁、西涧子昙、灵山道隐等,清代有东皋心越等,他们在日本传播中国佛教文化,成为古代浙江华侨中的一个特殊群体。

古代浙江移居海外较多的还有商人。随着私人海外贸易的繁荣发达,浙籍商人纷纷出洋,许多人就定居海外,成为经商华侨。如:唐代有前面提到的侨居日本的张友信。北宋徽宗时有明州商人杜道济、祝延祚随商船到高丽不还。南宋有杭州人谢国明,他被誉为"博多商人鼻祖",是当时日本华侨的首富;又有永嘉人王德明、王德用兄弟赴交趾(今越南)经商,德用有才,被国王留下。元代有浙江人林净因定居日本奈良,以卖馒头为业,成为日本馒头的始祖。清初有萧山人徐敬云在日本长崎从事海外贸易,成为当地富商。

除僧人和商人外,还有其他阶层的浙江人出国不归成为华侨的。如:北宋时有温州读书人周伫随商船至高丽,被留不返,官至礼部尚书。南宋末期有永嘉人陈宜中宰相避难至暹罗(今泰国),客死他乡。明代有台州人陈延祐赴日本后定居,以医为业;余杭人陈元赟渡日,将中国柔术传播到日本;壬辰倭乱期间,明廷派兵进入朝鲜参战,战争结束后,有浙江籍官兵留在朝鲜,成为华侨;明末有著名学者、余姚人朱舜水出走日本,他的学术思想在日本很有影响;又有名医杭州(一说金华)人陈明德移居日本。

古代浙江华侨的侨居地主要是日本、高丽和东南亚。其中旅居日本的最多。1618 年,日本长崎已有华侨两三千人,占当地人口的 1/10 左右。[①] 明末天启年间(1621—1627),福建巡抚南居益已注意到日本有"唐市",他在给朝廷的奏疏中说:

> 闻闽、越、三吴之人住于倭岛者不知几千百家,与
> 倭婚媾,长子孙,名曰"唐市"。此数千百家之宗族姻

---

① 〔日〕过放、齐云:《初期日本华侨社会》,《南洋资料译丛》2004 年第 4 期,第 70—80 页。

识,潜与之通者实繁有徒。其往来之船名曰"唐船",
大都载汉物以市于倭。①

到日本元禄年间(1688—1703),居住在长崎的中国人达近
1万名,占当时长崎总人口的1/6。② 这些居住在长崎的中国人
中,就有不少浙江人。浙江移民的第二个去向是高丽。自吴越
国至清代,浙江人在高丽的后裔已达15万人,可查到姓氏数十
个。③ 移民的第三个去向是东南亚,其中又以去越南为多。如
会稽哨唫(今属上虞市道墟镇)的阮氏家族,从元初至明中期都
有人去越南,形成宗族,明永乐初交趾统帅阮子仁即出自该宗
族。清乾隆四十三年(1778),越南西贡的华侨联合成立七府公
所,在堤岸的广东街建有七府武庙,"七府"中就包括浙江
宁波。④

浙江人到欧洲,有明确记载的,始于新航路开辟之后。葡
萄牙、西班牙殖民者来到浙江沿海后,经常掠夺贩卖人口,其中
就有浙江人被他们抓到欧洲去。但对此,中外文献鲜有直接记
载。近年有学者在西班牙档案中发现明代宁波人到欧洲的记
录,弥足珍贵。

西班牙档案史料记载,大约在1545年或1546年,也就是
朱纨摧毁双屿的前两三年,西班牙驻尼加拉瓜的总督弗朗西斯
科·德·卡斯塔涅达(Francisco de Castaneda)指挥着两三条
船来到中国宁波,在这个地方待了一段时间。后来总督坐船返

---

① 《明熹宗实录》卷五八,天启五年四月戊寅。
② 罗晃潮:《日本华侨史》,广东高等教育出版社1994年版,第101页。
③ 《浙江省华侨志》编纂委员会编:《浙江省华侨志》,浙江古籍出版
社2010年版,第2页。
④ 光绪四年(1878)第三次重修《七府武庙碑记》。

回新西班牙(今墨西哥等地),随船携带了 15—16 名宁波人,男女都有,其中有一个离开宁波时才六七岁。他们向东航行,先是来到位于南美洲西部的秘鲁利马,然后又经过尼加拉瓜、巴拿马等地,最后历经磨难,来到西班牙的塞维利亚。到 1572年时,塞维利亚已经出现了一个规模很小的华人群体。西班牙档案史料显示,这些住在塞维利亚的华人中,也有人是在同一时期搭乘葡萄牙人的船只向西沿着环球航线西道来到此地的。这些华人在当地以手艺谋生,或是鞋匠,或是裁缝,或是榨油匠,凭着自己的双手,养家糊口。[①]

由上可见,早在 16 世纪 40 年代,澳门开埠前,就有宁波人沿着环球航线漂洋过海,来到伊比利亚半岛,成为最早到达欧洲的浙江人。

# 十、雪舟、策彦周良与宁波

1403 年至 1547 年,日本共向明朝派遣了 17 批遣明使,是继日本遣唐使之后又一次大规模、长时期的遣使活动。由于遣明使以朝贡贸易为主要任务,而且当时的造船和航海技术水平较唐代有了大幅的提高,因此遣明使的规模和往来频率,都远远胜过遣唐使。

宁波是日本遣明使团进出中国的唯一港口,因而宁波也就

---

① 龚缨晏,胡刚:《16 世纪发生在西班牙的一场"印第安斯人"诉讼案——近代早期漂泊到伊比利亚半岛的中国人》,《世界历史》2017 年第 5期,第 93—104 页。

成为遣明使团与明人接触最为频繁的地区。

遣明使团由正使、副使、居座、土官、从僧、通事、客商、从商、船方等组成。其中正、副使由日本统治者幕府将军任命,他们持幕府将军给明帝的国书,代表日本政府向明朝奉表朝贡。日本遣明使团的正、副使几乎都是当时的名僧,使船的管理者居座、土官亦大多是通晓外交事务的僧人,他们每个人还带有从僧,再加上自行随团来明朝学习的僧人,因此随遣明使来中国的日僧不少,仅见于记载的就多达 114 人。这些日本僧人自宁波港登陆,在赴北京之前和从北京返回之后,都有较长时间逗留在宁波,因而他们有机会游览浙东名山大川,与宁波的文人墨客交游唱和,为推动明代中日文化交流做出了积极的贡献,其中最著名的是雪舟和策彦周良。

雪舟(1420—1506),出生于日本备中赤滨村(今属冈山县总社市),原姓小田,名等扬,法号雪舟,是日本 15 世纪最杰出的画家。幼年在家乡的宝福寺出家,后到京都相国寺,师从擅长中国水墨画的画僧天章周文,打下了较扎实的绘画基础。但他并不满足于此,希望有机会到中国,直接向中国画家学习。1464 年,雪舟毅然离开相国寺,寓居周防(今山口县)云谷庵,等待去中国的机会。这期间,通过认真研究宋元绘画,雪舟的画技日趋成熟。

明成化三年(1467),雪舟终于获得了前往中国的机会,以遣明使从僧的身份自博多乘船至宁波。他们从宁波上岸后,需要数月时间办理入京手续,雪舟就利用这段时间,来到号称"天下禅宗"的天童寺参拜。天童寺自古以来就是中日文化交流的窗口,宋元时期,日僧荣西、道元和东渡日本的中国僧人兰溪道隆、无学祖元都曾在这里修禅,天童寺还是日本曹洞宗的发祥地,因此该寺成为来华日僧的必朝之地。在天童寺,雪舟受到寺院一众僧人的热烈欢迎,于是他就在天童寺住了下来,在此修禅了几个月,获得了"天童寺第一座"的荣誉称号。雪舟非常看重这个称号,之后作画,常常会署上"四明天童寺第一座雪舟"的落款,以此为荣。

成化四年(1468),获准上京的雪舟一行从宁波出发,沿浙东运河到杭州,再沿南北大运河北上,于这一年的十一月到达北京。在京城,雪舟向当时中国宫廷画家李在等学习中国水墨画的设色、破墨等技法。还受礼部尚书姚夔之邀,为礼部中堂绘制巨幅壁画。数月后雪舟返回宁波。在往返途中,雪舟一边拜师学艺,一边浏览中国的大好河山。大国的都市景观、山川村落和生活习俗,大大开阔了这位日本画家的视野,他终于感悟到宋元画的精髓在于"师法自然",找到了绘中国画的源泉。

雪舟在驻足宁波期间,结交了一批宁波名人文士,如徐琏、金湜、倪光、李端等。雪舟和他们相遇后,发现彼此趣味相投,遂互以书画相赠,引为知己。与雪舟相处时间最长的莫过于徐琏,他是宁波市舶司专门为雪舟请来的既精通日语又擅长诗画的翻译和向导。徐琏给雪舟在中国的生活提供了最大方便,两人结下了深厚的友谊。

成化五年(1469)秋,雪舟结束了3年的访明生活,乘遣明使船回国。临行时,宁波友人徐琏作《送雪舟归国诗并序》相赠:

> 日东云谷长老,冲淡人也。能诗善画,而性无所嗜。成化丁亥,陪贡至鄞,予获与之交,情倾意洽,欢若平生。居无何,言旋言归,怀不能舍,遂赋拙作五十八字,以道别意,伏希笑览。
>
> 家住蓬莱弱水湾,丰姿潇洒出尘寰。
>
> 久闻词赋超方外,剩有丹青落世间。

鹫岭千层飞锡去，鲸波万里踏杯还。

愿知别后相思处，月在中天云在山。

　　这首诗是雪舟来华以及他与宁波文人交往的见证，实物真迹现藏于日本毛利博物馆。

　　雪舟回国后，广泛吸取中国宋元以来特别是南宋末期画家夏珪、玉涧，明代画家高彦敬等人的山水画风，并结合日本民族的绘画特点，自成一体，开创了日本水墨画新画风，成为日本历史上最伟大的画家之一，被誉为"画圣"。1956年在维也纳召开的世界和平大会上，与会代表一致推举雪舟为十大世界文化名人之一。

　　雪舟创作的《唐山胜景画稿·宁波府图》《天童寺图》《四季山水长卷》，至今珍藏于日本。《唐山胜景画稿·宁波府图》采用当时少见的鸟瞰技法，真实地记录了500多年前宁波古城灵桥门一带的历史风貌。画面上，沿江城楼巍然而立，房屋建筑鳞次栉比，城外帆舶往返如梭，完美地再现了明代东方港城的繁荣景象，成为记录宁波这一时期的重要历史资料。

雪舟笔下的《宁波府图》

　　如果说在《宁波府图》中，雪舟采用的是写实手法，那么他的《四季山水长卷》用的则是写神表意的浪漫手法。该画是在雪舟67岁高龄时完成的，长15米，高0.4米，是古代日本美术史上最长的水墨山水画，展示了明朝时期中国江南的山水地形、四季美景、城乡风貌,具有浓郁的生活气息。有人认为,这幅画描写的也是宁波地区景色,这也是 1997 年日本雪舟足迹寻访团向天一阁博物馆赠送《四季山水长卷》复制品的原因。

策彦周良(1501—1579),号谦斋、怡斋,俗姓井上,日本丹波人,京都禅宗五山之一天龙寺妙智院的住持。早年师从心翁等安,不仅学习临济宗禅学,而且习读中国古代典籍,并以擅长写作汉诗、汉文而著称。曾先后以遣明副使、正使的身份 2 次来中国,这在来华日僧中是绝无仅有的。

策彦周良第一次来中国是在明嘉靖十八年(1539)。这年四月十九日,以湖心硕鼎为正使、策彦周良为副使的日本遣明使团共 450 余人(含从商、水手),分乘 3 条船从日本奈留岛起航,历经艰辛,于五月二十二日抵达宁波,二十五日登岸。在宁波逗留近 7 个月后,策彦周良等启程经杭州前往北京朝贡。完成朝贡任务后,又离京南下,于嘉靖十九年(1540)九月十二日回到宁波,嘉靖二十年(1541)五月二十三日离甬归国,六月二十六日回到日本五岛,前后共 2 年时间。这次是继宁波争贡事件之后日本第一次遣使,中方对日本人的态度十分冷淡,所有使团人员均受到严格盘查,中方对他们的行动、往返路线和时间都有严格的规定。策彦周良全力协助正使工作,使中日关系在宁波之乱后得以恢复,比较顺利地完成了朝贡和贸易任务。

嘉靖二十六年(1547),策彦周良第二次来中国,这次他出任正使,率领 600 余人组成的庞大的遣明使团,分乘 4 条船再次来中国进行勘合贸易。根据明政府规定,日本贡船只许 10 年一贡,因此,策彦周良率领的遣明船被中方阻回,只得退到荒凉的呫山岛(今属舟山市)停泊,等待来年的贡期,停泊时间长达 9 个月之久。其间明政府对日本贡船停止一切供应,尤其当

时已值秋冬之季,海上天气恶劣,寒风凛冽,船队缺衣少药,其窘况可想而知。当时,东海倭寇猖獗,船队不时遭到海盗船只的袭击和商船利益的引诱。面对这种险恶复杂的环境,策彦对部下严加约束,要求他们克服困难,坚决遵守明政府法令,不和私商及海盗船只往来,终于以实际行动赢得了明政府的信任,次年春被准许入贡。船队于嘉靖二十七年(1548)三月初六再入定海,三月初十登陆宁波,嘉靖二十八年(1549)四月十八日抵达北京,得到了明政府的热情接待。明世宗特设宴招待策彦周良,并即席赋诗一首相赠:"东夷有礼信真缁,远越潮溟明国彝。入贡从今应待汝,归来勿忘朕敦仪。"嘉靖二十九年(1550)五六月间,策彦周良率日本遣明使团自宁波归国,六月初九顺利回到日本。策彦周良此次出使明朝历时2年多,出色完成了使命,后奈良天皇特赐宴慰劳其远行,并对其优赏。

策彦周良精通汉学,热爱中国文化。他2次来中国,每次在宁波等待进京的时间与等候季风回国的时间,加起来至少有1年之久。这使他有充裕的时间游览宁波当地名胜,收集汉籍,广交宁波的文人学士,与他们或诗文唱和,或书画赠答,结下了深厚情谊。策彦周良曾赋诗赠明朝翰林修撰全仲山:"莫道江南隔海东,相亲千里亦同风。从今若许忘形友,语纵不通心可通。"这首诗充分表达了他对中国人民的深厚情谊。策彦周良还慕名请宁波著名学者和书法家丰坊为他从日本带来的诗集《城西联句》作序,此序真迹至今还在日本完好地保存着。

策彦周良回国后,将他在中国的旅行记录整理成《初渡集》《再渡集》,其亲写本至今保存在日本京都国立博物馆中。《初渡集》《再渡集》详细记载了他2次奉使入明的行程、见闻以及为完成勘合贸易任务与明朝官员交涉的经过,是了解日本遣明使在华活动的第一手资料,弥足珍贵。

# 十一、崔溥的浙江之行

古代海上航行均用帆船,海上风云变幻莫测,船只常遇风涛之险,朝鲜、日本、琉球等国的遇难船只漂流至中国沿海者史不绝书。尽管当时中国和这些国家之间并未订立海难救助协定,但对于外国漂流难民,中国历代王朝向来都会给予友好妥善的接待,抚恤有加,并把他们安全遣返归国。在有明一代,影响最大的应是发生在弘治初年的崔溥漂流事件,这一事件被详细记载在朝鲜古籍——崔溥《漂海录》中。

崔溥(1454—1504),字渊渊,号锦南,朝鲜全罗道罗州(今韩国务安郡)人。24岁中进士第三,进入成均馆研习,获得应试文科资格。29岁文科及第,开始走上仕途,先后任校书馆著作、博士、军资监主簿、成均馆典籍、司宪府监察、弘文馆修撰等职。33岁又中文科重试乙科第一,授弘文馆副校理,掌管朝鲜宫廷藏书。崔溥是一位精通中文和中国历史的"中国通",但他35岁之前从未到过中国,一次海难意外促成了崔溥的中国之行。

明成化二十三年(1487)九月,崔溥奉朝鲜国王之命,以推刷敬差官的身份前往济州岛,负责清查由半岛陆地逃亡到那里的犯人。次年(1488)正月三十日,崔溥突闻父丧,便中止济州的公务,于闰正月初三渡海返乡奔丧。当日,崔溥和从吏、护军、仆人、水手等43人搭乘当地水精寺的一条坚固的民船,从济州岛启程,不料遭遇风暴,船只从楸子岛开始漂入茫茫大

洋,经过 14 个昼夜的饥渴困苦后,终于在浙江台州府临海界的"牛头外洋"(今台州市三门县境)安全登陆。对于这段漂海经历,崔溥后来在《漂海录》一书中心有余悸地写道:"臣之漂海,适当风波险恶之时,海天霾曀,日复尤甚。樯帆维楫,或折或失。饥渴困苦,动经旬日。一日之间,溺败之机非一二度矣。"①可谓九死一生。

台州地处浙东沿海,自明初以来屡遭倭寇侵扰,故当时这一带海禁极严,军民海防意识强。崔溥等登陆之初,因语言不通,被当地居民误作倭寇,押解递送官府。正月十九日,崔溥等来到海门卫桃渚所(今台州临海桃渚镇),接受把总松门等处备倭指挥同知刘泽等人的盘查。这些基层海防官员多方查问,并从崔溥等人的语言、衣冠、行为以及他们出示的印信、马牌、所持文件等物观察,基本上认定他们是朝鲜人,排除了他们犯境的嫌疑。之后,他们受到礼遇,在明军的一路护送下,经宁波、绍兴至杭州。从桃渚所到杭州府的武林驿馆,驿路 1500 余里(约 750 千米),崔溥在《漂海录》中详细记载了这段路程。

弘治元年(1488)闰正月二十三日,崔溥一行在海门卫千户许清、翟勇及军吏 20 余人的护送下,从桃渚所启程奔赴绍兴,二十四日来到靠近海岸的健跳所(当时属宁海县),受到千户李昂的盛情接待。当地举人张辅闻讯赶到健跳所,把崔溥请至家中款待交谈。张辅写有《送朝鲜崔校理序》一文,叙及两人相识经过,与崔溥《漂海录》所记若合符契。此文后被收录在明人宋奎光纂修的《崇祯宁海县志》中,由此可见崔溥《漂海录》记载的真实性。

崔溥等在健跳所仅停留了 1 天,次日即离开健跳所,坐海船来到越溪巡检司所在海岸,但未入城。二十六日从越溪巡检

---

① 　葛振家:《崔溥〈漂海录〉评注》,线装书局 2002 年版,第 52 页。

司对岸的越溪铺登陆,经白峤驿来到宁海县城,夜至台州的最后一站西店驿,因风雨在此住了2个晚上。二十八日,崔溥等离开台州,进入奉化县境,冒雨来到连山驿。二十九日至奉化江边,坐船至宁波府城,但没有在城内留驻。二月初一日沿姚江至慈溪县,初二日一早,发船溯西北而上,晚至余姚县。初三日沿上虞江行,过上虞县。初四日,循鉴水而上,来到绍兴府城。这天,崔溥等在府衙接受了总督备倭署都指挥佥事黄宗、巡视海道副使吴文元和布政司分守右参议陈潭的复审。复审结束后,中方又馈以茶果,赠之礼品。初五日,崔溥等溯鉴水向西,过柯桥铺、钱清驿,夜过萧山县,至西兴驿,初六日渡钱塘江抵达杭州,入住武林驿。

崔溥眼中的杭州是怎样的呢?《漂海录》中写道:

> 行过延圣寺、浙江驿,至杭州城南门。重城叠门,门有三层楼。入其城,过文魁门、灵顺宫、肃宪门、澄清门、南察院、祐圣殿、土地庙、芝松坊铺至武林驿。自城门至此驿,十余里矣。
>
> ⋯⋯⋯⋯⋯
>
> 杭即东南一都会,接屋成廊,连袵成帷;市积金银,人拥绵绣;蛮樯海舶,栉立街衢;酒帘歌楼,咫尺相望;四时有不谢之花,八节有常春之景,真所谓别作天地也。①

寥寥数笔,将明代杭州城的宏伟气势和繁盛景象描绘了出来。

---

① 葛振家:《崔溥〈漂海录〉评注》,线装书局2002年版,第88,99页。

　　崔溥等在杭州接受了钦差镇守浙江的太监张庆和巡按浙江监察御史畅亨的调查,并经浙江都、布、按三司官员——掌印都指挥佥事崔胤、左布政使徐圭和按察司副使魏福会同复审,最终被确认系遭风漂流无疑。杭州府随即派指挥佥事杨旺护送他们赴京。于是崔溥等在杭州停留了 7 天后,于十三日再度上路,自杭州沿南运河至镇江,自镇江渡长江至扬州,再沿北运河到达北京,在北京受到明孝宗的赏赐。明朝廷派专使护送崔溥一行回国,满载礼品的 43 匹马组成的马队从北京走陆路至辽东,于六月初四日渡鸭绿江回到朝鲜。

　　崔溥在中国前后共停留了 4 个半月,行程 8000 余里(约4000 千米)。当时朝鲜使臣没有机会到北京以南,特别是长江以南地区。因此朝鲜成宗命崔溥先行撰呈行录,而后再为父服丧。于是,崔溥用 8 天的时间,用汉文写出了《漂海录》一书,以日记体的形式详细记录自己在中国的经历。全书约 5.4 万字,涉及明朝弘治初年政治、军事、经济、文化、交通及市井风情等方面的情况,其中大量记载了当时浙东沿海地区和浙东运河沿岸的地理风貌、关隘要冲、海防军事、驿馆分布、水路交通以及宁波、杭州等商业城镇。这些记载不仅是了解明代浙江的第一手史料,更是中韩两国人民友好交往的历史见证。相较于《马可·波罗行纪》,崔溥用汉字写成的《漂海录》,内容更加丰富,更详细地介绍了当时的中国社会,因而他被后人誉为"东方的马可·波罗"。

　　如今,崔溥的《漂海录》已成为传递中韩友谊的媒介和桥梁,不仅有崔溥后裔和韩国研究《漂海录》的专家学者来浙江寻找、考察崔溥在浙江的足迹,崔溥的故乡韩国全罗南道也与浙江省缔结了省道和多个城市友好关系,为 500 余年前的两国友谊共续新的篇章。

# 十二、东渡日本的朱舜水和陈元赟

明朝末年,中国政局混乱,"海禁"宽松,海外交通空前畅通。当时日本已进入统一的德川幕府(又称江户幕府)时期,虽然实行锁国政策,但鼓励中国商人赴日进行贸易,而且采取文治政治,奖励文教,对来自中国的文化人持欢迎的态度,因而当时有不少中国学者东渡日本。在这些东渡日本的学者中,影响最大的是浙江人朱舜水和陈元赟,他们在日本传播中国文化,为中日两国的文化交流做出了卓越贡献。

## (一)朱舜水:日本的孔夫子

朱舜水(1600—1682),本名之瑜,字楚屿,到日本后改字鲁屿,号舜水,浙江余姚人。出身于官宦世家,但 7 岁丧父,家道中落。后来长兄朱启明考中武进士,出任松江柘林守备,朱舜水也一同前往松江,依附长兄生活。朱舜水自幼勤奋好学,博闻强识,先后师从李契玄、朱永祐、张肯堂、吴钟峦等学者,打下了扎实的儒学基础。

在朱舜水的青壮年时代,正值明朝后期万历、天启、崇祯年间,官场腐败,国是日非,烽烟遍地。朱舜水不愿混迹官场,每次参加科举考试,都敷衍了事,因此一直未能中举,但他的文名反而更加远播。自崇祯末期到南明时期,朱舜水多次被征辟授官,但他都一一辞谢不就。

1644 年(明崇祯十七年,清顺治元年),李自成攻陷北京,崇

朱舜水像（原件藏日本德川博物馆）

祯皇帝在煤山自尽，明朝灭亡。不久，福王朱由崧在南京即位，改元弘光，建立第一个南明政权。朱舜水虽然无心仕途，但他忠于明室之心未泯。1645年，清军占领南京，在舟山的朱舜水闻变，首次东渡日本。此后10年间，朱舜水以舟山为中心，多次往返日本长崎和安南等地，为南明政权筹集军饷，在海外寻求勤王之师，企图挽狂澜于既倒。1659年，朱舜水随郑成功的10万大军北伐抗清，攻打南京。郑成功北伐失败，朱舜水反清复明的希望彻底破灭，但他又不愿做清朝的顺民，万般无奈之下，他决定再渡日本。

　　1659年冬，朱舜水搭乘商船，抵达日本长崎。当时日本实行锁国政策，不准朱舜水在长崎定居。日本学者、筑后（今福冈县）人安东省庵听说朱舜水的情况后，就四处奔走请托，终使日方对朱舜水网开一面,破例允许他留居日本,从此朱舜水在长崎定居下来,结束了10余年的海上漂泊生活。安东省庵钦佩朱舜水的德行和学识,拜朱舜水为师,成为朱舜水在日本的第一个弟子。朱舜水刚到异国他乡,生活窘困,安东省庵又拿出自己年薪的一半,作为朱舜水的生活费。朱舜水在长崎生活了5年,安东省庵向朱舜水学习儒家礼仪和学说,后来成为日本著名学者,师徒两人也成了莫逆之交。

1665年,朱舜水成为日本水户藩第二代藩主德川光国的宾师,迎来了他一生中最重要的转折点。水户藩是日本江户幕府直辖的三大藩之一,离江户(今东京)很近。水户藩的藩主德川光国是江户幕府创建者德川家康的孙子、日本当时的统治者幕府将军德川家纲的叔父,他在水户藩励精图治,礼贤下士,积极发展文教事业。1664年,德川光国听说朱舜水品德高尚,学识渊博,专门派使臣小宅生顺来到长崎,礼聘朱舜水为宾师,赴江户讲学。朱舜水遂于次年7月来到江户,德川光国亲执弟子礼。他认为朱舜水年高德重,不敢直接称名道字,请他取一名号用来称呼,朱舜水就以故乡姚江的别称"舜水"为号,这一广为人知的名号由此诞生。德川光国见朱舜水年老体弱,特将他的住所安排在江户的驹笼别庄(在今东京大学农学部内)。自此直到1682年逝世,朱舜水就一直留在德川光国身边讲学辅政。

德川光国醉心儒学,对朱舜水尊重有加,言听计从,经常向他请教或商讨国家施政方针、礼乐典章制度和文化教育等方面的问题。而朱舜水也感于知遇之恩,往返于水户、江户之间,毫无保留地向德川光国和其他水户藩官员传授儒家学术思想和文化。在德川光国的影响下,水户藩、加贺藩等地的学者纷纷登门求教,朱舜水对前来问学求教的人也一直是满腔热忱,有

问必答。朱舜水的学术和思想不仅影响了水户藩和加贺藩,而且对当时整个日本文化界产生了重大影响。

朱舜水对日本文化界的影响和贡献,可以归纳为以下几个方面。

一是为日本带去了主张"经世致用"的新儒学。自明代中晚期开始,由于生产力的发展、资本主义生产关系的萌芽以及中西文化的碰撞,中国儒学界产生了以"崇实黜虚""经世致用"为特征的实学思潮,与"空谈心性"的宋明理学针锋相对。朱舜水早年就很受实学思潮的影响,明亡以后,朱舜水更有了切肤之痛,其学术思想彻底转向了实学。朱舜水到日本时,幕府的御用学问还是朱子学。朱舜水通过讲学著书,在日本积极宣扬实学思想,抨击程朱理学的浮夸虚伪、脱离实际,于世道无补,主张为学要有实用价值,有益于国计民生,强调"实用""实功""实学""实理""实行"。此外,朱舜水对日本社会上层崇佛空谈之风深感忧虑,认为佛教尚空虚,不知天地之化、人伦之情,悖于纲常,力陈排佛兴儒对日本的好处。朱舜水的这些思想,在当时的日本学界引起了强烈的震动。在朱舜水的影响下,主张"经世致用"的新儒学开始在日本取代佛学,成为显学。

二是促进了日本水户学派的形成。在朱舜水的影响下,日本思想界崛起了一个独树一帜的儒家学派——水户学派。这一学派在政治上标榜尊王攘夷,忠君爱国,倡导巩固封建社会制度的"大义名分";在学风上博取朱子学、阳明学等诸多学派之长,主张经世化民,实功实用。水户学派是在编纂《大日本史》的过程中形成的,其领袖人物即为德川光国。德川光国从年轻时起就有心要编纂一部《大日本史》,他请到朱舜水后,便着手成立彰考馆,任命朱舜水为顾问,朱的高足安积觉为修史总裁,招揽各方学者编纂《大日本史》。朱舜水亲自为这部史书拟定了纲目,并具体指导全书的编纂工作。《大日本史》宣扬"尊王攘夷""忠君爱国"思想。这种尊王思想,不仅直接促进了水户学派的形成,而且成了后来明治维新运动的主要理论根据。

三是为日本培养了一大批高水平的学者。朱舜水赴日后诲人不倦,讲学不辍,门下弟子云集。日本朱子学派的安东省庵、木下顺斋,古学派的伊藤仁斋、山鹿素行、狄生徂徕,水户学派的德川光国、安积觉等著名学者,或受过朱舜水的亲炙,或受其影响。可以说,日本的朱子学、古学、水户学三大学派,都与朱舜水的思想有着密切关系。在日本思想史上,这三大学派相互影响,形成了一种注重实学、倡导改革致强的思想潮流,对日本社会的发展起到了很大的推动作用。

四是推动了日本的文化教育事业。朱舜水倡导兴学育才,为此他专门撰写了一篇《学校议》,认为学校和教育直接关系到国家的兴衰。朱舜水的这一主张为德川光国所接受。1670 年,德川光国决定在水户兴建学宫,朱舜水便应请作《学宫图说》,并亲自设计了一个相当于实体 1/30 的学宫模型,让木匠制作,有时还亲自动手操作,这个模型至今还保存在水户彰考馆。2 年后,水户学宫建成,德川光国又请朱舜水制定释奠定礼。后来各藩纷纷仿建学宫,重儒兴学之风便在日本各地盛行起来。

朱舜水不仅学问渊博,还精通农圃梓匠、衣冠器用、养蚕缫丝等各种工艺技术,并将这些工艺技术传授给日本人民。他曾为德川光国在江户的府第做了设计并督造了仿中国西湖风景的"后乐园",这个园林后来成为日本著名的风景名胜,其位置就在现在东京的文京区。

1682 年 5 月 23 日,朱舜水在日本溘然长逝,终年 83 岁。德川光国悲痛不已,按明朝礼仪安葬朱舜水,并亲自题写碑文

"明征君子朱子墓"。后又将他的著作编成《朱舜水先生文集》28 卷,于 1715 年刊行于世。朱舜水死后,日本学者私谥其为"文恭先生"。

朱舜水侨居日本讲学 20 余年,大力弘扬中国先进思想文化,对日本的社会发展起到了积极的推动作用,成为继唐代鉴真大师之后,中日文化交流史上的又一位著名人物,被日本人民尊称为"日本的孔夫子"。

### (二)陈元赟:明末杰出的文化传播者

陈元赟(1587—1671),原名珦,字义都,号芝山、既白山人,浙江杭州人。早年走科举之路,尽管他多才多艺,但屡次参加科举考试,结果都名落孙山,遂绝意仕途,放浪形骸,涉迹江湖。其间为生计,他学会了医术、制陶术等技艺,还一度投身河南少林寺,练就了一身武艺。就这样,在陈元赟 33 岁那年东渡日本前,他不仅已拥有高超的武艺,还精通诗文、医术、书法、茶道、制陶等,可谓难得的全才,为他成为杰出的文化传播者奠定了基础。

1619 年秋,陈元赟随海商东渡日本,来到长崎。原本并无久留的打算,但到日本后得了痢疾,便留在日本疗养。时间一长,随身盘缠花费殆尽,只得在长崎招收弟子教授书法,聊以糊口,同时开始自学日语。

1621 年,陈元赟在长崎遇见了赴日谈判倭寇问题的浙直总兵使节单凤翔。单凤翔见他精通日语,便邀请他赴京都担任临时翻译。陈元赟在京都结识了朱子学者林罗山、汉诗人石川丈山、汉学者户田花屋、松永尺五、安东省庵等一批日本诗人和学者,与他们诗酒唱和,甚是投缘,他的才华受到这些日本文人的赞扬,这让陈元赟看到了自己的价值。因此,当明朝使团回国时,陈元赟决定仍然留在日本。这年冬,他被长门藩主毛利辉元聘为幕宾,1623 年陈元赟用汉文编写了一部《长门国志》,原稿现存山口县。

1625 年至 1627 年,陈元赟寓居江户城南的国昌寺,开始教授少林拳术,一时从学者甚多。来自长州藩的武士福野七郎、三浦与治、矶贝次郎都投到他的门下,向他学习拳术。后来这 3 人又各自授徒,将陈元赟所传的中国拳法传到日本各地,并与日本原有柔术相结合,逐渐形成了后来的柔道。陈元赟因此被日本人奉为"柔道鼻祖"。

1638 年,经友人引荐,陈元赟前往尾张(今名古屋),做了尾张藩主德川义直的幕宾,年俸 60 担,教授诗文、书法。德川义直是当时江户幕府的创建者德川家康的第九子,自幼酷爱中国文化,攻读儒家典籍。才华横溢的陈元赟获得了德川义直的欣赏和礼遇,当时,陈元赟已经 52 岁,从此就在尾张定居下来,娶妻生子,过上了稳定的生活。

1659 年夏天,陈元赟在尾张与日本著名诗僧、37 岁的元政邂逅相识,两人一见如故,结为忘年之交。早在国内时,陈元赟就爱好"公安派"袁氏三兄弟(袁宗道、袁宏道、袁中道)的诗文,因此特地向元政推荐《袁中道集》,引起元政的兴趣,两人吟咏唱和,合著《元元唱和集》,首次把我国"公安派"文学传播到日本。1662 年,受吉永藩主加藤明友的委托,陈元赟用日语点训《朱子家训》,使这部朱子学著作成了日本武士阶层子弟的启蒙读物。这一时期,他还写了大量诗歌、散文。陈元赟晚年笃信老庄,写有《老子经通考》一书,对老子学说做了较详细的考释。但他并不排斥佛儒,与同时代旅居日本的中国大儒朱舜水、高僧隐元、名医张振甫等都有交往。

1671 年 6 月 9 日,多才多艺的陈元赟在日本去世,终年 85

岁,葬于名古屋建中寺。后人金鳞九十九之尘有《瞻陈元赟墓》诗云:

> 虎林殊域客,流寓百余年。
> 絮酒酹今日,吟诗成断编。①

陈元赟在日本留有很多著作及艺事佳话。他在日本的著述,除上述《长门国志》《老子经通考》《元元唱和集》外,还有《双星诗稿》《既白山人集》《虎林诗文集》《升庵诗话》等。1994 年,辽宁人民出版社出版了衷尔钜辑注的《陈元赟集》,该书为陈元赟著作的集大成者,为研究陈元赟提供了难得的资料。

陈元赟在制陶工艺上也有相当造诣,定居尾张之后,他曾主持过官窑“御庭烧”。他将中国的制陶工艺改良后,制作出多种风格独特的点心盘、酒壶、花瓶等陶器,人称“元赟烧”,有实物传世。他在茶道的仪制、器具方面也有建树。甚至还擅长茶食的制作,据说有一道叫作“板元赟”的茶食,在名古屋等地一直流传至今。在建筑方面,陈元赟也曾参与了一些寺院的改造、设计。

陈元赟的书法在日本享有盛名,其篆、隶、行、草各体无一不精,尤工赵孟頫书画,其墨迹至今被日本人珍藏。陈元赟在日本时培养了许多书法家,日本著名书法家渡边梅峰、佐佐木志津摩都是他的弟子,且代有传人。

陈元赟在侨居日本的数十年间,授徒讲学,教授书法和绘画,传授武术和医术,广结朋友,治学著书,为中日文化交流奉献了毕生的心血,受到日本人民的尊重与崇敬。日本学术界把

---

① [日]小松原涛:《陈元赟研究》,雄山阁 1972 年版。

他与著名学者藤原惺窝、林罗山、伊藤仁斋、朱舜水等共同尊为日本的"先哲"。

# 十三、李之藻与中西科技文化交流

明朝末年,随着西方传教士来华传教,西方的科学知识也逐渐传入中国。经世致用的"西学"受到一些开眼看世界的士大夫的重视,他们投身于译撰、刊刻西学图籍,将西方的天文、历法、数学、水利等科学知识介绍到中国,积极传播和吸收西方科学技术,成为中国近代科学的先驱者,其中就有与徐光启齐名的浙江人李之藻。

李之藻(1565—1630),字振之,又字我存,号凉庵、凉叟子、东海波臣等,浙江仁和(今杭州)人。自小喜爱舆地历算之学,少年时曾亲手绘制过一幅包括十五省的全国地图。[①] 万历二十六年(1598),李之藻考中进士,授南京工部营缮司员外郎。

万历二十八年冬(1601 年 1 月),意大利耶稣会传教士利玛窦以进贡方物的名义来到北京,由于他同时精通西洋科学和中国儒学,受到士大夫们的普遍欢迎。李之藻在听闻利玛窦的声名后,便去利玛窦的寓所拜访他。进门后,李之藻便被壁间悬挂的一幅利玛窦绘制的世界地图吸引住了。他从未看到过这样的地图,原来世界很大,中国只是世界的一小部分而已,由此

---

① 　[意]利玛窦,[比]金尼阁著,何高济等译:《利玛窦中国札记》,中华书局 1983 年版,第 431 页。

他发现了自己在地理知识上有很大的缺陷。于是便开始跟随利玛窦学习西方地理学、天文学等知识。经过刻苦学习，李之藻很快就掌握了西方自然科学基础知识。他的才华得到了利玛窦的赏识，利玛窦曾将他与徐光启（字子先）相提并论，称赞说："自吾抵上国，所见聪明才达，唯李振之、徐子先二人耳。"①

万历三十年（1602），利玛窦在李之藻的帮助下，对原来所绘的世界地图进行了修订，并命名为《坤舆万国全图》，李之藻出资刊刻，还为新版地图撰写了一篇序文。这幅绘制精良的地图融合了当时中西双方对世界的认识，是西学东渐的一个典型实例。《坤舆万国全图》印行后，在各地反响出奇的好，万历皇帝也很喜欢这幅地图，命宫中太监细心摹绘一幅收藏于宫中。《坤舆万国全图》的原刻本尚有 6 件完整地保存至今，成为中西科学知识交流的一大见证。

万历三十八年（1610）正月，李之藻在京突然得了重病，生命垂危。此时他的家人都不在京城，全靠近 60 岁的利玛窦日夜悉心照料，病情才逐渐好转。李之藻深感利氏的爱心，于是受洗成为天主教徒，还取了一个教名"李良"。就在李之藻病情好转后不久，一直照顾他的利玛窦却因过度劳累而病倒了，几个月后就溘然长逝。对于这位良师益友的去世，李之藻十分悲痛，亲自参与了利玛窦后事的安排。经过李之藻等人的多方奔走，万历皇帝破例将北京的一块墓地赐给利玛窦，利玛窦成为第一位长眠于北京的西方传教士。②

万历三十九年（1611）二三月间，李之藻因父丧回籍守制，

---

① 杨廷筠：《同文算指序》，载李之藻：《天学初函》，台湾学生书局1965 年版，第 2784 页。

② 赵晖：《耶儒柱石：李之藻、杨廷筠传》，浙江人民出版社 2007 年版，第 59 页。

途经南京时,邀请了3位耶稣会神父——郭居静、金尼阁、钟鸣仁一起南下,到杭州开教。从此,杭州成了耶稣会士在中国传教的一大据点。[①]

当时朝廷中精通历法的人才严重缺乏,钦天监在推算日食时常发生错误。于是礼部将修历提上了日程。为此,李之藻向万历皇帝上《请译西洋历法等书疏》,建议聘用耶稣会士翻译由欧洲传教士带来的历算书籍,以供修历之用。他甚至敦请朝廷全面引入西学,而不仅仅局限于历法,这种见识和博大的胸怀在当时实属难能可贵。万历四十二年(1614)春,李之藻守制期满,亲自赴京参与修历工作,但因为明廷无暇开局,他次年就离开北京去江苏高邮治理南河了。

万历四十七年(1619),后金在辽宁的萨尔浒打败明军,明廷大为震惊,急命徐光启练兵。为了帮助徐光启练兵,李之藻与杨廷筠等人募集款项,派他的门人张焘到澳门购买了4门西洋大炮。次年及天启元年(1621),李之藻又先后上《制胜务须西铳乞敕速取疏》《制胜务须西铳敬述购募始末疏》,请求当时的皇帝明熹宗尽快把这4门大炮运到东北前线;并认为当今制胜之道,唯有使用西洋先进火器,建议引进葡萄牙炮师,学习其制造和运用火炮的技术,同时访求尚未离境的传教士,让他们协助翻译与火炮有关的书籍,帮助明军掌握先进的西洋火炮技术。被辽东战局弄得焦头烂额的明熹宗同意将这4门大炮运到东北前线,并批准从澳门增购20多门大炮。最终有几门大炮被调到辽东前线,这些大炮在1626年大挫后金的宁远之战中大显神威,据说清太祖努尔哈赤因之丧命。

---

① 陈剩勇:《浙江通史(明代卷)》,浙江人民出版社2005年版,第444页。

天启元年(1621)三月,后金攻陷沈阳、辽阳,情势危急,朝廷就让刚刚被任命为广东布政司左参政的李之藻紧急改任光禄寺少卿,管理军需,以发挥其懂西方火器知识的特长。天启三年(1623),李之藻因为反对魏忠贤而受到打击,调任南京太仆寺少卿。不久,他就辞官归隐老家杭州。此后,李之藻就专心致志地从事西方科学和天主教书籍的编译工作。

为了让更多的国人了解和掌握西方科学等知识,李之藻早从 1601 年开始,便与利玛窦合作,着手翻译、编著天文学和数学等方面的西方科学著作,先后完成了《经天该》《浑盖通宪图说》《同文算指》《圜容较义》《乾坤体义》等著作。1623 年辞官返乡后,又和葡萄牙籍耶稣会士傅汎际合作,翻译《寰有诠》和《名理探》,将亚里士多德的宇宙理论和逻辑学理论传入中国。除了翻译和编撰西学著作,李之藻还倾其家产,充分利用杭州刻书作坊的便利条件,大量刊印西学译著,使西方科学和宗教的著作在明清之际的中国广泛传播开来。如 1623 年,李之藻亲手刊印了意大利人艾儒略编写的《职方外纪》6 卷,这是第一部用中文系统介绍世界地理的专书,记述了五大洲各国的风土人情、气候名胜,以及哥伦布发现美洲等世界大事,使当时的中国人大开眼界。

崇祯元年(1628),李之藻将国内近 50 年间所译西书选汇成一函,取名《天学初函》,这是中国第一部西学译著系列丛书,也是当时最重要的西学翻译成果,对于推动明末清初中国科技的进步具有十分重要的意义。李之藻原本计划再编刻续编,但可惜他在《天学初函》完成后的第二年就去世了。该丛书共收集了明末西学译著 20 种,凡 52 卷,分理编(宗教、哲学)和器编(科学)两部分,每部分各收 10 种。《天学初函》在明末流传极广,多次再版重印。

崇祯二年(1629),李之藻被重新起用,朝廷想起他还是因为西方科学。这年五月发生了日食,钦天监用传统的大统历和回历推算日食又出现错误,而礼部侍郎徐光启依西洋历法计算,则分毫不差,于是继位不久的崇祯皇帝开始相信西洋历法,下诏重修历法,成立西洋历局,并下令李之藻尽快从杭州赶赴北京,参与历法修订工作。此时李之藻已经得病,可他仍然抱病北上,李之藻一到京,便立即全身心地投入工作,在短短几个月中,与徐光启等人一起翻译了《历指》《测量全义》《日躔表》等多部介绍西方天文学的著作。崇祯三年(1630)九月二十七日,李之藻因病在北京去世,后归葬于杭州。

在近代欧洲文明传入中国之际,李之藻是最早一批具有"现代意识"、勇于接受异域文明影响的士大夫,也是传播和吸收西方科学技术的积极推动者。更难能可贵的是,他一生都在为之奋斗,就连他生命的最后岁月,也是在翻译西方著作中度过的,可谓鞠躬尽瘁,死而后已。

第七章

潮起潮落（清前期）

——浙江海上丝绸之路的曲折发展（下）

清朝初年,清政府延续了明朝的海禁政策。康熙二十三年
(1684)解除海禁后,清政府在浙江宁波设立海关,以管理浙江
进出口贸易,征收往来商船的税款。此时,英国东印度公司商
船来舟山贸易,但清政府对英国来华贸易始终存有戒心,不久
浙海关就向西方国家关闭,因此在舟山的中英贸易并未持续
很久。但英国并不甘心,此后仍不时派船来浙。后来英国于
1840 年悍然发动鸦片战争,清政府被迫开放 5 个通商口岸,
其中就包括宁波。

清前期(1840 年前),浙江对外贸易对象以日本和东南亚为
主,其中对日贸易的最重要港口是乍浦港。康熙六十年(1721),
清政府规定采办日本洋铜的商船只能在乍浦和上海两关进出
口,乍浦由此脱颖而出,发展成为与上海并立的中国对日贸易
的中心港和浙江的外贸中心之一。而随着乍浦和上海两港的
崛起,宁波港虽在中日交流中仍保持着重要地位,但与宋元明
时期已不可同日而语。

这一时期,有许多欧洲传教士来到浙江杭州、宁波、温州等
地传教,比较著名的有卫匡国、殷铎泽、阳玛诺、洪若翰等。通
过这些传教士的著作和书信,更多的西方人了解了浙江。同
时,中国的经济文化传播到欧洲,对开启欧洲社会的启蒙运动
产生了重大的影响。

# 一、清初海禁与浙海关的设立

1644 年,清朝统治者入主北京,宣告新的王朝正式成立。清朝基本上承袭了包括海洋政策在内的明朝各种制度,但此时一些海上抗清武装尤其是台湾郑成功集团,仍在浙江、福建沿海进行着激烈的抗清斗争。清政府为了切断反清势力与沿海人民的联系,进而断绝他们的粮食物资供应,开始实施比明朝更为严厉的海禁政策。

自清顺治十二年(1655)至康熙十四年(1675),清政府先后6 次颁布"禁海令",严禁浙江、福建、广东、江南、山东、北直隶等沿海省份居民出海捕捞和进行海上贸易,"片帆不许入海"。为了严格执行这一禁令,清政府在顺治十八年(1661)、康熙元年(1662)和康熙十七年(1678)3 次下令内迁沿海居民,称为"迁界"或"迁海",沿海 30—50 里(15—25 千米)的地区因此变成荒地。

清初的海禁政策,虽然在一定程度上断绝了海上反清势力的补给,但也给沿海人民造成了深重灾难,沿海人民赖以为生的海上贸易乃至渔盐业都遭到严重破坏,社会经济严重倒退,国家和地方的财政收入锐减。

朝廷中的有识之士包括康熙皇帝自己都已认识到海禁的负面影响,朝中要求开海的呼声连绵不断。康熙十九年(1680),清政府率先在山东开放海禁。受此鼓舞,朝廷中的开海之议进入高潮,从而加速了全面开海的到来。

康熙二十二年(1683),清军收复台湾,"海氛廓清",清政府便立即着手开放海禁和设关权税。这年十一月,康熙皇帝派工部侍郎金世鉴、都察院左副都御史雅思哈等人前往江、浙两省"展沿海边界"。康熙二十三年(1684)二月初一,工部侍郎金世鉴上疏建议:

> 浙江沿海地方,请照山东诸处现行之例,听百姓装载五百石以下船只往海上贸易、捕鱼,预行票明人数。至收税之处,交与该道,计货之贵贱,定税之重轻,按季造册报部,应如所请。①

康熙皇帝采纳了金世鉴奏请,解除浙江海禁。同年九月,康熙皇帝正式发布开海令,全国范围内的海禁得以废除。

为了加强对外贸易管理,清政府效仿宋、元、明三朝设置市舶司的做法,在康熙二十三年(1684)至二十四年(1685),先后设立粤海关(驻广州)、闽海关(驻福州、厦门)、江海关(初驻华亭,不久迁至上海)和浙海关(驻宁波)等 4 个海关,专管进出口贸易和税务。这是中国历史上第一次以"海关"来命名对外贸易管理机构。需要说明的是,当时清政府与之前的历代封建王朝一样,仍把与中国贸易的海外国家视为中国的藩属,并不承认它们的主权国家地位,因此名曰海关,其实与现在的海关有本质的区别,可以说是有海关之名,无海关之实。

浙海关成立于康熙二十四年(1685),时称"浙海钞关",其主要职责是管理浙江沿海地区的对外贸易,征收往来商船的税款。关署设在宁波,具体位置在宁波府治南董庙的西边,今宁波市中山西路鼓楼旁。浙海关设满、汉海税监督各一员,笔帖

---

① 《清圣祖实录》卷一一五,康熙二十三年夏四月辛亥。

式一员。首任浙海关监督能代与笔帖式塔塞正式上任是康熙二十五年(1686),所以有的史料又将该年作为浙海关设置之年。康熙二十六年(1687)清政府规定,四省海关监督,一年一换,目的在于防止驻久生弊。康熙末年,清政府对榷关制度进行了重大改革,康熙五十九年(1720),浙海关交给浙江巡抚管理。雍正二年(1724),由浙江巡抚题委宁绍台道就近护理,仍以1年为期,自此直至鸦片战争爆发前均未改变。

《雍正浙江通志》卷八十六《榷税》记载,清雍正时期,浙海关下辖的主要口址有16处,另有旁口13处。具体分布如下。

1.大关口,离关署2里,属宁波府鄞县。

2.古窑口,离关署150里,属宁波府慈溪县。

3.镇海口,离关署60里,属宁波府镇海县。另旁口二:蟹浦、邱洋。

4.湖头渡,离关署150里,属宁波府鄞县、奉化县及台州府宁海县。

5.小港口,离关署90里,属宁波府镇海县。另旁口二:穿山、大碶。

6.象山口,离关署360里,属宁波府象山县。另旁口一:泗州。

7.乍浦口,离关署720里,属嘉兴府平湖县。

8.头围口,即澉浦口,离关署700里,属嘉兴府海盐县。

9.沥海口,离关署300里,属绍兴府山阴、会稽、余姚三县。另旁口一:王家路。

10.白峤口,离关署220里,属台州府临海、宁海二县。另旁口一:健跳。

11.海门口,离关署450里,属台州府临海、宁海、太平三县。另旁口一:金清港。

12. 江下埠,离关署 500 里,属台州府太平县。

13. 温州口,离关署 780 里,属温州府永嘉、乐清二县。另旁口四:宁村、状元桥、黄华关、蒲岐。

14. 瑞安口,离关署 850 里,属温州府瑞安县。

15. 平阳口,离关署 920 里,属温州府平阳县。又旁口一:大渔。

16. 定海口,属宁波府定海县。这是康熙三十七年(1698)添设的一处关口。①

以上 16 处口址多位于其所在地区的经济重心,当时选址考虑了经济、交通、地理、人文等多种因素。其中离浙海关署最近的为大关口,关址原在宁波"城东三港之南",乾隆时移至三江口东岸(今宁波市鄞州区常关弄西侧),当时称浙海大关。②因商船在此验税,又称税关。需要注意的是,以上是雍正时期浙海关各口址情况,与其初设之时相比应有所变化。一些小口、旁口因海潮引起的港湾变迁等因素影响,后世也多有增减。有的旁口如蟹浦、邱洋、王家路、健跳、宁村等,甚至不征税银,只设役巡查。至乾隆时,浙海关收税口址布列沿海各地,北至乍浦,南至温州,计大小口址 21 处,其中宁波、乍浦、温州税额较多,为浙海关三大口。

开放海禁和设置浙海关,为浙江各港口和海外贸易的复兴提供了机遇。由于浙江是丝茶产地,因此从宁波、普陀山等浙江各口岸远航日本与东南亚地区的商船急速增加。以日本为例,康熙二十三年(1684)进入日本长崎港的中国商船有 24 艘,到开禁后的 1685 年便增加到 85 艘,增加了 2 倍多。到 1688 年,

---

① 《雍正浙江通志》卷八六《榷税》。

② [清]陈梦说:《新建浙海大关记》,载胡丕阳、乐承耀:《浙海关与近代宁波》,人民出版社 2011 年版,第 360—361 页。

设在宁波三江口东岸的浙海关

更是达到了破纪录的 193 艘,其中宁波船 32 艘,普陀山船 5 艘,温州船 1 艘,来自浙江港口的总计 38 艘,约占总数的 20％。① 康熙二十六年(1687)七月二十七日进入长崎港的 109 号宁波船船主说:"宁波在浙江省内,为诸方船只自由出入之港,商船聚集……作为商业之港,是诸事方便之所。"②乾隆年间(1736—1795),浙江乍浦港从江浙地区众多海港中脱颖而出,发展成为与上海并立的中国对日贸易的中心港。

康熙年间开海后,也有外国商船来到舟山停泊,定海关的添设即与此有关。舟山在明代为海禁弃地,康熙二十七年(1688),置定海县,原定海县改名为镇海县。为了加强对来浙外国商船

---

① 〔日〕大庭修著,戚印平等译:《江户时代中国典籍流播日本之研究》,杭州大学出版社 1998 年版,第 25 页。
② 〔日〕林春胜、林信笃:《华夷变态》上册,东方书店 1981 年版,第 788 页。

的管理,同时也为方便外国商船纳税,浙海关监督多次要求清廷在定海或镇海设关。康熙三十三年(1694),浙海关监督常在题本上奏:

> 初设海关时,定海尚未置县,故驻扎宁城。凡商船出洋回洋,出入镇海口,往还百四十里,报税给票,候潮守风。又蛟门虎蹲水急礁多,绕道陟险,外国番船至此,往往回帆而去。请移关定海,岁可增税银万余两。①

但清廷认为移关定海,不仅关署需要另建,还会毁掉宁波府城的市场,因此没有同意,仍令浙海关驻在宁波,只是差遣官役前往定海收税。康熙三十六年(1697),浙海关监督李雯再次奏请移关镇海,并照闽海关、粤海关之例设红毛馆一座。朝廷仍未允准,理由跟之前一样。② 当时闽浙总督郭世隆也反对迁关,他认为"镇海县距宁波府城仅六十余里,洋船既至镇海,即可直抵府城,移关设馆,于商民无所利益,仍旧为便"③。

康熙三十七年(1698),浙海关监督张圣诏又题本上奏:

> 定海岙门宽广,水势平缓,堪容外国大船,可通各

---

① 《康熙定海县志》卷四《田赋·关市·番舶贸易增课始末》。

② 《康熙定海县志》卷四《田赋·关市·番舶贸易增课始末》。《康熙定海县志》将此事记在康熙三十五年(1696),当误。查《雍正宁波府志》卷一六下《秩官》,李雯始任浙海关监督是在康熙三十六年(1697),当时闽浙总督郭世隆也反对李雯迁关之议,《满汉名臣传》卷二十五《郭世隆传》载其上疏时间为康熙三十六年七月,可为佐证。

③ 吴忠匡总校订:《满汉名臣传》,黑龙江人民出版社1991年版,第715页。

省贸易,海关要区无过于此。自愿设法捐造衙署一
所,往来巡视,以就商船之便。另设红毛馆,安置红毛
夹板大船人众,可增税一万余两。府城廛市仍听客商
贸易,不致毁坏。①

在这道奏折中,张圣诏针对之前朝廷反对的理由,提出了
以下解决方案:一是在定海"自愿设法捐造衙署一所",二是"府
城廛市仍听客商贸易,不致毁坏",即不撤销位于宁波府城的浙
海关关署,在定海设立分关,听任商人两地交易。②这样一来,
宁波府城的市场不致毁坏,而且也不花国库一分钱,每年还可
以增税一万余两。这次朝廷终于同意了。同年,张圣诏在定海
钞关弄(约在今定海东大街东管庙弄附近)建造关署。不久又
在定海城外南道头西侧建"红毛馆",专门接待来舟山进行贸易
的欧洲商人。"红毛"是明末以来国人对欧洲人的统称。此后
在浙海关税额中,就有了"红毛货税银"一项:"额设红毛货税银
一万两,榷关征收,解司充饷。"③可见在定海设立关口的目的,
主要是方便英国等欧洲国家商船来浙江贸易。

定海设关后,来舟山的欧洲商船有所增多。英国东印度公
司对舟山情有独钟,1700 年有 4 艘英国商船前来交易,之后来
舟山的英国商船数是:1701 年 2 艘,1702 年和 1703 年各 4 艘。
由于英商在舟山受到各类官员的敲诈勒索,加之舟山的经商制

①　《康熙定海县志》卷四《田赋·关市·番舶贸易增课始末》。
②　当时并未将浙海关从宁波迁到定海,而只是在定海设立分关,这
可以从《东印度公司对华贸易编年史(1635—1834 年)》记述 1700—1701
年英商在定海时的一段文字得到证实:"海关监督常驻宁波……他的衙门
设在宁波,像定海这样的一处驻所,他只是偶然才来一次的。"
③　《康熙定海县志》卷四《田赋·关市》。

度环境不如广州,因此到了 1703 年,英国人已决定放弃舟山,将对华贸易的重心放在广州了。

根据当初浙海关监督张圣诏的说法,定海设分关后,听任商贾在定海和宁波两地交易。但实际上,英国人来到定海后,就被限制在舟山岛停泊、装卸、交易和纳税,他们不能去宁波交易。这不仅使英国人感到不满,也引起宁波鄞县商人的抗议。洋船泊定而不泊鄞,影响到了鄞县商人尤其是市侩牙人(即买卖中间人)的利益,于是那些市侩牙人,"耸驾大题,危言动听,吁请洋船泊鄞之说纷纷不已",以致"忿争聚讼",闹出不小的动静。康熙四十四年(1705),署理布政司、分巡宁台道胡承祖将此事详情报告给闽浙总督金世荣,金批示:"东西洋船愿往宁波者,听其驾赴宁波;愿往定海者,听其泊定海。两处勒石永禁。"①即洋船泊鄞泊定,悉听商便,此事才告平息。不过此时,舟山和甬江已经基本上看不到英国商船的帆影了。

雍正十一年(1733),因英国商船久未到浙,定海红毛馆的书吏被调到家子口(即海门口)办理税务,定海关业务划归镇海口书吏兼管。到 18 世纪中叶,就连红毛馆的建筑也塌毁了。乾隆二十年(1755),定海镇总兵官陈鸣夏奏报:"定海一隅,收泊东西洋艘。昔年创立红毛馆于定海道头,嗣聚泊广东澳门、福建厦门,迄今数十年,该番船不至,馆亦圮废。"②到乾隆二十二年(1757),清政府担心洋船到宁波日多生事,于是实施"一口通商"政策,浙海关对欧洲人关闭,欧洲商人只能到广州一口交易。

不过,"一口通商"后,浙海关和定海分关仍在正常运作,因

---

① 《康熙定海县志》卷四《田赋·关市·东西洋船泊定贸易始末》。
② 《史料旬刊》第 10 期《乾隆朝外洋通商案·陈鸣夏折》。

为在定海、宁波做贸易的，不仅仅是英商，还有前往日本长崎以及琉球等地的商船。自康熙开海以后，中日贸易的大门就从未关闭过。

# 二、英国与浙江的早期贸易往来

英国位于大西洋的交通要道上，处在国际贸易的枢纽地位，然而当大航海时代的先行者葡萄牙人、西班牙人先后来到东方，控制了欧洲远东贸易的时候，英国人的贸易活动区还主要局限在欧洲一带，而且常常遭到西班牙人和葡萄牙人的排挤打击。1588 年，英国一举击败了西班牙的"无敌舰队"，终结了西班牙的海上霸权，为进军东方扫除了障碍。16 世纪末，荷兰率先打破了葡萄牙在南洋群岛的垄断地位，并逐渐占据贸易优势。与此同时，英国也加快了在东方进行贸易与殖民扩张的步伐。

1600 年 12 月 31 日，英国女王伊丽莎白一世批准成立伦敦商人对东印度贸易公司，简称"伦敦公司"或"英国东印度公司"，并颁发特许状，允许它在 15 年内垄断好望角到麦哲伦海峡之间的贸易，并赋予该公司在这一区域制定法律、受理行政和建立贸易据点的特权。公司由第三代坎伯兰伯爵乔治·克里福德（George，Earl of Cumberland），以及 215 位爵士、高级官员和商人共同组建，采取股份制。在当时西方人的眼里，"东印度"并非单指盛产香料的东印度群岛（即马来群岛，我国旧称南洋群岛），而是对东方世界的总称。英国东印度公司的活动范围包括整个亚洲，中国与日本被列为重要的贸易往来地。

英国船队

英国人自 15 世纪末开始，便一直在探索与中国这个富有的东方大国进行贸易的航路，但直至 17 世纪 20 年代，英国仍未在对华贸易中获得一席之地。此时正值明末，中国统治者仍奉行明初以来的闭关政策，葡萄牙、西班牙、荷兰都未能与中国建立正式的贸易关系。不过这三国都在东南亚占有殖民地，荷兰还霸占了中国台湾，葡萄牙也通过贿赂广东地方官吏，获准在澳门居留。因此，葡、荷两国可以同中国进行直接或间接的贸易。而英国当时在东南亚还没有殖民地，英国人渴望在中国获得一个据点，进行直接贸易。

1637 年 6 月，英国人约翰·威德尔（John Weddell）率领英国葛廷商会的 4 艘商船经印度果阿中转，驶达中国澳门附近的横琴岛，这标志着中英之间直接交往的开始。但澳门的葡萄牙知事不许英国人登陆，并极力阻止中国人和他们进行贸易。威德尔见在澳门无法进行贸易，便驶往广州。明朝的海防关卡一再告知禁止英船驶入广州，但威德尔置之不理，强行闯入广州

虎门,结果与明军发生武装冲突,与中国通商的企图宣告失败。清初实行严厉的海禁政策,英人在清朝统治区仍无法通商,于是转而与占据台湾、厦门等地的郑氏政权建立贸易关系。1672年和1676年,英国东印度公司先后在台湾和厦门设立商馆,其间英国人曾到郑氏控制的浙江舟山进行交易。1683年台湾郑氏政权投降清朝之后,英国东印度公司因曾与郑氏往来并向其提供武器弹药与清军作战,被清政府敌视,对华贸易一度又陷入停顿。

康熙二十二年(1683)清政府收复台湾,第二年就正式解除海禁。1684—1685年,清政府先后在沿海粤、闽、江、浙4省设立4个海关。浙海关设在宁波,其主要职责是管理当时浙江15个口岸的海上贸易,征收往来商船的关税。4个海关设立后,中国的海外贸易获得迅速发展,英国的对华贸易也迎来了转机。然而在浙海关建立初期,英国东印度公司对于在浙江的贸易似乎并没有特别重视,从1684年至1699年,约有12艘英船来华,其中到厦门的9艘,到澳门的1艘,到广州的1艘,到舟山的1艘,可见英人这一时期在华贸易的中心是他们原设有商馆的厦门。但因英船在闽海关受到的勒索过重,他们已开始考虑"将贸易转往宁波或广州,或者放弃几年"①。广州因为当时还有在澳门的葡萄牙人从中作梗,所以英国人便把目光投向了宁波。

康熙三十五年(1696),英国东印度公司派遣商船"萨拉"号来到舟山(清时称定海),该船大班②高夫(Richard Gough)向公司董事部报告,他"不怀疑可以在该处得到贸易的自由,但恐怕

---

① [美]马士著,区宗华译:《东印度公司对华贸易编年史(1635—1834年)》第一卷,广东人民出版社2016年版,第70页。
② 当时欧洲商船上管理贸易的主任经理分大班、二班、三班等。

中国人不会准许居留"①。这是英国东印度公司档案记录里来浙的第一艘船。为什么当时英国人来到舟山而不是宁波? 法国耶稣会士洪若翰的解释是:"英国人首次登上舟山纯属偶然,因为他们在这一带星罗棋布的岛屿之中分不清也找不到通往宁波的航路。"②洪若翰 1703 年到过舟山,在该地待了一个多月,与当时在舟山经商的英国人有过密切接触,他也是乘英国船只从定海返回欧洲的,因此他的话较为可信。根据英国人绘制的浙东沿海图推测,定海设关前应有不止 1 条英船来过舟山、甬江。③ 康熙时定海知县缪燧所撰《番舶贸易增课始末》中,有"康熙三十三年(1694)监督常在具题,谓⋯⋯外国番船至此,往往回帆而去"以及"红毛即英圭黎国⋯⋯往来于广东岙门、福建厦门间,有乘风至定海者,地方文武官不敢擅留"之语,也可以佐证。但定海设关前,来浙英船数量应该不多,且来去匆匆。值得注意的是,这时的浙江地方官员为增加本地海关收入,也积极吸引外国商船来浙。康熙三十七年(1698),为方便外国船只来浙交易,经浙海关监督张圣诏提请,清政府批复同意在定海设立海关,并在定海钞关弄设立关署。后来还在定海城外南道头西侧建红毛馆一区,专门接待来舟山的欧洲商人。从《番舶贸易增课始末》看,这里的"红毛"应指英国人。可见定海建红毛馆,主要是为方便英国商船来浙交易,这也从一个侧面表明,此前应有英国商船来定海贸易。

---

① [美]马士著,区宗华译:《东印度公司对华贸易编年史(1635—1834 年)》第一卷,广东人民出版社 2016 年版,第 123 页。

② [法]杜赫德编,郑德弟、吕一民、沈坚译:《耶稣会士中国书简集:中国回忆录》上卷,大象出版社 2005 年版,第 322 页。

③ 水银:《天下开港:宁波港人文地理史述考》,宁波出版社 2018 年版,第 176 页。

就在这时，英国国内也发生了一起对对华贸易有积极影响的重大事件。1698年，英国国会通过了一项新法案，凡是年息8厘认购200万英镑公债的人，都可以按照其认购的全额参与东印度贸易。1698年9月5日，一批私商根据该法案成立了新公司——英国东印度贸易公司，简称"英国公司"，俗称"约翰公司"。由此英国出现了新、老2个东印度公司并存的局面，双方都争相向东方派出商船，设立商馆，互相竞争。直到1702年3月20日，根据英国国会议案，新、老公司合并，定名为"英商在印度贸易联合公司"。

英国公司一成立，就迫不及待地开始了它的对华贸易活动。1699年11月23日，公司指派管理会来管理公司在中国的事务。管理会成员包括主任1人、商人4人；另外有代理人2人、书记5人、牧师1人、医生1人及英籍童仆5人。卡奇普尔（Allen Catchpoole）作为管理会首任主任被派往宁波。同时，英国国王任命卡奇普尔为驻华总领事，希冀在浙江开创对华通商的新局面。

于是，在康熙三十九年（1700），舟山港一下子来了4艘英国商船。

先是7月前后，从伦敦开来的英国东印度公司商船"特林鲍尔"号和来自孟买的散商船①"孟买商人"号驶抵舟山。8月6日，又一艘东印度公司商船"麦士里菲尔德"号从广州驶抵舟山。10月11日，新公司管理会成员一行乘坐"伊顿"号商船，在主任卡奇普尔率领下抵达舟山，随船医生詹姆斯·坎宁安（James Cunningham）在致英国皇家亚洲学会的信中，记下了他

---

① 散商指以私人资本从事东方贸易的商人，也称港脚商。英国散商船不属于东印度公司。

340

们初到舟山时的见闻：

> 1700 年 10 月 11 日,(引水员)带我们安全地到达
> 舟山。岛上中国人给了我们一小块居住地和贸易的
> 自由,但不是去宁波……岛的西岸是港口,非常安全
> 和方便,船只在此泊靠。岛上建筑盖在岸边的低矮谷
> 地里,大约有两百间房屋,都是为了商贸。住的都是
> 男人,不允许他们的妻子住在这里。①

卡奇普尔一行受到了定海总兵蓝理的友好接待。不久,定
海商馆(即"红毛馆")也建造完工,卡奇普尔和部分委员会成员
住进了商馆。对此,新公司管理会第三主任亨利·劳斯(Henry
Rouse)在他的日记中写道："(1700 年)10 月 29 日,总兵的工人
完成了商馆房子的建造,主任和部分委员会成员第一次到岸上
睡觉。"②商馆有 15 间排成一行的大屋和一条 200 英尺(约 61
米)长的走廊。卡奇普尔在信中描述道："后面有仓库,前面有
一排与之相同长度的外屋。中间的院子有 27 英尺(约 8 米)
宽。仓库后面有条江,与大海相通,便于卸货。在外屋前有一
大块地,约 1.5 英亩(约 6070 平方米),还有一个可供登陆的
浮码头。"③

---

① 原载 1702 年 1 月出版的英国皇家学会期刊《哲学汇刊》,转引自
金国平,贝武权:《双屿港史料选编(法英文卷)》,海洋出版社 2018 年版,
第 576 页。

② 邱波彤、邱好玥:《1700 年,英国舟山商馆设立和撤出始末——
以英国新东印度公司文献和手稿为考察中心》,《舟山日报》2022 年 6 月
9 日。

③ 原载伦敦《亚洲季刊》1887 年第 3 卷,转引自田力:《早期中英关
系史——以浙江为中心的研究》,浙江大学出版社 2021 年版,第 157 页。

英国人来舟山贸易可谓好事多磨。英国人通过翻译告知总兵,他们在获得准许其自由贸易的许可证前不会卸货,而中方却迟迟不给英国人许可证;英国人提出的在舟山获得一处定居点的要求也没有得到答复。贸易协议必须有海关监督签字才有效,舟山虽然有海关监督的驻所,但他们常在宁波,这次要 12 月 15 日才会来定海。这些情况导致英国人在舟山的贸易活动被推迟。

卡奇普尔来舟山 2 个月后,英国公司才和中方签订了相关贸易协议。1700 年 12 月 9 日,定海总兵蓝理和英国人都来到翻译彭官(Signor Bunqua)家中。总兵带来了合同条款,当着卡奇普尔主任、第二主任劳埃德(Solomon Loyd)和"麦士里菲尔德"号大班道格拉斯(Douglas)等人的面在合同上签了字;他又出示了浙海关新旧 2 任共 4 位满汉监督签字的文件,允许英商根据合同条款卸货并进行贸易,即由买家支付关税,此处不能出售的货物可以重新装船而不需要再交税。英国人也签署了一份加盖公司印章的书面协议,同意按买或卖的货价总数的 2% 付税给总兵。"伊顿"号与"特林鲍尔"号分别支付船钞 400 两和 300 两;另外还需为商馆和仓库支付每月 75 两的房租。而准许英国人自由贸易的许可证,卡奇普尔直到 1701 年 1 月 20 日才收到。

英国商人在舟山与中国官员和商人的接触和合作虽然时有波折,但总体来说还是顺利的。

1700 年 12 月 24 日,满载货物的"麦士里菲尔德"号起航回国,1701 年 7 月 1 日返抵英国朴次茅斯港。"孟买商人"号离开舟山的时间不详,可能比"麦士里菲尔德"号更早离开。剩下"特林鲍尔"号、"伊顿"号仍留在舟山。

1701 年 1 月下旬,因为从宁波和其他地方来的卖家和织工要回去(他们在舟山已经待了2个月),英国人赶紧和他们谈成了一笔生意,合同中订购货物总数是:生丝200担,丝织品7350匹,白铅820担,此外还有瓷器、漆器、图画、扇、茶叶、铜等,价值共计245500两。[①] 英人预付了这笔定银,但规定所有商品必须在180天内交货,否则中方需付一天50两的滞纳金,但最多不超过1000两。中国商人要求英国人购买中国货物,必须以2/3白银现款、1/3欧洲货物来支付。这表明当时国人不太需要英国人运来的货物,英国货在浙江销路不好。

1701年1月31日,"特林鲍尔"号装载一部分"伊顿"号船上的欧洲货(这些货物不好销售),离开舟山前往巴达维亚(今雅加达)。"伊顿"号因为备货,错过了季风,该船和卡奇普尔等管理会成员一直待到1702年2月才离开舟山去巴达维亚。

英人在舟山的贸易还在继续。根据马士《东印度公司对华贸易编年史(1635—1834年)》等史料统计,自1701年至1703年,共有10艘东印度公司船只来舟山贸易,其中1701年2艘,1702年4艘,1703年4艘。而这一时期,东印度公司来华商船共约21艘,其到舟山港的船只约占总数的一半,可见当时在浙贸易之盛。

英国商人喜欢在舟山进行贸易,除了舟山港口优良外,主要还是出于经济效益考虑。英国商人需要的丝绸、陶瓷、茶叶等商品产地离舟山和宁波更近,在这里交易可以大大降低成本。至于英国商人运来的毛织品,在舟山和宁波也比厦门、广州更受民众欢迎。当然,英国商人弃厦门而来舟山,还有一个

---

① [美]马士著,区宗华译:《东印度公司对华贸易编年史(1635—1834年)》第一卷,广东人民出版社2016年版,第121页。

重要原因就是英商在厦门受到的勒索过重。

然而在舟山的盛况并未持续很久。1703 年 12 月,东印度公司经理部指示大班"要公开宣布,公司不派船至舟山,因为我们在该地受到勒索和欺压"①。因此,从 1704 年开始,东印度公司商船来舟山贸易的次数便逐年减少。1704 年,东印度公司来华商船共 7 艘,其中广州 4 艘、厦门 2 艘,而舟山仅 1 艘。东印度公司 1705 年至 1711 年的对华贸易记录缺失,据现存资料,只有 1707 年和 1710 年各有 1 艘英船来航舟山。而从 1711 年至 1753 年将近半个世纪的时间里,东印度公司的船只几乎都集中在广州一个关口交易,除了 1736 年"诺曼顿"号到过宁波和舟山外,再也没有一艘英船来到浙江交易。而"诺曼顿"号的来浙之行,也并不是一次成功的商业之旅,对此,我们将在后面叙述。实际上,当时清政府对外贸易政策相对宽松,舟山市场可以说是被英国商人主动放弃的,"英国的代理人,从卡奇普尔主任到卑微的大班,都讨厌舟山的贸易情况,而不愿意维持它"②。导致这种情况发生的原因很多,主要有以下 3 个。

第一,舟山存在垄断交易、官员勒索等情况,令英商不满。东印度公司对华管理会主任卡奇普尔在舟山逗留了 16 个月,他在给董事部的报告中说:"关于贸易及管理方面,没有一天不受到官吏或商人的侮辱、勒索和压制。"③尽管这只是卡奇普尔

① [美]马士著,区宗华译:《东印度公司对华贸易编年史(1635—1834 年)》第一卷,广东人民出版社 2016 年版,第 151 页。

② [美]马士著,区宗华译:《东印度公司对华贸易编年史(1635—1834 年)》第一卷,广东人民出版社 2016 年版,第 163 页。

③ [美]马士著,区宗华译:《东印度公司对华贸易编年史(1635—1834)》第一卷,广东人民出版社 2016 年版,第 125 页。

的一面之辞,但英商在舟山确实面临诸多困扰。这里的贸易被定海总兵所秘密垄断,当时与英商接触的一些宁波商人几乎都是与总兵有直接关系的行商牙人。对此,卡奇普尔在寄给英国董事部的信中抱怨说:"(定海)总兵非常有礼貌,非常友好地对待我们,经常来我的房间坐上一两个小时,和我们友好地交谈;但同时禁止任何人接近我们,或与我们做生意,……交易完全被总兵的代理人所控制,除了他们,没有人敢和我们交易。"①英商在舟山还不断受到当地官员的刁难和勒索。1703年上半年,卡奇普尔在给董事部的信中说:"劝告我们没有这样的资金就不要到舟山,因为该地海关监督公然要从中索取银10000两。"②总之,在英商看来,舟山贸易过程中所遇到的官员勒索压榨情况,一点不亚于厦门。鉴于这种情况,英商自然不愿意再来舟山贸易。

第二,当时舟山交易市场不发达,海关管理体系不成熟。定海设海关后,英国商船虽然可以就近在舟山贸易,但舟山只有本地买卖,交易市场较小,"货物未能囤积,必得装运郡城,是以行铺寥寥,不及宁波十之三四"③。英国人在舟山找不到他们要购的货物。商人都集中在宁波,而英商又不能去那里贸易,除非得到本省总督的特别核准。所以他们要等宁波的商人前来才有买卖,这对英人来说其实是很不方便的。而从官方的角度来看,当初在定海设关的目的,除了方便贸易外,可能更多的

---

① 转引自邱波彤,邱好玥:《1700年,英国舟山商馆设立和撤出始末——以英国新东印度公司文献和手稿为考察中心》,《舟山日报》2022年6月9日。

② [美]马士著,区宗华译:《东印度公司对华贸易编年史(1635—1834年)》第一卷,广东人民出版社2016年版,第142页。

③ 《康熙定海县志》卷四《田赋·关市·东西洋船泊定贸易始末》。

是希望将外国商人的活动范围限制在岛上,而不让他们前往宁波贸易,以此来隔离中外商人。法国耶稣会士洪若翰的说法也可以证实这一点:"尽管宁波是中国皇帝向外国人开放的港口之一,欧洲人还没有来过宁波,英国人在舟山就停了下来……舟山的官员们谨慎地根据朝廷的命令把英国人拦在了舟山。舟山是一个极好的港口,但不怎么适于从事贸易。"①英商遇到的困难还不止这些。为了获得贸易准许证和执照,或者签订一份贸易协议,英商必须要等候宁波官员的到来,甚至要等候向省城请示。此外,英人在舟山交易,必须提前6—7个月就将钱和货物预付给当地商人,但是"将这么多的钱财交付给少数中国商人和织工,除了相信他们的诚实和总兵的名誉担保外,没有别的保障"②。诸如此类的情况,势必会降低英商对舟山的兴趣。

第三,英人因在舟山建立永久性商馆无望,遂另谋出路。当时英人最大的愿望就是在舟山建立一永久性商馆,但这在当时更难实现。总兵告诉管理会主任卡奇普尔,如果想要达到这一目的,必须得让英国派遣正式的使节,或者最少也要送价值10000英镑的礼物。卡奇普尔将这一情况写信告知了英国公司,考虑到遣使来华花费巨大且结果不确定,他在信中还提出了一个备选方案,即在越南的昆仑岛设立一个商馆,将此作为对华贸易的一个中心站点。一年后,英国公司批准了这一计划。1702年2月底,卡奇普尔一行撤离舟山,前往昆仑岛另起炉灶。

---

① [法]杜赫德编;郑德弟、吕一民、沈坚译:《耶稣会士中国书简集:中国回忆录》上卷,大象出版社2005年版,第322页。

② 原载伦敦《亚洲季刊》1887年第3卷。转引自田力:《早期中英关系史——以浙江为中心的研究》,浙江大学出版社2021年版,第160页。

就这样,英国人放弃了舟山。1703 年 12 月 8 日,当最后 2 艘英船离开舟山后,在舟山的英国商馆也随之撤销。最终英国人将对华贸易的重心转移到广州。

1699 年,英国公司首次派遣"麦士里菲尔德"号前往广州尝试进行贸易,受到了粤海关监督和商人的优待。英商与十三行行商洪顺官(Hunshunquin)联系,由洪顺官代缴关税,帮助英商销售货物。洪顺官表示愿意"出最高的买价,索最低的卖价"。英国人惊呼:"在广州见到一个新的阶段,一种较高级发展的(商业)制度。"①广州优越的地理位置、悠久的对外贸易历史、强大完备的市场规则、成熟的商业供销网络,使其拥有比舟山和厦门更好的贸易环境,由此吸引了大部分英国商船前来贸易。1704 年以后,每年到广州交易的英国船只不断增多,1710 年以后,中英贸易在广州更是呈现出一枝独秀的局面。1715 年,英国在广州开设了第一家外国商馆。

然而,这并不代表英国人完全放弃了宁波—舟山这个贸易良港,他们仍然在寻找机会重返浙江。

1736 年 7 月 25 日,英国东印度公司 490 吨位的"诺曼顿"号从巴达维亚驶抵浙江崎头洋锚泊,这是英国东印度公司在停止舟山贸易 20 多年后又一次派船来浙江。这次英国商人没有去舟山,而是分乘一艘轻帆船和长舢板,由镇海口溯江而上,径直来到宁波。英国人在宁波见到了负责通商的宁绍道台,提出希望在宁波交易,但宁绍道台拒绝了英国人的这项要求,要求他们必须回舟山。英人虽然一百个不愿意,但后来还是去了舟山。舟山官员要求他们必须交出帆、舵、炮、火药及其他军器,

---

① ［美］马士著,区宗华译:《东印度公司对华贸易编年史(1635—1834 年)》第一卷,广东人民出版社 2016 年版,第 95—96,109 页。

英人不同意,最后原船返回广州。英国东印度公司重启对浙贸易的努力归于失败。

这次乘"诺曼顿"号来宁波的英国人当中有一位少年,名叫詹姆士·菲林特(James Flint)。当时谁也没有想到,这位英国少年日后将会影响中英关系的走向。"诺曼顿"号返回广州后,菲林特随船长里格比(Capt. Rigby)去了广州,留在那里学习中文,他给自己取了一个中文名字——洪任辉。通过数年的勤奋学习,洪任辉已具有较高的中文水平,对中国的土音、官话无不通晓。1746 年,他被东印度公司董事会任命为公司广东商馆的通事,并在需要时协助处理公司事务。这是英国东印度公司第一个充当中文翻译的英国人。

# 三、英商舍粤就浙与"一口通商"

英国自 18 世纪初打通广州通商之路后,便长期立足广州,开展对华贸易。到 18 世纪中叶,英国已在对华开展贸易的西方各国中居于首位。起初,英国商人在广州虽然也要受到"许多勒索、高价、恼人的阻挠",对此抱怨不断,但相较舟山和厦门,广州仍然有许多优势,所以他们宁愿选择广州也不去舟山、厦门交易。但是,某些商品如生丝、茶叶等都需从江浙等地转运而来,外商采购的成本较高,而且外商在广州受到的勒索和压迫越来越严重,特别是乾隆十年(1745)广州实行保商制度后,外商的贸易活动完全被控制在中国行商手里,使他们的在华贸易利益受到了很大损害。在向广东当局进行各种申诉和抗争无效的情况下,英国人又想起了浙江。

乾隆十八年(1753),英国东印度公司董事部决定重新开展对宁波的贸易,并发出详细训令,指示进行的方向。另指派广州商馆通事洪任辉,随同前往宁波。

1755 年 6 月 2 日,公司大班喀刺生(Samuel Harrison)、菲茨休(Thomas Fitzhugh,中文文献作"味啁")、通事洪任辉(中文文献又作"洪任")等 58 人,带着 24000 枚银圆、1560 瓶英国酒等货物,乘坐"霍尔德内斯伯爵"号抵达舟山。定海镇标右营游击郑谢天和定海知县庄纶渭上船查验,得船身约八九丈长,梁头一丈七八尺,船内装有夹板箱数十只,英商及水手共 58 人。洪任辉代表英商请求允许其往宁波置买湖丝、茶叶等货。郑、庄二人先是加以阻挠,但因英商态度坚决,最后同意了他们的要求。英国人进定海城访问当地长官,受到定海官员的欢迎。6 月 7 日,郑谢天派人将洪任辉、喀刺生等 6 人护送到宁波府,住在李元祚洋行,招商买卖。

这次英商到来后,受到了舟山、宁波两地官员的热情接待。闽浙总督喀尔吉善和浙江巡抚周人骥在给乾隆皇帝的奏折中也认为英船好久没来浙江,现在"慕名而来",自应加以体恤,饬令宁绍台道派人悉心保护英商,并严令各商铺公平交易,按照税则征税。乾隆皇帝看了两人的奏折后,朱批"览"①,说明他对英商来浙贸易并无异议。

7 月 7 日,又有一艘英国商船"格里芬"号驶抵舟山外洋,该船船主为呷等噶(Captain Court),通事为梁汝钧。此船装有银圆 20 万枚及黑铅等货物。经查问,"格里芬"号是与"霍尔德内

---

① 《乾隆朝外洋通商案·喀尔吉善周人骥折》,载《史料旬刊》第 10 期,天字第 355 页。

斯伯爵"号伙同来宁波贸易的,只不过前者来自东南亚的噶喇叭(今雅加达),后者从中国澳门出发。两船均停泊在定海港,货物则装运到宁波贸易,英商在宁赁屋居住。

浙省官员的友好态度和较低的税饷许诺让英商们欢欣鼓舞。洪任辉给东印度公司汇报说:

> 海关监督驻省城。当我们到达后两天,他来到宁波。我们前往谒见,他很慷慨地招待我们,不像粤海关监督那样,虽然后者也值得重视。他对我们的到来表示喜悦,并称愿意尽力鼓励我们开展贸易……我们在此地缴交的船钞和货税,不及广州的半数。喀剌生和我们每天迫切地期待有船到来。①

另外在英船大班的信中,也提及喀剌生、洪任辉等人到达宁波时,得到了宁绍道台和浙江巡抚的鼓励,"他们差不多答应了他(喀剌生)提出的全部条款"②。英商来宁波,可以充盈浙省的海关税收,浙省官员自然持欢迎态度。

洪任辉等人高兴得有些早了。宁绍道台和浙江巡抚的有些决定是超越了他们本身的职权的,如在最关键的给予英商怎样的税饷待遇上,闽浙总督喀尔吉善就有不同的意见,他要求英商应缴付广州同样的税饷。不过,他们已向朝廷报告全部情况,等待朝廷最后定夺。9 月底北京的指示到来,内容让英商感到失望,朝廷要求宁波的英商缴付同广州一样的税

---

① ［美］马士著,区宗华译:《东印度公司对华贸易编年史(1635—1834 年)》第五卷,广东人民出版社 2016 年版,第 31—32 页。
② ［美］马士著,区宗华译:《东印度公司对华贸易编年史(1635—1834 年)》第五卷,广东人民出版社 2016 年版,第 57 页。

饷。此外,英商用尽各种办法,试图在宁波获得一处常驻的处所,也没能成功。最终在英国人作出妥协的情况下,贸易得以顺利完成。

洪任辉等人在完成交易后乘"霍尔德内斯"号驶往雀山列岛,等候宁波的船只到来,不幸误触礁石,不得不驶往巴达维亚修理。

1756 年 7 月 11 日,东印度公司商船"格里芬"号再次驶入舟山洋面,洪任辉以大班兼通事身份又随同前来,此船大班还有菲茨休、托林(Benjamin Torin),还有一名学习汉文的见习生贝文(T. Bevan,中文文献作"末文")。《清高宗实录》也记载:"船户噶喇吩,至噶喇吧地方,同来过夷商味唧、通事洪任驾船来宁。"①到了 8 月中旬,又有一艘孟买的散商船"哈德威克"号抵达舟山。此次交易,洪任辉等英商在宁波、舟山等地盘桓了将近半年的时间,直到 1757 年 1 月才起航离开。虽然和 1755 年第一次相比,有了更多的阻碍,但贸易最终还是成功了。他们离开宁波前,还为第二年来此贸易的公司商船订购了 103 箱武夷茶,装箱存放在宁波。英商这两年来宁波,主要是交易生丝和茶叶,英商购入的茶叶有武夷茶、松萝茶和贡熙茶。鉴于"两年来此间交纳税饷皆比广州的轻"②,他们还对下一年度在宁波的贸易充满信心。洪任辉和贝文到巴达维亚去等候即将驶来宁波的商船。

与浙江中英贸易复苏的情况相反,同期来广东的欧洲船只则呈下降趋势。1756 年,两广总督杨应琚上奏:"粤海关自六月以来,共到洋船十四只。向来洋船至广东者甚多,今岁特

---

① 《清高宗实录》卷五一六,乾隆二十一年七月乙亥。

② [美]马士著,区宗华译:《东印度公司对华贸易编年史(1635—1834 年)》第五卷,广东人民出版社 2016 年版,第 61 页。

为稀少。"英船弃粤就浙的情况引起了乾隆皇帝的警觉,他担心"将来赴浙之洋船日众,则宁波又多一洋人市集之所,日久虑生他弊"①。于是诏谕闽浙总督喀尔吉善会同两广总督杨应琚,按照粤海关现行税则修订浙海关税则,酌量提高浙省税收,让英商无利可图,不得不返回广州进行贸易。此时乾隆皇帝还想以"不禁之禁"这种比较平和的经济手段来抑制英商来宁波的热情,并没有以强硬手段阻止英商来浙进行贸易。

1757年,英船又来了。这年7月22日,东印度公司商船"翁斯洛"号驶抵崎头角停泊,该船大班为布朗特(Samuel Blount)、洪任辉,另有见习生贝文。此次"翁斯洛"号来浙,已是在浙海关新税则公布之后。浙江官员将新税则告知英商,并劝说英国人至广东贸易,英商则表示愿意照章纳税。浙江官员曾询问过英商,为何不愿意在广州交易而要来浙江,英商的回答是:"广东洋行包买包卖,把持刁难,故不愿去。若赴广南、安南等处,亦可交易,但因丝斤、瓷器、茶叶等货均非该地所产,是以来浙贸易。只求准我贸易,愿照新例纳税。"②浙江巡抚杨廷璋将这一情况奏报乾隆皇帝。乾隆据此认识到,通过调节税收的方式并不能减弱英商到宁波交易的热情。其实他也清楚,英国人之所以乐于赴浙交易,是因为浙省是丝、茶等货物产地,价格上具有先天优势,而且他也了解粤海关的腐败和弊端。于是乾隆决定顺水推舟,在1757年9月20日给军机大臣的上谕中说:

今番舶既已来浙,自不必强之回棹,惟多增税额。

---

① 《清高宗实录》卷五一六,乾隆二十一年闰九月乙巳。
② 乾隆二十二年七月十三日浙江巡抚杨廷璋折,李国荣主编:《明清宫藏中西商贸档案》第2册,中国档案出版社2010年版,第1111页。

将来定海一关,即即照粤关之例,用内府司员补授宁台道,督理关务。约计该商等所获之利,在广在浙,轻重适均,则赴浙赴粤,皆可惟其所适。①

这时乾隆皇帝不仅同意英船当年可以在宁波进行贸易,甚而有在浙江定海开辟第二个"粤海关"的打算,准备派出内务府专差官员督理关务,让两地海关公平对待洋商,听任洋商赴粤赴浙。为此,他让刚由两广总督调任闽浙总督的杨应琚前往浙海关考察,酌定税则。

在杨应琚到浙之前,英商已多次就新税率过高问题与浙江官员交涉,最后浙江方面做了一定让步,同意英商在浙贸易。1757 年 8 月 24 日,"翁斯洛"号驶往定海港口,9 月 1 日,英船大班到宁波交易。据浙江巡抚杨廷璋后来题报,1757 年,到浙红毛番船征收出口货税正银 1322 两,丝税正银 997 两。又照粤关规例收火耗杂规等银 3671 两,共计 5990 两。② 这还仅仅是对一艘来浙英船所征的税收数额,却已颇为可观。如果乾隆皇帝将定海开埠、多口通商的想法付诸实践,浙海关英船多来几艘,则不仅浙海关的外贸税收会大幅增长,而且整个江浙一带的经济也将可能因中英贸易的发展而被带动起来。

然而,乾隆变脸比翻书还快。"听任洋商赴粤赴浙"的诏令还没传达到英商,不准英商来浙的指示就又到了。远在北京的皇帝之所以这样,与新任闽浙总督杨应琚的一道密折有关。

18 世纪以来,中英贸易长期在广州进行,在广州形成了一个包括行商、粤海关监督、广东各级地方官员在内的庞大的利

---

① 《清高宗实录》卷五四四,乾隆二十二年八月丁卯。

② 中国第一历史档案馆藏:《内阁户科题本·税课类·关税》,档号:02-01-04-15129-009。

益集团,他们垄断了对外贸易,得利甚多,哪里肯让贸易转向浙江。① 杨应琚在广州做了 3 年两广总督,不久前才调任闽浙总督,杨应琚正是上述广州对外贸易利益集团的主要代表。

果然,当杨应琚 1757 年 11 月 25 日到达宁波后,形势为之一变。杨应琚的态度非常坚决,宁波并非英国人该来的地方,广州才是适合欧洲人进行贸易的口岸。他准许英国人"按已签订的合约交易,根据已让步的办法获利",但要求英国人在 1758 年 1 月 7 日前必须离开宁波,以后不许再来。英商感觉到总督"是坚决终止我们在此进行贸易",所以他们只能在规定的最后期限——1758 年 1 月 7 日离开宁波。在舟山收到最后一批生丝 29 包后,"翁斯洛"号于 1758 年 1 月 20 日离开定海港驶往澳门。②

与此同时,杨应琚给乾隆皇帝上了一道"浙海关贸易番船应仍令收泊粤东"的密折,以保障粤民生计和粤浙两省海防为由,力陈浙江通商之弊。此折原件至今尚未发现,但其内容可以从 1757 年 12 月 20 日乾隆给军机大臣的上谕中得见大概:

> 粤省地窄人稠,沿海居民大半借洋船谋生,不独洋行之二十六家而已。且虎门、黄埔在在设有官兵,较之宁波之可以扬帆直至者,形势亦异,自以仍令赴粤贸易为正。③

看了杨应琚的密折后,乾隆改变了主意,在 12 月 20 日的上谕中,明令洋船只许在广东收泊,不得再赴浙省进行贸易。

---

① 戴逸:《戴逸自选集》,学习出版社 2007 年版,第 218 页。

② [美]马士著,区宗华译:《东印度公司对华贸易编年史(1635—1834 年)》第五卷,广东人民出版社 2016 年版,第 69—71 页。

③ 《清高宗实录》卷五五〇,乾隆二十二年十一月戊戌。

此上谕由军机大臣迅速转发给闽浙总督杨应琚和署两广总督李侍尧，后者内容如下：

> 大学士公傅　大学士来　字寄
>
> 署两广巡督李
>
> 乾隆二十二年十一月初十日奉上谕：杨应琚奏浙海关贸易番船应仍令收泊粤东一折，所见甚是。已有旨传谕杨应琚，令以己意晓谕番商，将来只许在广东收泊交易，不得再赴宁波，如或再来，必押令原船返棹至广，不准入浙江海口。如此办理，则来浙番船永远禁绝，不特浙省海防得以肃清，且与粤民生计并赣、韶等关均有裨益。著传谕李侍尧，俟杨应琚行文与彼时，即将杨应琚咨文令其行文该国番商，遍谕番商。嗣后口岸定于广东，不得再赴浙省。如有两省应行关会之处，该署督即会商杨应琚妥协办理可也。
>
> 钦此！遵旨寄信前来。①

这就是"一口通商"的著名上谕。

1758 年 1 月 17 日，舟山的官员到"翁斯洛"号船上，传达闽浙总督杨应琚的命令，通知他们明年不可再来。同年 2 月 16 日，两广总督李侍尧在广州召集外商，正式宣布今后只准在广州一口进行贸易。

当"翁斯洛"号于 1758 年 1 月 20 日离开舟山后，浙海关就对欧洲人关闭了，定海红毛馆也随之而废。但这不是浙江各级

---

① 邢永福主编：《清宫广州十三行档案精选》，广东经济出版社 2002 年版，第 107 页。

地方官员所希望看到的。在此前不见英商来浙的许多年里,浙江巡抚在每年例行的浙海关奏销报告中,往往不忘写上一句:"本年浙海关并无红毛船只到关,无从征解红毛船税。"字里行间,似乎有一丝不甘心和无奈。

英国方面并未就此放弃。1759 年 6 月,英国东印度公司派洪任辉乘坐载重量仅 70 吨的小船"成功"号来宁波叩关试探。"成功"号一到舟山洋面,就被清军巡洋船发现。洪任辉要求前往宁波进行贸易,遭到当地官员拒绝。于是,洪任辉做出了惊人之举,直赴天津,通过直隶总督向乾隆皇帝告御状,控告粤海关勒索,要求宁波开埠。结果,此举反而引起清政府的强硬反弹,不但不准其在宁波通商,而且以其"勾串内地奸民,代为列款,希冀违例别通海口"为罪名,下令将洪任辉"在澳门圈禁三年,满日逐回本国,不准逗留生事"①。这就是中英贸易史上著名的"洪任辉事件"。

至此,"一口通商"政策成为定局,英国等欧洲商船只被允许在广州交易。② 这一政策为后来的嘉庆、道光两朝所继续奉行,直到 1842 年《南京条约》签订后才宣告结束。

从康熙开海到乾隆时期的"一口通商",这段浙江历史上罕见的对外开放和中英贸易历史,只持续了半个世纪。英商在中国沿海地区几十年的贸易实践让他们明白,要想在中国建立永久性的商馆,自由开展贸易,或许只有通过派遣正式的使节才能办到。

---

① 《清高宗实录》卷五九八,乾隆二十四年十月庚辰。

② 清政府实行"一口通商"政策后,浙海关并没有废除。不许洋船赴浙贸易,主要是针对英国、荷兰等西方国家的商船而言,东南亚各国商船仍可到闽浙沿海贸易;至于中国商船更不受此限制,可继续从四口岸出海贸易。

# 四、马戛尔尼使团与浙江

清乾隆五十七年(1792),经过工业革命已是资本主义世界老大的英国,为了打开中国封闭的大门,扩大对华贸易,决定以给乾隆皇帝祝寿为名,派遣正式使团访华。英国政府任命前驻俄公使、驻孟加拉总督乔治·马戛尔尼(George Macartney)勋爵为访华全权特使,乔治·斯当东爵士(George Staunton)为副使。使团成员包括外交官员及其秘书、侍从人员,青年贵族、科学家、作家、医生、画家、乐师、机械技师、测绘员、翻译、炮兵、步兵、工匠、仆役、水手等 700 余人。当乾隆皇帝接到两广总督郭世勋奏报,得知英国使团将为庆贺其 83 岁寿典来华时,十分高兴,三天两头向有关大臣问询英国使团行程,先后颁布多道谕旨,要求沿海各省督抚委派大员做好接待准备,同时命各地保持警惕,以防意外。于是,当时世界上两大顶尖强国有了一次高傲的相遇。

1792 年 9 月 26 日,马戛尔尼率领英国使团,携带英王乔治三世给乾隆皇帝的信件以及天文仪器、车船模型、纺织用品和图画等 600 箱礼品,分乘"狮子"号和"印度斯坦"号 2 艘大帆船从英国本土的朴次茅斯港出发,二桅小帆船"豺狼"号作为"狮子"号的供应船随行。船队通过英吉利海峡,循着传统的欧亚航线,跨越大西洋、印度洋,穿过巽他海峡,进入中国南海。

经过 9 个月的海上航行,英使船队于 1793 年 6 月到达中国

英使团正使马戛尔尼

澳门。6 月 28 日,船队驶向浙江舟山。途中因雾重天黑,"狮子"号与其他使船失联,率先于 6 月 30 日抵达韭山列岛附近。7 月 2 日,"狮子"号与"印度斯坦"号、"豺狼"号、"克拉伦斯"号①在韭山列岛相遇。7 月 3 日上午,船队起锚向舟山开进时,遇到了热闹非凡的一幕。斯当东在《英使谒见乾隆纪实》一书中写道:

> 这时使节船只周围包围着无数中国小船,开动船只相当麻烦。他们从未见过这样的大船,好奇心促使他们争着开进来看,估计至少有三百只小船包围着"狮子"号。停在此处的大约有一千只各种大小的船,很多的(船)在打鱼,大一点的船在装运木材和其他货物。有些船并成一行,有些绑在一起装运巨大的木材。所

---

① "克拉伦斯"号是 1793 年 3 月英使团在巴达维亚(今雅加达)买到的一艘法国双桅小帆船。

有这些船的帆都是席子编织的,不是用帆布做的。船
上用的人比欧洲装载同等数量货物的船所用的人多。
整个情况说明这里的商业发达,或者说明这里的人口
众多。①

　　当天,船队到达象山半岛与六横岛之间的海域,"狮子"号
停泊于牛鼻山岛(Buffalo's Nose,今东屿山岛)和布老门岛
(Ploughman,今西屿山岛)之间,"印度斯坦"号停泊于树顶岛
(Tree-a-top,今温州峙)之南。② 英国使船上有 18 世纪初英国
人绘制的广州至舟山的航海地图,但英国人没有到过舟山以北
的海域,需要有人引航去天津。为此,马戛尔尼派副使斯当东
和总管约翰·巴罗(John Barrow)带着翻译和另外 2 位使团成
员乘"克拉伦斯"号前往舟山,物色去天津的引航员。途中,因
等候潮水,斯当东等人登上了六横岛,对中国领土进行了第一
次短暂的观光。7 月 4 日早晨,在一艘中国船的指引下,"克拉
伦斯"号驶进定海港。次日,一行人上岸访问了定海城,并受到
定海镇总兵马瑀和定海知县张玉田的盛宴款待。在英人看来,
"定海非常近似欧洲的威尼斯,不过较小一点。城外运河环绕,
城内沟渠纵横","整个城市充满了活泼生动的气氛"。③ 英使团
成员、画家亚历山大还绘制了《舟山港的南门》《定海塔》等画
作,为后人留下了 18 世纪末定海城最直观的记录。

---

　　① ［英］斯当东著,叶笃义译:《英使谒见乾隆纪实》,群言出版社
2014 年版,第 220 页。
　　② 关于地名的译名与今名对照,参见水银:《天下开港:宁波港人文
地理史述考》,宁波出版社 2018 年版,第 77—78 页。
　　③ ［英］斯当东著,叶笃文译:《英使谒见乾隆纪实》,群言出版社
2014 年版,第 231—232 页。

《定海塔》

　　在接到 2 名引航员后,"克拉伦斯"号于 7 月 7 日离开定海,前往"狮子"号停泊地与马戛尔尼会合。在"克拉伦斯"号离开的时候,锚泊在舟山外洋的英使船也受到了中方热情的款待,舟山官员将牛羊、鸡鸭、米面、柴炭、茶烛送至船上;同时定海镇总兵和浙江巡抚都派人到"狮子"号,约请马戛尔尼上岸,设宴招待。马戛尔尼以急于赶路晋京为由,辞谢了两方面的邀请。7 月 8 日,英使船队从青龙港(今梅山港与佛渡岛之间的航道)开行,由普陀山放洋北上,7 月 14 日在海上遇见之前东印度公司从澳门派出给使团递送消息的"奋进"号,7 月 25 日船队驶抵天津大沽附近。8 月 5 日马戛尔尼一行在大沽转乘中方船只上岸,前往天津府城。

　　应马戛尔尼的请求,中方同意英国 5 艘使船南下舟山休泊待命。8 月 8 日,"狮子"号、"印度斯坦"号、"豺狼"号 3 船先行离开天津,9 月 1 日抵达舟山。随后,"奋进"号、"克拉伦斯"号也于 8 月 23 日放洋驶往舟山,9 月 15 日抵达。至此,英国使团的 5 艘船只全部返回舟山。后为方便"支立帐房,将船内患病之人送至岸上暂行栖息"①,船队集中锚泊在舟山岛西面的岑港。10 月中旬,除"印度斯坦"号继续留在舟山等候其船长威廉·马金托什(William Mackintosh)外,其余 4 艘船先后离开舟山赴广东。英国船队在舟山锚泊期间,不断有清朝官员到船上拜访英人,名义上是慰问看望,实际上是查察监控。清政府对英国船队停泊舟山其实是很不放心的。当船队离开天津港到舟山停泊时,乾隆皇帝当即传谕有关大臣,命令地方官为船队划定停泊地点,并"时加查察,毋许潜越所指地方滋生事端,沿海居民亦着禁止前往该处"②。9 月 5 日,乾隆再次密诏浙江巡抚长麟,要他密切注意定海洋面上英国船只动向,严防"商侩等设计勾引,密约商串,私来潜往,贸易交通等事",命令长麟委派道员等"前往留心密办,使不致交涉滋弊"③。他听说浙江舟山有一郭姓商人,曾经与英商有过交往,虽已去世,但其子郭观杰精通英语,虽然浙江巡抚长麟已对此人严加管束,但乾隆还是不放心,命长麟将郭观杰送到京城详加审讯。后郭观杰被无罪释放回乡,经历了一场莫名其妙的闹剧。

再说马戛尔尼一行于 8 月 23 日抵达北京,但此时乾隆皇帝正在热河行宫(今承德避暑山庄),便谕令英使赴热河觐见。于是,除留少数人在圆明园安装从英国带来的仪器外,使团主要成员在长芦盐政徵瑞的陪同下,于 9 月 2 日乘马车转赴热河,9 月 8 日到达热河。然而,外交接触尚未开始,中英双方便在觐见礼节上发生了冲突。清廷要求英国使臣在谒见乾隆皇

---

① 《清高宗实录》卷一四三二,乾隆五十八年七月丙申。
② 《清高宗实录》卷一四三二,乾隆五十八年七月丙申。
③ 《清高宗实录》卷一四三四,乾隆五十八年八月壬戌。

帝时,像其他藩属国的贡使一样行三跪九叩之礼,但英国使臣认为英国并非中国的藩属国,此次访华是一次外交活动,两国是处在平等地位上的,因此拒绝行磕头之礼。双方从一开始就对马戛尔尼访华的性质有不同的理解,这就为此次访问的失败埋下了伏笔。最终,双方在礼节问题上各退半步,英国使臣参照英国礼节行单膝下跪礼。9月14日,乾隆皇帝终于在热河行宫的万树园接见了马戛尔尼一行。9月17日,英使参加了乾隆皇帝庆寿典礼,马戛尔尼面呈英王乔治三世给乾隆的亲笔书信。9月21日,英使离开热河返京。

英王给乾隆皇帝的书信,直到马戛尔尼离开热河去北京后才被翻译出来。乾隆皇帝看了很不悦,他发觉英使来华的真正目的是谈判通商和互派使节,而不是祝寿这么简单,加之在觐见礼节上乾隆皇帝早就憋了一股气,于是在9月23日,下了一道给英王的敕谕,毫无通融地回绝了英王提出的通商和互派使节的要求,并让接待英使的大臣催促马戛尔尼尽快离京回国。10月3日,马戛尔尼在收到乾隆的敕谕后,知道留给他的时间不多,他要抓紧时间完成英国政府交给他的使命,于是抱病起草了禀文《大不列颠国王请求中国皇帝积极考虑特使诉求》,直截了当地向清廷提出了6条要求,其中第1条和第3条与浙江有关。

据马戛尔尼在日记中的记载,这6条要求如下。

第一,请中国允许英国商船在珠山①、宁波、天津等处登岸经营商业。

第二,请中国按照从前俄国商人在中国通商之

---

① 即舟山。魏源《海国图志》注珠山:"珠舟音近,珠山即舟山也。"

例,允许英国商人在北京设一洋行买卖货物。

第三,请于珠山附近划一未经设防之小岛归英国商人使用,以便英国商船即行收歇,存放一切货物且可居住商人。

第四,请于广州附近得一同样之权利,且听英国商人自由往来不加禁止。

第五,凡英国商货自澳门运往广州者,请特别优待赐予免税。如不能尽免,请依一千七百八十二年之税律从宽减税。

第六,请允许英国商船按照中国所定之税率切实上税,不在税率之外另行征收。且请将中国所定税率录赐一份以便遵行。缘敝国商人向来完税,系听税关人员随意估价,从未能一窥中国税则之内容也。①

英国早在 90 多年前,就对舟山和宁波有了较深的了解,这是马戛尔尼提出欲在舟山、宁波通商的历史渊源。该禀文于当天呈送大臣和珅转奏乾隆皇帝。

1793 年 10 月 7 日,在没有举行谈判、没有完成使命的情况下,英国使团踏上了归程。和珅率领一帮朝臣为马戛尔尼等送行,并把乾隆皇帝 10 月 5 日写给英王的第二道敕谕交给他。在此敕谕中,乾隆帝对马戛尔尼提出的以上 6 条要求,以与"天朝体例"不合为由,一一驳回。如批驳第 1 条说:"其浙江宁波、直隶天津等海口均未设有洋行,尔国船只到彼,亦无从销卖货物。况该处并无通事,不能谙晓尔国语言,诸多未便。除广东

---

① [英]马戛尔尼著,刘半农译:《乾隆英使觐见记》,珠海出版社 1995 年版,第 101—102 页。

昄门地方,仍准照旧交易外,所有尔使臣恳请向浙江宁波、珠山及直隶天津地方泊船贸易之处,皆不可行。"批驳第 3 条说:"天朝尺土,俱归版籍,疆址森然。即岛屿沙洲,亦必划界分疆,各有专属……此事尤不便准行。"①

看了中国皇帝的敕谕,马戛尔尼大失所望,但仍在南下途中做了最后一搏。他在抵达杭州后,又呈上 2 封要求天津、宁波开港的谢恩信,但这 2 封信根本未送至乾隆手中,就算送到,此时的乾隆皇帝已认定英国人贪图利益、心怀叵测,必然也是徒劳无功。

根据中方最初的安排,英国使团一行离开北京后,经通州至天津,再入山东,顺大运河南下至杭州,再经宁波到舟山上船。但后来乾隆得知原停泊在舟山的 5 艘英国船只都已南下广州,又下令英使到扬州后溯长江到江西湖口,再经南昌溯赣江过梅岭,到广州或澳门登船回国。然而当乾隆得知尚有 1 艘大船留在舟山后,又要求英使按原定线路经杭州到舟山上船。但马戛尔尼不想去舟山,要求从杭州经江西到广东,然后经澳门回国,其意图是借此深入中国进行考察。乾隆同意了这个请求,指示军机大臣松筠将英使从北京陪送到浙江,然后由原浙江巡抚、新任两广总督长麟从浙江陪送到广州。于是,杭州成为马戛尔尼使团离京南下返国途中的重要一站。

11 月 9 日清晨,英国使团所乘船只抵达杭州城外运河码头。当日,长麟在船上向马戛尔尼赠送了乾隆皇帝追赠给英王及特使的礼物。为等候行李运达,使团在杭州逗留了几天,总管巴罗组织了一个游西湖的团队,乘坐一只漂亮舒适的游艇,

---

① 乾隆的 2 道敕谕原文载王先谦《东华续录·乾隆朝》卷一一八,又见《清高宗实录》卷一四三五。中国第一历史档案馆编《英使马戛尔尼访华档案史料汇编》之"内阁档案"中也有收录。

泛舟游湖,并享受了丰盛的船上大餐。此后,使团正副使和巴罗等人还多次进杭州城,或办事,或观光,杭州繁荣的商业给他们留下了深刻的印象。马戛尔尼认为杭州的富庶超乎其意料。巴罗写道:

> 杭州府以丝绸业著称,如同所料,我们在市内看到大量的商场和库房。就商店和仓库的大小以及存放的货物而言,它们完全可以与伦敦最好的商店和库房媲美。在一些店铺中,柜台后的工作人员不下十几人……街道保持得异常干净整洁。每个商店都展示出不同厂家的丝绸、染色的棉布和南京棉布。他们还展示各式各样的英国绒面呢,但主要是蓝色和红色,用以做冬季的袍子、椅罩和地毯,同时还有一些皮毛货,供北方市场。我们经过的街道上还有肉店、面食店、鱼贩、粮贩、象牙雕刻店、漆器店、菜馆、炊具店……从这个城市的大小和外貌上看,我想就其人口而言,不会亚于北京多少。市郊的居民的人数可能与城墙内的居民人数差不多相等。①

11 月 13 日,卫队队长本森上校、"印度斯坦"号舰长马金托什等英使团小部分成员携礼物、大件行李离开杭州,经浙东运河乘船到宁波镇海。这一路由钦差大臣松筠陪送,送到宁波后他就回去了。因所带银两不多,英人提出在宁波或舟山用洋货易换茶叶、生丝,但被钦差大臣松筠和浙江巡抚吉庆以当地不产丝茶并

---

① [英]约翰·巴罗著,李国庆、欧阳少春译:《我看乾隆盛世》,北京图书馆出版社 2007 年版,第 392—393 页。

无洋行为由劝阻,最后英人未在宁波、舟山进行交易,松筠在镇海赏赐英人杭绸、茶叶、生丝各若干作为补偿。11月26日英国人渡海到舟山,30日搭乘停泊在舟山的"印度斯坦"号南下广州。

11月14日,英使团大部分成员在新任两广总督长麟的陪同下,随特使马戛尔尼从杭州出发,由陆路赴广州,12月19日到达广州,与本森等会合。之后,使团在澳门停留了一段时间,并于1794年3月17日离开中国,9月5日回到伦敦。

马戛尔尼使团访华的失败,使中国丧失了一次与近代工业文明接触、融入世界贸易体系的机遇。而就英方来说,虽然马戛尔尼使团来华并没有完成预定的开拓中国市场的任务,但英国人也不是一无所获。在使团访华期间,他们对当时中国的经济、社会、政治、文化等各方面都做了细致的考察,使团中的许多成员回国后写了详尽的回忆录或日记,如马戛尔尼的《乾隆英使觐见记》、斯当东的《英使谒见乾隆纪实》、巴罗的《中国旅行记》(又译作《我看乾隆盛世》)以及安德逊的《英使访华录》等。这些著述中有大量关于浙江舟山等地的地理、航海、物产及人文等方面的内容,使浙江以更加清晰的面貌再次呈现在西方人的视野中。特别值得一提的是,英国船队在锚泊舟山群岛期间,还对这一带海域进行了航道测量、地图绘制等。英国对舟山群岛的调查客观上有利于中西贸易和文化交流,但另一方面,它也被后来英国发动鸦片战争所利用,为英军进攻定海提供了指南和方便。总体而言,马戛尔尼使团对当时中国社会的印象是不佳的,当时中国科技、工业生产水平与军备的全方位落后,下层民众的普遍贫穷,以及封建社会无处不在的贪污腐败,被他们尽收眼底。这种观感与他们来之前想象中的中国截然不同。

嘉庆二十一年(1816),英国政府再次向中国派遣以阿美士德伯爵(L. W. P. Amherst)为特使的访华使团,继续尝试打开与中国贸易的大门。嘉庆皇帝仍把阿美士德一行当作朝贡的使臣,一开始还很重视,要求浙江、直隶等沿途官员照顾周全。不料阿美士德使团于 1816 年 7 月 13 日从广州出发,未在舟山等地停留,便从外洋直奔天津,8 月 29 日就到了圆明园。结果阿美士德比马戛尔尼更惨,因不愿下跪磕头,最后连嘉庆皇帝的面都没见上,就被逐出了北京。

英国政府在 2 次遣使来华失败并看清了大清帝国外强中干、不堪一击的本质后,逐渐放弃了外交谈判的方式,转而倾向于用军事手段来打开中国的大门。道光二十年(1840),英国议会以"中国听不懂自由贸易的外交语言,只能听懂炮舰的语言"为由,通过了对中国作战议案,悍然发动鸦片战争,用大炮轰开了中国的国门。这时的清政府毫无还手之力,等待它的是失败和屈辱。

# 五、清代浙江港口与对外贸易

浙江沿海地处我国大陆海岸线中段,地理位置优越,海道畅通,内河航运四通八达。凭借这一优越条件,唐宋以来浙江海外贸易非常发达。到了明代和清初,由于统治者实行海禁和闭关政策,浙江的海外贸易受到阻碍,发展殊为曲折。但随着海洋贸易的全球化,东南沿海私人贸易的发展已势不可当。浙江海商通过种种方式,冲破海禁,千方百计地与海外进行走私贸易。康熙二十三年(1684)清政府开放海禁后,浙江的港口获得了长足发展,海外贸易再次繁荣起来。

## （一）清代浙江主要对外贸易港口

康熙二十四年（1685），清政府在浙江宁波设立浙海关，下辖 15 处口岸，到乾隆时，"浙海关收税口址布列沿海各地，北至乍浦，南至温州，绵延千有余里，计大小口岸二十一处，征税银共九万七千余两。内宁波、乍浦、温州税额较多，为海关三大口"①。而以对日贸易的港口而论，则宁波、乍浦、普陀山 3 港地位最为重要。这 3 港地缘相近，互为联动，关系密切。

宁波古称明州，自唐以来便是中国东南沿海重要的港口，宋代确立了东方贸易大港的地位，明代成为政府指定的进行中日勘合贸易的唯一港口。明代中后期至清初，宁波港因海禁难以直接开展对日贸易，江浙地区其他港口的情况也是如此。而与此同时，福建、广东沿海一带私人贸易却颇为兴盛，对日贸易的商船也大多自该地区出发前往日本。康熙开禁后，允许沿海各口岸自由对日贸易，江浙地区因而获得了与闽粤地区平等竞争的机会，其资源优势与区位优势使之呈迅猛发展之势，很快成为对日贸易的重心，其繁荣与发展又进一步促使中日两国贸易政策向江浙倾斜。自 1695 年起，浙江的航日商船数便开始超过福建，并一直保持领先地位，宁波又成了商贾云集、百货咸备的对日贸易大港。同时宁波又是浙海关关署驻地，管辖着浙江 20 余处口岸，发挥着浙海关行政中心的职能。清乾隆以后，宁波虽然因上海、乍浦 2 港的崛起，失去了对日交往的垄断地位，但作为全国性对外贸易港和浙江的外贸中心之一，在中国对日本和东南亚的经济文化交流中仍发挥着独特的作用。

---

① 中国第一历史档案馆藏乾隆三十四年八月二十四日浙江巡抚觉罗永德奏折，转引自［日］松浦章著，李小林译：《清代海外贸易史研究》下册，天津人民出版社 2016 年版，第 587 页。

乍浦地处杭州湾北岸、江浙两省的接壤处,清时属嘉兴府平湖县,地理及港口交通条件十分优越。首先,乍浦背靠物产丰富、商业发达的苏松杭嘉湖地区,具有极大的物产优势;其次,它还是中国内外 5 条航线的汇聚点,即海外有通往日本和东南亚各国的远洋航线,国内有连接天津以北地区的北洋航线、连接闽粤以及更南地区的南洋航线、经由太湖贯通东西的长江航线,以及连接钱塘江与运河南北的内河航线。[①] 元代时,已有外国船舶来乍浦进行贸易。清康熙年间开放海禁后,大量的中国物产和海外货物,通过水上航运,源源不断地运到乍浦,使这里成为沿海和海外商品的集散中转地,乍浦港逐渐繁荣起来。为了满足国内钱币铸造的原料需求,清政府需要从日本大量进口铜料。康熙六十年(1721),清政府出台了一个办铜政策,即从康熙六十一年(1722)起,原由 8 省承办的京局额铜专归浙江、江苏 2 省承办。随着此政策的出台,与日本进行铜料贸易的口岸就被限制在浙海关管辖的乍浦和江海关驻地上海 2 处。[②] 在这一背景下,乍浦港很快在众多对日贸易港中脱颖而出。雍正时乍浦已是"东洋日本商贩往来要口"[③],成为和上海、宁波并立的对日贸易港。至乾隆时,其贸易量已居浙省各港口之首。在乾隆三十四年(1769)八月二十四日协办大学士、署户部尚书官保的奏折里,记载了 1768—1769 年浙海关三大

---

① 　徐明德:《论清代中国的东方明珠——浙江乍浦港》,《清史研究》1997 年第 3 期,第 37 页。

② 　浙江对日铜料贸易口岸定在乍浦,而不是浙海关驻地宁波,应跟乍浦港更接近当时铜料在江浙的集散地苏州有关。乍浦以大运河与苏州直接连通,从日本进口的铜料,经乍浦港运至苏州显然比宁波港更为方便。

③ 　中国第一历史档案馆:《雍正朝汉文朱批奏折汇编》第 17 册,江苏古籍出版社 1989 年版,第 654 页。

口的税收情况:"宁关计额征银二万一千二百四十余两,温关计额征银九千九百七十余两,乍浦一关则计额征银三万六千八百六十余两。计乍浦额税较宁、温两关数多一二倍。"浙海关三大口宁波、温州、乍浦的额征银加在一起是 68070 余两,其中乍浦占 54.2%,宁波占 31.2%,温州占 14.6%,说明此时乍浦港的贸易量(主要是对日贸易)已远远超过了宁波和温州,乍浦港一跃成为浙江对日贸易第一大港。

唐宋以来,普陀山及其附近的金塘、舟山本岛等舟山诸港一直是宁波对外交流的交通要冲,来往宁波的船只大多要经过或停靠这里。到了清代,普陀山作为渡日中转港尤其令人瞩目。正如日本学者木宫泰彦所指出的:"凡是清朝商船,无论口船、奥船,大都先停泊在普陀山(舟山列岛的一个小岛),候得顺风,便一路驶往长崎。"①日本根据各船出发的港口,将来长崎港的清朝商船分为口船和奥船。口船指从中国江浙闽粤各港开来的船只,奥船则指从中南半岛及南海诸国开来的船只。那么,为何这些商船大都先抵浙江普陀山待航,再开往长崎呢?究其原因,主要有以下几个因素:一是普陀山距长崎仅 250 里②,航程只需 5—14 天,在中国众多与日贸易的港口中航距最短,这就大大降低了商船的运输成本,因此更具中转港的优势。二是普陀山自唐宋以来便是宁波港赴日商船的候风放洋之所,也是其他各地赴日商船的人船休整之地。同时由于普陀山是著名的佛教圣地,具有独特的佛教祈福功能,更增加了其作为赴日中转港的吸引力。三是普陀山在清代具备货物中转功能,这里汇集了来自各地的货物,商船在此便可添置来自沿海各省乃至南

---

① 〔日〕木宫泰彦著,胡锡年译:《日中文化交流史》,商务印书馆 1980 年版,第 657 页。

② 这里的"里"为日本里,1 日本里大约相当于 3.924 千米。

洋的货物,从而减少了多次航行的成本和时间。四是随着乍浦港的崛起,从乍浦港中转的船只越来越多,而从乍浦至日本长崎,往往走乍浦—普陀山—长崎的航线,因为这在当时是一条十分成熟的航线。日本长崎县立图书馆至今保存着一册珍贵的《唐船夏冬航线绘图》,绘于 1838—1839 年,其中最重要的是一幅由中国乍浦经宁波和普陀山到日本长崎的水路航线图。该图还附有乍浦至长崎各段航程的详细距离。这表明,直至鸦片战争前,从乍浦经普陀山至长崎仍是一条十分重要的海上航线。

总之,得益于腹地、航线、港口位置以及政策倾斜等方面的优势,宁波、乍浦、普陀山成为清代浙江最重要的 3 个对日贸易港,并在对日贸易中进一步统合,形成一个联动的港群,在当时中国对外贸易中扮演着举足轻重的角色。

1840 年,中英鸦片战争爆发。1842 年 8 月,中英签订了不平等的《南京条约》,清政府被迫开放东南沿海的广州、厦门、福州、宁波、上海 5 个口岸,实行"五口通商"。1843 年上海开埠,次年宁波开埠。上海开埠后,迅速崛起,在对外贸易方面很快就取代了广州,成为中国最大的对外贸易口岸。这时,大量外贸进出口货物转向上海,使得浙北的湖州、浙江东北部的嘉兴地区直接成了上海的陆向腹地,乍浦港自此一蹶不振。同为五口之一的宁波,也由于靠近上海,"在开埠后不久便迅速地由过去的全国性对外贸易港转而成为服务于上海的转运港。同样,1877 年、1896 年先后开埠的温州、杭州也主要通过与上海的物贸联系进行对外贸易"[1]。至此,浙江沿海的主要通商口岸,统统都成了上海贸易网络下面的一个节点。

---

① 陈君静:《浙江近代海洋文明史(晚清卷)》,商务印书馆 2017 年版,第 131 页。

## （二）清代浙江的对外贸易

清代浙江海洋贸易的主要范围是日本和南洋（东南亚）地区。

### 1. 浙江与日本的贸易往来

清前期正值日本江户幕府统治时期，日本实行锁国政策，唯开长崎一港与中国和荷兰进行海上贸易，其他国家的商船、商人概不准进入日本。当时日本还禁止日商来华，所以并无日本商人来中国。因此，当时往来于中国沿海与长崎之间的货物运送皆由中国商船（当时称为"唐船"）承担。日本长崎县平户松浦史料博物馆典藏的一幅珍贵画卷《唐船之图》（1706年绘），绘有12艘船，其中有2艘宁波船（扬帆状和落帆停泊状），标明了各船的船名及船各部位的名称、尺寸，描绘精美，为了解当时宁波帆船提供了宝贵的资料。

《唐船之图》中前往长崎贸易的宁波船

　　根据日本文献的记载,清代中国商船从浙江港口赴日最早是在顺治七年(1650),这一年有 9 艘清船从舟山驶往日本长崎进行贸易,次年又有 6 艘清船从舟山前往长崎。顺治十二年(1655)颁布海禁令后,从浙江赴日商船锐减,但仍有清船冲破海禁,从普陀山、温州私往长崎。整个海禁期间(1655—1684),清船从普陀山开往长崎的共有 15 艘,从温州开往长崎的共有 3 艘,这一时期未见其他的浙江港口有赴日商船。① 海禁期间,普陀山仍有较多赴日商船,这与普陀山的特殊地理位置有关。正如《增补华夷通商考》"普陀山"条所说:"日本万治、宽文之时,禁止往渡日本,自宁波及其他各城难以发船出海,故自舟山、普陀山等小岛隐秘出海。"②

　　康熙开海后,浙江港口开始活跃起来,从浙江宁波、普陀山、乍浦等地远航长崎的清船急速增加。康熙二十四年(1685),即开海的第二年,赴日清船有 85 艘,其中有 12 艘从浙江港口开出,包括宁波 8 艘、普陀山 4 艘,约占总数的 14%。到康熙二十七年(1688),赴日清船数达到 193 艘,其中从浙江港口开出的有 38 艘,包括宁波 32 艘、普陀山 5 艘、温州 1 艘,约占总数的 20%。③ 由此可见浙江对日贸易发展之迅速。

　　由于赴日中国商船逐年增多,从 1688 年开始,日本将每年进入长崎港的中国商船数限定为 70 艘,按季节和具体开航地点分配如下。

―――――――――

　　① ［日］岩生成一:《近世日中贸易数量的考察》,《史学杂志》1953 年第 62 编第 11 号,第 12—13 页。

　　② ［日］西川如见:《增补华夷通商考》,文物出版社 2020 年版,第 62 页。

　　③ ［日］大庭修著,戚印平、王勇、王宝平译:《江户时代中国典籍流播日本之研究》,杭州大学出版社 1998 年版,第 25 页。

春船 20 艘：南京 5 艘，宁波 7 艘，普陀山 2 艘，福州 6 艘。

夏船 30 艘：南京 3 艘，泉州 4 艘，宁波 4 艘，漳州 3 艘，咬𠺕吧 2 艘，柬埔寨 1 艘，普陀山 1 艘，厦门 5 艘，太泥 1 艘，福州 4 艘，广东 2 艘。

秋船 20 艘：南京 2 艘，交趾 3 艘，暹罗 2 艘，高州 2 艘，福州 3 艘，宁波 1 艘，广东 4 艘，东京 1 艘，潮州 2 艘。①

在这 70 艘赴日贸易船中，其中福建 25 艘，浙江 15 艘，江南和广东各 10 艘，即中国各港口共计 60 艘。其余 10 艘分配给中南半岛和南洋各地，包括交趾(今越南)、东京(今越南河内一带)、暹罗(今泰国)、太泥(今泰国北大年)、咬𠺕吧(今雅加达)。而单就各港口分配额而言，宁波港 12 艘为最多，反映了当时宁波港在中日交通贸易中的重要地位。

此后，由于日本主要出口商品铜的减少，日本幕府又于 1715 年(康熙五十四年，日本正德五年)颁布了新商法，这就是日本历史上著名的“正德新令”。新商法规定：每年到日本贸易的中国商船限定为 30 艘，其中南京 10 艘，宁波 11 艘，厦门 2 艘，台湾 2 艘，广东 2 艘，交趾、暹罗、咬𠺕吧各 1 艘；②贸易额限

① [日]林韑：《通航一览》第 4 册，清文堂 1967 年版，第 318 页。

② [日]大庭修著，戚印平等译：《江户时代中国典籍流播日本之研究》，杭州大学出版社 1998 年版，第 25 页。按：正德新令各地船数分配额，各书记载不一，如《通航一览》卷 163 载为南京 7 艘，宁波 5 艘，台湾 4 艘，厦门和广东各 2 艘，普陀山、温州、舟山、福州、漳州、广南、东京、柬埔寨、暹罗、咬𠺕吧各 1 艘。从后来各地实际来航长崎的清船数来看，大庭修说更接近实际情况。这应是日方后来根据实际情况将分配额做了调整的缘故，故本书从大庭修说。

定为 6000 贯,每艘约为 191 贯,可以略有出入;限额内的中国船,每年发给信牌,有信牌者准许互市,否则就令原船载货返回。①

康熙五十四年(1715)五月,宁波还发生了"信牌事件"。中国商船获得信牌的有江浙商人胡云客等名下的 42 船,他们回国后,引起一些未获得信牌的福建船商的不满。因为信牌上写有日本年号,有人抓住这一点,在宁波街头贴出"大字报",指责胡云客等 42 名船头归顺日本。于是浙江官府对这些船头严加审讯,信牌也被宁波海关没收。浙江巡抚徐元梦认为,"以我中国商船受长崎地方牌票,不但有乖大体,相沿日久,大生弊端,亦未可知"②。由此这一案件一直捅到了朝廷。后经查,信牌与归顺无关。康熙五十五年(1716)九月,康熙皇帝裁断无罪,令将信牌归还原主,照常贸易,"信牌事件"遂告平息。但因次年信牌才发还到商人手中,中国商船因此延误了 1716 年往日本贸易的机会。日本文献《信牌方记录》记载,1716 年共有 11 艘中国商船从中国宁波驶抵日本长崎,但因没有信牌,均被禁止交易,几天之后全部被勒令返航。

日本实施"正德新令",使得江浙商人在对日贸易上拥有比闽粤商人更多的船数和贸易额。"信牌事件"实际上是福建商人为与江浙商人争夺对日贸易权而引发的。福建商人在"信牌事件"中败北,表明这一趋势已不可扭转。根据日本文献《华夷变态》的记载,自 1717 年至 1722 年,浙江赴日商船有 58 艘,平均每年接近 10 艘;而福建赴日商船约 25 艘,总数不到前者的一半。《华夷变态》的记录应有遗漏,以上数据并不绝对准确,

---

① [日]木宫泰彦著,胡锡年译:《日中文化交流史》,商务印书馆 1980 年版,第 654 页。

② 中国第一历史档案馆整理:《康熙起居注》第 3 册,中华书局 1984 年版,第 2302 页。

但能反映出闽浙两省赴日商船数此消彼长的变化趋势。

值得注意的是，"正德新令"后，自浙江乍浦港始发或在乍浦中转的赴日商船急剧增加。从日本《华夷变态》和《唐人风说书》的记述可以看出，1715—1728 年，南京、咬𠺕吧、宁波、广南、东京、厦门等地商船纷纷从乍浦港起航赴长崎。至乾隆中期，中国赴日商船大部分都是从乍浦、上海 2 港启航的。对此，完成于日本明和年间(1764—1771)的《长崎志》卷十《海路更数并古今唐国渡港之说》中记载："当时上海、乍浦交通非常便利，唐船大多都来此处相聚交易……尤其是宁波、舟山、普陀山、福州、厦门、广东来的船只，多专门选择从上海、乍浦出航。"①至于办铜船，其收泊地后来甚至都集中到乍浦一港，这有乾隆三十七年(1772)山东官员钱鸣萃的奏折中有"铜铅皆收浙省乍浦海口，均有报案可凭"②之语可证。此后历经乾隆、嘉庆、道光 3 个时期，乍浦一直是对日贸易的中心港。

清代浙江输往日本的物品种类繁多，几乎涵盖了中国各地产品。现以一艘康熙三十六年(1697)十二月从宁波港起航赴长崎、次年正月初二在五岛海面遇险的宁波船所载货物来说明。日本文献《小西方淑觉书》记载，该船所载货物如下：

> 白丝四十七包(每包六十五斤)、大花绸一千五十四、中花绸九百三十四、小花绸一千六百四、大红绉纱六十一四、大纱八百九十四、中纱一千一四、小纱二千五百四十四、色绸五十六四、东京丝一百十六斤、东京缡四百二四、大卷绫六百十四、东京纪二百四、中卷绫

---

① 转引自［日］松甫章著，李小林译：《清代海外贸易史研究》上册，天津人民出版社 2016 年版，第 94 页。

② 《清高宗实录》卷九〇二，乾隆三十七年二月癸酉。

七百五匹、素绸一千三百十四、绵四百斤、色缎二百四、金缎三十二匹、嘉锦九十匹、杭罗三百五十匹、大宋锦十三匹、西绫三百匹、花纱二百十一匹、轻罗一百匹、红毡六千一百十张、蓝毡三百十张、银朱八百斤、水银七百斤、白术六千斤、东京肉桂一千一百斤、桂皮五百斤、山萸肉六千斤、牛皮三百五十张、山马皮一千张、鹿皮五千六百张、歇铁石二百斤、鱼皮二百枚、鱼胶三千斤、苏木二万斤、漆三千斤、沉香四千斤、朱砂二千斤、冰糖一万一百斤、木香六百斤、白糖七万斤、三盆糖四万斤、乌糖九万斤、碗青七千斤、苓苓香一千斤、排草四百斤、黄芩二千斤、甘松四千斤、甘草二千斤、川芎五十斤、蕲蛇四百斤、麝香四十斤、人参十斤、小人参五十斤、墨三千斤、古画五箱、书六十箱、瓷器六十桶、雄黄一千三百斤、料香一千斤、藿香三千斤、当归五千斤、伽楠香六斤、巴豆八百斤、刀盘十枚、黄蜡三千二百斤、明矾一千斤、白铅四千一百斤、金线五十斤、色线二十斤、古董十六箱、巴戟二千斤、禹余粮石一千斤、铁锅三十连、茴香一百五斤、砂仁五千斤、石青一百斤、淫羊藿二百斤、滕黄二千斤、羊皮一千五十枚、大黄二千斤、藁本四千斤、阿胶二百斤、菜油四百斤、贝母一千斤。[①]

可见，从宁波港输往日本的货物五花八门，有生丝、丝织物、瓷器、药材、香料、书籍和各种生活用品等。从装货数量来

---

① 　[日]大庭修著，戚印平等译：《江户时代中国典籍流播日本之研究》，杭州大学出版社1998年版，第36—37页。

看,产自江南地区的生丝和丝织品是当时宁波港输日的最重要商品,如上述一条船内即载有生丝 3171 斤(1892.5 千克)、绵 400 斤(238.7 千克),各种绸缎 12651 匹,数量之多令人惊叹。另外值得注意的是,该船内装有书 60 箱。从日本文献来看,书这一特殊商品在浙江对日贸易中也占有重要地位,其品类之多和数量之大也超过前代。江浙地区是明清时期中国刻印出版业最为发达的地区,尤其是南京、苏州、杭州三地的刻书极为盛行,因此从江浙港口航日的中国商船中多载书籍是极为自然的事。据日本学者永积洋子整理的《唐船输出入品数量一览(1637—1833 年)》,1749 年至 1785 年,仅从乍浦一港运到日本的书籍总数就多达 762 箱、407 组、25843 册、18 包、9 种。乾隆五十八年(1793)十一月二十三日,南京王开泰商船从乍浦港起航开往日本,十二月初九到达长崎。船上载有 67 种中国图书,内有《红楼梦》9 部 18 套,为《红楼梦》传入日本之始。清代从浙江输往日本的书籍中,中国地方志也占有一定的比例。如 1725—1726 年,共有 48 部浙江地方志传入日本,均由来自宁波、乍浦的宁波船载入。①

　　浙江从日本输入的物品主要有铜、金、银和海参、鲍鱼、鱼翅等干海产品以及植物花卉等,其中铜为大宗。如前所述,浙江乍浦港是对日铜料贸易的主要港口。据估计,从康熙二十三年(1684)到鸦片战争前的 150 年,经乍浦港从日本流入浙江的铜料总量达 21000 万斤(约 123900 吨)。② 可见铜料贸易占清代浙江对日贸易的大宗。与铜料相关的还有日本各种铜制日

---

　　① 〔日〕大庭修著,徐世虹译:《江户时代日中秘话》,中华书局 1997 年版,第 111—112 页。

　　② 王万盈:《东南孔道:明清浙江海洋贸易研究》,海洋出版社 2009 年版,第 230 页。

用品的输入,如铜水壶、铜茶壶、铜锅、铜盆、黄铜箸等。海产品和植物花卉是日方鼓励出口的物品,希望以此取代金属制品的输出。所以在中国商船回棹时,几乎都载有这类物品。如康熙五十年(1711)一年,就有5艘宁波船从日本购载松、山茶等植物返航。

在康熙五十六年(1717)以后,日本由于生产的铜料减少,所以限定的船舶数和贸易额逐年下降,到乾隆五十六年(1791)减至10艘、2740贯。此后,虽然日本方面没有再采取减少中国商船数的措施,但因为中国内部的原因,抵日商船越来越少。直到咸丰十一年(1861),当最后2艘中国商船驶抵长崎港后,历时悠久的中日长崎贸易终于画上了休止符。

## 2. 浙江与南洋(东南亚)和欧洲国家的贸易往来

清代,浙江与南洋的贸易也得到了长足发展。当时浙江在南洋的通商贸易范围包括安南(今越南)、暹罗(今泰国)、柬埔寨、吕宋(今菲律宾)、文莱、噶喇巴(今雅加达)、柔佛(今新加坡一带)等地。康熙二十七年(1688),陈乾等28名闽浙商人持宁波府文引前往安南国会安经商,在那里遇见朝鲜漂流民金泰璜等21人,遂救护这些人载往朝鲜。这说明,康熙开海后不久,便有浙江商人赴安南贸易。康熙时期,有很多江浙闽商人造船去南洋噶喇巴、吕宋贸易,在那里将货和船都卖掉后,携银而回,甚至还有不少人留居当地不归。这让清政府感到了恐慌,担心这些不归的商人聚集海上再次反清,于是在康熙五十六年(1717)颁布了一道南洋禁海令,禁止中国商船前往南洋吕宋、噶喇巴等地。直到雍正七年(1729),才准许浙江商船赴南洋贸易。此后,因为赴日商船受到日本方面的限制,浙江的商船就多转向南洋贸易。乾隆六年(1741)八月二十五日,广东道监察御史李清芳在给乾隆皇帝的奏折中说:"查洋船贸易,往东洋者

十之一,往南洋者十之九,凡江、浙、闽、广四省海关税银,多出于此。"①由此看来,当时浙江往南洋的商船应远远多于往东洋日本的商船。日本文献《长崎志》记载,乾隆五年(1740)驶抵日本的中国商船总数为25艘,则往南洋的中国商船总数在220艘左右,②其中应有相当一部分是浙江商船。乾隆九年(1744)九月初六议政大臣广禄等人的奏折中有"南洋商贩,不止福建一省,其江、浙、广东等处,亦有往彼贸易商船"③之语;温州人周全喜在乾隆十八年(1753)前"曾往吕宋生理,略懂番语"④;乾隆二十九年(1764),"准两广、浙、闽各商携带土丝及二蚕湖丝往柔佛诸国贸易"⑤。这些史料都表明,乾隆时有浙江商船前往南洋进行贸易。清政府曾专门在浙海关设置洋房,办理征收"宁港商船置货报往南洋暹罗等处贸易、回棹进出洋税,及各省商人从南洋、海南等处来宁贸易货税"⑥,说明当时前往东南亚进行贸易的浙商已具有一定规模,且获利颇丰。清代浙江从南洋输入的物品主要有大米、木材、食糖、香料、象牙、珍珠、药材及机制毛棉织物等;浙江向南洋输出的物品主要有生丝及丝织品、茶叶、药材、瓷器、干果、海产品及各种浙江本地土特产。

浙江还是中国较早向欧洲国家开放的地区之一。康熙时期,就有英国商船来舟山定海港停泊,贩运商品。为便于管理

① 中国第一历史档案馆:《乾隆年间议禁南洋贸易案史料》,载《历史档案》2002年第2期,第26页。

② [日]松浦章著,张新艺译:《清代帆船与中日文化交流》,上海科学技术文献出版社2012年版,第138页。

③ 中国第一历史档案馆藏:《朱批奏折·外交类》。

④ 中国第一历史档案馆:《清代中国与东南亚各国关系档案史料汇编(菲律宾卷)》,国际文化出版公司2004年版,第180页。

⑤ 《钦定皇朝通志》卷九三《食货略十三》,《文渊阁四库全书》本。

⑥ 苏州图书馆供稿:《海关衙门须知事宜册》。

和方便征税,康熙三十七年(1698),清政府在定海设立浙海关
分关,并建造专门接待外国商人和船员的红毛馆。于是英国商
船停泊定海者日多,但由于英商不能去宁波交易,舟山的经商
制度环境也不如广州,所以到了康熙晚期,定海港口又逐渐冷
落下去。乾隆二十二年(1757),随着浙海关对欧洲商人关闭,
定海红毛馆也遭废置。浙江与欧洲的早期贸易可谓昙花一现,
时间不长,总体贸易量较少。直到 19 世纪上半叶,英国等欧洲
国家的商人才相继来浙,重新开展贸易活动。

# 六、清代浙江涉外海难救助

　　1992 年 5 月,一支由舟山市政府官员率领的舟山渔业代表
团到日本气仙沼市考察。当地一位叫佐藤亮辅的水产企业家
见到他们时,称呼他们是"救命恩人"。这让大家一时摸不着头
脑。后来交流之后,方知佐藤亮辅是 200 多年前漂流到舟山获
救的"春日丸"号船员的后裔。

　　事情还得从头说起。乾隆十七年(1752)十二月,日本奥
州仙台郡气仙沼村(今宫城县气仙沼市)的大型商船"春日丸"
号满载海产品、烟草等货物,从气仙沼起航驶往日本另一个港
口——下总国铫子港(今属千叶县)售卖。不料,船在航行途
中突遇暴风,船上桅杆、船桨严重受损,船长传兵卫及 12 名船
员在海上漂泊 4 个月之后,于乾隆十八年(1753)三月二十四
日漂到舟山的虾峙岛。这些日本难民得到了当地渔民的救
助,当地渔民船数次驶近"春日丸"号察看、慰问,送鱼、送柴,

并及时报告了官府。几天后舟山官员差人把"春日丸"号船员带到定海城,妥善安置。后来他们又被送到宁波,当时有多名日本人生病,中方为他们请来了医生,治好了他们的病。同年十二月七日,日本难民在宁波港搭乘一艘赴日商船顺利回国,这件事在中日文献中都有记载。获救的日本难民很感动,回国后对这事念念不忘,要求他们的子女有机会一定要找救命恩人谢恩。于是才有了本文开头佐藤亮辅感谢舟山渔业代表团的感人一幕。

在帆船时代,船舶在海上航行主要依靠风力。在古代航海装备、技术等方面都比较落后的情况下,船舶经常会遭遇风浪而发生海难,有的沉没,有的随风漂流到他国。在中国史料中,遭受海难幸存的外国人被称为"难夷"或"难番",而在日本史料中,则被称为"漂流民"或"漂风民"。

由于地理和历史因素,中国东南沿海与环中国海的日本、高丽(朝鲜)、琉球及东南亚诸国自古以来关系就十分密切,接触频繁。宋代以来,随着环中国海各国海上活动的日益频繁,海难事件也随之大幅度增加,档案史籍上有关外国船只遭风浪漂至中国沿海的记录很多。

宋代时,常有高丽或日本难民遭风浪漂至中国沿海,为体现人道主义精神和礼仪之邦的风度,中国在宋真宗时就已有了稳定的救助遣返制度,大中祥符九年(1016),宋真宗"诏明州自今有新罗舟飘至岸者,据口给粮,倍加存抚,俟风顺遣还"[1]。此后官员们处理海难事件时,都会给外国漂流民提供口粮,并将其遣返回国。当时遣返港口一般是明州或泉州。到南宋时逐步规定了具体救助标准,如宝祐六年(1258)十一月,一艘高丽

---

① 《续资治通鉴长编》卷八六,大中祥符九年二月甲辰。

船因遭风暴漂流至庆元府石衕山(今舟山市嵊泗县花鸟岛),船上 6 人被庆元巡防水军所救。知庆元府兼沿海制置司大使吴潜一面将此事奏报朝廷,一面从沿海制置司中拿出钱来,"日支六名米各二升,钱各一贯"。待其归国之日,又支"回程钱六百贯,米一十二硕"①。元代也基本沿袭宋代的做法。

到了明代,对漂流到中国的朝鲜、琉球等国的难民,明朝政府仍能实行人性关怀政策,抚恤难民,遣返本国。唯独对日本漂流民,由于倭寇问题的存在,明政府对他们怀有严重的戒心。据《明神宗实录》记载,明万历三十七年(1609)至三十九年(1611)期间,发生了 2 起日本漂流民漂流至中国境内事件,明政府的处理都是不允许他们回国,特别是在第 2 起事件中,更是将这批日本漂流民从广东发配到陕西延绥(今陕西榆林)等地充军戍边。

与明代对日本漂流民的态度不同,清代对日本漂流民和其他国家的漂流民都能一视同仁,给予悉心照顾,并将其遣送回国,而且在清乾隆以后,这方面的事例较前代显著增加。清代,对日本漂流民的遣返大多由浙江港口承担。

清代日本漂流民自浙江港口返回本国的最早记载大约是在康熙九年(1670)。康熙七年(1668)因海难漂流到吕宋巴丹岛的 11 名日本难民,因不堪当地居民虐待,乘自造的一只小船于康熙九年逃离巴丹岛,中途在浙江普陀山停留休整了 1 个多月,得到当地居民的多方照顾,获得了衣食、磁石(指南针)、针线等,之后这些漂流民仍自驾小船返回日本。

康熙二十三年(1684)开放海禁后,赴日民间贸易船增多,

---

① 《开庆四明续志》卷八《收养丽人》。硕,古同"石",容量单位,十斗为一石。

送返日本漂流民的任务便逐渐由这些贸易船承担。至于遣返港口,起初并未固定,大都是送至离漂着地最近的赴日贸易港口,如普陀山、乍浦、宁波、广州、福州、厦门等地。乾隆二十年(1755)后,随着办铜船出入港口集中到浙江乍浦,清政府便规定将漂流至各地的日本难民先送到乍浦,然后搭乘乍浦赴日的商船回国。如此,遣返日本漂流民的港口就固定在浙江乍浦一港了。据台湾学者刘序枫所编《清代经由中国遣返之日本漂流难民简表》①所载,1644—1861年,中国遣返日本漂流民事件共59起,其中经乍浦遣返的达44起,经普陀山和宁波遣返的各2起。经乍浦遣返的44起中,除9起是日本人漂流到浙江沿海而从乍浦遣返外,其余35起都是日本人漂流到吕宋,以及中国的广东、江苏、福建、台湾等沿海地区而被专程护送到乍浦遣返的。由此可见,清代乍浦不仅是对日贸易大港,还是承担日本漂流民救助和遣返的最主要港口。

在浙江救助和遣返的外国漂流民中,数量最多的当属琉球漂流民。琉球是岛国,位于中国的台湾岛和日本的九州各岛之间,共由36个岛屿组成,与浙江、福建二省隔海相望,因其四面环海,与外国的交流几乎都依靠海船来进行。在季风、台风、海流等因素的影响下,琉球船在海上航行时极易漂入浙江沿海。从相关的研究成果来看,在有清一代,有文献记录的琉球船只漂入浙江事件约160起,时间最早是康熙二十六年(1687),最晚是光绪二十四年(1898)。

清代遣返琉球漂流难民,不论其漂至何地,一律由各省官兵护送到福建,安置于福州柔远驿,由福建方负责其在闽食宿

---

① 刘序枫:《清代经由中国遣返之日本漂流难民简表》,载浙江大学日本文化研究所:《中日关系史论考》,中华书局2001年版,第199—204页。

费用,直至他们动身回琉球为止。对漂到浙江境内的琉球难民的遣返自然也不例外。经浙江地方官救助抚恤后,难民原船经修理后能支撑航行的,则由兵船从海路直接护送到福建;若船只损坏无法修理或原船漂失的,则从陆路护送到福建。

清初,对外国漂流民的救助和遣返并无定例。乾隆二年(1737),2 艘遇难琉球国船先后漂流至浙江定海县(今舟山)和象山县。浙江布政司张若震将这 2 起漂流事件上奏清廷后,乾隆皇帝下谕旨:

> 朕思沿海地方,常有外国船只遭风飘至境内者,朕胞与为怀,内外并无歧视。外邦民人,既到中华,岂可令一夫之失所。嗣后如有似此被风漂泊之人船,着该督抚督率有司加意抚恤,动用存公银两,赏给衣粮,修理舟楫,并将货物查还,遣归本国,以示朕怀柔远人之至意。将此永著为例。[①]

自此,沿海各省对外国漂流民的救助抚恤有了定例可循,对漂流民的救助与遣返逐步规范化。不过,具体待遇还是因省而异,其中以浙江省的供给最为优厚,每人"日给口粮米一升,盐菜银三分";广东为"米一升,盐菜银一分";江苏、福建则为"米一升,盐菜银六厘"。[②] 如上述乾隆十八年(1753)三月二十四日漂到舟山虾峙岛的 13 名日本难民,同年十二月七日才被从宁波港遣送回国,其间定海、鄞县 2 县共花费银 800 余两。又如乾隆五十五年(1790),琉球国人龟滨等 10 名难民漂流至

---

① 《清高宗实录》卷五二,乾隆二年闰九月庚午。
② 《钦定户部则例》卷一〇五《蠲恤·恤赏下·抚恤被风番船》,乾隆四十八年刊本。

舟山,其中 1 人在舟山病故,对其余 9 人的抚恤有如下记录:
"定海县抚恤琉球国难番龟滨等九名,盐菜衣粮等项银二百八
十两五钱二分一厘,修船工料银三百七十七两六钱一分八
厘。"①浙江对外国漂流难民的优待由此可见一斑。

　　清政府对外国漂流民的厚遇和浙江人民对他们的友好态
度,给漂流民留下了很好的印象。乾隆二十四年(1759)三月从
乍浦港回国的 3 名日本"若市丸"号漂流民后来提到他们回国
时的情景时说:

　　　　我们在乍浦乘船回国的那一天,有 400 多名在这
里认识的中国人,都拿着酒和菜来相送。因为人太
多,我们只能简单地跟他们说一两句告别的话。他们
给我们的礼物有毛毡、纺织品、杂物、点心等,多得几
乎没有地方放。我们在乍浦逗留期间所住的那家客
栈的主人,竟偕同 6 名女佣人和 7 名男仆人到码头送
行。离别时,我们感到很悲伤,送行的 14 个人也都哭
了。过了四五天,每当想起离别时的情景,不由得悲
伤之情就涌上心头,流下泪来。我们深感中国是一个
热诚的国家,是一个心地仁慈的国家。②

　　当时中日两国虽然没有建立正式的官方外交关系,但浙
江对漂流民的一次次救助与遣返,传达了积极友好的信号,日
本方面一般也会回咨表达对中国朝廷的谢意,这无疑促进了

　　① 　中国第一历史档案馆:《清代中琉关系档案续编》,中华书局 1994
年版,第 911 页。
　　② 　[日]池田皓本:《台湾漂流记》,转引自[日]林韑:《通航一览》第 5
册,清文堂 1967 年版,第 452 页。

中日两国关系的良性发展。此外，日本长崎地方政府为感谢
照顾和送回本国难民的中国贸易商，除赏给他们一些航海生
活必需品外，还会特别批准增加贸易额，准许这些商人提早
返航。

　　这些中日两国之间的友好往来和真情相待并没有被后人
遗忘，"春日丸"号的故事就是一个很好的例子。1993 年 10 月，
应舟山市对外友协邀请，"春日丸"号船长的后裔佐藤亮辅及其
夫人、原气仙沼市市长菅原雅、《春日丸漂流记》作者西田耕三
一行 4 人来访舟山，表达了他们的感激之情，并赠予舟山市一
件友好礼物——"春日丸"号古帆船模型。此后，佐藤亮辅又多
次访问舟山，续写着两国民间交流的友谊故事。以"春日丸"号
的故事为纽带，1997 年，中国舟山市与日本气仙沼市结为友好
城市，此后两市在经济技术、文化教育、新闻、体育等领域开展
广泛的交流与合作，为中日友好交往再续佳话。

"春日丸"号船模

## 七、卫匡国、殷铎泽与杭州

　　明末清初,有许多西方传教士陆续从欧洲远渡重洋来到浙江传教,他们把杭州作为在华传教的主要基地,在浙江发展了不少天主教徒;同时也积极地把中国的历史文化介绍给欧洲人,使欧洲人对中国有了更多的了解。在这些来浙的西方传教士中,最著名的是卫匡国和殷铎泽。

　　卫匡国(1614—1661),西文名 Martino Martini,卫匡国是他的中文名。卫匡国于 1614 年 9 月 20 日出生于意大利北部的特伦托,1632 年在罗马加入耶稣会,1634—1637 年在罗马神学院学习修辞学、哲学等课程,其间曾师从著名的德国数学家、东方学学者阿塔纳斯·基歇尔(Athanasius Kirchey)。1638 年 7 月,他提出的去亚洲传教的申请被批准,接到去中国的命令。1639 年,卫匡国从葡萄牙里斯本上船前往中国,但船在非洲几内亚湾一带遭遇风暴,不得不返回里斯本。

　　1640 年 3 月 26 日,卫匡国再次从里斯本出发前往中国,这次与他同行的还有其他 21 名耶稣会士,其中包括意大利人艾儒略(Giulio Aleni)和葡萄牙人瞿西满(Simao da Cunha)。他们于同年 9 月 19 日到达印度西海岸果阿,因找不到前往中国的船只,在此逗留了 1 年多才继续航行。1642 年(明崇祯十五年)8 月 4 日,卫匡国等人终于到达中国澳门。1643 年,卫匡国被派往浙江杭州传教,与他同行的有耶稣会士艾儒略和瞿西满。他们辗转从广州沿水路到南雄,越过梅岭进入江西,再顺

卫匡国像

长江到南京一带,然后沿江南运河来到杭州,时间大概是 1643 年 10 月。

当时的中国正处于改朝换代之际,时局极为混乱,卫匡国不得不过着一种颠沛流离的生活。1643 年抵达杭州后不久,他便途经嘉兴、上海、镇江,前往南京。1644 年与 1645 年之交,他返回杭州,但并未在此长住。1645 年 7 月清军占领杭州前,卫匡国已到兰溪、金华等地活动。1646 年春末,卫匡国由金华来到福建。据说他曾在南明隆武朝廷中担任过"火炮使臣"一职,负责铸造火炮,还随南明大将刘中藻前往福安抗击清军。卫匡国来华后,改用中文名"卫匡国",字济泰,或许也寓有"匡扶明室,以济康泰"之意。但卫匡国担任"火炮使臣"一事,在他本人所著的《鞑靼战纪》中并未提及,应该说仍是个存疑的问题。1647 年年初,卫匡国北返浙江,在温州附近的瑞安遭遇清兵。他在住宅门外书写"泰西天学修士寓"7 字,宅内放置书籍、望远镜、科学仪器等。清军见状,颇感新奇,于是很客气地让卫匡国

回到了杭州。此后 2 年间,卫匡国以杭州为基地,往返于浙江金华、兰溪、绍兴、宁波等地传教。1647 年 6 月,卫匡国在兰溪与当地著名的学者祝石交游,在祝石的请求下,由他口述,祝石笔录,完成了《述友篇》一书。这是一部论交友之道的书,1661 年在杭州出版。

清顺治六年(1649)下半年,卫匡国接受中国教区会长阳玛诺(Manuel Diaz)的安排,去北京的钦天监与德国传教士汤若望(Adam Schall von Bell)合作。但汤若望不喜欢卫匡国,卫匡国便于 1650 年年初回到了杭州。也正是这次短暂的北京之行,使卫匡国有机会游历山东、山西、陕西等省,还游览了长城。

1651 年 3 月,卫匡国奉命返欧洲向罗马教廷报告中国教务。他从福建厦门附近的安海港启程,先到菲律宾,后又来到巴达维亚,在两地分别停留了 7 个月与 1 年半的时间,最后乘上一艘荷兰船只前往欧洲,在经过漫长而艰苦的航行后,于 1653 年 8 月底在挪威的卑尔根登陆。然后经比利时、荷兰等国,于 1654 年 10 月抵达罗马。

卫匡国在欧洲期间,用拉丁文出版了 2 部有关中国的重要著作:一部是《鞑靼战纪》,1654 年在比利时安特卫普出版,讲述清军灭亡明朝的过程,后被翻译成多种文字广泛传播。另一部是《中国新地图集》,1655 年在荷兰阿姆斯特丹出版。《中国新地图集》为大开本图集,制作精美。第一版出版时,共有中国全图 1 幅,分省地图 15 幅,附日本地图 1 幅,这些地图要比之前欧洲人绘制的中国地图精确得多,同时还提供了当时第一份中国各主要城市的经纬度数据。尤其重要的是,此书虽名为地图集,其实图仅有 17 幅,而文则有 200 多页。每幅地图之后,都有大量的文字说明,提供了极为丰富的有关中国的信息,可谓欧洲出版的第一部“以文为主,以图为辅”的中国地理志,具有里程碑式的意义。该地图集在此后的近百年中,一直被认为是关于中国的最完整、最准确的著作,是欧洲人研究中国地理的主要依据,卫匡国也因此被誉为欧洲的"中国地理之父"。

在罗马完成教务后,1657 年 4 月,卫匡国与南怀仁、殷铎泽等其他 16 位优秀的耶稣会士一起在里斯本上船,再度来华,于 1658 年 7 月 17 日抵达澳门。航行途中,卫匡国等人得了重病,有 12 个同伴死去,可见此次路途之艰险。就在卫匡国来华途中,他的另一本著作《中国上古史》(又称《中国历史十卷》)在德国慕尼黑出版。此书共 10 卷,记述了从中国神话传说时代到西汉元寿二年(公元前 1 年)的中国上古史,是欧洲第一部全面而系统地介绍中国历史的编年体著作。

1659 年 3 月 5 日,卫匡国从澳门启程北返,6 月 11 日回到杭州。卫匡国回到杭州后,清政府在浙江的统治已经基本站稳了脚跟,社会比较安定了。对于卫匡国来说,还有一个更有利的条件,那就是浙江巡抚佟国器对天主教有所了解,他的妻子就是一名天主教徒,因此对传教士比较友好。此后 2 年间,卫匡国不曾远行,在佟国器的大力支持下,致力于建造一座新的教堂。武林门观巷原有一座教堂,系皈依天主教的杭州退休官员杨廷筠于 1627 年所建。但佟国器觉得该教堂太狭小了,于是出资让卫匡国建造一座新的教堂。新教堂就建造在杨廷筠所建教堂的原址上,1659 年开始兴建,不料教堂尚未完工,卫匡国就于 1661 年 6 月 6 日病逝于杭州。教堂由 1658 年来到杭州的法国传教士洪度贞(Humbert Augery)续建,最后于 1663 年告竣,其恢宏壮丽,为当时中国西式教堂之首。

卫匡国于 1643 年 29 岁时来到杭州,其后曾一度回到欧洲,最后又来到杭州,2 年后去世,年仅 47 岁,被安葬在杭州的土地上,1678 年被迁葬到现在大方井的传教士墓地。卫匡国在

短暂的一生中，写出了《鞑靼战纪》《中国新地图集》《中国上古史》《述友篇》等许多重要的中西文著作。这是他对中西文化交流所做出的历史性贡献，他也因此成为名副其实的中西文化交流的先驱。

殷铎泽（Prospero Intorcetta，1625—1696），字觉斯，出生于意大利西西里岛，17 岁时开始学习神学，是清康熙年间很有影响力的耶稣会神父。1659 年，他随卫匡国来到中国。先在江西建昌传教，1664 年因受教案牵连，被押送北京接受审判，后又被移送至广州圈禁，最终在一个同伴的帮助下才得以脱身，1671 年返回罗马。1674 年再度来华。此后主要在杭州生活，主持杭州教务。

殷铎泽回到杭州后不久，便着手进行了 2 项重大工作。一是在 1678—1683 年，对武林门内由卫匡国和洪度贞建造的那座教堂进行了大规模整修，用 72 幅巨幅彩色壁画装饰教堂，使整个教堂内部焕然一新。二是对杭州西郊大方井传教士墓地进行了扩建与维修，将分散在杭州各地的传教士遗骸集中移葬于此，这项工作始于 1676 年，1678 年最终完成。"文革"中，大方井传教士墓地遭到破坏，1985 年重修，现为浙江省文物保护单位。

1687 年，殷铎泽还帮助和接待了一批来华法国传教士。原来 4 年前，受到康熙皇帝重用、掌管钦天监事务的比利士传教士南怀仁，深感身边缺乏专业人才，于是上书罗马教廷传信部，请求速派传教士来华。传信部收到南怀仁的信后，便将信交给法王路易十四。路易十四认为这是对外扩展的好机会，便命巴黎外方会挑选了精通数学的传教士洪若翰（Jean de Fontaney）、张诚（Jean-Francois Gerbillon）、刘应（Claude de Visdelou）、白晋（Joachim Bouvet）、塔查尔（Guy Tachard）和李明（Louis le Comte）等 6 人，以"国王的数学家"的名义派遣到中国去。洪若翰一行于 1685 年 4 月出发,先到达暹罗。1687 年 6 月 17 日乘中国商船从暹罗出发,于同年 7 月 23 日到达宁波,其中 1 人在赴宁波途中死亡。

当时清政府只允许外国人在广州登陆上岸,其他城市如无批准一律不得进行外事接待。5 个外国人突然"空降"宁波,使浙江的官员大吃一惊,要把他们赶回去。于是洪若翰等人就向在杭州的殷铎泽求助,殷铎泽又将此事转告北京的南怀仁,南怀仁立即向皇帝说明了情况。康熙没有追究违例责任,反而向传教士们发出了"快快来京"的邀请。于是,5 个法国传教士在宁波盘桓 4 个月后,于 1687 年 11 月 26 日启程,5 天后到达杭州。一行人在杭州逗留了 3 个星期,受到殷铎泽的热情款待,然后沿大运河北上,次年 2 月到达北京。

在 5 个法国传教士沿着大运河北上见到康熙皇帝的第二年,康熙皇帝则顺着大运河开始了他的第二次南巡,于 1689 年 2 月 28 日来到了杭州。

康熙此次南巡,还是第一次来杭州。殷铎泽坐着雇来的小船,到城外湖墅去迎接皇帝。康熙对西方文化有着强烈的兴趣,对这位来自遥远欧洲的传教士自然也另眼相看。于是,一个中国皇帝与一个欧洲传教士进行了一番面对面的亲切交谈。康熙饶有兴致地问了殷铎泽许多问题,诸如:在中国待了多少年?先在何处?在浙江有几年?今年多大年纪?认得中国字吗?是否到过北京?还问了当时在华传教士洪若翰等人的近况。殷铎泽对这些问题都一一作答。他们就这样随意谈了不少话。过了几天,康熙离开杭州,殷铎泽又乘船送驾。临别时康熙对殷铎泽说:"你老人家好好住在这里;你年纪大了,不必再远送了。"殷铎泽返棹之后,康熙又命人向他传旨:"老人家好好安心住在这里。"当时康熙 30 多岁,殷铎泽 60 多岁,所以康熙称殷铎泽为"老

人家",言语之间充满了对这位欧洲传教士的尊重和关切。

康熙皇帝对殷铎泽如此厚待,使殷铎泽对今后在浙江的传教事业充满了信心。不料 2 年后,杭州便发生了禁教事件。1691 年,对天主教一向仇视的浙江巡抚张鹏翮看到在自己统治的地盘上居然有如此精美的西洋天主教堂,觉得实在不能容忍,于是发布全省禁教文告,宣布禁止传教士在全省传教和浙江民众信教,还特别点名指出殷铎泽在杭州违抗圣旨,为 1000 多人举行洗礼,扬言要拆毁天主教堂,将其改为佛寺。情急之下,殷铎泽写信向在北京钦天监工作的传教士徐日昇、安多求助。徐日昇、安多遂上书朝廷,最终由康熙下诏平息了事件。

殷铎泽不但为天主教在浙江的传播做了不少努力,而且是中学西传的积极推动者,是他最早向欧洲知识界详细介绍孔子生平及其学说的。

早在 1662 年,殷铎泽便和葡萄牙传教士郭纳爵(Indcio da Costa)合作,将《大学》译成拉丁文,取名《中国的智慧》,以后又陆续译出《论语》和《中庸》。1687 年比利时耶稣会士柏应理在巴黎出版了《中国哲学家孔子》的拉丁文译本,书中包括中国经籍导论、孔子传和殷铎泽等译的《大学》《中庸》《论语》。该书虽缺少《孟子》的相关内容,但仍是向 17 世纪欧洲人介绍孔子生平及其学说最为详备的书籍。它的出版使孔子学说在欧洲受到广泛关注。

1696 年 10 月,德高望重的殷铎泽在杭州病逝,终年 71 岁,安葬于杭州大方井耶稣会士公墓。

从明末到清初,来到杭州并长眠于此的西方耶稣会传教士不少,除卫匡国和殷铎泽 2 人外,根据历史文献的记载,还有罗儒望、金尼阁、黎宁石、徐日升、郭居静、伏若望、阳玛诺、洪度贞、钟鸣仁、庞类思、法安多、艾斯玎、游文辉等 13 人。他们都是中西文化交流史上的重要人物,从一个侧面反映了杭州在中外文化交流史上的重要地位。①

# 八、西方人视野中的浙江

浙江地处东海之滨、太平洋西岸,位居中国大陆海岸线的中部,对外交往便利而频繁,但在元代之前,浙江与远在大西洋沿岸的欧洲并无直接往来。

元代时,中国与欧洲的交通十分畅通,东西方的文化交流进入了一个空前繁荣的阶段。这一时期,有几名欧洲人来到浙江,最著名的是意大利旅行家马可·波罗和鄂多立克,他们在游记中都对浙江有生动的描述,对当时的杭州赞誉有加,称之为"天城"。但对当时绝大多数从未到过杭州的西方人来说,"天城"还只是一个名称而已,他们不知道马可·波罗所说的"契丹国"就是中国,更遑论浙江和杭州了。在15世纪末开始的地理大发现时代,马可·波罗描述的"天城"杭州,成为哥伦布等许多探险家梦寐以求的寻找目标。哥伦布一直认为,他所到达的美洲,就是临近杭州的中国东海岸。

明代中叶以后,随着新航路的开辟,东西方交往的自然屏障消失了。16世纪20年代,葡萄牙商人沿着海上航线率先来到浙江沿海活动,不久在舟山双屿港建立了走私基地。1548

---

① 龚缨晏:《欧洲与杭州:相识之路》,杭州出版社2004年版,第179—183页。

年,双屿港被明军摧毁,葡萄牙人的走私活动被迫转移到福建、广东沿海,最后落脚澳门。由于葡萄牙人直接到过浙江沿海,因此他们对浙江的认识自然就比较准确了。但不知何故,当时葡萄牙人对他们在浙江沿海的活动很少留下文献记录。一个可能的原因如金国平所说:"葡萄牙商人为双重逃税,以获巨利,从不向葡印总督报告他们的行踪,致使葡语文献中对此时期的记载阙如,唯一较详细涉及葡人入闽浙经商的葡语文献为平托的《远游记》。"①

现存葡语文献中,最早提到浙江有关情况的是葡萄牙人盖略特·伯来拉(Galeote Pereira),他就是朱纨在《甓余杂集》中提到的"兀亮别咧"②。他曾于 1548 年自马六甲经暹罗来到中国从事贸易活动,1549 年在福建走马溪被明军俘虏。他有幸逃过一死,被放逐至广西,由其他葡萄牙商人救出,重获自由。1553—1561 年,伯来拉根据自己在中国的亲身见闻,写成了《中国报道》(又名《中国见闻录》)一书。这本书中写道:

> 中国的土地分为十三个省……浙江(Chequeam)是第三个省,首府是杭州(Ocho),尚有宁波(Liampo)及其他十三或十四座城市……他们(引者注:指葡人)发现宁波售卖大量细瓷,起初还认为那是宁波制造的,但是最后他们才知道江西比泉州和广州位置更近宁波,是宁波大量细瓷的来源。③

① 金国平:《西力东渐:中葡早期接触追昔》,澳门基金会 2000 年版,第 63、77 页。

② 《甓余杂集》卷四《六报闽海捷音事》。

③ [英]C. R. 博克舍编注,何高济译:《十六世纪中国南部行纪》,中华书局 2019 年版,第 57—58 页。

伯来拉虽然没来过浙江,但他在福建生活过,他已知道宁波是中国的主要港口城市,还知道浙江省及其省会城市杭州的名称,甚至知道宁波售卖的瓷器产自邻省江西。另外,在葡萄牙人罗伯·欧蒙(Lopo Homem)1554年绘制的世界地图上,宁波以南浙江、福建与广东的海岸线是画得比较正确的,而且已明确将宁波(Liampo)标为葡萄牙人在中国沿海的重要贸易据点。[①] 这种进步,应是葡萄牙人在中国东南沿海地区长期航海实践的结果。

不过,此时欧洲人对中国沿海地区的了解还局限于宁波以南,对宁波以北沿海地区所知极少。如1563年出版的葡萄牙历史学家马罗斯(Joao de Barros)所著的《亚洲十年史》第三卷中记载,中国的海岸线从南部开始"向北延伸直至一极东岬角,上有一城市名宁波(Nimpo),我们误将其称为Liampo。由此往西北及北为一深凹的海湾,其上部海岸与下面的海岸正好相对"[②]。这里所说的"极东岬角"就是指峙头角,在早期西方文献中也被称为"宁波角"(Cape Liampo)。宁波峙头角以北是一个深凹的大海湾,这种错误认识也反映在地图上。如在上述罗伯·欧蒙1554年绘制的世界地图上,从广东开始的中国东南海岸线向东北不断伸展后,到了宁波这个地方,突然向西急转弯,形成了一个大大的海角,宁波以北成为一个深入中国腹地的大海湾,杭州湾与长江口、黄海都混在了一起。

1570年,比利时人奥特里乌斯(Abraham Ortelius)编制了第一部近代世界地图集《世界概观》。在1584年拉丁文版《世界

---

① 在葡语中,Liampo一词既用来特指双屿港,也用来指称宁波府城和宁波地区。

② 金国平:《西力东渐:中葡早期接触追昔》,澳门基金会2000年版,第216页。

概观》中,收录了一幅葡萄牙人巴尔布达(Luiz Jorge de Barbuda)绘制的《中国新图》,这是第一幅在欧洲刊印传世的单幅中国地图,也是 1655 年卫匡国《中国新地图集》问世之前,影响最大的一幅中国地图。它向西方人提供的中国地理知识大大超过了西方过去任何一幅地图。在《中国新图》中,最引人注目的是标出了明代两京十三省的名称,其中广西(Qvancii)、广东(Cantam)、福建(Foqviem)、浙江(Cheqviam)、山东(Xanton)等沿海省份的相对位置大致正确,一些港口城市和海岛也标注得较为清楚,如厦门、宁波、海南岛、台湾岛等。宁波以北海岸线的描绘也有了进步,已勾画出一个大致正确的轮廓。还值得一提的是,杭州以新的罗马字母音写 Achiou 首次出现在地图上,取代了之前西方人熟知的《马可·波罗行纪》中提到的杭州的罗马字母拼写 Quinsay("行在")。

巴尔布达的《中国新图》中标有一些浙江沿海地名。在宁波东部的崎头角和舟山群岛一带,标有 C. de Liampo(宁波角)和 Auarela(佛寺岛,即普陀山)。其中 C. de Liampo 有 2 个,一个标在陆上,一个标在海上。陆上的 C. de Liampo 指崎头角,海上的 C. de Liampo 则可能是指舟山岛东南的沈家门,此处海峡很窄,所以特别标注。[①] 此外,在舟山群岛南部,还标有 Sumbor(石浦)和 Lanquin(南麂岛)。

1596 年,荷兰人林斯豪顿(Jan Huijgen van Linschoten)编著的《东印度水路志》一书出版,该书附有一幅东亚和东南亚海图。图中在舟山群岛位置,从南到北标有 Timbacam(登步港)、C. de Liampo(舟山岛)、Chaposi、Auarella(普陀山)、Olepeyo、

---

① 周运中:《16 世纪西方地图的中国沿海地名考》,《历史地理》第 28 辑,上海人民出版社 2013 年版,第 336—348 页。本节对 16 世纪西方地图中浙江沿海地名的释读主要参考了此文成果。

Chandocam(长涂港)和 Mochosha(马迹山)等 7 个地名。

这些在 16 世纪西方地图中出现的浙江沿海地名,从一个侧面反映了大航海以来西方获得的新的中国地理知识。其中标注的一些地名如 Chandocam、Mochosha,在当时的中国毫不起眼,却出现在西方人的地图中。可见,16 世纪的西方人虽然对浙江省的了解还比较肤浅和零碎,但通过来往海商的资料和口述,对宁波及其附近的舟山群岛已有了比较清晰的了解。

明朝末年,有许多西方传教士陆续来到中国,掀起了历史上首次真正意义上的中西文化交流。传教士们通过阅读中国地理著作和实地考察,对中国和中国重要省份浙江的认识就越来越清晰了。1603 年,耶稣会士鄂本笃(Benoit de Goes)第一次知道了马可·波罗所说的"契丹"就是中国,他死后的墓志铭便是"探寻契丹却发现了天堂"。而来华的意大利耶稣会士利玛窦(Matteo Ricci)在与一些穆斯林的交往中也证实了这一点。利玛窦所绘的《坤舆万国全图》以经纬度描述了当时中国的疆界,杭州被标在北纬 30°的位置,这是相当准确的(现所测杭州纬度为北纬 30°15′)。在《利玛窦中国札记》中,频频提到浙江、杭州和绍兴,而绍兴就是由利玛窦最早介绍到欧洲的。

《利玛窦中国札记》记载,1582 年 8 月,利玛窦和同为意大利耶稣会士的罗明坚(Michele Ruggieri)一起从澳门来到广东肇庆,他们和肇庆知府王泮关系很好。1585 年初冬,在王泮的帮助下,罗明坚和他的助手麦安东(Antonio Almeida)前往王泮老家浙江绍兴传教,受到了王泮父亲的热情款待。他们发现,绍兴"这个城镇尽管不是省城,始终算是该省的重要中心之一。它以商业贸易也以坐落在一湾清水湖中一座岛上的独特位置而闻名。在这方面它使人想起威尼斯。它也以学者辈出,

并且是大批知识阶层的荟萃之所而负有盛名"①。这时的传教士对浙江的了解已经深入了社会民情的层次。

说到明清时期的来华传教士,就不能不提到杭州。杭州早在 1611 年就已开设了教会,此后教会活动日臻兴盛。杭州人李之藻、杨廷筠和上海人徐光启同被称为明末开创教会的"三大柱石"。明末清初,有不少西方传教士来到杭州,杭州成为他们在华传教的主要基地。他们在浙江传播西方的宗教思想和科学文化知识的同时,也通过撰写著作积极地把浙江介绍给欧洲,使西方人对浙江的认知日益加深。到了 17 世纪中叶,因为意大利耶稣会士卫匡国的《中国新地图集》等书的出版,这种认知水平达到了空前的高度。

卫匡国在明清鼎革之际两度来华,在中国近 13 年,多数时间在浙江活动,足迹遍及杭州、绍兴、金华、兰溪、宁波等地,最后长眠杭州。卫匡国著有《鞑靼战纪》和《中国新地图集》,分别于 1654 年和 1655 年在欧洲出版。在《鞑靼战纪》中,卫匡国不仅详细记载了清军南下攻占整个浙江的过程,而且对杭州、绍兴等城市的风貌有所介绍:书中说杭州是"著名的浙江省城","关于这座城市的美丽、繁荣和富足我想在别的地方叙述。这些都不是道听途说,而是我在那里居住三年时间中所见,以及我从那儿回欧洲时目睹的";说绍兴是"中国最美丽的城市","它的规模没有别的城市大,但比所有的城市都清洁漂亮。它四面环水,人们可以乘船绕城游览,欣赏它的美丽"②。

卫匡国的《中国新地图集》是欧洲出版的第一部用投影法

---

① 　[意]利玛窦,[比]金尼阁著;何高济等译:《利玛窦中国札记》,中华书局 1997 年版,第 193 页。

② 　[意]卫匡国著,戴寅译:《鞑靼战纪》,载杜文凯编:《清代西人见闻录》,中国人民大学出版社 1985 年版,第 35—36 页。

绘制的中国地图集,无论就其篇幅的规模、资料的充实程度,还是就其地图的精确度、制图技术的精良来说,在当时都可称得上第一流的水平了。

《中国新地图集》中有单独一幅浙江省地图,"即使以现在的标准来看,也是比较准确的"①。浙江沿海海岸线的走向和轮廓形状描绘得相当准确,海岸线的曲折细节把杭州湾的喇叭口明显地描绘出来了。舟山岛的轮廓形状也接近实际。图上水系也画得比较完善,如比较正确地画出了钱塘江的流向,宁绍平原上的运河也被画了出来。地图中对浙江地名标识准确而详细,如把浙江写作"Chekiang",杭州写作"Hangcheu",宁波写作"Ningpo",舟山写作"Cheuxan",这些地名都按当地方言做了正确的音译。

《中国新地图集》中的浙江省图

① 龚缨晏:《欧洲与杭州:相识之路》,杭州出版社 2004 年版,第158 页。

在对浙江省的文字说明中,卫匡国详细介绍了浙江省的地名沿革、山川河流、人口赋税、主要城市、社会风俗、主要特产等内容。卫匡国写道:浙江省是中国的一个重要省份,"其富裕程度也远远超过其他地区";"这里既有山区也有平原,气候温和,土地肥沃,江河湖泊众多,雨水充足,适于多种农作物的生长";浙江省物产丰富,盛产丝绸,"这里的丝织品被认为是全中国质量最好的,但价格却相当低,在欧洲一件羊毛衣服的钱在这里能买 10 件上好的丝绸服装";"浙江省每年向皇帝缴纳的捐税数量十分可观,有 2510299 袋米、370466 磅生丝和 2547 卷丝绸"①。卫匡国也介绍了浙江省所辖杭州、嘉兴、湖州、严州、金华、衢州、处州、绍兴、宁波、台州、温州等 11 个府的概况,其中比较详细地介绍了杭州与宁波。可以说,卫匡国的《中国新地图集》是欧洲人自明代以来对中国地理认识的集大成之作。

由于利玛窦和卫匡国等人的努力,入清后,西方传教士得到了顺治、康熙皇帝的信任和提携。尤其是康熙皇帝,对西方文化有着强烈的兴趣,因而对传教士宠遇有加,重用比利时耶稣会士南怀仁(Ferdnand Verbiest),让他掌管钦天监事务。而此时,在遥远的法国,国王路易十四也十分支持派遣耶稣会士到中国来。于是,在这两个君主的推动下,康熙年间,以法国耶稣会士为代表的欧洲传教士络绎不绝地来到中国,中西之间的交流十分频繁。其结果是,与清政府一直沉浸在"天朝上国"的美梦中盲目自大不同,欧洲从 17 世纪末到 18 世纪后期,出现了将近一个世纪的"中国热",中华文化及中国政治为欧洲思想家及政治家们所推崇,欧洲的普通民众也以前所未有的热情了

① 转引自石青芳:《西方人眼中的浙江》,海洋出版社 2009 年版,第 55—56 页。

解中国、认识中国。欧洲"中国热"期间，法国耶稣会士郭弼恩（P. le Gobien）、杜赫德（P. du Halde）、巴杜耶（Patouillet）编辑了多卷本《耶稣会士书简集》，自 1702 年出版第一卷，到 1776 年出版最后一卷，前后共出版了 34 卷，引起了广泛的关注和热烈的反响。《耶稣会士书简集》中收录了 144 封来自中国的书信与报告，绝大多数出自法国耶稣会士之手。这些传教士以通信的方式，将他们观察所得的中国政治制度、风俗习惯、历史地理、哲学思想、工商业情况等详加报告，给欧洲人展示了一幅中国 18 世纪的社会风景图。《耶稣会士书简集》有关中国的内容，无论是广度还是深度，都大大超过了它之前的著作。

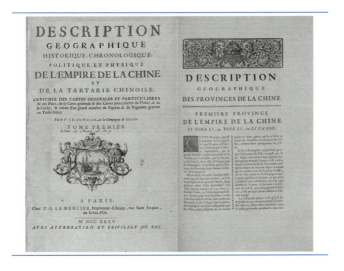

《中华帝国全志》书影

　　法国耶稣会士杜赫德在多年主编《耶稣会士书简集》的基础上，进一步根据海外传教士的报告、书信、著述和笔记中的有关材料进行整理纂辑，于 1735 年出版了一部 4 卷本的综合性著作《中华帝国全志》，该书是当时欧洲人关于中国知识的总

汇,被誉为中国百科全书,一经出版,风靡欧洲。该书第一卷记述中国各省地理,并编有夏至清历史大事记,其中对浙江省有较多的介绍。如在总说部分,有对浙江城镇数量的统计。在后面地理详述部分,首先是浙江省地图,下面是总述,涉及行政建制、气候、物产、风俗,其下逐一介绍各城市。1776 年至 1814年,欧洲还出版了一部以学术性论文为主的 17 卷本大型论文丛书《驻北京传教士所撰关于中国历史、科学、艺术、风俗习惯等论丛》(简称《中国丛刊》《中国论丛》等),该书对浙江的地理、历史、经济、文化、民生等方面的介绍更加翔实、丰富。

传教士为中华文化的广泛西传和西方人了解中国和浙江建立了不朽的功绩。统计资料显示,在 17—18 世纪,在华耶稣会士撰写的关于中国的著作多达 700 多部。正是他们,通过一部部著作,一封封长信,一幅幅图画,使更多的西方人了解了中国及浙江,同时也将中国文化传到欧洲,对开启欧洲社会的启蒙运动产生了重大的影响。

# 参考文献

**一、古籍**

[1] 司马迁.史记[M].北京:中华书局,1959.

[2] 赵晔.吴越春秋[M].南京:江苏古籍出版社,1999.

[3] 刘向.战国策:新1版[M].上海:上海古籍出版社,1985.

[4] 陈寿.三国志[M].北京:中华书局,1959.

[5] 陆云.陆云集[M].黄葵,点校.北京:中华书局,1988.

[6] 范晔.后汉书[M].李贤,等,注.北京:中华书局,1965.

[7] 沈约:宋书[M].北京:中华书局,1974.

[8] 沈约注.竹书纪年[M].洪颐煊,校.北京:中华书局,1985.

[9] 萧统.文选[M].北京:中华书局,1977.

[10] 释慧皎.高僧传[M].汤用彤,校注.汤一玄,整理.北京:中华书局,1992.

[11] 姚思廉.梁书[M].北京:中华书局,1973.

[12] 魏徵,等.隋书[M].北京:中华书局,1973.

[13] 司马光.资治通鉴[M].北京:中华书局,1956.

[14] 李昉.太平御览[M].王晓天,钟隆林,点校.北京:中华书局,1985.

[15] 李昉.太平广记[M].华飞,校点.北京:团结出版社,1994.

[16] 欧阳修,宋祁.新唐书[M].北京:中华书局,1975.

[17] 王溥.唐会要[M].北京:中华书局,1995.

[18] 薛居正.旧五代史[M].北京:中华书局,1976.

[19] 欧阳修.新五代史[M].徐无党,注.北京:中华书局,1974.

[20] 苏轼.苏轼文集[M].孔凡礼,点校.北京:中华书局,1986.

[21] 杨亿口述,黄鉴笔录,宋庠整理.杨文公谈苑[M].上海:上海古籍出版社,1993.

[22] 李焘.续资治通鉴长编[M].北京:中华书局,2004.

[23] 吴自牧.梦粱录[M].杭州:浙江人民出版社,1980.

[24] 徐兢.宣和奉使高丽图经[M]//丛书集成初编.北京:中华书局,1985.

[25] 苏辙.栾城集[M].曾枣庄,马德富,校点.上海:上海古籍出版社,1987.

[26] 祝穆.方舆胜览[M].祝洙,增订.施和金,点校.北京:中华书局,2003.

[27] 李心传.建炎以来系年要录[M].上海:上海古籍出版社,1987.

[28] 李焘.续资治通鉴长编[M].北京:中华书局,1986.

[29] 周淙.乾道临安志[M]//浙江省地方志编纂委员会.宋元浙江方志集成.杭州:杭州出版社,2009.

[30] 施谔.淳祐临安志[M]//浙江省地方志编纂委员会.宋元浙江方志集成.杭州:杭州出版社,2009.

[31] 潜说友.咸淳临安志[M]//浙江省地方志编纂委员会.宋元浙江方志集成.杭州:杭州出版社,2009.

[32] 胡榘修,罗濬,等.宝庆四明志[M]//宋元浙江方志集成.杭州:杭州出版社,2009.

[33] 吴潜修,梅应发,刘锡,等.开庆四明续志[M]//宋元浙江方志集成.杭州:杭州出版社,2009.

[34] 朱彧.萍洲可谈[M].李伟国,点校.北京:中华书局,2007.

[35] 包恢.敝帚稿略[M]//文渊阁四库全书.上海:上海古籍出版社,1987.

[36] 周去非.岭外代答[M].杨武泉,校注.北京:中华书局,1999.

[37] 赵汝适.诸蕃志[M].北京:中华书局,1985.

[38] 释宗晓.宝云振祖集[M]//宗晓.四明尊者教行录:附录二.王坚,点校.上海:上海古籍出版社,2010.

[39] 脱脱,等.宋史[M].北京:中华书局,1977.

[40] 戴表元.戴表元集[M].陈晓冬,黄天美,点校.杭州:浙江古籍出版社,2014.

[41] 马端临.文献通考[M].上海师范大学古籍研究所,华东师范大学古籍研究所,点校.北京:中华书局,2011.

[42] 危素.危太朴文集[M]//元人文集珍本丛刊.台北:新文丰出版公司,1985.

[43] 王元恭,王厚孙.至正四明续志[M]//浙江省地方志编纂委员会.宋元浙江方志集成.杭州:杭州出版社,2009.

[44] 佚名.元典章[M].陈高华,张帆,刘晓,等,点校.北京:中华书局,天津:天津古籍出版社,2011.

[45] 黄溍.金华黄先生文集[M]//张元济.四部丛刊初编.上海:商务印书馆,1929.

[46] 贡师泰.玩斋集[M]//文渊阁四库全书.上海:上海古籍出版社,1987.

[47] 周达观.真腊风土记校注[M].夏鼐,校注.北京:中华书局,1981.

[48] 宋濂,等.元史[M].北京:中华书局,1976.

[49] 黄彰健:明实录[M].北京:中华书局,2016.

[50] 周希哲,曾镒修,张时彻,等.嘉靖宁波府志[M]//宁波市地方志编纂委员会.明代宁波府志.宁波:宁波出版社,2011.

[51] 王圻.续文献通考[M].杭州:浙江古籍出版社,1981.

[52] 张瀚.松窗梦语[M].盛冬铃,点校.北京:中华书局,1985.

［53］孙原.元音［M］//文渊阁四库全书.上海：上海古籍出版社,1987.

［54］樊维城,胡震亨,等.天启海盐县图经［M］//中国方志丛书.台北：成文出版有限公司,1983.

［55］王祎.王忠文公集［M］//文渊阁四库全书.上海：上海古籍出版社,1987.

［56］陈子龙.明经世文编［M］.北京：中华书局,1962.

［57］巩珍.西洋番国志［M］.向达,校注.北京：中华书局,2000.

［58］余学夔.北轩集十八卷［M］.北京：北京出版社,2000.

［59］王瓒,蔡芳.弘治温州府志［M］.胡珠生,校注.上海：上海社会科学院出版社,2006.

［60］侯继高.全浙兵制［M］//玄览堂丛书续集本.

［61］李昭祥.龙江船厂志［M］.王亮功,校点.南京：江苏古籍出版社,1999.

［62］马欢.明钞本《瀛涯胜览》校注［M］.万明,校注.北京：海洋出版社,2005.

［63］马欢.明本《瀛涯胜览》校注［M］.万明,校注.广州：广东人民出版社,2018.

［64］佚名.武职选簿［M］//中国第一历史档案馆,辽宁省档案馆.中国明朝档案总汇：第2编·簿册类第49—74册.南宁：广西师范大学出版社,2001.

［65］朱纨.甓余杂集［M］//四库全书存目丛书编纂委员会.四库全书存目丛书.济南：齐鲁书社,1997.

［66］戴燝.戴中丞遗集［M］//四库全书存目丛书编纂委员会.四库全书存目丛书.济南：齐鲁书社,1997.

［67］郑若曾,筹海图编［M］.李致忠,点校.北京：中华书局,2007.

［68］郑舜功.日本一鉴·穷河话海［M］//郑樑生.明代倭寇史

料:第 7 辑.台北:文史哲出版社,2005.

[69] 黄光升.昭代典则[M].济南:齐鲁书社,1996.

[70] 采九德.倭变事略[M]//丛书集成初编.北京:中华书局,1985.

[71] 万表.玩鹿亭稿[M]//张寿镛.四明丛书.扬州:广陵书社,2006.

[72] 胡桂奇.胡公行实[M]//四库全书存目丛书编纂委员会、四库全书存目丛书.济南:齐鲁书社,1996.

[73] 谈迁.国榷[M]张宗祥,校点.北京:中华书局,1958.

[74] 张廷玉等.明史[M].北京:中华书局,1974.

[75] 谷应泰.明史纪事本末[M].北京:中华书局,2015.

[76] 仇巨川.羊城古抄[M].陈宪猷,校注.广东:广东人民出版社,1993.

[77] 吴任臣.十国春秋[M].徐敏霞,周莹,点校.北京:中华书局,2010.

[78] 徐松辑.宋会要辑稿[M].刘琳,等,校点.上海:上海古籍出版社,2014.

[79]《宝安文史丛书》编纂委员会.康熙新安县志校注[M].张一兵,校注.北京:中国大百科全书出版社,2006.

[80] 黄宗羲.南雷文定[M]//续修《四库全书》编纂委员会.续修四库全书.上海:上海古籍出版社,2002.

[81] 清实录[M].北京:中华书局,2008.

[82] 李卫,嵇曾筠修;沈翼机,傅王露等纂.雍正浙江通志[M]//中国地方志集成.南京:凤凰出版社,2010.

[83] 缪燧修,裘琏等纂.康熙定海县志[M].舟山:舟山市档案局(馆),2006.

[84] 宋景关.乾隆乍浦志[M]//中国地方志集成:乡镇志专辑.

南京:江苏古籍出版社,1992.

[85] 顾炎武.天下郡国利病书[M].黄坤,校点.上海:上海古籍
出版社,2012.

[86] 中国第一历史档案馆.雍正朝汉文朱批奏折汇编[M].南
京:江苏古籍出版社,1989.

[87] 世宗宪皇帝朱批谕旨[M]//文渊阁四库全书.上海:上海
古籍出版社,1987.

[88] 张廷玉.清朝文献通考[M].杭州:浙江古籍出版社,1988.

[89] 毕沅.续资治通鉴[M].长沙:岳麓书社,2008.

[90] 徐兆昺.四明谈助[M].桂心仪,等,点注.宁波:宁波出版
社,2003.

[91] 董沛.四明清诗略[M].袁元龙,点校.宁波:宁波出版
社,2015.

[92] 董诰,阮元.全唐文[M].上海:上海古籍出版社,1990.

[93] 彭定求,等.全唐诗[M].陈尚君,补辑.北京:中华书局,1999.

[94] 宋宪章,于清泮,等.民国牟平县志[M]//中国方志丛书.
台北:台湾成文,1968.

[95] 北平故宫博物院.史料旬刊[M].北京:北京图书馆出版
社,2008.

[96] 中国第一历史档案馆.康熙起居注[M].北京:中华书
局,1984.

[97] 傅璇琮.全宋诗[M].北京:北京大学出版社,1991.

[98] 舍人亲王.日本书纪[M].成都:四川人民出版社,2019.

[99] 腾原继绳,菅野真道.续日本纪[M]//孙锦家,栗品孝.日
本汉文史籍丛刊.上海:上海交通大学出版社,2014.

[100] 藤原冬嗣,等.日本后纪[M]//孙锦家,栗品孝.日本汉文
史籍丛刊.上海:上海交通大学出版社,2014.

[101] 圆仁.入唐求法巡礼行记[M].桂林:广西师范大学出版
社,2007.

[102] 成寻.新校参天台五台山记[M].王丽萍,点校.上海:上
海古籍出版社,2009.

[103] 三善为康.朝野群载[M]//新订增补国史大系:第29册,
东京:吉川弘文馆,1999.

[104] 末松保和.训读史文[M].东京:国书刊行会,1975.

[105] 林春胜,林信笃.华夷变态[M].东京:东方书店,1981.

[106] 田边茂启.长崎志[M].长崎:长崎文献社,1973.

[107] 金富轼.三国史记[M].孙文范,等,校勘.长春:吉林文史
出版社,2003.

[108] 孙晓.高丽史[M].重庆:西南大学出版社,2014.

二、专著

[1] 张海生.浙江省海洋环境资源基本现状[M].北京:海洋出
版社,2013.

[2] 蒋乐平,陈明辉,王永磊.浙江新石器时代考古[M].杭州:
浙江人民出版社,2022.

[3] 林华东.浙江通史:史前卷[M].杭州:浙江人民出版社,2005.

[4] 蒋乐平.跨湖桥[M].北京:文物出版社,2004.

[5] 浙江省博物馆.浙江文物[M].杭州:浙江人民出版社,1987.

[6] 陈钦周,杨卡特.杭州河道文明探寻[M].杭州:杭州出版
社,2013.

[7] 董楚平.吴越文化新探[M].杭州:浙江人民出版社,1988.

[8] 张如安,刘恒武,唐燮军.宁波通史:史前至唐五代卷[M].
宁波:宁波出版社,2009.

[9] 李永鑫.绍兴通史:第一卷[M].杭州:浙江人民出版社,2012.

[10] 鲍志成.浙江海外通商史略:浙江对外关系编年[M].杭

州:西泠印社出版社,2006.

[11] 李志庭.浙江通史:隋唐五代卷[M].杭州:浙江人民出版
社,2005.

[12] 张伟,张如安,邢舒绪.宁波通史:宋代卷[M].宁波:宁波
出版社,2009.

[13] 沈冬梅,范立舟.浙江通史:宋代卷[M].杭州:浙江人民出
版社,2005.

[14] 鲍志成.高丽寺与高丽王子[M].杭州:杭州大学出版
社,1995.

[15] 浙江省外经贸志编纂委员会.浙江省外经贸志[M].北京:
中华书局,2001.

[16] 浙江省外事志编纂委员会.浙江省外事志[M].北京:中华
书局,1996.

[17]《浙江省华侨志》编纂委员会.浙江省华侨志[M].杭州:浙
江古籍出版社,2010.

[18] 罗晃潮.日本华侨史[M].广州:广东高等教育出版社,
1994 年.

[19] 王建富.海上丝绸之路浙江段地名考释[M].杭州:浙江古
籍出版社,2017.

[20] 桂栖鹏,等.浙江通史:元代卷[M].杭州:浙江人民出版
社,2005.

[21] 钱茂伟,毛阳光.宁波通史:元明卷[M].宁波:宁波出版
社,2009.

[22] 王慕民.海禁抑商与嘉靖"倭乱":明代浙江私人海外贸易
的兴衰[M].北京:海洋出版社,2011.

[23] 陈剩勇.浙江通史:明代卷[M].杭州:浙江人民出版社,2005.

[24] 王万盈.东南孔道:明清浙江海洋贸易研究[M].北京:海

洋出版社,2009.

[25] 李伯重,董经胜.海上丝绸之路:全球史视野下的考察[M].北京:社会科学文献出版社,2021.

[26] 姚诚,沈国权.浙江与日本[M].杭州:杭州出版社,2011.

[27] 石青芳.西方人眼中的浙江:新航路开辟后西方人对浙江认知的递进[M].北京:海洋出版社,2009.

[28] 田力.早期中英关系史:以浙江为中心的研究[M].杭州:浙江大学出版社,2021.

[29] 叶建华.浙江通史:清代卷上[M].杭州:浙江人民出版社,2005.

[30] 杨建国.21世纪海上丝绸之路背景下浙江省港口参与国际港口联盟建设问题研究[M].北京:海洋出版社,2018.

[31] 张家成.宋元时期的中日佛教文化交流:以浙江佛教为中心的考察[M].北京:中国社会科学出版社,2020.

[32] 龚缨晏.浙江早期基督教史[M].杭州:杭州出版社,2010.

[33] 吴振华.杭州古港史[M].北京:人民交通出版社,1989.

[34] 王勇,郭万平,等.南宋临安对外交流[M].杭州:杭州出版社 2008.

[35] 杭州市政协文史委员会,杭州市文化广电新闻出版局,杭州文史研究会.天城遗珍:杭州对外文化交流史迹[M].杭州:杭州出版社,2016.

[36] 陈小法,江静.径山文化与中日交流[M].上海:上海辞书出版社,2009.

[37] 陈小法.杭州与日本交流史[M].北京:中国社会科学出版社,2015.

[38] 龚缨晏.欧洲与杭州:相识之路[M].杭州:杭州出版社,2004.

[39] 王力军.宋代明州与高丽[M].北京:科学出版社,2011.

[40] 谢安良.丝路听潮:海上丝绸之路文化[M].宁波:宁波出版社,2014.

[41] 王慕民,张伟,何灿浩.宁波与日本经济文化交流史[M].北京:海洋出版社,2006.

[42] 林士民.浅谈宁波"海上丝绸之路"历史发展与分期[M]//李英魁.宁波与海上丝绸之路.北京:科学出版社,2006.

[43] 李军.五代越窑青瓷的外销与制瓷技术的传播[M]//李英魁.宁波与海上丝绸之路.北京:科学出版社,2006.

[44] 王心喜.五代吴越国时期宁波与日本海外贸易年次及特点探讨[M]//李英魁.宁波与海上丝绸之路.北京:科学出版社,2006.

[45] 胡丕阳,乐承耀.浙海关与近代宁波[M].北京:人民出版社,2011.

[46]《宁波海关志》编纂委员会.宁波海关志[M].杭州:浙江科学技术出版社,2000.

[47] 水银.天下开港:宁波港人文地理史述考[M].宁波:宁波出版社,2018.

[48] 郑绍昌.宁波港史[M].北京:人民交通出版社,1989.

[49] 刘恒武.宁波古代对外文化交流:以历史文化遗存为中心[M].北京:海洋出版社,2009.

[50] 林士民.再现昔日的文明:东方大港宁波考古研究[M].上海:上海三联书店,2005.

[51] 史小华.千年海外寻珍:中国宁波"海上丝绸之路"在日本、韩国的传播及影响[M].宁波:宁波市文化局,2003.

[52] 宁波市文物考古研究所.句章故城考古调查与勘探报告[M].北京:科学出版社,2014.

[53] 宁波市文化遗产管理研究院.城纪千年:港城宁波发展图

鉴[M].宁波:宁波出版社,2021.

[54] 李军.千峰翠色:中国越窑青瓷[M].宁波:宁波出版社,2011.

[55] 郭万平,张捷.舟山普陀与东亚海域文化交流[M].杭州:浙江大学出版社,2009.

[56] 王自夫.舟山史踪[M].北京:中国文史出版社,2013.

[57] 王文洪,俞强,来其,等.西方人眼中的近代舟山[M].宁波:宁波出版社,2014.

[58] 孙峰.群岛探津:舟山地名与"海丝"文化[M].宁波:宁波出版社,2019.

[59] 周厚才.温州港史[M].北京:人民交通出版社,1990.

[60] 叶哲明.台州海运海港发展史[M].上海:上海古籍出版社,2018.

[61] 杨文新.宋代市舶司研究[M].厦门:厦门大学出版社,2013.

[62] 黄纯艳.宋代海外贸易[M].北京:社会科学文献出版社,2003.

[63] 江静.元代中日通商考略[M]// 王勇.中日关系史料与研究:第1辑.北京:北京图书馆出版社,2002.

[64] 孙玉琴.中国对外贸易史[M].北京:清华大学出版社,2005.

[65] 席龙飞,杨熹,唐锡仁.中国科学技术史:交通卷[M].北京:科学出版社,2017.

[66] 曹婉如,等.中国古代地图集:战国—元[M].北京:文物出版社,1990.

[67] 席龙飞.中国造船通史[M].北京:海洋出版社,2013.

[68] 孙光圻.中国古代航海史[M].北京:海洋出版社,1998.

[69] 中国航海史研究会,等.郑和下西洋论文集:第1集,北京:人民交通出版社,1985.

[70] 王万盈.海丝文化研究[M].厦门:厦门大学出版社,2019.

[71] 梁二平.海上丝绸之路2000年[M].上海:上海交通大学

出版社,2016.

[72] 章深.宋元海上丝绸之路史[M].北京:世界图书出版广东有限公司,2020.

[73] 衷海燕.明代海上丝绸之路史[M].北京:世界图书出版广东有限公司,2020.

[74] 刘正刚.清代海上丝绸之路史[M].北京:世界图书出版广东有限公司,2020.

[75] 中国航海博物馆.海帆远影[M].上海:上海人民出版社,上海书店出版社,2018.

[76] 葛剑雄.葛剑雄说城[M].石家庄:河北教育出版社,2022.

[77] 葛振家.崔溥《漂海录》评注[M].北京:线装书局,2002.

[78] 陈尚胜."怀夷"与"抑商":明代海洋力量兴衰研究[M].济南:山东人民出版社,1997.

[79] 林立群.跨越海洋:"海上丝绸之路与世界文明进程"国际学术论坛文选(2011·中国·宁波)[M].杭州:浙江大学出版社,2012.

[80] 黄时鉴.东海西海:东西文化交流史(大航海时代以来)[M].上海:中西书局,2011.

[81] 刘序枫.清代经由中国遣返之日本漂流难民简表[M]//浙江大学日本文化研究所.中日关系史论考.北京:中华书局,2001.

[82] 张达,任常毅,张园园.中日商贸简史[M].上海:立信会计出版社,2020.

[83] 中国第一历史档案馆.清代中琉关系档案续编[M].北京:中华书局,1994.

[84] 中国第一历史档案馆.清代中国与东南亚各国关系档案史料汇编:第2册菲律宾卷[M].北京:国际文化出版社,2004.

[85] 赵晖.耶儒柱石:李之藻、杨廷筠传[M].杭州:浙江人民出版社,2007.

[86] 杜文凯.清代西人见闻录[M].北京:中国人民大学出版社,1985.

[87] 木宫泰彦.日中文化交流史[M].胡锡年,译.北京:商务印书馆,1980.

[88] 藤家礼之助.中日交流两千年[M].章林,译.北京:北京联合出版公司,2019.

[89] 大庭修.江户时代中国典籍流播日本之研究[M].戚印平,王勇,王宝平,译.杭州:杭州大学出版社,1998.

[90] 大庭修.江户时代日中秘话[M].徐世虹,译.北京:中华书局,1997.

[91] 松浦章.清代海外贸易史研究[M].李小林,译.天津:天津人民出版社,2016.

[92] 西川如见.增补华夷通商考[M].北京:文物出版社,2020.

[93] 加藤繁.中国经济史考证:下册[M].吴杰,译.北京:中华书局,2012.

[94] 玉村竹二.五山文学新集[M].东京:东京大学出版会,1970.

[95] 小松原涛.陈元赟研究[M].东京:雄山阁,1972.

[96] 洪椿旭.金钱何以改变世界:传染病、气候变化与金融危机[M].郑丹丹,译.上海:东方出版中心,2022.

[97] C.R.博克舍.十六世纪中国南部行纪[M].何高济,译.北京:中华书局,2019.

[98] 利玛窦,金尼阁.利玛窦中国札记[M].何高济,等,译.北京:中华书局,1983.

[99] 门多萨.中华大帝国史[M].何高济,译.北京:中华书局,2013.

[100] 杜赫德.耶稣会士中国书简集:中国回忆录[M].吕一民,
　　　沈坚,郑德弟,译.郑州:大象出版社,2005.

[101] 马士.东印度公司对华贸易编年史:1635—1834 年[M].区
　　　宗华,译.广州:广东人民出版社,2016.

[102] 斯当东.英使谒见乾隆纪实[M].叶笃义,译.北京:群言
　　　出版社,2014.

[103] 马戛尔尼.乾隆英使觐见记[M].刘半农,译.珠海:珠海
　　　出版社,1995.

[104] 约翰·巴罗.我看乾隆盛世[M].李国庆,欧阳少春,译.
　　　北京:北京图书馆出版社,2007.

[105] 金国平.西方澳门史料选萃:15—16 世纪[M].广州:广
　　　东人民出版社,2005.

[106] 金国平.西力东渐:中葡早期接触追昔[M].澳门:澳门基
　　　金会,2000.

[107] 张西平,马西尼,斯卡尔德志尼.把中国介绍给世界:卫匡
　　　国研究[M].上海:华东师范大学出版社,2012.

## 三、论文

[1] 龚缨晏,陆臻杰.关于宁波古代海上丝绸之路的几个问题
　　[J].宁波大学学报(人文科学版),2016(3):1-6.

[2] 陈桥驿.越族的发展与流散[J].东南文化,1989(6):89-
　　96,130.

[3] 吴键.跨湖桥遗址独木舟及其与海洋关系考[J].杭州研究,
　　2012,27(2):171-176.

[4] 河姆渡考古队.浙江河姆渡遗址第二期发掘的主要收获[J].
　　文物,1980(5):1-15.

[5] 封晓东.先秦时期的绍兴后海港口[J].绍兴学刊,2005(3).

[6] 王结华,许超,张华琴.句章故城若干问题之探讨[J].东南

文化,2013 (2):94-100.

[7] 罗其湘.徐福东渡起航地新考[J].淮海论坛,1989(3):

[8] 毛昭晰.关于徐福东渡问题的发言提要[J].宁波党政论坛,1998(4).

[9] 王金林.从西汉前中日文化交流看徐福东渡的可能性[J].天津社会科学,1988(1):82-86.

[10] 石晓军.徐福东渡日本说是怎样形成的:从"渡海求仙药传说"到"东渡日本说"的演变[J].跨语言文化研究,2019(1):3-40.

[11] 王仲殊.黄初、黄武、黄龙纪年镜铭辞综释[J].考古,1987(7):635-645.

[12] 王仲殊.日本三角缘神兽镜综论[J].考古,1984(5):468-479.

[13] 叶哲明.东吴卫温、诸葛直远规台湾出海港口考析[J].东南文化,1990(6):295-296.

[14] 刘林魁.魏晋南北朝时期的海路佛教传播[J].宝鸡文理学院学报(社会科学版),2016(4):70-75.

[15] 李广志.日本遣唐使宁波航线考论[J].南开日本研究,2016(1):139-152.

[16] 张如安.贾舶交至气象新:唐代明州港的崛起[J].中国港口,2014(9):10-12.

[17] 林士民.浙东制瓷技术东传朝鲜半岛之研究[J].浙东文化,1997(2):16-28.

[18] 王慧,曲金良.唐代崀嵛山无染院碑及相关问题[J].中国海洋大学学报(社会科学版),2007(5):88-90.

[19] 虞洁旭.论唐宋时期往来中日间的"明州商邦"[J].浙江学刊,1998(1):77-80.

[20] 陈翀.慧萼东传《白氏文集》及普陀洛迦开山考[J].浙江大学学报(人文社会科学版),2010(5):44-54.

[21] 李广志.东亚视域下的明州开元寺与日本文化交流[J].宁波大学学报(人文科学版),2021(1):58-64.

[22] 陈文平.唐五代中国陶瓷外销日本的考察[J].上海大学学报(社会科学版),1998(6):93-98.

[23] 林树建.唐五代浙江的海外贸易[J].浙江学刊,1981(4):94-97.

[24] 李德全,蒋忠义,关甲堃.朝鲜新安海底沉船中的中国瓷器[J].考古学报,1979(2):245-254.

[25] 秦大树.拾遗南海,补阙中土:谈井里汶沉船的出水瓷器[J].故宫博物院院刊,2007(6):91-101.

[26] 苏垂昌.唐五代中国古陶瓷的输出[J].厦门大学学报(哲学社会科学版),1986(2):93-101.

[27] 秦大树.中国古代陶瓷外销的第一个高峰:9~10世纪陶瓷外销的规模和特点[J].故宫博物院院刊,2013(5):32-49,162.

[28] 王兴文.略论宋代市舶制度[J].白城师范学院学报,2003(1):35-40.

[29] 徐规,周梦江.宋代两浙的海外贸易[J].杭州大学学报(哲学社会科学版),1979(Z1):137-146.

[30] 徐吉军.论宋代浙江与日本的文化交流[J].浙江学刊,1993(5):100-106.

[31] 宁波市文物考古研究所.浙江宁波市舶司遗址发掘简报[J].浙东文化,2000(1):159-175.

[32] 夏志刚."徐兢航路"明州段试考[J].浙江海洋大学学报(人文科学版),2018(4):69-75.

[33] 许永璋.伊本·白图泰访华若干问题探讨[J].黄河科技大学学报,2003(2):65-71.

[34] 张雪慧.试论元代中国与高丽的贸易[J].中国社会经济史研究,2003(3):63-70.

[35] 刘恒武,马敏.元代庆元港在对外贸易中的地位[J].中国港口,2014(9):16-18.

[36] 江静.再谈新安沉船[J].海交史研究,2004(2):63-68.

[37] 郑鹤声,郑一钧.略论郑和下西洋的船[J].文史哲,1984(3):3-9.

[38] 范金民.《卫所武职选簿》所反映的郑和下西洋史事[J].郑和研究,2009(4):4-18.

[39] 黄晓星.明代嘉靖年间日本遣明使在宁波的文化交流活动:以策彦周良的《初渡集》为例[J].大众文艺,2018(1):241-242.

[40] 邱波彤,邱好玥.1700年,英国舟山商馆设立和撤出始末:以英国新东印度公司文献和手稿为考察中心[N].舟山日报,2022-06-09(3).

[41] 陈自强.就《华夷变态》谈康熙年间海外交通贸易的若干问题[J].海交史研究,1990(2):25-37.

[42] 王兴文,陈清.清中前期江南沿海市镇的对日贸易:以乍浦港为中心[J].浙江学刊,2014(2):40-47.

[43] 徐明德.论清代中国的东方明珠:浙江乍浦港[J].清史研究,1997(3):36-48.

[44] 徐明德.十七世纪伟大的人文科学家卫匡国传:纪念卫匡国诞辰400周年[J].浙江学刊,2014(6):63-73.

[45] 许明龙.卫匡国在华行迹再探[J].世界宗教研究,1995(1):46-55.

[46] 周逢年.朱舜水思想在日传播研究[D].杭州:浙江大学,2018.

[47] 中国第一历史档案馆.乾隆年间议禁南洋贸易案史料[J].历史档案,2002(2):23-35.

[48] 过放.初期日本华侨社会[J],南洋资料译丛,2004(4):70-80.

[49] 周运中.16世纪西方地图的中国沿海地名考[J].历史地理,2013(2):336-348.

[50] 龟井明德,石丸洋.九州出土的中国陶瓷[J].东京博物馆美术志,1975(3):27-34.

[51] 三上次男.从陶磁贸易看中日文化的友好交流[J].社会科学战线,1980(1):219-223.

[52] 岩生成一.近世日中贸易数量的考察[J].史学杂志,1953(11):1-40.

# 后　记

　　2018 年,因为工作原因,我开始接触海上丝绸之路,并产生了研究兴趣。次年,我以"浙江海上丝绸之路文献编年整理与研究"为题,申报了 2020 年度浙江省哲学社会科学规划课题,有幸获得立项。不久,浙江海洋大学师范学院韩伟表教授和程继红教授领衔主编"浙江海洋文化史话丛书",我又有幸被选为《浙江海上丝路史话》一书的作者。自此,我对海上丝绸之路的探索研究有了明确的方向。

　　现今,有关海上丝绸之路的研究方兴未艾,这方面的著述数量之多,真可谓浩如烟海。尽管如此,要写一本既具科普性质,又不失学术价值的有关浙江海上丝路历史文化的通俗读本,我还是感到千头万绪,无从下手。好在此前,我在编写《浙江海上丝绸之路史料编年》时,搜集整理了大量这方面的史料,为此书的写作奠定了扎实的史料基础。2023 年 10 月完成初稿,之后又经过多次修改润色,这才有了现在这本小书。

　　本书是浙江省哲学社会科学科普重大课题"浙江海洋文化史话丛书"(20KPWT01ZD-6YB)的最终成果,也是国家社科基金重大项目"中国古代海洋珍稀文献抢救性整理、研究与数据库建设"(21&ZD233)的阶段性成果。感谢我所在的浙江海洋大学图书馆,为我提供了本书编写所需要的所有可能的便利条件。感谢浙江海洋大学师范学院程继红教授和韩伟表教授对选题立意方向的支持以及指导,感谢浙江海洋大学图书馆领导

和其他同人对我的支持和帮助,感谢浙江工商大学出版社编辑唐红老师的辛勤付出。另外,本书参考了众多专家学者的相关研究成果,在此向各位专家学者表示真诚的感谢。

限于著者的学识和能力,书中错误之处在所难免,敬请读者批评指正。

石一民

2024 年 7 月